다문화시대
도덕교육의
프리즘과
스펙트럼

다문화시대
도덕교육의
프리즘과
스펙트럼

윤영돈 지음

   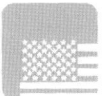

우리 사회는 이미 다문화사회로
진입했으며, 도덕교육은
이러한 다문화적 지형에서…

　우리 사회는 이미 다문화사회로 진입했으며, 도덕교육은 이러한 다문화적 지형에서 논의될 필요가 있다. 다시 말해서 도덕교육의 내용과 방법에 있어서 다문화적 관점을 지향할 필요가 있다는 것이다. 이러한 맥락에서 본서는 다문화사회에 내재된 문화상대주의를 적극 수용한다. 그렇지만 문화상대주의를 수용한다고 해서 윤리상대주의까지 허용해야 한다고 주장하지는 않는다. 사실 차원의 문화상대주의로부터 당위 차원의 윤리상대주의를 이끌어 내는 경우, 자연주의적 오류를 범하게 되며, 이는 도덕 내지 윤리의 규범적 차원을 간과하거나 왜곡하게 되기 때문이다.

　우리 사회에서 도덕교육은 군사정권시대에 이념교육 내지 정치교육으로부터 출발했다는 태생적 멍에를 매고 있다는 점을 부정하기는 어렵다. 그러나 도덕교육의 정체성에 대한 비판적 성찰과 숱한 토론을 통해 이제는 도덕교육의 학문적 정체성을 상당 부분 확보했다고 말할 수 있다. 안타까운 것은 교육과정이 개정되는 때마다 학습자의 수업부담을 경감한다는 취지로 교과목 수를 줄이는 논의의 과정에서 도덕과가 주요 표적이 되고 있다는 현실이다. 학교 현장에서 학생의 인성이나 도덕성 함양이 가장 시급한 과제라는 요청과는 모순된 상황이다. 도덕교육을 둘러싼 환경이 척박하지만 도덕교육계에 몸담고 있는 자로서 도덕교육의 고유한 학문적 정체성 제고와 교과 내용 및 방법의 내실화를 위해 보다 다각적이며, 심층적인 연구가 필요하다고 생각한다. 본서는 이러한 문제의식의 산물이며, 지난 10여 년간 학술지를 통해 게재한 논문들을 중심으로 구성되었다.

본서의 제목을 잡는 데 여러 날이 소요되었다. 십여 가지 대안들 중에서 마침내 선정된 "다문화시대 도덕교육의 프리즘과 스펙트럼"은 도덕교육의 희망(무지개)의 근거를 다양한 접근방식인 '프리즘'과 각 프리즘이 연출하는 빛의 향연('스펙트럼')에서 찾고자 했다. 필자는 도덕교육의 정체성 및 효과성 제고를 위해 다양한 접근법의 상보성이 필요하다는 명제를 플라톤의 『국가(Politeia)』에서 끌어냈다. 『국가』에 나타난 플라톤의 근본적인 물음은 '아테네의 재건'이며, 이를 위한 '교육개혁의 청사진'을 주요 내용으로 하고 있다. 플라톤은 아테네의 청소년으로 하여금 '선 자체(선의 이데아)'를 지향하도록 하는 데 기여할 수 있는 각종 프리즘을 활용하고 있다. '태양의 비유'와 '선분의 비유' 등을 통해서 표현되는 '철학(존재론과 인식론)', 개인 차원의 선과 제도적 차원의 선을 다루는 '윤리학과 정치철학', 영혼의 문제를 다루는 '심리학', 교육 과정과 교육 방법을 다루는 '교육학', 미를 매개로 도덕성의 함양 문제를 다루는 '미학', '에르의 신화'처럼 사후세계를 준비하는 삶의 문제를 다루는 '신학' 등이 그것이다. 여기서 유의할 것은 각각의 프리즘이 학문적 구획주의에 갇혀 있지 않고, '선 자체(선의 이데아)'로의 지향성을 지니고 있다는 점이다. 윤리학(도덕철학)이 '도덕의 규범적 차원'을 다룬다는 측면에서 도덕교육의 주된 접근법으로 간주되지만 도덕교육의 실효성을 담보하기 위해서는 '도덕의 동기화 차원'이나 도덕판단의 한 요소로서 도덕을 둘러싼 '사실 차원의 논의'도

여전히 필요하다고 할 수 있다. 다시 말해서 가치론의 문맥에서 '선'의 고유성과 '선'의 가치실현을 제대로 담보하기 위해서는 '진', '미', '성'과의 상호연관성을 탐구할 필요가 있다.

본서는 네 부분으로 구성되어 있다. 제1부에서는 도덕교육의 정체성 논쟁과 도덕교사의 수업 전문성을 중심으로 "도덕교육의 무지개, 즉 도덕교육의 희망이 있는가?"라는 물음을 해명하는 것으로부터 시작한다. 이는 전체 글의 서론에 해당된다. 제2부에서는 도덕교육의 학문적 정초 논의에서 핵심적 접근법이라 할 수 있는 윤리학과 심리학의 관점을 살펴보고자 한다. 특히 제4장("윤리학과 심리학의 관계 정립")에서는 도덕교육을 둘러싼 '당위 차원'의 논의와 '사실 차원'의 논의가 어떻게 소통되어야 하는지를 다루고 있다. 제3부에서는 미학, 도덕신학, 정치철학의 관점에서 도덕교육의 내용체계 및 교수 방법의 내실화에 기여할 수 있는 측면을 중심으로 다루고 있다. 특히 도덕교육의 미학적 접근이나 도덕신학적 접근은 2007 도덕과 개정교육과정에서 '가치관계의 확장' 원리에 따라 새롭게 제시된 '자연·초월적인 존재와의 관계' 영역을 다룰 때 유의미한 기여를 할 것으로 전망한다. 제4부에서는 다문화교육의 윤리학적 정초로서 칸트의 '동일성의 윤리'와 레비나스의 '타자성의 윤리'를 먼저 논의하고, 개인차와 다양성을 최대한 존중할 수 있는 다중지능이론에 입각한 도덕수업에 대해서 살펴보며, 도덕과에서 인성교육 및 청소년 정신건강 문제를 심층적으로 다루고자 한다. 끝으로 남북한 사회통합의 문제를 다문화교육적 관점에서 해명하고자 한다.

이 책이 나오기까지 수많은 사람들의 관심과 격려가 있었다. 모두를 거론하는 것은 어렵겠지만 지면을 빌려 감사를 표현해야 할 분들을 소개하면 다음과 같다. 서울대학교 윤리교육과에서 학문과 삶을 자상하게 지도해 주신 진교훈 교수님, 박사학위논문을 성심성의껏 지도해 주신 박찬구 교수님, 그리고 교과교육 분야를 소개해 주신 정세구 교수님과 정창우 교수님, 사회과학과 정치철학을 가르쳐 주신 이용필 교수님과 박효종 교수님, 국제윤리 및 북한사회에 입문할수 있도록 지도해 주신 전인영 교수님과 이온죽 교수님께 감사드린다. 아울러 인천대학교에 부임한 이래로 지금까지 연구와 강의에 전념할 수 있도록 물심양면으로 지원해 주고 계신 윤찬원 교수님과 강의 과정에서 참신한 의견으로 피드백을 해 주는 인천대학교 윤리학전공 학생들에게 감사드린다. 그리고 필자의 졸고를 다문화시리즈('어울누리') 학술도서로 흔쾌히 출간해 주신 한국학술정보(주)에도 감사드린다. 끝으로 다함없는 관심과 따뜻한 사랑으로 격려해 주시는 어머니와 장모님께, 공부라는 좁은 길에서 오랜 기간 인내해 주고 기도로 후원해 준 아내에게 그리고 자주 놀아주지도 못하지만 아빠를 격려해 주고 해맑게 자라고 있는 네 자녀(진호, 화평, 온유, 사랑)에게 고맙다는 말을 전한다.

2010년 7월
인천대학교 송도캠퍼스에서
윤영돈

CONTENTS

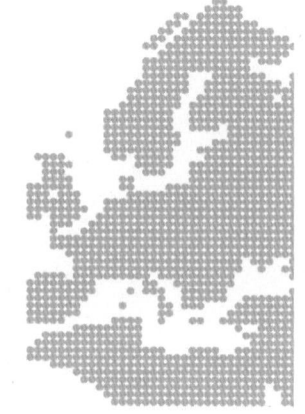

03

도덕교육의 프리즘(Ⅱ):
미학, 도덕신학 그리고 정치철학

04

다문화시대 도덕교육의 스펙트럼

01

도덕교육의
무지개는 있는가?

—

제1장
도덕교육의 정체성과
도덕교사의 전문성

# 제1장 도덕교육의 정체성과 도덕교사의 전문성

도덕교육의 내실화와 효과성 제고를 위해서는 무엇보다 도덕교육의 학문적 정체성 정립이 요구된다. 즉, 사회과와 구별되는 도덕과의 고유한 접근법 마련이 요구된다는 것이다. 아울러 교과 내용과 교육방법의 유기적인 종합을 추구할 필요가 있다. 이는 도덕교사의 전문성이 확보될 수 있는 지점이다.

Ⅰ. 도덕교육의 정체성 논쟁

2007 개정교육과정이 고시되었다. 그것은 도덕교육의 정체성에 대한 도덕교육계 외부(가령 철학계)의 강력한 비판과 아울러 도덕교육계 내부 반성의 산물이라 할 수 있다. 사실 한국의 도덕교육은 군사정권시대에 이데올로기 교육을 담당하는 '정치교육'에서 출발했다는 태생적 멍에에서 자유롭지 못하다(문성학, 2005: 61 - 73).

학교 도덕교육에 대한 가장 신랄한 비판은 아마도 김상봉(2003: 52 - 68) 교수가 자신의 글 「도덕교육의 파시즘」에서 가한 것이 아닐까 생각한다. 그는 한국의 도덕교육을 "노예도덕과 파시즘"으로 표현한 바 있다.01 물론 그의 주장이 지나치게 과장된 측면이 없지

---

01 김상봉 교수는 한국의 도덕교육은 '노예를 기르기 위한 도덕교육'이며, 현행 중학교 도덕 교과서는 '타인과 공동체를 위한 도덕', '타인의 불의에 대한 침묵', '타율적 도덕', '자기부정의 도덕', '국가주의', '쇼비니즘', '법과 규칙 그리고 획일적 질서의 절대화'를 조장한다고 말한다. 김상봉 교수의 글에 대한 반론은 박찬구(2003: 83 - 87) 교수와 김상돈(2004: 42 - 67) 교수의 논의 참고

않지만 도덕과의 정체성에 대해 고민을 할 수 있는 계기를 준 것만은 분명하다. 이 글의 파장은 2007 개정 교육과정의 개정방향과 관련하여 큰 갈등을 빚었던 것으로, 그러나 아직 완결되지 않은, 철학계와 도덕교육계 사이에 도덕교육의 모(母)학문 논쟁으로까지 나타났다. 한마디로 도덕교육의 모학문이 '철학'인가 아니면 '윤리학'인가의 논쟁이다.02 이 논란은 2007 개정 교육과정상에는 '철학'보다는 '윤리학'을 도덕교육의 학적 근거로 삼음으로써 잠정적으로 정리되었다.

2007 개정 교육과정의 배경으로 무엇보다 도덕교육의 정체성 문제를 들지 않을 수 없다. 도덕교육의 정체성과 관련하여 도덕교육계가 직면한 비판은 크게 두 가지로 요약할 수 있다. 그 가운데 도덕교육이 이데올로기 교육 내지 이념 교육이라는 비판은 도덕교육계가 어느 정도 극복했다고 할 수 있다. 그러나 도덕과가 다루는 주제에 있어서 상당 부분 사회과와 중복된다는 측면에서 도덕과는 사회과에 통합되어야 한다는 비판은 또 다른 도덕과 정체성의 논란을 불러일으켰다.

가령 제7차 교육과정의 내용요소는 인성교육(인본교육과 도덕·윤리·예절교육), 민주시민교육(시민·공동체교육), 통일대비교육(통일교육), 국가안보교육으로 구성되어 있다. 한편 제7차 교육과정은 도덕과의 학적 근거로 "도덕규범과 가치를 다루는 규범과학적 관점과, 사회 질서 유지 및 국가·민족의 발전을 위한 국민 의식 형성 문제를 탐구하는 사회과학적 접근을 중심으로 학제적 접근(interdisciplinary)을 시도한다."고 적시하고 있다(교육부, 1998: 28; 교육부, 2001: 22 – 23). 그런데 문제는 제7차 교육과정의 내용요소와 접근방식에 있어서 사회과와 중복되는 부분이 있다는 점이다. 내용요소에 있어서는 민주시민교육,

---

02 도덕·윤리교육의 학적 근거로 간주되는 '윤리학'을 '철학'에 귀속시킴으로써 동 교육이 '철학'에 바탕을 두어야 한다는 입장에 대해서는 홍윤기(2007: 157 – 203) 교수의 논의 참고. 도덕 교과의 학적 근거로서 '철학'보다는 '윤리학' 및 '도덕심리학'에 두어야 한다는 입장에 대해서는 박병기(2007) 교수의 논의 참고.

통일대비교육, 국가안보교육이, 도덕과의 학적 근거에 있어서는 사회과학적 접근이 사회과와 중복된다.

　도덕과의 정체성을 제고하기 위해서는 무엇보다 고유한 교과내용과 이에 대한 고유한 접근방식이 확보될 필요가 있다. 설령 교과내용이 유사하더라도 고유한 접근방식이 확보된다면 도덕과의 고유한 내용요소가 될 수 있다고 할 수 있다. 이러한 맥락에서 외부의 비판과 내부의 반성을 거쳐 2007 개정 교육과정에 이르러서는 도덕과의 고유한 내용영역으로 '도덕적 덕목과 규범'을, 고유한 학적 근거로는 '윤리학적 접근'을 강조함으로써 도덕과 교육이 사회과 교육과 구별되지 않는다는 비판을 극복할 수 있게 된 점은 참으로 다행스러운 일이 아닐 수 없다. 그러나 도덕과의 내용요소 및 학적 근거에 있어서 일정 부분 사회과와 중첩될 수 있는 민주시민교육, 통일교육 및 국가안보교육의 경우, 정확한 사실판단을 제고하기 위해 사회과학적 접근을 전적으로 배제하기는 어렵다. 물론 그렇다 하더라도 사회과와 중복되는 내용영역을 다룰 경우, 일정한 도덕원리를 바탕으로 정확한 사실에 의거한 도덕판단을 내릴 수 있도록 윤리학적 관점을 적절하게 견지할 필요가 있다.

　이와 함께 내용영역의 설정근거로서 미국의 사회과 교육(social studies)의 구성방식이기도 했던 '생활영역 확대의 원리'를 '가치관계 확장의 원리'로 대체한 것도 사회과와 구별되는 도덕과 교육의 정체성 제고에 기여할 것으로 전망한다. 주지하듯이 도덕생활의 장을 공간적으로 확대하는 방식인 '생활영역 확대의 원리'는 교통 통신 수단의 비약적인 발달로 인해 생활영역의 구분이 더 이상 실효성을 지니기 어렵고, 도덕규범 및 가치의 문제를 주로 다루는 도덕과에 적실성이 떨어진다는 점에서 지속적으로 비판을 받아왔다. 이러한 맥락에서 '가치관계 확장의 원리'가 철학계의 제안과 기존의 4개 생활영역에 대한 종합적인 고려를 통해 '도덕과 교육과정 관련 연구공동

체'의 합의의 산물이라는 점은 주목할 만하다.[03]

한국 사회에서 도덕교육계에 속해 있는 구성원이라면 2007 개정 교육과정과 2009 교육과정(소위, 미래형교육과정)을 둘러싼 온갖 갈등과 논쟁을 겪으면서 도덕과의 독자성과 고유성 확보가 얼마나 절실한 문제인가를 실감했을 것이다. 그렇다면 도덕과의 독자성과 고유성, 즉 도덕과의 정체성은 어떻게 확보할 것인가? 도덕교육계에서 해결해야 할 중요한 과제로 우리는 교과내용과 교육방법의 이원화 경향 극복문제를 들 수 있다. 도덕과의 내용을 구성하는 동양철학과 동양윤리, 서양철학과 서양윤리, 정치철학 및 통일교육 등과 같은 개별 학문의 내용만을 추구하는 것도 문제가 되며, 교과내용학이 배제된 교수방법의 추구만도 문제가 된다. 그러므로 도덕과 교육이 독자성과 고유성을 지닌 교과로서 성장하기 위해서는 교과내용과 교육방법의 유기적인 종합을 추구할 필요가 있다. 또한 교과내용과 교육방법의 유기적인 종합은 교사의 전문성이 확보될 수 있는 지점이기도 하다.

II. 도덕교사의 소명과 전문성

1. 도덕교사의 소명: 상승의 길과 하강의 길

참된 인식과 삶의 지혜를 탐구하는 도상(途上)에서 만난 스승과 제자의 관계, 다시 말해서 참으로 아름다운 사제동행의 모습을 우리는 소크라테스와 플라톤의 관계에서 엿볼 수 있다. 무지의 자각을 촉구하

---

03 '가치관계 확장의 원리'에 대한 철학계의 제안(손동현 교수)에 대한 구체적인 내용은 조난심 (2005: 33-36) 박사의 논의 참고. '가치관계 확장의 원리'가 최종적으로 완결되어 제시된 것은 교육과학기술부(2008: 177-178)의 『중학교 교육과정 해설』(도덕과) 참고.

며, 참된 인식의 지향을 추구하는 소크라테스의 문답법과 그에 의해 부각된 새로운 도덕성의 원천인 '열망의 도덕성(morality of aspiration)'은 플라톤에 의해 계승되었다(Cornford, 이종훈 옮김, 1995: 105).

"네 자신을 알라."(*Charmides*, 164e), "반성 없는 삶은 살 가치가 없다."(*Apology*, 37e)라는 경구에서 소크라테스(BC 469~399)는 '영혼에 대한 돌봄(therapeia psychēs)'과 '영혼에 대한 염려(epimeleia psychēs)'로서의 교육관을 표명한다. 소크라테스의 삶과 스승으로서의 참면모는 누구보다도 소크라테스의 삶과 철학의 계승자인 플라톤의 대화편에 상세하게 묘사되고 있다. 스승에 대한 제자의 존경하는 마음은 플라톤 대화편 전반에 걸쳐 드러나 있다. 플라톤의 30여 편의 저작 가운데 『법률』을 제외한 대부분의 경우, 소크라테스가 주인공으로 등장한다. 문제는 어디까지가 역사적인 소크라테스이며, 어디서부터 플라톤적인 소크라테스인가의 구분이 불명확한 데에 있지만, 자신의 스승을 그의 세대에서 '가장 훌륭하고, 가장 현명하며, 가장 의로운 사람'이라는 플라톤(*Phaedo*, 118a)의 평가는 이론의 여지가 없다.

개별적인 덕과 구별되는 보편성을 지닌 단일한 덕(aretē)의 정의 문제는 소크라테스의 끊임없는 질문이었다. 이는 상대적이고, 회의적인 소피스트의 교육관으로부터 야기되는 파괴적인 도덕적 영향과 맞붙어 싸울 수 있는 유일한 방도로 간주되었다. 보편타당한 원리가 없다는 전제에서 기인하는 논리적 오류는 지식의 가능성을 부정할 뿐만 아니라 도덕적 무정부 상태를 초래하게 된다는 것은 소크라테스의 탁견이라 할 수 있다. 이 때문에 소크라테스는 올바름과 지혜와 덕을 모른다면 지혜롭게, 올바르게 그리고 훌륭하게 행동하는 것에 대해 말할 수 없다고 보았다(Guthrie, 1960: 76-78). 그러므로 앎의 문제와 관련하여 소크라테스는 순수하고 확실한 앎에 도달할 수 있는 방법적이고, 논리적인 방법, 즉 보편개념의 형성과 보편개념에 의한 사고를 중시하였으며, 가치의 문제에 있어서는 선이 무엇인가, 특히 윤리적 선이 무엇인가라는 윤리의 물음을 중시했다(Hirschberger, 1987: 62 - 63). "덕(aretē)은 지식(epistēmē)이다."라는 명제는 앎의 문제와 가치의 문제 양면을 포괄한다. 소크라테스에게 있어서 지식(에피스테메)의 성격은 의지의 기능(Arbeit des Willens)을 포함한다. 그러므로 소크라테스의 주지주의(主知主義)는 현대적인 의미의 주지주의가 아니라 그리스 기술사상(Techne - Denkens)의 표현형식이라는 점에 주의할 필요가 있다.04 윤리적 가치문제를 논할 때, 소크라테스는 항상 기술의 영역에서 보기를 끌어낸다. 소크라테스의 주지주의에서는 앎과 가치가 일치한다. 집 짓는 일을 배워서 알고 있는 사람은, 한 사람의 목수로서 집을 짓는다. 이와 같이 추적해 가면 덕을 배워 이해하고 있는 사람이 덕 있는 사람이며, 덕을 실천한다. 이러한 맥락에서 덕은 가르칠 수 있는 것이며, 아무도 고의적으로 악을 행하지 않는다는 명제가 의미를 갖는다(Hirschberger, 1987: 65 - 66).

소크라테스의 문답법(디알렉티케)은 보편개념의 형성과 보편개념에 의한 사고에로의 방법론이다. 문답법은, 하나의 의견(doxa)으로서 안다고 하는 사람들의 무지를 폭로하는 논박(엘렌쿠스)과 무지의 자각으로부터 참된 앎을 산출하는 산파술로 구성된다. 대화의 과정에서 자신의 무지를 받아들인다는 것은 뼈아픈 일이지만 깊은 감정의 변화를 일으킨다. 소크라테스의 문답법은 단순히 논리적이고, 지적인 과정이 아니다. 여기에는 영혼을 염려하는 교육적인 사랑이 전제되어 있다. 사실 소크라테스에게 있어서 교육의 고유한 목적은 인간 개개인의 영혼을 염려하는 일이요, 이러한 염려로부터 영혼에서 잠자고 있는 분별력(프로네시스)과 진리를 깨우치는 일이었다. 이 때문

04 고대 그리스에서의 앎의 개념은 우리에게 익숙한 사태지식으로서(knowing that) ……보다는 능력(competence) 또는 기능(skill)의 의미를 담고 있는(knowing how) ……에 의해 보다 잘 설명되며, 건축술·의술·음악 등에서 그 일차적 예가 주어질 수 있다. J. C. B. Gosling, *Plato*, London, 1973, pp.59 - 60, 김남두, 1995: 192에서 재인용.

에 우리는 소크라테스에 이르러서 비로소 인간의 정신에 사람됨의 중심이요, 윤리적 결단의 기관이라는 새로운 의미가 부여되었다는 점을 이해할 수 있다(Jaeger, 1959: 87).

'영혼의 의사(psychēs iatros)'로서 소크라테스의 교육철학은 플라톤에게 다음과 같은 유산을 남겼다. 먼저 참된 인식(에피스테메)의 가능성에 대한 믿음과 보편적인 도덕적 기준의 필요에 대한 확신을 들 수 있다(Guthrie, 1960: 91 - 92). 둘째, 소크라테스의 문답법은 플라톤에 의해 발전되었으며, 논박과 산파술의 특징은 대화편이라는 저작형태에 나타난다. 셋째, 정신적 완성에 대한 '열망의 도덕성'은 플라톤 사상에 있어서 줄곧 핵심적인 씨앗으로 표현된다(Cornford, 이종훈 옮김, 1995: 105 - 106). 가령 동굴의 비유에서 상승의 길을 걷는 과정에서 우리는 '열망의 도덕성'을 읽어낼 수 있다.

플라톤의 『국가』(Republic)에 제시된 '동굴의 비유'(514a - 517a)는 '선분의 비유'(510a - 511e) 및 '태양의 비유'(508a - 509e)와 함께 플라톤 철학의 존재론적 측면, 인식론적 측면, 교육론적 측면을 종합적으로 보여 주고 있다.

'동굴의 비유'에 나타난 상승의 길(anabasis)과 하강의 길(katabasis)은 무엇보다 교육의 과정을 나타낸다. 이 비유에서 태양은 선의 이데아를, 죄수들은 교육을 받지 않아 무지한 상태에 머물고 있는 사람을 표상한다. 상승의 정점에서 다시 하강의 길에로의 전환(periagōgē)은 앎의 근본적 의미와 그것의 실천적 성격을 함의하고 있다. 물론 선의 이데아가 모든 인식과 앎의 전제조건이라는 점은 인정하더라도 선의 이데아가 철인왕에게만 인식 가능한 최고선이라고 상정할 필요는 없다. 왜냐하면 그러할 경우, 선의 이데아는 철인왕 이외의 사람들을 소외시키기 때문이다. 더욱이 선의 이데아에 대한 철인왕의 인식이 타당한지는 누구도 확인할 수 없다는 데 문제의 심각성이 드러난다. 따라서 동굴의 비유에서 선의 이데아를 상징하는 태양 자체에 대한 앎보다는 태양 아래 빛나는 삼라만상의 진면목에 관심을 기울일 필요가 있다. 동굴 밖 삼라만상의 진면목은 다양한 종류의 지식 체계에 대한 참된 인식(epistemē)을 상징하는 것이 아닐까! 사실 교육의 과정에서 교사가 가르쳐야 하는 교과내용학에 대한 인식은 교사에게 필수적이나 그렇다고 선의 이데아 인식이 반드시 요구되는 것은 아니다. 물론 선의 이데아를 지향하는 것은 앎과 삶의 궁극 목적과 우주의 근본원리를 알고자 하는 인간의 형이상학적 소질이라는 점은 부정할 수 없지만 말이다.

그렇다면 상승의 길에서 하강의 길로 전환한다는 것은 어떤 맥락에서 이해해야 할 것인가? 교학상장(教學相長)이라는 말이 있듯이 반드시 해당 분야의 모든 지식을 습득해야 가르칠 수 있는 것은 아닐 것이다. 즉, 교육의 과정은 배움의 과정과 가르침의 과정을 병행하여 진행되는 것이 아닐까? 그리고 그 방향전환의 기점은 배움의 정점이라기보다는 조금 뒤쳐져서 배움의 길을 나서는 자에 대한 연민(eleos, pity) 내지 인간애의 발로가 아닐까?(*Republic*, 516c) 이렇게 교육의 과정에서 아름답고 선한 것을 지향하는 에로스는 교육적 사랑의 관점에서 재조명될 수 있다(Alston, 1991: 385－395). '가치에의 의지(Wille zum Wert)'로도 해석될 수 있는 에로스는 모든 교육적 활동을 지탱하는 창조적 측면을 가지고 있다(Hessen, 1959: 15, 123). 에로스의 창조적 측면은 상승의 정점에서 하강의 길, 즉 동굴로의 귀향을 설명해 준다(Scolnicov, 1988: 80－81). 거짓된 가치를 고수하는 이들은 자신의 정신이 예속되어 있음을 알지 못하며, 그리하여 그들의 무지한 상황을 자각하여 벗어나게 하는 데 있어서 최초의 노력은 결코 쉽지 않다. 그러므로 교육적 사랑을 지닌 교사는 끈기와 인내를 가지고, 어떠한 물욕도 없이 현상계에서 무지한 자를 깨우치고, 배우고자 하는 자를 격려함으로써 보람을 삼으며, 제자와 함께 지혜를 추구하는 자가 아닐까 싶다.05

2. 도덕교사의 수업 전문성: 교수학적 내용지식(PCK)

"도덕교사의 전문성이 무엇인가?"에 대한 고전적인 물음으로 우리는 플라톤의 대화편 『메논』에 언급된 세 가지 물음을 상기할 수 있다. "덕이란 무엇인가?", "덕은 가르쳐질 수 있는가?", "덕의 교사가 있는가?"의 물음이 그것이다. 여기서 앞의 두 가지 물음을 중심으로 도덕교사의 전문성에 대해 논의해 보자. "덕이란 무엇인가?"는 "덕은 가르쳐질 수 있는가?"의 물음에 선행하여 해명되어야 할 물음이다. 앞의 물음이 덕의 본질적 내용과 관련된다면 후자의 물음은 덕의 교수법과 관련된다. 이 두 가지 물음을 연결하면 덕의 교사는 무엇보다 덕의 내용과 덕의 교수법을 동시에 습득하고 있어야 한다. 덕의 교사의 전문성이란, 전문성의 그리스어 어원[aretē는 excellence, 탁월성으로 번역됨]이 의미하는 바와 같이, 덕의 내용과 덕의 교수법을 가장 잘 혼화(混和, krasis)할 수 있는 능력에 있다고 할 수 있다.

슐만(Shulman, 1986; 1987)이 제시한 교수학적 내용지식(Pedagogical Content Knowledge, 이하 PCK)의 개념은 교사의 수업전문성의 핵심적인 요소이다.06 교수학적 내용지식은 "특정 내용을 특정 학생들의 이해를 촉진할 수 있도록 가르치는 방법에 대한 교사의 지식"을 의

---

05 상승의 길과 하강의 길로 표현되는 교육의 과정을 장상호(1991: 1-65)는 '상구(上求) 활동'과 '하화(下化) 활동'으로 표현한다. 상구활동이 일어나는 "배움에 얽힌 세계"를 '상구계(上求界)'라고 한다면, "가르침에 얽힌 세계"는 '하화계(下化界)'이다(제8항). 이들 두 세계가 '교육계(敎育界)'를 구성한다(제36항, 제42항). "상구계는 소승적(小乘的)이며, 하화계는 대승적(大乘的)이다." "상구계는 인간의 위대함을 자증(自證)하며, 하화계는 인간의 위대함을 타증(他證)한다." "상구계는 혁신적이며, 하화계는 보수적이다." "상구계는 역류(逆流)하며, 하화계는 순류(順流)한다." "상구계는 출산하고 하화계는 산파한다."(제42항) "훌륭한 상구 활동에는 훌륭한 스승의 지원이 있다."(제52항) "하화 활동은 적절한 제자를 선택함으로써 그 의의성을 증대시킬 수 있다."(제63항)

06 PCK에 대한 번역으로 '내용교수법', '교수학적 내용지식', '교수내용지식' 등 여러 가지가 있다. PCK는 슐만(1986: 9-10)이 제시한 교사의 세 가지 내용지식(교과내용지식, PCK, 교과과정지식) 가운데 한 가지이다. 무엇보다 PCK는 학생들이 이해할 수 있는 방식으로 변환된 내용지식이므로 필자는 교수학적 내용지식이라는 용어를 사용한다.

미하며, 교과내용에 따라 교수학적 내용지식은 달라지므로 '교과 내용에 고유한 교수법(content‒specific pedagogy)'으로 간주되기도 한다(Shulman, 1986 & 1987; 이화진 외, 2006: 119). 간단히 말해서 교수학적 내용지식은 '내용(content)과 교수법(pedagogy)의 혼합(blending) 내지 합성물(amalgam)'을 의미한다(Shulman, 1987: 8). 사실 아주 상식적인 이야기인 것 같지만 내용과 교수법 사이의 괴리는 한국의 교육현장이나 미국의 교육현장에서 오랫동안 주목을 받지 못한 문제였다(이돈희, 1994; Shulman, 1986: 6). 슐만의 주장은 기존의 '내용학 지식'과 '교수학 지식'이 이원화된 형태로 이루어진 교사 교육에 대한 반성과 함께 다분히 정치적인 목적과 의도도 있었다. 즉, 교사가 지닌 전문성을 '교수학적 내용 지식'이라는 학문적 용어로 새롭게 정의 내림으로써 이러한 전문성을 지닌 교사들 역시 다른 학문적 영역의 전문가들이 지닌 권리와 책임감을 동등하게 주장할 수 있는 논거를 마련할 수 있게 된 것이다(최승현 외, 2007: 33).

도덕학자와 도덕교사의 근본적인 차이는 무엇일까? 도덕 관련 학문 내용에 대한 깊이에는 분명 차이가 날 수 있다. 그런데 도덕과 관련된 내용지식의 전문가인 도덕학자가 도덕교사의 전문성을 반드시 지닐 수 있는 것은 아니다. 다시 말해서 도덕학자와 도덕교사를 구별해 주는 중요한 계기가 있는데, 그것이 바로 교수학적 내용지식인 것이다(Shulman, 1987: 8). "아는 것과 가르치는 것은 별개이다."라는 말이 있듯이 교수학적 내용지식은 도덕교사가 교과내용의 성격에 따라서, 그리고 학생의 발달 수준에 따라서 교수학적으로 변환시킨 지식이다. 교수학적 변환(Didactic Transpsition)이란 Chevallard가 제안한 개념인데, 학문적 지식 혹은 전수되어야 할 지식을 교수·학습 상황을 고려하여 '가르칠 지식'을 바꾸는 과정을 의미한다(하정혜, 2007: 85). 가르치는 지식[교수학적 내용지식]과 학문적 내용지식은 서로 반대되는 지향성을 지니고 있다. 가령 도덕학자는 인격화된 생활세계의 문맥을 벗어나 추상화된 학문적 지식을 생성해야 하는 데 반해, 도덕교사는 추상적인 학문적 지식을 교육현장에서 학생의 이해력에 부합하는 방식으로 변환된 지식을 생성한다. 이런 점에서 교수학적 내용지식은 교사의 내용지식과 학생에 의한 이해를 가장 잘 연결할 수 있는 다리의 역할을 한다고 할 수 있다(이화진 외, 2006: 121).

교수학적 내용지식이 갖는 의미와 성격을 간단히 요약하면 다음과 같다(Shulman, 1987: 9-12; 최승현 외, 2007: 34; 이화진 외, 2006: 122-125). 첫째, 교수학적 내용지식은 도덕교사의 개인 지식 영역으로서 도덕교사별로 각자의 고유한 전문성의 영역이다. 둘째, 교수학적 내용지식은 교과내용지식, 교육학 지식, 학생에 대한 이해, 학교 공동체의 성격 등 다양한 변수들에 의해 영향을 받는다. 셋째, 교수학적 내용지식은 도덕 교과 영역의 모든 교사들이 공유하는 고정 불변하는 단일한 실체는 아니다. 교수학적 내용지식은 교수(teaching)의 맥락이나 내용, 교사의 경험에 따라서 그 스펙트럼이 다양하며, 교사별로 고유한 전문성의 영역이다. 그렇다고 해서 교수학적 내용지식이 암묵지(tacit knowledge)에 머무는 것은 아니다. 그럴 경우, 교수학적 내용지식은 제한적인 가치만을 지니게 된다. 그러므로 그것은 큰 틀에서 명시적으로 표현될 수 있고, 그렇게 표현될 필요가 있다. 넷째, 교수학적 내용지식은 다양한 수업 경험을 통해서 얻어지는 실천적 지혜(wisdom of practice)의 성격을 지니고 있다. 그렇기 때문에 교수학적 내용지식은 고정된 지식이 아니며, 교과내용이나 학생의 수준에 따라 달라질 수 있다.

이제 교수학적 내용지식의 배경과 교수학적 내용지식이 지닌 실천적 지혜의 성격을 교수학적 추론 과정에 입각하여 살펴볼 필요가 있다. 교수학적 내용지식은 교과내용지식과 일반 교수학적 지식 그리고 교수·학습을 둘러싼 학교 및 학생의 상황과 맥락에 대한 지식의 영향을 받는다. 요컨대 '교수학적 내용지식'은 '내용학적 지식'과 '교수학적 지식'의 결합이며, 그 결합에 있어서 '맥락적 지식'의 영향을 받는 지식이라 볼 수 있다(정탁준, 2009: 162－166). 그런가 하면 교수학적 내용지식은 실천적 지혜의 성격을 지니고 있으며, 수업 전후 상황을 포괄적으로 고려하는 교수학적 추론(pedagogical reasoning)의 성격도 지니고 있다(Shulman, 1987: 14－15). 이상의 내용을 그림으로 표시하면 다음과 같다.

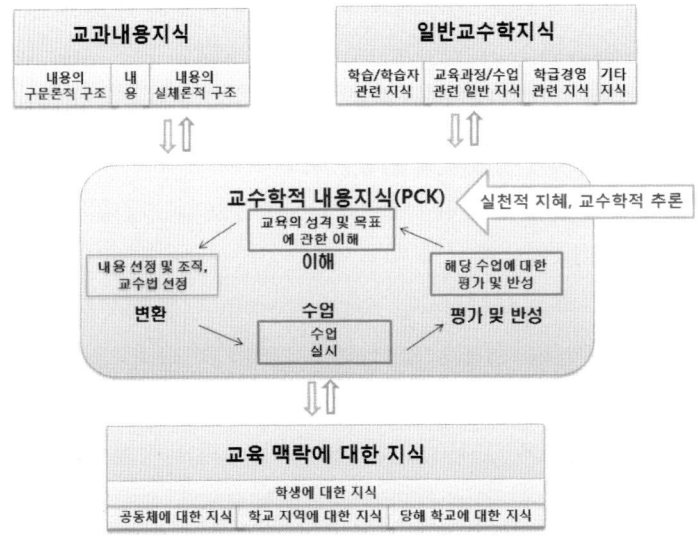

〈그림 1－1〉 교수학적 내용지식의 배경과 교수학적 추론 과정
(정탁준, 2009: 171; Shulman, 1987: 12－15)을 참고하여 재구성함.

교수학적 내용지식의 추론 과정에서 핵심이 되는 것은 '변환(transformation)'의 단계이다. 교사가 지닌 내용지식을 교수법적으로 효과적이면서도 학생들이 갖는 능력과 배경의 차이에 적합하게 변환시킬 필요가 있다. 변환의 단계에서는 교과내용에 대한 해석, 분석, 구조화를 거쳐서 내용을 선정·조직하고, 학생의 눈높이에 맞추어 유추, 비유, 사례, 논증, 시뮬레이션 등을 포함한 다양한 표현적 목록

(repertoire)을 준비하고, 구체적으로 어떤 교수기법을 사용할 것인지를 선택할 필요가 있다. 사실 수업은 학생 일반을 가르치는 것이 아니라 특정한 개별 학생을 가르친다는 점에 유의할 필요가 있다. 특정 옷을 구매하고자 하는 고객에게 적합한 옷을 맞추는 것이 필요하듯, 개별 학생을 고려한 사려 깊은 교수학적 추론이 필요하다(Shulman, 1987: 16 – 17). 사실 효과성 있는 교수(teaching)를 하기 위해서는 교수학적 추론에 근거한 교수학적 내용지식과 같은 특별한 종류의 전문성(expertise) 내지 교수학적 변환을 효과적으로 수행할 수 있는 예술적 수완(artistry)이 필요하다(Shulman, 1987: 12). 어떤 면에서 교수학적 내용지식을 활성화한다는 것은 아리스토텔레스의 어법으로 말하자면 "다른 방식으로 있을 수 있는 지적인 지식"인 프로네시스(실천적 지혜)와 테크네(이치에 따른 제작활동)의 적절한 결합을 의미한다고 할 수 있다.[07]

이제까지 우리는 도덕교사의 수업 전문성의 핵심으로 간주되는 교수학적 내용지식의 배경과 그 성격을 자세하게 살펴보았다. 그렇다면 도덕교사의 수업 전문성을 제고하기 위해서는 어떤 노력이 필요한가. 무엇보다 교사 교육(teacher education)의 과정에 교수학적 내용지식을 습득할 수 있는 교과과정을 체계적으로 운영할 필요가 있을 것이다. 좀 더 구체적으로 도덕교사의 수업 전문성을 제고하기 위한 과제를 다음과 같이 정리해 볼 수 있다.

첫째, 교과내용학과 교수학적 지식의 괴리 내지 이원화 문제를 극복하는 도덕과 교과교육학의 정립이 필요하다(정탁준, 2009: 158). 도덕과 교과교육학은 교과내용학을 기술적으로 전달하는 단순한 방법이라기보다 오히려 개별적인 교과내용학을 도덕과의 성격과 학생의 인지적·도덕적 발달단계에 맞추어 내용을 선정하거나 재구성할

---

07 그리스어 테크네(technē)는 예술(arts)과 기술(technology) 모두를 포괄하고 있다. 그러나 근대에 이르러서 예술과 기술은 분리되고 만다.

수 있는 기준을 제시할 수 있어야 한다. 이런 점에서 교수학적 내용지식이 지닌 실천적 지혜 내지 교수학적 추론의 성격에 주목할 필요가 있다.

둘째, 이론과 실천의 문제가 현실적으로 교차하는 중간지점을 교육과정에 반영할 필요가 있다. 다시 말해서 교수학적 내용지식을 습득할 수 있는 교과과정이 요청된다는 것이다. 가령 교과교육 분야의 강좌에서 수업지도안 작성이나 수업 시연을 촬영한 비디오테이프 등의 포트폴리오 자료를 축적하도록 하는 것도 효과적일 것이다. 이와 함께 보다 나은 교수학적 변환지식을 제공하는 멘토링 및 유도 프로그램의 개발도 필요하다. 이는 사범대학과 중등학교 현장간의 긴밀한 협력관계를 요구하는 대목이다(Brandt, 1988: 43 - 44).

셋째, 교사의 내용지식과 학생의 이해력을 연계하는 교수학적 지식의 중요한 요소인 유비나 메타포의 활용 능력을 제고하는 문제이다. 교사가 학생들에게 어떤 개념이나 지식을 명료하게 전달하는 효과적인 방법은 학생들이 이미 알고 있는 어떤 것에 가르칠 내용을 비교하는 것이다. 그러므로 유비(유추, analogies)나 메타포의 활용능력은 교사가 지녀야 할 가장 중요한 요건 중 하나이다. 그런데 유비나 메타포 활용능력은 폭넓은 교양교육에 의해서 상당 부분 습득될 수 있다는 점에 주목할 필요가 있다. 그러므로 유능한 교사를 양성하는 것은 사범대학만의 책임은 아니다. 교수학적 내용지식은 단순히 교수학적 지식이 아니라 내용학 지식에 대한 학문적인 깊이와 폭의 확보가 필수 불가결하다. 결국 내용학 지식의 확충은 교과 내용학은 물론이고, 교과 내용학과 직·간접적으로 관련을 맺고 있는 교양교육(liberal education)의 수준과도 친화력이 있다. 그러기에 효과적인 교사교육은 사범대학만이 아니라 대학교 전체의 책임이라는 점을 상기할 필요가 있다(Brandt, 1988: 46; Shulman, 1987: 20).

참고문헌

교육과학기술부(2008), 『중학교 교육과정 해설(Ⅱ): 국어, 도덕, 사회』.

교육부(1998), 『도덕과 교육과정』, 서울: 대학교과서주식회사.

교육부(2001), 『고등학교 교육과정 해설』, 서울: 대학교과서주식회사.

김남두(1995), 「좋음의 이데아와 앎의 성격」, 『서양 고대 철학의 세계』, 서울: 서광사.

김상돈(2004), 「도덕, 도덕교육 그리고 도덕교과의 정체성 찾기」, 전국도덕교사모임, 『도덕교육』 제38호.

김상봉, 「도덕교육의 파시즘」, 전국도덕, 전국도덕교사모임, 『도덕교육』 제36호, 2003.

문성학(2005), 「도덕·윤리교육의 태생적 멍에와 그 위기구조」, 한국윤리교육학회, 『윤리교육연구』 제7집.

박병기(2007), 「도덕 교과와 철학, 그 연속성과 불연속성: 홍윤기의 「도덕·윤리의 철학귀속성과 도덕·윤리교육의 정체성」에 대한 도덕교육론적 응답」, 사회철학연구회 월례발표회 발표논문(2007. 7. 21 동국대).

박찬구(2003), 「<도덕교육의 파시즘>에 대한 논평」, 전국도덕교사모임, 『도덕교육』 제36호.

이돈희(1994), 「교과교육학의 성격과 과제」, 『교과교육학 탐구』, 서울: 교육과학사.

이화진 외(2006), 『수업컨설팅 지원 프로그램 및 교과별 내용 교수법(PCK) 개발 연구: 2006 KICE 교수학습개발센터 운영을 중심으로』, 한국교육과정평가원(연구보고 RRI 2006 - 1).

장상호(1991), 『교육학 탐구영역의 재개념화』, 서울대학교 교육연구소 연구보고서 91 - 2.

정창우 외(2007), 『도덕과 교수·학습방법 및 평가』, 서울: 인간사랑.

정탁준(2009), 「도덕과 교과교육학의 정립근거: 교수내용지식(PCK)을 중심으로」, 한국윤리학회, 『윤리연구』 제75호.

조난심 외(2005), 『도덕과교육과정 개선방안 연구』, 한국교육과정평가원 연구보고(RRC 2005 - 4).

최승현 외(2007), 『교육과정개정에 따른 사회과 내용 교수 지식(PCK)』 한국교육과정평가원(연구보고 RRI 2007 - 3 - 1).

하정혜(2007), 「도덕 · 윤리교사의 전문성 신장을 위한 새로운 접근: 교과교육학 지식(PCK)과 실행연구를 중심으로」, 한국윤리학회, 『윤리연구』 제67호.

홍윤기(2007), 「도덕 · 윤리의 철학귀속성과 도덕 · 윤리교육의 정체성」, 철학연구회, 『철학연구』 제76집.

Alston, K. "Teaching, Philosophy, and Eros: Love as a Relation to Truth", *Educational Theory*, Vol.41., No.4.

Bradnt, Ron(1998), "On Assessment of Teaching: A Conversation with Lee Shulman", *Educational Leadership,* November 1998.

Cornford, F. M., 이종훈 옮김(1995), 『소크라테스 이전과 이후』, 서울: 박영사.

Guthrie, W. K. C.(1960), *The Greek Philosophers*, New York: Harper & Row.

Hamilton, E. & H. Cairns(eds.)(1961), *Plato: Collected Dialogues*, New Jersey: Princeton Univ. Press.

Hessen, J.(1959), *Lehrbuch der Philosophie, Bd.2, Wertlehre*, München – Basel: Ernst Reinhardt Verlag.

Jaeger, W.(1959), *Paideia(II): die Formung des griechischen Menschen*, Berlin: Walter de Gruyter.

Hirschberger, J.(1987), *Geschichte der Philosophie(I)*, Freiburg & Basel & Wien: Herder.

Scolnicov, Samuel(1988), *Plato's Metaphysics of Education,* London: Routledge & Kegan Paul.

Shulman, L. S.(1986), "Those Who Understand: Knowledge Growth in Teaching", *Educational Research* 15(2).

Shulman, L. S.(1987), "Knowledge and Teaching: Foundations of the New Reform", *Harvard Educational Review* 57.

이제까지 우리는 도덕교사의 수업 전문성의 핵심으로 간주되는 교수학적 내용지식의 배경과 그 성격을 자세하게 살펴보았다. 그렇다면 도덕교사의 수업 전문성을 제고하기 위해서는 어떤 노력이 필요한가. 무엇보다 교사 교육(teacher education)의 과정에 교수학적 내용지식을 습득할 수 있는 교과과정을 체계적으로 운영할 필요가 있을 것이다.

교수학적 내용지식은 단순히 교수학적 지식이 아니라 내용학 지식에 대한
학문적인 깊이와 **폭의 확보**가 필수 불가결하다.

02

도덕교육의 프리즘(Ⅰ):
윤리학과 심리학

—

제2장 도덕교육의 윤리학적 기초

윤리학은 도덕교육의 학문적 정체성 논의에서 핵심적인 내용학으로 간주된다. 윤리학의 세 가지 사유 방식으로 칸트 의무론, 공리주의, 덕윤리가 있다. 이들 세 가지 윤리학적 접근은 도덕교육에서 일정한 위상과 역할을 수행할 수 있다. 덕윤리학이 인격교육의 윤리학적 기초라면, 칸트 의무론은 구성주의적 도덕교육의 윤리학적 기초이며, 공리주의는 현대 시민사회 윤리문제 해결을 위한 주요 접근법 중의 하나이다.

이번 장은 윤리학과 도덕교육의 긴밀한 상호연관성을 규명함으로써 도덕교육의 정체성 제고에 논의의 초점을 두고자 한다. 우리는 흔히 윤리학과 도덕교육은 밀접한 관계가 있다고 생각한다. 그러나 좀 더 깊이 들여다보면 다양한 윤리학의 이론들과 구체적인 도덕교육의 방법론 간의 상호연관성을 찾는다는 것은 결코 쉽지 않은 작업임을 알게 된다. 이러한 어려움은 도덕교육 자체에 관심을 집중한 나머지 이론적 배경으로서의 윤리학적 토대에 대해서는 다소 무관심한 연구풍토에서 비롯된다. 이러한 경향은 윤리학 전공자는 이론 윤리학이나 응용 윤리학에만, 교과교육 전공자는 교과교육론이나 교과지도론에만 연구를 국한시키는 학문의 구획주의(compartmentalism) 때문에 발생하기도 한다. 이러한 이원화 경향은 윤리학과 도덕교육의 유기적 종합에 장애 요인이 된다고 할 수 있다.

서양 윤리학 논의에서 '옳음(right)'과 '좋음(good)' 사이의 긴장과 갈등 문제는 칸트 윤리학과 공리주의 윤리학에서 확인할 수 있으며, 이들 논의는 근대 이후의 윤리학사를 지배하는 대표적인 이론으로 자리 잡았다(박병기, 2003: 46). 전자는 옳음을 중심으로 좋음을 해석하는 '옳음의 윤리 이론'이고, 후자는 좋음을 중심으로 옳음을 해석하고자 하는 '좋음의 윤리 이론'이다. 한편 덕윤리학은 칸트 윤리학과 공리주의 윤리학으로 대표되는 근대 규범윤리학이 마치 '프로크루스테스의 침대(Procrustean bed)'처럼 추상화된 원리나 규칙의 잣대로 인간의 삶을 소외시키고 단일한 기준으로 재단하며, 감정과 도덕적 동기를 경시한다고 강하게 비판한다.

이 글에서는 현대 윤리학의 대표적인 세 가지 흐름인 칸트 의무론과 공리주의, 그리고 덕윤리학을 중심으로 도덕교육 이론과의 연관성을 밝히고자 한다. 본격적인 논의에 앞서 윤리학의 의미에 관해 살펴볼 필요가 있다.

Ⅰ. 윤리학의 의미

'윤리학(倫理學)'의 기본 성격에 대한 이해를 위해서는 그 어원에 대한 이해가 필요하다. 먼저 동양에서 '윤리(倫理)'라는 말의 구조를 살펴보자. 윤(倫) 자는 무리[類], 또래[輩] 등의 뜻을 지니고 있고, 리(理) 자는 "옥(玉)을 다듬는다(治玉也)."의 뜻으로 이치(理致)나 이법(理法), 도리(道理)를 의미한다. 한마디로 윤리(倫理)라는 말은 사람과 사람 사이의 관계, 즉 인간관계의 이법(理法)을 뜻한다(진교훈, 2003: 19). 그러므로 윤리학은 '인간관계의 학문'으로 간단히 정의 내릴 수 있다.

서양의 경우, '윤리학(ethics)'의 어원은 '에토스(ethos, 풍습, 관습)'와 '애토스(ēthos, 성품, 인격)'에서 유래한다.

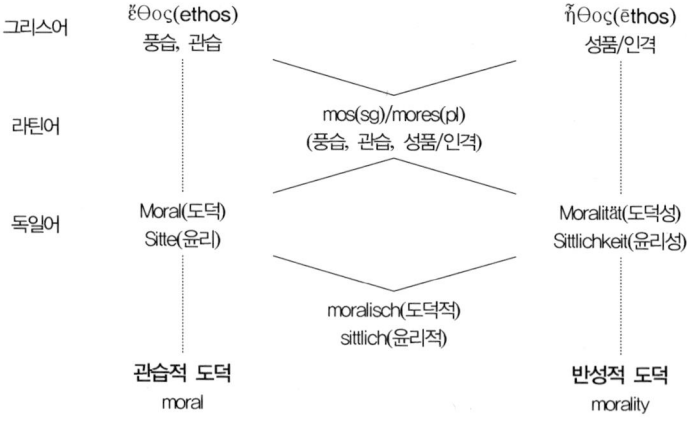

<그림 2-1> 윤리의 어원과 윤리학의 연구대상
(Pieper, 진교훈 · 류지한 공역, 1999: 32 참고)

'애토스(인격)'는 '에토스(관습)'를 내면화한 것이라 할 수 있다. 도덕(moral)의 어원은 그리스어 에토스(ethos)의 번역어인 라틴어 'mos'의 2격(genitive) 'moralis'에서 유래한다. 라틴어 mos에는 그리스어 ethos와 ēthos 간의 구분이 불분명하다. 'mos'는 '풍습', '관습'뿐만 아니라 '성품(인격)'의 의미도 담겨 있다. 윤리학의 어원을 따져볼 때, 윤리학은 풍습이나 관습과 같은 사회규범과 그것이 내면화된 품성(인격)을 연구하는 학문이라 할 수 있다.

아리스토텔레스(*Politics*, 1261a)는 '윤리학(ethics)'에 해당되는 그리스어 '애티케(ēthikē)'를 처음으로 사용하였다. 애티케(ēthikē)는 '인격(성품)에 관한 학문(ēthos + logistikē; study of character)'으로 해명된다(Sahakian, 1974: 6).[01] 아리스토텔레스 윤리학의 기본 관점은 에토스로부터 애토스로, 다시 말해서 관습적 도덕에서 반성적 도덕

---

[01] 그리스어 '애티케(ēthikē)'는 명사로 쓰일 경우, '윤리학'을 의미하며, '도덕적 내지 성품적 덕(he ēthikē aretē)'에서와 같이 형용사로 쓰일 때는 '도덕적 혹은 성품적'이라는 의미를 갖는다. "'도덕적 내지 성품적(ēthikē)'이라는 말은 '습관(ethos)'이라는 말을 조금만 고쳐서 만든 것이다."(Aristotle, *Nicomachean Ethics*, 1103a)

으로의 전환에 초점을 두고 있다(이진우: 1997: 63; Taylor, 김영진 역, 1985: 23 - 25). 이러한 아리스토텔레스의 관점은 윤리학의 논의에 중요한 시사점을 준다. 아리스토텔레스 윤리학은 관습적 도덕을 포함하되, 관습적 도덕이나 개별 행위에 대한 메타적 차원을 문제삼는 반성적 도덕을 주된 연구대상으로 삼는다.

우리는 관습적 도덕과 반성적 도덕의 구분에서 도덕의 현상[用]과 도덕의 원리[體]라는 윤리의 두 가지 차원을 확인할 수 있다(박찬구, 2006: 24 - 27). 관습적 도덕은 일정한 시대와 장소에서 통용되는 특정 질서 혹은 제도라고 할 수 있다. 일반적으로 사회과학적 접근방식에서 볼 수 있듯이 하나의 도덕현상으로서 관습적 도덕에만 관심을 갖게 되는 경우, 기술적(記述的) 차원의 윤리 논의에 머물거나 자칫 도덕 상대주의에 빠지게 된다. 한편 반성적 도덕은 시대와 장소를 초월하여 불변하는 도덕성의 원리와 긴밀하게 결부되어 있다. 도덕성(morality)은 특정사회 도덕들의 밑바탕에 놓여 있는 도덕의 기본원리를 의미한다. 그러나 전적으로 도덕성의 원리에만 주목하고 구체적인 도덕현상들을 도외시하는 경우, 자칫 현실과 동떨어진 추상적이고 사변적인 차원의 윤리에 머물기 쉽다. 그러므로 '원리가 없는 도덕'은 방향을 상실하기 쉽고, '도덕이 없는 원리'는 관념의 유희일 뿐이다(Pieper, 진교훈 · 류지한, 1999: 66 - 67). 따라서 '제도로서의 도덕'과 '원리로서의 도덕'은 서로 떨어질 수 없는 윤리학의 한 몸을 이룬다. 여기서 윤리학을 크게 두 가지로 구분해 볼 수 있는데, '원리로서의 도덕'이 '이론 윤리학(theoretical ethics)'이라면 '제도로서의 도덕'은 '실천 윤리학(practical ethics)'이라 할 수 있다.

Ⅱ. 윤리학의 세 가지 사유 방식과 도덕교육

1. 근대 규범윤리학(칸트 의무론, 공리주의)과 덕윤리

윤리학은 근본적으로 도덕성의 척도가 되는 도덕원리 또는 행위 평가의 기준에 대해 탐구한다. 현대 윤리학에서 도덕성에 대한 세 가지 사유 방식으로 우리는 결과주의, 칸트 윤리학, 덕윤리학을 들 수 있다. 결과주의는 인간 행동을 평가하기 위한 토대로서 좋은 결과를 강조한다. 우리는 결과주의의 대표적인 이론으로 공리주의를 들 수 있다. 한편 칸트 윤리학은 도덕성의 토대로서 보편적인 법칙의 이상과 타인에 대한 존중에 초점을 맞춘다. 그의 윤리학은 의무론으로 지칭된다. 그런가 하면 덕윤리학은 유덕한 품성이나 동기를 지닌 도덕적 행위자의 관점으로부터 도덕 문제들을 조망한다(Baron et al., 1997: 1). 현대 윤리학의 논의에서 덕윤리학의 부활은 무엇보다 칸트 의무론과 공리주의로 대변되는 근대 규범윤리학에 대한 불만에서 기인한다.

근대의 규범 윤리학(칸트 의무론과 공리주의)이 '행위 중심(act-focused)'의 윤리라면 덕윤리는 '행위자 중심(agent-focused)'의 윤리이다. 규칙 윤리학은 어떤 행위가 타당한 규칙에 부합하는지의 여부에 따라 그 행위를 도덕적으로 옳거나 그른, 도덕적으로 허용 가능하거나 의무인 것으로 기술하는 데 반해, 덕윤리학은 무엇이 도덕적으로 고귀하고, 무엇이 훌륭한지, 무엇이 좋고 나쁜지의 관점에서 논의한다(Slote, 1997: 178). 한마디로 규칙의 윤리학은 "무엇을 해야 하는가?(What should one do?)"의 물음과 '행위의 원리'를 중시한다면, 덕윤리는 "어떻게 살아야 하는가?(How should one live?)"의 물음과 '인간의 번영하는 삶(human flourishing life)'을 중시한다고 할 수 있다.

덕윤리가 부활할 수 있게 된 계기는 앤스콤(G. E. M. Anscombe)과 매킨타이어(A. MacIntyre)에 의해 마련되었다. 앤스콤은 인간의 필요나 욕구와 분리된 채, 의무와 같은 법칙적인 윤리 개념만을 강조하는 근대 윤리학은 심각한 문제를 지니고 있다고 보았다(Pence, 1991: 250–251).02 매킨타이어(1984: 35) 역시 앤스콤의 견해를 발전시켰는데, 그는 근대 계몽주의 기획이 이론들 간 개념의 다양성과 불가공약성의 문제와 인간의 본성과 유리된 궁극적 원리의 단정적 사용 때문에 실패한 것으로 진단했다.

덕윤리학은 보편주의를 지향하는 근대 규범윤리의 문제점, 다시 말해서 "추상적 원리만을 중시하고 구체적인 상황 및 개인적 욕구나 감정 등을 무시함으로써 실천력이 떨어진다."는 문제점을 적절하게 제기했다고 평가할 수 있다. 그러나 이미 '거대규모 공동체' 안에서 '응집력이 약한 익명적 개인들'이 더불어 사는 오늘날, 공리주의와 칸트 의무론과 같은 근대 규범윤리는 덕윤리로 대체될 수 없는, 여전히 유효한 이론이며, 다만 덕윤리적 요소가 적절하게 보완될 필요가 있다고 하겠다(박찬구, 2006: 160–161).03

2. 도덕교육에서 세 가지 윤리학적 접근의 위상과 역할

(1) 인격교육의 윤리학적 기초로서 덕윤리학

덕윤리학은 근대 계몽주의의 기획, 즉 칸트 의무론이나 공리주의를 비판하면서 등장한 것으로서 현대 윤리학에서뿐만 아니라 도덕교

---

02 앤스콤(1958)의 논문 "근대도덕철학 Modern Moral Philosophy"(*Philosophy* 33, pp.1–19)이 발표된 이래 근대 윤리학을 비판하고 덕으로의 회귀를 주창하는 많은 논문들이 뒤따라 나왔으며, 매킨타이어의 『덕이후 *After Virtue*』는 덕윤리의 부활에 결정적인 역할을 한 것으로 평가되고 있다(노영란, 2005: 54–59).

03 의무윤리와 덕윤리의 통합을 위한 하나의 사례로서 필자(2010)의 논문 「쉴러의 미적 교육론에서 의무와 경향성의 조화」 참고.

육론의 이론적 배경으로도 중요한 위상을 차지하고 있다. 아리스토텔레스의 덕 개념에 그 기반을 두고 있는 덕윤리학은 인격교육의 도덕철학적(윤리학적) 기초로 간주된다. 사실 '인격(character)'이라는 개념은 '새기다(engrave)'를 의미하는 그리스어 '카락테르(charaktēr)'에서 유래한다. 아리스토텔레스(*Politics*, 1332a39 – 1332b11, 1334b5 – 13; *Nicomachean Ethics*, 1179b20 – 21)에 의하면 개인이 선하고 덕성 있게 될 수 있는, 즉 인격교육 가능성의 근거로 타고난 본성(physis), 습관(ethos) 그리고 이성적 능력(logos)을 들고 있다. 타고난 본성은 자연에 의해 중립적인 형태로 내재되어 있기에 습관과 교육을 통해서 인간의 고유한 가능성이 최대한 실현될 수 있다. 아리스토텔레스는 습관을 제2의 천성으로 간주할 정도로 습관을 강조하지만 유덕한 인간이 되기 위해서 습관만으로는 부족하기에 실천적 지혜(phronēsis)라는 이성적 능력을 요구한다(*Nicomachean Ethics*, 1126b4, 1109b20 – 23; Louden, 1998).

덕윤리학을 이론적 기반으로 하는 인격교육을 좁게 규정할 경우, 인격교육은 덕교육(virtue education)으로도 간주될 수 있다. 덕교육적 접근법에서 아리스토텔레스적인 덕은 인지적, 정의적, 행동적 영역을 포괄하는 하나의 총체적인 개념이다. 사실 아리스토텔레스는 유덕한 인간이 되기 위해서는 행동의 습관화와 적절한 감정의 계발 그리고 실천적 지혜를 요구한다. 또한 덕 개념의 부활은 도덕 공동체를 기반으로 한 덕의 계발을 강조한다. 특히 덕교육적 관점은 초·중등 도덕과 교육과정의 내용체계화를 덕목중심으로 접근하고자 할 때 중요한 아이디어를 제공한다(정창우, 2004: 217 – 218).

한편 덕윤리학의 한계는 인격교육 내지 덕교육의 한계를 규정한다. 덕윤리에 기반을 둔 인격교육 내지 덕교육은 도덕적인 갈등을 다루는 데 충분하지 않다. 다시 말해서 덕들 간의 상충을 해결할 수 있는 기준이 미비하다는 것이다. 아울러 인격교육은 어떠한 덕을 가르칠 것인가의 문제, 즉 가르치고자 하는 덕이 과연 보편성을 갖는가라는 문제점을 지니고 있다. 특히 인격교육은 학생들을 수동적이고 의존적인 존재로 간주하면서 사회화의 측면에 치중하기 때문에 자율성이나 비판적인 판단능력의 계발을 소홀히 하는 경향이 있다.

노영란(2003: 227-244)은 덕윤리의 행위지침력(action-guiding power)을 그 폭(breadth)과 구체성(specificity) 그리고 결정성(decisiveness)의 측면에서 검토하면서 덕윤리는 행위지침력에 있어서 그다지 만족스럽지 못하다고 평가한다. 사실 플라톤과 아리스토텔레스가 살던 당시, 규모가 큰 폴리스라고 해 보아야 인구가 20~30만 명에 불과하였고 (Kitto, 1977: 66)[04] 유사한 정치적·종교적·문화적 영향하에 있었기 때문에 덕윤리는 강력한 행위지침력을 가졌다고 할 수 있다. 그러나 삶의 단위가 거대규모의 공동체로 확장되었고, 다양한 민족과 인종의 사람들이 한 국가에 살아가는, 결속력이 약한 익명의 사회에서는 불가피 모든 사람에게 동일하게 적용될 수 있는 보편적 원리에 근거할 수밖에 없다. 이러한 맥락에서 덕윤리의 이론적 한계는 덕윤리에 기초하고 있는 인격교육이 도덕교육의 최종적인 목표로 간주되기는 어렵다는 점을 보여 준다. 하지만 그렇다고 해서 인격교육의 과정이 결여된 구성주의적 도덕교육이 최종 목표일 수도 없다.

도덕교육의 궁극적인 목표는 인지 및 도덕성의 발달단계에 적합하게 인격교육과 구성주의적 도덕교육이 상보적인 적용을 통해 자율적인 판단능력과 함께 유덕한 인격을 함양하는 것이라 할 수 있다. 이 대목에서 우리는 "성품 없는 원칙은 무력하고, 원칙 없는 성품은 맹목"(프랑케나)이라는 말이나 "습관과 전통의 뜰을 지나 이성의 궁전에 들어갈 수 있다."(피터스)는 표현의 의미를 되새겨 보게 된다. 요컨대 인격교육은 이성능력이 발달하기 이전에 올바른 습관 및 태도의 형성과 도덕적인 감정을 계발함으로써 이성능력이 발달하는 청소

---

04 그리스 세계에서 시실리의 시라쿠사(Syracuse)와 아크라가스(Acragas) 그리고 아테네만이 인구 20만 명을 초과하였다.

년 시기에 칸트 의무론과 같은 보편주의 윤리에 기반을 둔 구성주의적 도덕교육의 필수적인 토대를 마련할 수 있다.

(2) 구성주의적 도덕교육의 윤리학적 기초로서 칸트 의무론

칸트 의무론은 콜버그로 대표되는 구성주의적 도덕교육론과 긴밀한 연관성을 지니고 있다. 첫째, 구성주의적 도덕교육론의 이론적 배경으로서 구성주의적 인식론은 칸트의 인식론적 관점으로부터 큰 영향을 받았다고 할 수 있다. 칸트에 따르면 인간은 사물이나 사태 자체를 알 수 없고 다만 인간 자신에게 고유한 인식형식으로 파악한 '현상' 세계만을 알 수 있을 따름이다. 종래의 인식론에서는 인식이 대상을 향했다면, 이제는 대상이 인식을 향하는 것이다(KrV, B ⅩⅣ). 다시 말해서 경험론이든 합리론이든 존재하는 대상을 있는 그대로 파악하는 것에 초점을 맞췄다면 칸트는 인식 주관이 인식 대상을 구성한다는 획기적인 주장, 즉 '코페르니쿠스적 전환'를 시도한 것이다. 도덕교육에 있어서 구성주의적 접근법에 의하면 진리와 지식은 인식 주관, 즉 개인의 마음에 의해 구성된 구조(구성물)이며, 의미형성(meaning-making)과 가치화(valuing)는 그러한 구조에 기초하고 있다(Hayes & Oppenheim, 1997: 33).

둘째, 콜버그의 3수준 6단계로 구조화된 도덕성 발달의 관점은 궁극적으로 칸트의 정언명법과 같은 보편적인 도덕원리를 지향한다. 칸트나 콜버그 모두 보편화 가능한 도덕원리의 근거를 인간의 인지적 능력에서 찾는다는 점에서 큰 차이가 없다. 칸트가 2+2=4라는 계산을 해낼 수 있는 이성적 능력에서 도덕적 영역에 적용되는 보편적 사고의 근거를 발견한다면, 콜버그는 피아제의 '보존개념(conservation)'[05]

---

05 구체적 조작기에 등장하는 '보존개념'은 표면적인 모습이 변화될지라도 대상의 근본적 속성은 동일하다는 지식을 의미한다.

이라는 인지적 능력에서 타인의 입장에 대한 고려를 가능케 하는 탈중심화(脫中心化)의 근거를 발견한다(Gibbs, 1995: 38‒39). 인지발달론의 맥락에서 탈중심화(decentration)는 어떤 사태를 다양한 관점에서 고려할 수 있는 능력으로서 도덕적 동기의 인지적 근원이라 할 수 있다. 사실 콜버그의 가상적 도덕딜레마 수업이나 정의공동체 프로그램에서 목표로 지향하는 '역할(관점)채택 능력'은 탈중심화의 능력이며, 이는 보존개념이라는 인지적 발달을 전제한다. 역할채택 능력은 "너의 의지의 준칙이 항상 그리고 동시에 보편적 입법의 원리가 될 수 있도록 행위하라."는 칸트의 정언명법에서 절정에 달한 다고 할 수 있다.

셋째, 칸트나 콜버그 모두 강한 이성주의의 관점에 입각해 있기 때문에 장점뿐만 아니라 단점 역시 공유한다고 할 수 있다. 두 학자 모두 도덕성을 시대와 문화를 초월한 보편성을 지닌 것으로 간주한 다. 이러한 보편적인 도덕성의 관점은 이성에 대한 신뢰에서 비롯한 다. 칸트는 도덕성을 정초하는 과정에서 일체의 감정이나 경향성을 배제한다.[06] 이 때문에 칸트 의무론은 지나치게 형식적이며, 감정이나 경향성을 무시한다는 비판을 받는다. 콜버그 역시 선에 관한 지식이 도덕적 행동을 산출하기 위한 충분조건으로 간주하는 인지결정론적 입장에 서 있기 때문에 이론의 추상성을 강조하고 감정 내지 정서를 간과한다는 비판을 받는다. 따라서 칸트의 의무론이나 콜버그의 구성주의적 도덕교육은 이성과 정서(감정)를 통합해야 하는 어려운 과제를 지니고 있다고 할 수 있다. 칸트의 의무론과 콜버그의 구성주의적 도덕교육은 공히 이성에 입각한 도덕성의 보편타당성을 추구한다는 강점이 있지만 보다 생동감 있는 윤리이론 내지 도덕교

---

06 도덕형이상학의 기초를 놓는 과정, 다시 말해서 도덕성을 정초하는 과정에서 칸트는 도덕감 das moralische Gefühl을 비롯한 일체의 감정과 경향성을 배제한다. 왜냐하면 감정이나 경향성은 경험적 요소이므로 도덕원리의 보편타당성과 필연성을 보장하지 못하기 때문이다. 이러한 관점은 『정초』Grundlegung zur Metaphysik der Sitten의 기본 구도이다.

육론에서 확고한 위상을 확보하기 위해서는 정서(감정)의 요소를 자신의 이론 내에서 창조적으로 재해석할 필요가 있다.

(3) 현대 시민사회 윤리문제의 한 접근법으로서 공리주의

공리주의는 19세기의 마르크시즘이나 진화론만큼이나 사상사에서 급진적인 혁명을 주도했다. 공리주의는 칸트 의무론과 함께 현대 윤리학사에서 양대 축으로 언급되며, 응용윤리의 논의에서 빠지지 않은 윤리이론이기도 하다. 특히 공리주의는 근대 자본주의 사회의 인간상, 즉 합리적이고 경제적인 인간상(homo economicus)에 부합하는 윤리이론이라 할 수 있다. 이러한 위상에도 불구하고 공리주의적 관점은 칸트 의무론에 비해서 도덕교육론의 중요한 이론적 배경으로 등장하지 않는다는 것은 다소 의외이다. 도덕교육론의 맥락에서 공리주의적 관점은 콜버그의 도덕성 발달이론과 관련하여 5단계의 '사회계약적 원리지향의 도덕성'으로 언급되는 정도이다. 사회계약의 원리는 기본적으로 공리주의의 모토라 할 수 있는 '최대다수 최대행복'에 기초해 있다고 할 수 있다.

공리주의는 도덕교육론에서 직접 언급되기보다는 시민윤리 교육의 맥락에서 주로 논의된다. 제7차 교육과정의 『시민윤리』는 민주 시민교육의 맥락에서 '최소한의 도덕(minimum morality)'을 지향한다고 적시하고 있다(교육부, 2001: 58). 공리주의는 이기적인 개인들이 한데 모여 사는 자본주의 사회에서 어떻게 서로 공존할 수 있는가를 모색한 결과물이기 때문에 『시민윤리』교과가 목표로 하는 시민으로서 갖추어야 할 최소한의 윤리로 간주될 수 있다.[07] 다시 말해서 공리주의는 개인들 간의 이익이 상충할 때 혹은 사익과 공익이 충돌할 때, 그것을 절충하고 조화시키기 위한 판단기준을 제시한다고 할 수

---

07 제7차 개정 교육과정에서는 『생활과 윤리』에서 시민윤리 및 응용윤리의 문제를 다루고 있다.

있다. 이러한 맥락에서 공리주의는 자본주의 사회를 지탱할 수 있는 최소한의 윤리로서의 위상을 지니고 있다고 할 수 있다. 그러나 간과해서는 안 될 것은 공리주의가 단순히 최소한의 도덕으로 치부되기는 어려운 측면이 있다는 사실이다. 공리주의는 다른 어떤 대안적 행위보다도 더 많은 유용성을 산출하는 행위를 의무로 규정한다. 따라서 공리주의는 가능한 대안들의 결과를 고려해서 가장 좋은 결과를 산출할 수 있는 대안이 채택되도록 해야 한다는 점에서 '의무 이상의 행위', 즉 '초과의무(supererogation)'의 성격도 지니고 있다 (Harris, 김학택 · 박우현 공역, 2004: 186 - 187).

도덕교육의 현장에서 "왜 우리는 도덕적이어야 하는가?"라는 도덕 교사의 질문에 학생들은 대체로 "그렇게 하는 것이 결국 나에게 이익이 되기 때문이다."라고 답변한다. 이는 공리주의적 답변의 전형적인 예이다. 최대다수 최대행복을 명령하는 공리주의적 도덕성은 그러한 명령의 수행이 나의 행복에 기여할 것이라는 전망에 의존한다. 물론 칸트의 관점에서 볼 때, 공리주의적 도덕성은 가언명령의 성격이 농후하다고 할 수 있다. 그러나 도덕이 현실과 유리될 수 없는 한 자신의 이익을 추구하는 인간의 경향성을 도덕성 정초의 출발점으로 삼는 공리주의는 무시하기 어려운 윤리학의 한 접근법이며, 일정부분 도덕교육에 기여할 수 있다.

다음으로 공리주의의 강점들에 대해 주목할 필요가 있다. 유용성 (utility)의 원리는 정책결정 시 다양한 대안들 가운데 최선의 대안을 선택하는 기준이 될 수 있으며, 비효율적인 법률 내지 제도나 관습을 개선하는 데 기여할 수 있다. 더 나아가 공리주의는 쾌와 고통을 느낄 수 있는 유정적인(sentient, 有情的) 존재들의 행복을 극대화하는 것을 옳은 것으로 간주하기 때문에 인간뿐만 아니라 동물들에 대한 관심을 확장하는 데에 특히 우호적이라고 할 수 있다(Smart, 1986: 36 - 37).[08]

그러나 공리주의는 해결해야 할 몇 가지 이론적인 문제점을 내포하고 있다는 것에도 주의를 기울여야 한다. 먼저 벤담과 밀의 고전적 공리주의가 갖는 이론적 문제점이 있다. 고전적 공리주의자들은 '모든 사람은 자기 자신의 쾌락을 추구한다.'는 심리적 쾌락주의로부터 '모든 사람은 자기 자신의 쾌락을 추구해야 한다.'는 윤리적 쾌락주의를 도출한 후 그것을 공리주의의 원리로 삼는다. 그런데 이것은 이른바 자연주의적 오류(the naturalistic fallacy)를 범하고 있다. 사람들이 쾌락을 바란다(desire)는 경험적 사실은 쾌락을 추구하는 것이 바람직하다(desirable)는 도덕적 가치(당위)의 근거가 될 수 없는 것이다. 그런가 하면 윤리적 쾌락주의를 받아들인다 하더라도, '각 사람은 자기 자신의 쾌락을 추구해야 한다.'는 이기주의적 쾌락주의를 근거로 '각 사람은 사회 전체의 쾌락을 추구해야 한다.'는 보편주의적 쾌락주의를 도출할 수 없다. 여기서 공리주의는 이른바 '결합의 오류(the fallacy of composition)'를 범하고 있다. 결합의 오류에서 알 수 있듯이 이기주의적 쾌락주의를 출발점으로 하는 한, 공리주의는 보편적 행복을 위해 나의 행복을 희생시켜야 하는 이유를 해명할 수 없다(박찬구, 2006: 103).

　　끝으로 공리주의의 문제점을 지적할 필요가 있다. 공리주의는 무엇보다 정의(justice)의 요구를 만족시키지 못한다는 역직관성의 문제를 내포하고 있다. 공리주의는 개별적인 행복이 아니라 일반적이며, 전체적인 행복을 선으로서 추구하기 때문에 소수의 희생을 정당화할 수 있다. 또한 공리주의는 일반적인 행복의 분배방식이나 개인의 권

---

08 동물에 대한 관심은 고전적 공리주의자인 벤담의 다음과 같은 질문에서도 확인할 수 있다. "문제는 동물들이 사유할 수 있는가, 말할 수 있는가가 아니라 그들이 고통을 받고 있는가이다."(Smart, 1986: 37). 동물의 고통에 대한 관심은 피터 싱어(Peter Singer)가 주장하는 동물해방(Animal Liberation)의 근거가 되기도 한다. 그러나 쾌와 고통에 대한 감수 능력이 없는 1개월 이전의 초기 태아에 대한 낙태를 정당화하는 피터 싱어의 논변은 파격적이라 할 수 있다.

리에 대해서 무관심한 측면이 있다(Mabe, 1993: 153‒158). 주지하듯이 이러한 공리주의의 문제에 대해 롤즈는 자신의 『사회 정의론』(*A Theory of Justice*, 1971)에서 심도 있게 비판한 바 있다.

참고문헌

교육부(2001), 『고등학교 교육과정 해설』, 서울: 대학교과서주식회사.

노영란(2003), 「덕윤리의 행위지침력」, 철학연구회, 『철학연구』 제62집.

노영란(2005), 「도덕윤리과 교육의 덕윤리적 접근」, 『도덕·윤리과 교육의 학제적 접근론』, 서울: 교육과학사.

박병기(2003), 「밀의 질적 공리주의」, 『서양 근·현대 윤리학』, 서울: 인간사랑.

박찬구(2006), 『개념과 주제로 본 우리들의 윤리학』, 서울: 서광사.

윤영돈(2010), 「쉴러의 미적 교육론에서 의무와 경향성의 조화」, 한국윤리학회, 『윤리연구』 제76호.

이진우(1997), 『도덕의 담론』, 서울: 문예출판사.

정창우(2004), 『도덕교육의 새로운 해법』, 서울: 교육과학사.

진교훈(2003), 『현대 사회 윤리 연구』, 서울: 울력.

추병완(1999), 『도덕교육의 이해』, 서울: 백의.

추병완(1997), 「공동체주의적 도덕교육론」, 『윤리학과 윤리교육』, 서울: 경문사.

추병완(1996), 「미국 도덕교육의 최근 동향」, 『인격교육과 덕교육』, 서울: 배영사.

한국교육과정평가원(2005. 12), 『도덕과 교육과정 개정(시안) 연구개발』.

황경식(1995), 『개방사회의 사회윤리』, 서울: 철학과현실사.

Aristotle(1968), *Aristotle's Nicomachean Ethics*, trans. by H. Rackham, MA: Harvard Univ. Press.; 최명관 옮김(1984), 『니코마코스윤리학』, 서울: 서광사.

Aristotle, trans. by Ross, W. D(1990), *Politics*, in *Great Books of the Western World*, vol.8, Chicago: Encyclopedia Britannica, Inc.

Baron, Marcia W. et al(1997), *Three Methods of Ethics: A Debate*, Oxford: Blackwell Publishers.

Berkowitz, Marvin W.(2002), "The Science of Character Education", William Damon(ed), *Bringing in a New Era in Character*, California: Hoover Institution Press.

Gibbs, J. C.(1995), "The Cognitive Developmental Perspective", W. M. Kurtines & J. L. Gewirtz(eds.), *Moral Development: An Introduction*,

Boston: Allyn and Bacon.

Hayes R. L. & Oppenheim, R.(1997), "Constructivism: Reality is What you make it", T. L. Sexton & B. L. Griffin(eds.), *Constructivist Thinking in Counseling Practice, Research, and Training,* New York & London: Teachers College, Columbia University.

Higgins, A.(1995), "Educating for Justice and Community: Lawrence Kohlberg's Vision of Moral Education", W. M. Kurtines & J. L. Gewirtz(eds.), *Moral Development: An Introduction,* Boston & London: Allyn and Bacon.

Kant, I.(1983), *Kant Werke in zehn Wänden,* W. Weischedel(Hg.), Darmstadt: Wissenschaftliche Buchgesellschaft.

Kant, I., trans. by Mary Gregor(1996), *The Metaphysics of Morals: The Doctrine of Virtue,* Cambridge Univ. Press, 1996.

Kitto, H. D. F.(1977), *The Greeks,* New York: Penguin Books; 김진경 옮김 (1994), 『그리스문화사』, 서울: 탐구당.

Louden, Robert B.(1998), "Examples in Ethics", *Routledge Encyclopedia of Philosophy,* London & New York: Routledge.

Mabe, A. R.(1993), "Moral and Practical Foundations for Civic Education", *Social Studies,* Vol. 84, Issue 4.

MacIntyre, A.(1984), *After Virtue: A Study in Moral Theory,* Indiana: University of Nortre Dame Press.

Narvárez, D. & Rest, J.(1995), "The Four Components of Acting Morally", *Moral Development: An Introduction,* Boston: Allyn and Bacon.

Pence, Greg(1991), "Virtue Theory", Peter Singer(ed.), *A Companion to Ethics,* Oxford: Basil Blackwell.

Pieper, Annemarie, 진교훈 · 류지한 옮김(1999), 『현대윤리학 입문』, 서울: 철학 과현실사.

Sahakian, W. S.(1974), *Ethics: An Introduction to Theories and Problems,* New York: Barnes & Nobel Books, 1974).

Smart, J. J. C.(1986), "Utilitarianism and its Application", J. P. DeMarco & R. M. Fox(eds.), *New Directions in Ethics,* New York & London: Routledge & Kegan Paul.

Taylor, Paul, 김영진 옮김(1985), 『윤리학의 기본원리』, 서울: 서광사.

제3장 도덕교육의 심리학적 기초와 융 심리학

도덕교육의 양대 축이라 할 수 있는 인격교육과 구성주의적 도덕교육의 심리학적 기초를 고려할 때, 인격교육은 사회학습이론에, 구성주의적 도덕교육은 인지발달이론에 근거하고 있다. 그런가 하면 정신분석학의 관점도 도덕교육의 심리학적 기초로서 일정한 기여를 하고 있다. 이 글에서는 도덕교육의 심리학적 기초로서 언급되는 이들 세 가지 관점을 간단히 살펴보고, 그동안 도덕교육에서 거의 다루어지지 않았던 융 심리학의 인간이해와 도덕교육적 함의를 비교적 상세하게 논의하고자 한다.

Ⅰ. 도덕교육의 심리학적 기초로서 도덕심리학

흔히 도덕교육에 대한 심리학적 접근은 도덕성의 요소를 정서적 차원, 행동적 차원, 인지적 차원으로 삼분한다(박병기 · 추병완, 2001: 87 - 151; 추병완, 2004: 319 - 357; 정창우, 2004: 13 - 105). 도덕성의 정서적 차원에 대한 심리학적 접근의 대표적인 예로 프로이트의 정신분석학의 관점을, 도덕성의 행동적 차원의 경우는 행동주의의 관점을 발전시킨 밴두라의 사회학습이론을, 도덕성의 인지적 차원의 경우는 피아제와 콜버그로 대표되는 인지발달이론을 들 수 있다.

도덕교육의 양대 축이라 할 수 있는 인격교육과 구성주의적 도덕교육의 심리학적 기초를 고려할 때, 인격교육은 사회학습이론에, 구성주의적 도덕교육은 인지발달이론에 근거하고 있다. 이에 비해 정신분석학의 관점은 그 효용성이 다소 떨어진다고 할 수 있다. 먼저 정신분석학의 관점이 도덕교육에 기여할 수 있는 점과 그 문제점을 살펴본 뒤에, 사회학습이론과 인지발달이론을 중심으로 도덕교육의 심리학적 접근에 대해 논의하고자 한다.

1. 정신분석이론의 도덕교육적 함의와 문제점

프로이트(Sigmund Freud)의 정신분석이론에서는 인간의 행동을 무의식이고 비합리적인 요소가 결정하는 것으로 간주한다. 프로이트는 인성을 다음 그림과 같이 세 가지 구성요소로 세분한다.

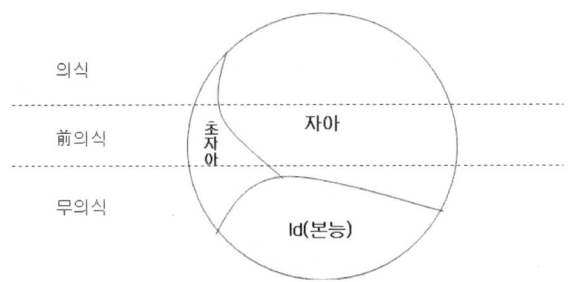

〈그림 3-1〉 인성의 세 가지 요소
(Hjelle & Ziegler, 이훈구 옮김, 1993: 56)

이드(id)는 유전적이고, 본능적이며, 원초적인 측면을 포괄하는 것으로서 정신에너지의 저장소로 간주된다. 이드는 무엇보다 '쾌락원리(pleasure principle)'에 따라 활동하며, 눈이 먼 왕처럼 올바른 방향성보다는 강한 에너지가 현저하다. 한편 자아(ego)는 의식적이고 합리적인 나(I)를 의미하며, 인성의 집행자로서 '현실원리(reality principle)'에 따라 활동한다. 이드가 말(馬)이라면 자아는 말을 모는 기수(騎手)에 비견할 수 있다. 그런가 하면 초자아(superego)는 도덕적 계율이나 행위와 금지의 규율 또는 자기처벌의 경향성 등으로 간주되는데, 아동기(3~6세)에 가치·태도에 대한 부모의 기준을 내면화함으로써 형성되는 요소이다. 초자아는 인성의 재판관으로서의 역할을 수행한다. 이들 인성 요소들은 상호 역동적 균형을 추구한다. 가령 이드는 기본적 욕구를 의미하고, 자아는 이러한 욕구가 충족될 수 있는 현실적 방법을 찾을 때까지 충동적인 이드를 제한하며, 초자아는 자아의 문제해결 전략이 도덕적으로 수용 가능한지의 여부를 결정한다. 그러므로 여기서 자아의 역할이 중요하게 부각된다. 즉, 자아는 현실이라는 문맥에서 이드와 초자아라는 상호 대립되는 요구 사이에 균형을 추구함으로써 두 주인을 섬기는 역할을 수행한다 (Hjelle & Ziegler, 이훈구 옮김, 1993: 56-60).

프로이트에 의한 인간의 심리성적 발달단계는 다음과 같다.

〈표 3-1〉 심리성적(psychosexual) 인간발달

(Hjelle & Ziegler, 이훈구 옮김, 1993: 63-79; 정창우, 2004: 100-102)

발달단계	시기	특징	중심과업
구강기	1세	모든 성에너지(libido)가 구강에 존재. 본능적 만족의 유일한 창구. 젖을 빠는 것과 음식물을 삼키는 것은 성적 만족의 원형. 이유(離乳)와 함께 구강기가 끝남	타인에 대한 의존, 신뢰의 형성
항문기	2~3세	리비도의 초점은 항문. 대소변 가리기 시작	자기 통제와 지배의 시작
남근기	4~6세	리비도의 초점은 생식기. 성기관찰, 출생과 성에 대한 관심표명. 외디프스 콤플렉스(거세공포), 엘렉트라 콤플렉스(남근선망)	남아는 아버지 동일시 여아는 어머니 동일시 성역할 학습 및 초자아 형성
잠재기	7~사춘기	성적인 수면상태	리비도의 승화(지적 관심, 운동, 우정)
생식기	사춘기~ 죽을 때까지	2차 성특징. 초기 동성에 대한 관심→ 이성에 대한 관심	일과 사랑(일, 만족 지연, 책임감, 적극적 활동 통한 생활의 문제해결)

도덕발달에 대한 정신분석학적 설명에 따르면 인간은 비합리적인 본능으로 간주되는 이드 상태에서 출생한다. 그런데 도덕적인 것과 무관한 유아는 현실세계라는 맥락 속에서 자아가 발달되고, 유아기

에 부모를 비롯한 중요한 타자(significant others)의 가치기준이나 처벌의 경험에 근거하여 초자아가 발현됨에 따라 도덕성을 지니게 된다.

정신분석이론이 도덕교육에 함의하는 바는 다음과 같이 정리해 볼 수 있다(추병완, 2004: 327; 정창우, 2004: 103－104). 첫째, 바람직한 초자아의 형성과 발달은 부모의 엄격함과 친절함이 조화된 일관된 양육 방식에 영향을 받는다는 점이다. 더 나아가 아동의 '중요한 타자'인 교사가 상황에 적절한 엄격함과 친절함의 태도를 견지할 필요가 있다. 둘째, 초자아가 동일시와 내면화라는 기제를 통해 형성된다는 정신분석학적 사실은 부모나 교사가 건전한 동일시의 표본이 되어야 함을 시사한다. 셋째, 정신분석이론은 건강한 자아 형성을 위한 아이디어를 제공한다. 자아는 이드와 초자아 사이에 놓여 있으며, 현실에서 이들의 요구를 적절하게 수행해야 하는 과제를 안고 있다.[01] 셋째, 프로이트의 이론은 교사들에게 아동들의 감정적 욕구를 중시해야 함을 강조한다. 프로이트적 관점에 따르면 학교교육에서 학생들은 인습적인 방식을 통한 행동의 강요 때문에 고통을 받는다. 따라서 교사는 학생들의 감정적 욕구를 적절하게 고려할 필요가 있다는 것이다.

다음으로 정신분석이론이 지닌 문제점을 확인할 필요가 있다. 무엇보다 프로이트의 정신분석이론은 과학적인 검증이 불가능한 신화적 측면이 있고, 인간의 발달을 과도하게 성욕과 관련하여 논의하며, 인간의 본성에 대한 부정적인 관점을 지니고 있다는 점을 지적할 필요가 있다(추병완, 2004: 322). 더 나아가 프로이트의 정신분석이론

---

[01] 정신분석이론을 비판적으로 발전시킨 미국의 정신과 의사인 에릭 번(Eric Bern)의 교류분석(Transactional Analysis), 이고그램은 프로이트의 인성의 3요소를 객관화하여 자아 부분으로 확대함으로써 자아 상태를 진단하고 개선할 수 있는 심리분석 기법이다. 즉 프로이트의 인성구조에서 이드(id)는 어린이(Child) 자아상태로, 자아(ego)는 어른(Adult) 자아상태로, 초자아(super ego)는 어버이(Parent) 자아상태에 해당된다. 그리고 어버이 자아상태는 비판적 어버이(Critical Parent)와 양육적 어버이(Nuturing Parent)의 자아상태로 구분되며, 어린이 자아상태는 자유로운 어린아이(Free Child)와 순응적 어린아이(Adapted Child)의 자아상태로 구분된다.

은 환자를 대상으로 하는 임상연구의 결과에 근거하여 개발되었으므로 정상적인 사람에게 확대 적용하는 것은 문제가 될 수 있다.

프로이트의 정신이론이 지닌 또 다른 문제점은 인간의 모든 문제를 환원론적 태도로 설명한다는 점이다. 다시 말해서 프로이트는 유년기의 상처와 체험을 독립변수로 간주하고, 오늘의 모든 심리 문제를 어제로 환원하고자 한다. 프로이트는 과거자료를 가지고 현재를 분석하지만, 융(Jung, 1977: 45 - 46)처럼 현재의 자료를 가지고 미래를 건설하는 것 또한 가능하다. 사실 인간의 삶은 미래를 가지고 있으며, 어제에 관한 지식에 내일에의 시작을 더할 때 비로소 이해될 수 있는 것이다. 이러한 관점에서 인간의 미래 지향적인 가능성을 배제하며, 인간을 오로지 과거 지향적 존재로 간주하는 프로이트의 관점에서는 청소년기 이후의 도덕교육을 위한 입지 확보가 어렵다고 할 수 있다.

2. 도덕교육에 관한 사회학습이론의 관점: 밴두라를 중심으로

밴두라(A. Bandura)는 스키너의 심리학에서 간과되었던 내적 사고 과정인 인지구조에 중요한 역할을 부여함으로써 온건한 행동주의 심리학자로 분류된다(Hjelle & Ziegler, 이훈구 옮김, 1993: 299 - 300). 인간의 행동은 개인과 환경 사이의 상호작용 결과이며, 특히 인지과정에 강조점을 둔다는 측면에서 밴두라의 관점은 사회 인지 이론(social cognitive theory)으로 자리매김되고 있고, 구성주의와도 친화력이 있다(Hayes & Oppenheim, 1997: 30).

밴두라는 도덕성과 관련된 세 가지 행위유형으로 친사회적 행동, 유혹에 대한 저항, 만족감의 유예를 들고 있다(Musser & Leone, 1992: 143 - 144). 첫째, 친사회적 행동(prosocial behavior)에는 나눔, 조력, 협력, 이타적 행동, 칭찬 등이 포함되는데, 이러한 친사회적 행동은 직접적인 교육을 통해서 혹은 칭찬이나 격려를 매개로 한 긍정적 강화를 통해서, 특히 부모나 교사에 대한 모델링을 통해서 습득할 수 있다. 또한 청소년의 정서함양에 기여하는 예술작품이나 대중매체의 프로그램도 친사회적 행동 형성에 기여할 수 있다. 둘째, 유혹에 대한 저항(resistance to temptation)은 좀 더 부정적인 결과를 피하기 위해서 원하는 선택을 즉각적으로 하지 못하도록 하는 것을 포함한다. 대체로 유혹에 대한 저항을 학습하는 데 있어서 연구자들은 체벌의 효과에 관심을 기울여 왔다. 하지만 체벌과 같이 외부의 통제에 의한 행위는 본래적인 의미에서 도덕적이라 할 수는 없다. 셋째, 만족감의 유예(delay of gratification)는 향후 보다 바람직한 보상을 위해서 즉각적인 만족의 욕구를 절제하는 것이다. 이상의 논의에서 도덕성과 관련된 세 가지 행위유형인 친사회적 행동, 유혹에 대한 저항, 만족감의 유예는 본래적인 도덕성과 관련된다기보다는 자발적인 도덕적 행위를 배태할 수 있는 토양을 닦는 과정, 즉 외적 강화 내지는 외적 통제에 의한 습관화의 성격이 강하다고 하겠다.

그런데 여기서 한 가지 염두에 둘 것은 모델링이 외적 강화뿐만 아니라 자기부과적(self-imposed) 강화와도 관련이 있다는 점이다. 인간은 그 자신이 부여받은 상징화와 자기반응적 능력을 지니고 있기 때문에 주어진 모델을 수동적으로 수용하는 것뿐만 아니라 능동적으로 판단하고 평가하며 재구성할 수 있다. 이 대목에서 필자가 주목하는 것은 능동적인 행위주체를 통한 '선별적인 모델링'의 가능성이다. 밴두라는 인간을 감정이 배제된 한갓 정보처리기계로 보지 않고, 능동적으로 사고하고 판단할 수 있는 존재로 간주한다. 따라서 자기-부과적 강화체계를 형성하는 데 있어서 청소년은 다양한 모델들을 상호 비교 검토하여 보다 바람직한 모델에 관심을 기울일 수 있다. 이제 행위의 주체는 긍정적인 모델이 사용한 평가기준을 채택하여, 행위자 자신의 성과를 모델의 기준과 비교하여 평가하고, 그

후 그것을 자신의 강화적 유인으로 견지할 수 있다. 이러한 메커니즘이 좀 더 인지적으로 분화될 때, 자기규제를 통한 모델링도 가능하다(Hjelle & Ziegler, 이훈구 옮김, 1993: 293).

밴두라에 따르면, 사람들은 자신의 행위에 대해 자기보상적 내지는 자기처벌적 방향으로 반응할 뿐만 아니라 자기생성적 결과를 통해서도 자신의 행위를 규제할 수 있다. 여기서 자기생성적 능력으로서 핵심적인 개념이 '자기효능감(self-efficacy)'이다. 자기효능감은 한마디로 "나는 할 수 있다."는 '긍정적 자아상' 내지는 '자신감'이다. 밴두라는 사회적 행동의 광범위한 영역에 대해 설명하기 위해 자기효능감 이론을 제안했다(Musser & Leone, 1992: 156). 자기효능감이란 "목표를 산출하기 위해 필요한 행동과정을 조직화하고 실행할 수 있는 자기의 능력에 대한 신념"으로 정의될 수 있다. 효능감은 "무수한 목표를 수행하기 위해 인지적이고 정서적이며 행동적인 기술이 조직화되어야 하고, 효과적으로 배합되어야 하는 생성적 능력이다."(Bandura, 김의철 외 옮김, 2003: 28) 그러므로 자기효능감은 개인들이 자신들의 생각과 감정, 그리고 행동을 결정하는 데 있어서 중요한 역할을 한다. 가령 학업성취효능감이 높을수록 학업성적이 높고, 여가시간활용 효능감이 높을수록 건전한 여가활동을 할 수 있다. 특히 효능감 중에서도 관계효능감은 청소년의 생활만족도를 결정하는 가장 중요한 변인이다. 자기효능감에 대한 긍정적 기대는 자기동기화(self-motivation)뿐만 아니라 자기규제화(self-regulation)와도 밀접한 관련을 맺는다(Musser & Leone, 1992: 157).

자기효능감에 대한 사람들의 신념은 자기에 대한 지식의 중요한 측면을 구성한다. 자기효능감은 직접적 혹은 간접적으로 경험하는 정보의 근원으로부터 나오는데, 정보의 근원은 크게 네 가지이다(Bandura, 김의철 외 옮김, 2003: 183-250). 첫째, 성공경험이다. 성공의 경험들이 자기효능감의 정보에 가장 큰 영향을 미친다. 성공은 자기효능감에 대한 강한 신념을 형성한다. 예를 들어 성공적인 과제의 완수는 개인의 자기효능감을 증가시킬 뿐만 아니라 개인생활의 다른 측면으로 전이적 변화를 유도할 수 있다. 둘째, 자기효능감의 중요한 자원으로서 대리적 경험, 즉 모델링이 있다. 직접적으로 수행된 성공의 경험이 자기효능감에 큰 영향력을 미치기는 하지만 대리적 경험 또한 개인의 효능감을 제고할 수 있는 효과적인 수단이다. 특히 자기와 비슷한 사람이 성공적으로 수행하는 것을 보는 것은, 관찰자 자신의 잠재된 능력에 대한 효능감을 높인다. 효과적인 대처전략에 대한 모델링도 마찬가지다. 셋째, 자기효능감 형성에 영향을 미치는 요인으로 언어적 설득이 있다. 언어적 설득은 우리가 어떤 능력을 소유하고 있다는 타자의 평가 내지는 사회적 평가이다. 특히 갈등하고 고민하는 청소년에게 중요한 타자가 "너는 이 상황을 잘 이겨낼 수 있다."라는 긍정적인 평가를 부여하는 경우, 자신이 처한 어려움을 이겨낼 수 있다는 효능감 형성을 지원할 수 있다. 넷째, 자기효능감 형성에 영향을 미치는 요인으로 생리적·정서적 상태를 들 수 있다. 사람들은 긴장되고, 정서적으로 불안할 때 효능감이 낮아진다.

이상의 논의에서 우리는 모델링과 자기효능감을 중심으로 사회학습 이론이 도덕교육에 기여할 수 있는 측면을 살펴보았다. 사회학습 이론은 행동이 어떻게 습득되는가를 설명함에 있어서 생산적이다. 또한 밴두라가 최근 저작들에서 관심을 기울인 인지과정은 행위자의 인지, 정서 그리고 행동 사이의 상관성을 잘 해명해 주고 있다. 그러나 밴두라의 논의에서 인지과정에 대한 중요성에 비해 인간의 감정과 정서의 문제가 소홀히 다루어지고 있으며, 타율적인 외적 규제에서 자율적인 내적 규제로의 전환이 어떻게 가능한지에 대한 '인지의 발달적 측면'의 해명이 부족하다는 한계를 지니고 있다(Musser & Leone, 1992: 161).

3. 도덕교육에 관한 인지발달이론의 관점: 콜버그를 중심으로

청소년은 신체적으로 급격한 변화를 겪는 동시에 인지적으로도 중요한 질적 변화를 경험한다. 피아제(J. Piaget)에 따르면 청소년기는 구체적 조작기(6, 7세에서 시작)와 형식적 조작기(14세 전후에 시작)가 걸쳐 있는 시기이다. 구체적 조작기에 있는 청소년은 자신이 직접 경험한 것에 대해서만 추론하는 반면, 형식적 조작기에 접어든 청소년은 추상적 사고를 할 수 있다. 인지발달이론에 의하면 도덕성의 발달은 인지발달을 전제로 한다. 가령 구체적 조작기에 발현되는 '보존개념'이라는 인지적 능력은 타인의 입장에 대한 고려를 가능케 하는 탈중심화의 필수조건이다. 탈중심화는 한마디로 상대방의 관점에서 사태를 파악하고 판단할 수 있는 역지사지(易地思之)의 능력이다. 따라서 탈중심화의 능력이 미숙한 경우 일탈 행위에 쉽게 노출될 경향성이 있다.

청소년기의 도덕성 발달과 관련한 인지발달이론의 강조점은 도덕적 판단능력의 발달에 있다. 피아제에 의하면 인지발달에 따라 도덕발달은 크게 세 가지 국면을 맞이한다. 첫째 국면은 '도덕 이전 시기'로서 아동은 사회적 규칙에 대해 관심이 없으며, 다만 활동에 있어서 관심을 두는 것은 '재미'라고 생각한다. 즉 이 시기에 아동의 사고는 도덕과 무관한 것이라 할 수 있다. 두 번째 국면은 '도덕적 실재론(moral realism)' 혹은 '타율적 도덕성(heteronomous morality)'의 시기이다. 이 시기에 나타나는 호혜성의 특성은 한마디로 '사실적 호혜성(reciprocity as a fact)'이라 할 수 있다(Piaget, 1977: 105 - 106). 이 국면에 있는 청소년은 구체적 조작기에 위치한다. "내가 당한 대로 상대방에게 갚아 주어야 한다."는 이른바 '눈에는 눈, 이에는 이(tit for tat)'의 행동전략을 견지하며, 정해진 규칙의 절대성을 수용하고, 행위의 옳고 그름을 외부의 권위에 의존하며, 동기보다는 결과에 집착하여 옳고 그름을 판단한다. 세 번째 국면의 도덕성은 '자율적 도덕성(autonomous morality)' 내지는 '이상적 호혜성(reciprocity as an ideal)'이라 할 수 있다(Gibbs, 1995: 29 - 31). 이 국면에 있는 청소년은 자아중심성에서 벗어나 탈중심화가 가능한 형식적 조작기에 위치한다. 이 시기에는 행위의 의도와 상황적 맥락을 고려하여 행위의 옳고 그름을 판단할 수 있으며, 규칙과 법률도 합의를 통하여 변경될 수 있음을 인식할 수 있다. 피아제는 도덕성의 본질을 공정성과 정의로 간주하는데, 공정성과 정의의 개념을 획득하는 데 있어서 또래집단과의 상호작용을 강조한다.

도덕성에 대한 콜버그(L. Kohlberg)의 초기 관심은 피아제로부터 시작되었다. 그는 피아제로부터 이야기와 딜레마를 가지고 사람들과 인터뷰하는 방법을 배웠고, 인지발달이론의 중요한 개념이나 가정을 원용하였다. 콜버그는 피아제의 '국면(phase)'을 '단계(stage)'로 대체하였으며, 20년간의 횡단적, 종단적 성과를 토대로 3수준 6단계의 도덕발달 이론을 정립하였다. 각 도덕단계는 그 특성상 1단계부터 6단계까지 순차적으로 나타나며, 발달의 속도와 발달의 종착점이 다르거나 상이한 문화권에 있는 사람들일지라도 동일한 도덕발달 단계를 거친다. 즉, 도덕발달 단계는 사회적·문화적 보편성을 띤다는 것이다(Higgins, 1995: 51). 대체로 초등학생은 '인습 전' 수준에, 중학생은 '인습수준'의 3단계에, 고등학생은 '인습수준'의 4단계에 위치한다. 자아중심성이나 타율적 도덕성 혹은 인습 전 수준의 도덕성을 지닌 청소년들에게서 일탈 행위가 보다 많이 나타나기 때문에 도덕성 발달을 위한 도덕교육이 절실하다(문용린, 1994: 70). 그런가 하면 인습수준의 도덕판단 능력을 지니고 있음에도 불구하고 인지적 왜곡(cognitive distortions)으로 인해 반사회적인 행동을 하는 청소년들을 위해서는 그들의 인지적 왜곡을 교정하기 위한 도덕교육적 처방이 요구된다(Gibbs, 1995: 44).

콜버그는 선에 관한 지식이 도덕적 행동을 산출하기 위한 필요조건이자 충분조건이라는 '극단적인 이성주의'를 지향하는 경향이 있다(정창우, 2004: 249). 다시 말해서 그는 선에 대한 지식이 곧바로 도덕적인 행동을 이끌어 낸다는 이른바 '지적인 의지(intellectual will)'를 강조하고 있는 것이다. 그러나 선에 대한 지식이 곧바로 도덕적 행위의 독립변수라고 할 수 있을까? 물론 콜버그는 감정 자체를 부정하지는 않았다. 다만 감정이나 느낌은 인식되는 것이며, 사고를 통해 표현된다고 생각했다(Higgins, 1995: 53). 그러나 이러한 관점은 엄밀한 의미에서 정서(affect)를 인지(cognition)에 환원시키는 태도가 아닌가? 왜 온건한 이성주의자인 레스트는 콜버그의 인지 결정론적 입장을 지양하고, 인지와 정서와 행동을 통합적으로 보고자 하였을까?(Narvárez. & Rest, 1995: 385 - 398; 정창우, 2004: 248 - 251) 도덕적 행동을 폭넓게 이해하기 위해서는 콜버그식의 인지적 근원[정의, justice]뿐만 아니라 호프만식의 정서적 근원[공감, empathy]을 통합적으로 고려할 필요가 있다고 주장한 깁스(Gibbs, 1991)의 문제의식은 무엇인가? 이성주의자임에도 불구하고 플라톤(*Republic*, 549b)이 '무시케[시와 예술]는 이성이 영혼의 확고한 지배자로 군림한 후에도 이성과 더불어 덕의 유일한 수호자'[02]라고 강변한 이유는 무엇일까? '이성에 의한 도덕의 최고원리가 정초된 후에는 공감과 같은 도덕적 감수성의 배양이 일종의 의무'라고 강조한 칸트(Kant, 1996: § 35)의 관점이 우리에게 시사하는 것은 무엇인가? 여기서 필자는 인간이 이성적 존재일 뿐만 아니라 감성적 존재라는 인간학적 기본 명제에 주목할 필요가 있다고 생각한다. 결국 인간은 한편으로 이성적 존재이기에 도덕의 원리 내지 기초를 이성이나 인지에 둘지라도, 다른 한편으로 인간은 감성적 존재이기에 정서적 측면도 함께

---

02 박종현은 그리스어 '무시케(mousikē)'를 '시가(詩歌)'로 옮기고 있으며, Paul Shorey는 'culture'로 옮기고 있다.

고려할 때 비로소 실효성 있는 도덕교육의 관점을 제시할 수 있을 것이다. 이러한 맥락에서 콜버그의 인지 결정론적 이론에 정서적 측면을 보완할 필요성이 제기된다고 하겠다. 그렇다면 기존의 콜버그식의 도덕교육은 어떤 방향으로 변형될 수 있을까?

콜버그의 초기 도덕교육은 가상적인 도덕딜레마 토론에 주안점을 두었다. 가상적인 도덕딜레마 토론의 기본 아이디어는 서로 다른 도덕발달 수준에 있는 학생들에게 도덕적 딜레마를 제시함으로써 인지구조의 비평형화(disequilibrium) 상태를 유도하고, 학생들은 인지적 갈등을 해결하기 위한 과정에서 추론 능력이 한 단계 상승할 수 있다는 것이다(문용린, 1994: 62). 이른바 '블랫 효과(+1전략)'이다. 그러나 가상적 도덕딜레마 토론이 실생활에 과연 효과가 있는가에 대한 의문이 제기되면서 '정의 공동체'에로의 빠른 이행이 이루어졌다(Higgins, 1995: 62).[03] 정의 공동체 프로그램의 기본 아이디어는 민주적 공동체 속에서 민주적 절차와 토론을 통하여 규범과 규율을 제정하고, 상호 협력하여 도덕적 문화를 창조하는 가운데 학생들의 도덕적 추론능력이 향상될 수 있다는 것이다. 그러나 고상한 의도에도 불구하고, 오늘날 '정의 공동체' 모델은 요구되는 시간과 노력, 재정확충의 문제로 인해 미국과 유럽에서 극소수를 제외하고, 20여 년간 운영되었던 정의 공동체 학교들이 대부분 폐교되었다(Tappan, 1998: 141 - 142). 이러한 점을 고려해 볼 때, 콜버그식의 도덕교육은 학교현실에 맞게 재구성되어야 할 것이다. 이를 위해서는 먼저

---

[03] 가상적 도덕 딜레마에서 정의공동체에로의 관심 이행은 1971년 콜버그, 히키(J. Hickey), 샤프 (P. Scharf)가 Connecticut에 있는 체셔 소년원(Cheshire Men's Reformatory)에서 수감자를 대상으로 한 가상적 도덕딜레마 실험과 관련이 있다. 가상적 도덕 딜레마 교육을 통해 수감자들의 도덕추론능력은 향상되었지만 석방된 후 수감자들은 여전히 재범과 도덕적 실패를 경험하였다. 수감자들은 가상적인 딜레마를 해결할 때보다는 교도소의 실생활 딜레마를 해결할 때 낮은 도덕추론을 수행했다. 결국 수감자들을 개조하려고 하는 시도 대신에 소년원의 환경을 바꾸는, 다시 말해서 공동체참여를 통한 도덕적 추론능력의 제고에 관심을 기울이게 되었다(Higgins, 1995).

가상적 도덕딜레마 수업이나 정의공동체 프로그램에서 목표로 하는 것이 무엇인지 파악하고, 그 다음에 이러한 목표를 달성하기 위한 제3의 대안이 무엇인지를 탐구할 필요가 있다.

콜버그의 가상적 도덕딜레마 수업이나 정의공동체 프로그램에서 목표로 지향하는 것은 '역할(관점)채택 능력'일 것이다. 이는 자기중심성을 벗어나 타인의 관점에서 사태를 인지하고, 평가할 수 있는 능력이다. 일반적으로 역할채택(role-taking) 또는 관점채택(perspective-taking) 능력은 주로 사회참여나 역할극 내지는 민주시민 훈련 프로그램 등을 통해서 계발되는 것으로 간주되지만(Gibbs, 1991: 37; 문용린, 1994: 71), 이야기 내지는 서사적 접근을 통해서도 그러한 능력의 함양이 가능할 것으로 전망한다. 물론 이야기나 서사적 접근을 통한 도덕교육은 덕교육이나 인격교육에서 강조하는 방법이기는 하지만 구성주의적 관점에서도 이야기와 서사적 접근을 효과적으로 활용할 수 있다. 덕교육이나 인격교육의 입장에서는 잘 선별된 도덕적 설화와 이야기, 신화, 시 등을 학생들에게 제시함으로써 바람직한 가치·태도를 감수하게 하며, 도덕적 행위의 모델로 삼게 한다. 하지만 덕교육이나 인격교육의 관점에서 수행되는 이야기와 서사적 접근은 다분히 학생들을 수동적 위치에 머물게 함으로써 학생들의 능동적인 사고를 간과하는 면이 없지 않다. 그러므로 덕교육이나 인격교육이 초등학생과 중학교 저학년에게는 실효성이 있겠지만 도덕 판단능력이나 비판능력이 발달하는 중학교 고학년과 고등학생에 있어서는 학생 자신의 능동적 사고와 의미부여를 강조하는 구성주의적 관점의 내러티브 접근이 효과적일 것으로 기대한다. 가령 도덕적 딜레마 또한 하나의 이야기를 통한 도덕교육이라고 할 때, 인위적인 가상적 도덕 딜레마뿐만 아니라 더 나아가 문학작품에 나타난 갈등사례를 매개로 하여 학생들의 역할채택 능력과 도덕적 추론 능력을 촉진시킬 수 있는 기회를 제공할 수 있다(도홍찬, 2002: 23). 부연하자면 드라마나 문학작품 등을 통해서 학생은 자신의 도덕적 목소리의 작가가 되어 자신의 경험에 의미를 부여하며, 자신의 고유한 삶의 이야기를 통합하는 가운데 도덕성이 발달할 수 있다. 서사적 접근을 통한 도덕적 경험은 도덕적 자기 정체성을 형성하는 데 특별한 계기를 마련할 수 있다. 요컨대 구성주의적 관점의 내러티브 접근은 콜버그의 인지 결정론적 입장을 보완해 주며, 특히 공감능력과 자아정체감 형성에 함의하는 바가 크다고 하겠다.

II. 청소년 일탈행위에 관한 도덕 심리학적 해명

청소년 일탈 행위의 원인은 여러 측면에서 논의할 수 있겠지만 여기서는 밴두라와 콜버그를 중심으로 논의하고자 한다. 전자는 대표적인 사회학습이론가이며, 후자는 대표적인 구성주의적 도덕교육 이론가이다.

일반적으로 사회학습이론에서 청소년의 일탈 문제를 다룰 때 다른 학습절차와 마찬가지로 일탈 행위 또한 학습되는 것으로 간주한다(이춘재 외, 1993: 342; 문용린, 1994: 57). 밴두라에 의하면 학습의 경로는 강화에 의한 조건화의 결과일 수도 있으며, 모델링에 의한 것일 수도 있다. 공격적 행동의 경우, 모방과 모델링에 의해 학습될 수 있으며, 사회 환경적 요인에 의한 강화(reinforcement)가 이루어졌을 때 공격반응률은 더욱 증가한다.

밴두라는 9 · 11 테러 직후인 2001년 10월 26일 캐나다 밴쿠버에서 열린 도덕교육협회(AME) 연차대회에서 "도덕적 행동의 실행에 있어서 선택적인 도덕적 일탈"이라는 논문에서 일탈이 어떤 과정을 거쳐서 일어나는지에 대해 상세하게 논의하고 있다.04 밴두라는 이

논문에서 일탈 행위를 개인의 심리적 메커니즘과 사회의 구조·제도의 일탈 메커니즘이 위선적으로 결합된 것으로 해명한다(Bandura, 2002).

먼저 개인의 심리적 메커니즘의 차원에서 일탈 행위가 어떤 과정에 의해 일어나는지를 알아보자. 무엇보다 밴두라는 인지과정의 왜곡에 초점을 맞춘다. 도덕적인 일탈은 도덕적인 정당화와 완곡한 표현에 의해, 면책을 위한 아전인수적인 사회적 비교와 책임의 분산에 의해, 행동의 유해한 결과를 간과하거나 최소화하는 것에 의해, 희생당한 사람들에게 책임을 전가하는 것과 희생자들에 대한 탈인간화에 의해, 자신의 비인간적인 행위를 자비롭고 가치 있는 행위라는 인지적 재구성에 의해 발생하고, 인지적 왜곡이 심화될수록 도덕적 일탈의 해악성은 점증한다(Bandura, 2002: 101).

한편 개인의 차원을 넘어서서 일상생활에 나타나는 사회의 구조적인 관행 또한 도덕적 일탈을 조장한다. 사실 일탈의 심각성이 증폭되는 것은 개인차원의 인지과정상의 왜곡과 함께 사회의 구조·제도의 일탈이 연계될 때이다. 우리의 일상생활 곳곳에 그리고 모든 지위의 사람들에게 도덕적 일탈의 요소들이 발견된다. 가령 흡연문제를 예로 들어보자. 연간 45만 명의 미국인이 담배로 인해 사망한다. 죽음의 담배산업은 집단적인 도덕적 일탈의 양상을 띠고 있다. 니코틴의 흡수를 증가시키는 암모니아를 개발한 재능 있는 화학자, 니코틴 성분을 강화한 식물을 개발한 생명공학자, 흡연을 청춘, 현대성, 자유와 해방의 이미지로 표현하는 광고주, 담배회사로부터 정치자금을 지원받는 공직자, 스타 영화배우의 흡연 장면, 담배수입에 관한 관세장벽을 설치한 국가에 대해 무역제재로 위협하는 무역대표부, 더 나아가 담배에 관한 규제폐지를 거부한 장관을 해고한 대통령. 이 모든

---

04 상기 밴두라의 논문은 콜버그 추모 14주기 강연원고이기도 하다. 이 논문에서 밴두라는 일탈의 범위를 아주 일상적인 것에서부터 성전(holy war)의 논리까지 분석적으로 다루고 있다.

것이 집합적인 도덕적 일탈에 기여한다(Bandura, 2002: 112 - 113; 정창우, 2004: 93).

이상에서 살펴본 밴두라의 논의는 테러나 사회에 만연된 일탈 행위가 어떠한 메커니즘에 의해 일어나는지에 대해 사회 환경적인 요인과 함께 개인의 심리 메커니즘, 특히 인지과정상 왜곡의 문제에 대해 심층적으로 다루고 있다. 이러한 밴두라의 논의는 청소년의 일탈 행위의 요인을 분석하는 데 상당히 유용한 분석 모델로 평가된다.

다음으로 일탈행위에 대한 구성주의적 관점을 살펴보도록 하자. 구성주의이론에 의하면 일탈 행위는 무엇보다 인지발달상의 문제에서 기인한다. 청소년의 도덕성 발달과 비행경향성에 대한 문용린(1994)의 연구에 의하면 미성숙한 도덕발달 수준은 비행과 상관관계가 있다. 이 연구는 피아제와 콜버그 등의 인지발달론적 접근을 중심으로 레스트(J. R. Rest)의 DIT(Defining Issues Test) 집단검사를 통해서 청소년의 도덕성 및 법의식의 발달과 비행경향성을 분석하고 있다.

문용린의 연구결과에 의하면 콜버그의 도덕발달 2단계에 있는 청소년들이 비행을 일으킬 확률이 높다. 다시 말해서 도덕이나 법을 자신의 이익이나 필요를 충족시켜 주는 수단으로 보는 태도와 일탈 행위 간의 상관성이 높다는 것이다. 이는 일탈이나 비행이 자아중심성이나 타율적 도덕성과 관련이 깊다고 본 피아제나 인습 전 수준의 도덕성을 가진 사람이 비행을 저지를 가능성이 높다고 제시한 콜버그의 주장을 뒷받침하고 있다(문용린, 1994: 70).

일반 청소년과 비행 청소년의 사회환경조건을 통제한 후 연령에 따라 이들의 도덕성을 비교한 연구(Kohlberg & Freundlich, 1972)에 따르면, 비행 청소년의 경우 16%만이 콜버그가 제시한 인습수준에 도달해 있었으나 일반 청소년들의 경우 70%가 이 수준에 도달해 있었다. 요컨대 동일한 사회적 환경에서 자랐다고 할지라도 일탈 행위는 대체로 도덕성 발달이 미숙한 청소년들에게 나타나는 경향이 있다는 것이다(문용린, 1994: 15).

한편 도덕적 판단과 도덕적 행동 간의 관계를 논할 때 간과하기 쉬운 것이 인지적 왜곡이다. '인지적 왜곡(cognitive distortion)'이란 자신과 자신의 사회적 행동에 관련된 허위적인 태도 내지는 허위적인 신념들이다. 일반적으로 자아중심적인 편향성은 아동 초기에 나타나는 자연스러운 인지적 왜곡이다. 가령 "나는 그것을 가질 테야. 왜냐하면 나는 그것을 가지기를 원하기 때문에"라고 말하는 아동은 자신의 욕구와 공정성을 혼동하여 추론하고 있다. 청소년기의 신체적·성적 변화와 자아정체감의 갈등을 고려할 때, 자아 중심적인 왜곡이 청소년기에도 계속해서 지배적으로 나타날 경우, 심각한 반사회적 행동의 가능성을 노정한다. 자아중심적인 편향성은 성숙한 도덕판단 능력이 있는 사람에게서도 전적으로 사라지는 것은 아니다. 그러므로 콜버그 도덕발달 단계상 3단계의 도덕 판단능력이 있음에도 불구하고 자아편향성이 인지적 왜곡의 합리화와 결합될 때 비도덕적이고 반사회적인 일탈 행위를 유발할 수 있다. 앞서 밴두라의 분석에서도 확인했듯이, 일탈 행위의 원인을 피해자에게 돌리는 경우, 죄책감을 느끼지 않을 수 있다. 깁스(1995: 44)는 비행 청소년의 태도를 다음과 같이 묘사한다. "무고한 사람을 고통스럽게 한 것에 대한 죄책감을 느끼는 경우, 비행 청소년은 피해자(무고한 사람)에게 고통의 책임을 전가함으로써 죄책감에서 벗어난다." 이와 같이 인지적 왜곡에 의해서 청소년 비행이 일어난다면, 콜버그식의 도덕교육은 도덕 판단능력을 촉진시키는 것뿐만 아니라 인지적 왜곡을 정정하는 것에도 그 목적을 둘 필요가 있다.

Ⅲ. 융 심리학의 인간 이해와 도덕교육적 함의[05]

융 심리학은 프로이트의 정신분석학 이론에 가려서 도덕교육론의 이론적 논거로 본격적으로 소개된 경우가 없었다. 그러나 융 심리학이 동서양의 통합적 사상에 기초했다는 점에서, 철학적 인간학의 관점을 견지했다는 점에서, 그리고 인격 완성의 여정으로서 개성화의 과정을 구체적으로 제시한다는 점에서 도덕교육적 함의를 갖는다고 할 수 있다.

1. 융 심리학의 배경과 영향력

융(C. G. Jung, 1875~1961)은 20세기 초 심층심리학(depth psychology)의 발전에 있어서 주도적 역할을 하였다. 그는 스위스의 한 작은 마을에서 목사의 아들로 태어났다. 친할아버지는 외과의사이며 교수였으며, 외할아버지는 히브리어 교수자격을 가진 목사였다. 청년기에 융은 피타고라스, 헤라클레이토스, 플라톤을 좋아했고, 쇼펜하우어와 니체를 읽었으며, 칸트에게서 깊은 감명을 받았다. 의과대학을 졸업하고 취리히대학 정신과 병원에서 오이겐 블로일러(Eugen Bleuler) 교수의 조수로 공부하였으며, 단어연상에 관한 실험적 연구를 통해 무의식적인 '콤플렉스'의 존재를 발견하였다. 1907년부터 1913년까지 융은 인간의 심층을 경험론적 관점에서 접근하는 프로이트(Sigmund Freud)에 매료되었으며, 그의 지지자이자 후계자로 인정받았다. 그러나 융은 프로이트와 달리 인간의 무의식에는 억압된 성적 욕구(리비도)뿐만 아니라 종교적 근원도 있으며, 인간의 삶을 성적 병인에 의한 결정론적 관점이 아니라 무의식의 자기실현이라는 목적론적 관점

---

05 졸고(2007), 「융의 인격론」, 『인격』, 서울: 서울대학교출판부, pp.303‒319를 수정·보완한 것임을 밝힌다.

으로 해명한다. 결국 융은 1913년 프로이트의 정신분석학(psychoanalysis) 과 결별하고, 분석심리학(analytical psychology)을 창설하였다. 융은 MBTI 검사의 이론적 배경이 되는 심리유형론을 제시하였으며, 프로이트의 무의식에 대한 연구를 확장하여 원형(archetype)과 집단 무의식의 존재를 밝혀냈다. 융은 문명 비판가로서 이원론과 기능주의 및 합리주의에 입각한 서구문명의 위기를 진단하고, 서구문명의 그림자를 해소하기 위해 요가나 주역과 같은 동양의 정신적 전통을 탐구하였다. 융은 현대인이 겪는 삶의 무목적성과 소외문제를 신화와 상징을 상실한 데서 찾고 있으며, 이를 극복하기 위해서는 종교적 인간상의 회복을 강조한다. 융의 개성화 과정은 인격 완성의 여정이며, 궁극적으로 종교적 인간상을 전제하고 있다.

2. 융 심리학의 인간학적 관점

융의 심리학적 관점은 인간학적 관점에 맞닿아 있다. 그는 인간의 본성과 삶의 궁극적 목적을 탐구한다는 점에서 철학적 인간학의 관점을 견지하고 있다(Clarke, 1992: xiv). 융은 인간 정신의 소산이라 할 수 있는 모든 것을 연구 대상으로 삼았다. 그는 자신과 환자들의 체험은 물론이고 문학 및 예술작품, 철학사조, 종교적 현상, 인류학적 자료, 더 나아가 이상심리학(parapsychology)에까지 관심을 기울였다. 융의 이러한 태도는 인간 정신을 어떤 단일한 현상으로 환원시키는 것이 아니라 전체성(totality)의 차원에서 이해하고자 한다는 것을 반영하고 있다. 융은 어떤 면에서 문화철학자 내지 문화비평가로 평가될 수도 있지만 그는 언제나 자신을 심리학자이자 '마음의 의사'로 규정한다(이부영, 2002: 24).

융은 유물론이나 실증주의와 같은 19세기의 결정론적 시각을 거부한다. 다시 말해서 융은 인간의 정신을 인과론적·기계론적 모델로 설명하는 철학적 경향을 거부하고, 인간의 정신을 물리적 세계와 상보관계에 있는 또 다른 우주이자 목적론적 체계를 지닌 유기체적 존재로 간주한다. 이러한 융의 관점은 프로이트와의 비교를 통해 보다 명료하게 이해될 수 있다.

융은 기본적으로 무의식을 발견한 프로이트의 업적을 높이 평가한다. 그러나 두 사람의 학문적 차이는 그들이 만난 시점부터 노정된 것으로 볼 수 있다. 첫째, 리비도에 대한 관점의 차이를 들 수 있다. 프로이트는 원초적 정신 에너지인 리비도가 본성상 전적으로 성적이라는 관점과 정신병리는 유아기의 성적 갈등으로부터 기인한다는 확신에 입각하여 자신의 연구를 수행한다. 따라서 정신분석(psychoanalysis)의 과제는 심리적 장애에 대한 성적 병인을 밝힘으로써 그 문제를 해소하는 것이다. 이에 대해 융은 리비도가 오로지 성적인 것만은 아니며 모든 콤플렉스가 단일한 병인으로 환원될 수 없다고 확신한다. 융의 목표는 "의학적인 심리학을 과거의 '환원론적 인과론'에서 해방시키고, 무의식이 개인적인 지평을 넘어서는 차원을 가진다는 것을 밝히는 것이었으며, 인간의 심리는 영혼의 과거만을 가리키는 것이 아니라 하나의 분명한 목표지향성(목적론)을 가지며, 심리치료를 할 때 이러한 미래의 차원을 반드시 고려해야 한다는 것을 밝히는 것이었다."(Wehr, 한미희 옮김, 1989: 74) 둘째, 종교에 대한 이해방식이 상이하다. 프로이트가 종교를 강박관념에 사로잡힌 노이로제로 간주한 반면, 융은 신화와 종교를 본질적으로 마음의 건강하고 능동적인 기능의 산물로 간주한다. 더 나아가 융은 신화의 창작이 현대사회의 개인과 고대 원시 문화를 연결하는 정상적인 심리학적 기능이라고 제안한다. 셋째, 심리학의 방법론에 있어서 차이가 있다. 프로이트의 성적 병인에 의한 인간 심리의 해석이 인과결정론을 중시하는 19세의 고전 물리학의 관점에 입각해 있다면 융의 동시성(synchronicity) 이론은 아인슈타인과 파울리(W. Pauli, 양자이론의 발전에 있어서 중요한 인물)와 같은 20세기의 물리학적 관점과 친화력이 있다(Clarke, 1992: 11 - 13). 동시성의 개념은 인간 정신의 바깥과 안 혹은 물질과 정신 간에 연계된 비인과적 연관성을 의미하는 것으로, 동양의 역(易) 사상에도 잘 나타나 있다. 융은 『역경』(I Ching)을 통해서 인과적 사고를 뛰어넘는 동시성의 원칙을 발견하였다(Wehr, 한미희 옮김, 1989: 251). 인과적 사고가 원인과 결과의 직선적 사고라면, 동시성적 사고는 장(場)의 사고이다.

근대의 서구문명은 근본적으로 선악의 이분법, 물질과 정신의 이원론, 근대 이성에 의한 탈신성화된 세계관, 논리적이고 분석적인 사유, 인과론적 사고, 기능주의와 합리주의로 특징 지워진다. 서구의 근대문명은 자연에 대한 지식은 풍부하지만 자기 자신의 정신세계에 대한 지식은 매우 결핍되었다고 할 수 있다. 이 대목에서 융은 서구문명의 그림자를 목격한다. 서구화된 문화에 젖어 있는 현대인은 과거 원시인들에게는 없었던 신경증으로 고통하고 있다. 한마디로 현대인의 심신의 장애와 소외의 문제는 신화와 상징을 상실한 데서 기인한다(Jung, 1977: 94 - 95). 현대인의 고통은 궁극적으로 삶에 대한 종교적인 태도의 문제와 관련된다. 그리하여 융은 "종교적인 관점(religious outlook)을 회복한 사람은 모두 치유되었다."고 말한다(Jung, 1989: 224). 무엇보다 융 심리학은 근본적으로 종교적인 인간(homo religiosus)을 지향한다. 종교적인 욕구야말로 인간 삶의 전체성을 요구한다. 따라서 근본적인 치유는 누미노제(Numinose, 성스러움 das Heilige)에 대한 접근에서 가능하다. 융은 서구 문명의 그림자를 치유할 수 있는 계기를 인도의 요가나 중국의 『역경』에 나타난 영적이며, 상징적인 사유에서 찾는다(Karcher, 1999: 9 - 30).

3. 인격의 구성요소와 자기

(1) 대극 관계로서 인격의 구성요소

낮과 밤, 탄생과 사망, 행복과 불행, 선과 악이라는 대극(大極, Gegensatz)의 관계는 우리의 현실을 지배하고 있다. 이러한 대극성은 인간의 본성에 내재하는 법칙이기도 하다. 헤라클레이토스(Herakleitos, ca.544 - ca.484 BC)가 지적했듯이, 현상의 세계는 끊임없이 생성되고 변화되고 소멸되는 세계이며, 낮과 밤, 추위와 더위, 사랑과 미움 등 대립되는 것들이 상호 투쟁하는 세계이다. 여기서 유의할 것은 현상의 세계가 상호 투쟁하면서도 상호 보완적인 관계를 맺는다는 점이다.06 융은 세계와 삶과 인간 내면에 존재하는 대립의 경향과 이중성을 발견한 헤라클레이토스를 심층심리학의 아버지로 간주한다(Karcher, 1999: 31, 주9번).

우리의 인격은 의식(the consciousness)의 요소로만 구성되는 것이 아니라 이와 대극 관계에 있는 무의식(the unconsciousness)을 포괄하고 있다. 의식과 무의식은 상호 대립하면서도 서로 보완하는 관계에 있다. 의식이란 정신세계 전체 중 극히 작은 부분을 구성한다. 우리는 인류학의 발달로 의식이 무의식에서 극히 최근에 분화되어 나온 산물임을 알고 있다. "영혼은 오늘의 것이 아니다. 그것의 나이는 수백만 년을 헤아린다. 개인의 의식은 땅속에 있는 다년생 뿌리로부터 자라나 계절에 따라 개화하고 결실을 맺는 꽃과 열매에 불과하다. 뿌리의 존재를 함께 고려하는 사람은 진리와 보다 더 일치할 수 있다. 왜냐하면 뿌리는 모든 것의 모체이기 때문이다."(*GW*, V권, 12, **Wehr**, 한미희 옮김, 1989: 74에서 재인용)

---

06 이러한 관점은 상극(相剋)이면서도 상생(相生)의 관계를 맺고 있는 동양의 음양변증법(Yin - Yang dialectic)에도 잘 반영되어 있다. 한마디로 동양의 음양변증법은 대대적(對待的, contradictory and complementary) 논리가 특징적이다(Kim Kyong - Dong, 2002). 동양적 사유에서 본 융심리학의 윤리학적 함의에 대한 논의는(Chin Kyo - Hun, 2001: 119 - 120) 참고.

프로이트가 개인 무의식에 머무르는 반면에, 융은 집단 무의식에까지 나아간다. 개인 무의식이 개별적이고 주관적인 데 반해, 집단 무의식은 초개인적이며, 객관적인 것을 표현한다. 즉, 집단 무의식은 계절에 따라 피고 지는 개별적인 꽃의 뿌리와 같다. 그러므로 인간에게 유전되는 것은 개인 무의식이 아니라 집단 무의식이다. 우리는 집단 무의식의 유사한 형식이 인종적인 교류가 전혀 없는 문화권의 전설이나 신화에도 반영되어 있음을 확인할 수 있다. 융은 집단 무의식의 구성요소로서 사람들에게 같은 방식으로 생각하고 행동하게 하는 정신적 요인을 원형(archetype)이라고 부른다(김성민, 2001: 30 - 31). 한마디로 원형은 생물학적으로 유전된 인식과 행동의 본능적 패턴이다(Hogenson, 1998: 133). 원형 개념에서 중요한 것은 그 형식이지, 그 내용이 아니라는 점이다. 원형의 내용은 시대와 문화와 사람에 따라서 가변적이다.

무의식이 바다라면 의식은 그 가운데 떠 있는 작은 섬과 같다. 그러한 의식의 중심에 해당되는 것이 자아(Ich, ego)이다. 자아라는 의식은 먼저는 자기 신체, 자기 존재에 대한 의식을 통해서, 더 나아가 외부세계와 내면세계 간의 상호작용을 통한 기억에 의해 형성된다. 만일 자아가 없다면 인격의 성숙이 불가능하다. 무의식적인 것이 의식화되기 위해서는 자아가 필요하다. 사실 무의식은 그에 대한 자아의 태도에 따라 긍정적으로 혹은 부정적으로 반응한다(이부영, 2002: 65). 일반적으로 자아는 긍정적인 요소로 표현된다. 사람들은 의식적이든 무의식적이든 자신의 인격의 요소 중 부정적이거나 열등한 것을 자아에서 몰아낸다. 한 사람의 인격을 구성하지만 자아에 포함되지 못한 내용들은 그림자(Shatten, shadow)가 된다. 개인의 무의식 가운데 자리 잡은 그림자는 '사람들이 되기를 원하지 않는 것'이며, '또 다른 나(alter ego)'이자 그 실재를 인정하기 싫은 '검은 형제(dark brother)'이다(Jacobi, 1951: 126, 128). 여기서 우리는 우리의 인격을 구성하고 있는 자아와 그림자가 대극관계에 있음을 알 수 있다. 분석심리학의 관점에서 지킬박사와 하이드, 콩쥐와 팥쥐, 가인과 아벨, 디오니소스와 아폴론은 동일인의 자아와 그림자 간의 대극 관계를 상징하는 것으로 간주된다.

자아는 외부세계와 접촉하면서 여러 가지 행동 양식을 익히며, 타인의 기대에 부응하는 가치·태도를 습득하는데, 융은 이것을 페르소나(Persona)라고 부른다. 페르소나는 그리스의 연극에서 배우들이 쓰던 '가면'이라는 말에서 유래하는 것으로 일종의 역할기대와 관련된다. 다시 말해서 페르소나는 자아와 사회 간 타협의 소산이라 할 수 있다. 그러므로 페르소나는 어떤 사람이 무엇으로 보이게 하는 일종의 가상이자 가면인 셈이다. 우리의 인격에는 이러한 외적 태도와 대극 관계에 있는 내적 태도가 있다. 융은 의식과 무의식 그리고 의식의 인격화에 있어서 영혼의 인도자(psychopompos)이자 매개자의 역할을 하는 내적 태도를 아니마·아니무스라고 부른다(Jung, 1974a: 16). 요컨대 페르소나가 자아와 외부세계의 접촉을 중재해 주는 요소라면 아니마·아니무스는 자아와 내면세계의 접촉을 중재해 주는 요소이다(이부영, 2002: 82-83). 아니마와 아니무스는 남성과 여성 안의 상반된 성적 이미지라 할 수 있다. 아니마는 남성에게서 여성적인 형태로, 아니무스는 여성에게서 남성적인 형태로 의인화되어 존재한다. 아니마·아니무스는 원형의 하나로서 인류가 지금까지 이성과 관계를 맺은 흔적들이 침전되어 그 틀이 형성된 것으로서 많은 집단적인 형상으로 표현된다. 가령 아니마는 이브, 아프로디테, 성모 마리아 등으로 형상화되며, 아니무스는 아담, 아폴론, 헤라클레스 등으로 형상화된다. 물론 아니마와 아니무스는 이성(異性)의 심상만으로 표현되는 것은 아니다. 그것은 물질에도 투사되고 이념에도 투사될 수 있다. 가령 배는 전통적으로 '그녀'로 간주되었다. 배는 남성인 선장에게 있어서 자신의 아니마인 셈이다. 오늘날 많은 남성들은 자신의 아니마를 자동차에 투사하기도 한다. 그런가 하면 과거 독일 여성들은 그녀들의 아니무스를 히틀러에게 투사하여 열광적 지지를 보냈기도 했다. '위대한 지도자'를 중심으로 모이는 신흥 종교는 그 지도자에게 여성들의 아니무스가 투사됨으로써 융성하는 경우가 많다(이부영, 2002: 88 - 89).

(2) 대극의 통합 · 조절의 근거로서 자기(Selbst)

대극의 조절 및 통합 기능은 유기체의 중요한 특징이다. 모든 심리학적 법칙 중에서 가장 영묘한 것이 바로 대극에 서로 조절하는 기능이 있다는 점이다. 헤라클레이토스는 이러한 대극 조절의 기능을 에낭티오드로미아(enantiodromia)[07]라고 불렀다(Jung, 1977: 72). 융에게 있어서 인간의 인격을 구성하고 있는 대극적인 요소들, 즉 의식과 무의식, 페르소나와 아니마 · 아니무스를 통합하며, 조절하는 근거는 '자기(Selbst, self)'이다. "자기는 정신의 총체성(totality)으로 이해되어야 하는 중심이다. 자기는 중심일 뿐만 아니라 '의식'과 '무의식'을 포괄하는 전범위이다. 자아가 의식의 중심인 것처럼, '자기'는 의식과 무의식이라는 총체성의 중심이다."(Jung, 1974b: 41).

'자기'는 칸트의 '물자체(Ding an sich)'에 비견할 만하다. 자기(Selbst)의 총체성은 의식의 세계에 국한하여 부분적으로만 알 수 있다. 다시 말해서 자기에 대해 알 수 있는 유일한 내용은 자아(ego)이다. 이는 '불꽃의 중심(Zentrale Feuer)', 신과 분유하고 있는 부분, 에크하르트(Meister Eckhart, 1260 - 1328)의 '작은 불꽃'이라고 명명할 수 있다. 그리하여 자기는 신을 닮은 인간의 의미와 본성을 해명할 수 있는 실마리를 제공한다. 자기는 '네 안에 있는(is within you)' 하나님의 왕국이라는 초기 기독교적 이상과 같으며, 그 이상

---

07 그리스어 '에낭티오드로미아'는 대극(대립)을 의미하는 enangtios와 달리기(경주)를 의미하는 dromos의 합성어이다. 모든 것은 언젠가는 반대쪽으로 치닫게 마련이다.

은 우리의 정신이 경험할 수 있는 궁극적인 목적(the ulitmate)이다 (Jacobi, 1951: 150 - 151).

'자기'는 상징을 통하여 스스로의 모습을 드러낸다. 그중 하나가 만다라(Mandala)이다. '만다라'라는 말은 산스크리트어로 원(圓)을 의미한다. 만다라의 중심에는 각 종교에서 '신'이나 '최고의 진리'로 삼는 '자기'의 원형상들이 존재한다. '자기'가 원형으로 다루어지는 이유는 전체가 되고자 하는 힘이 원초적으로 인간에게 부여되어 있다고 보기 때문이다. 전체성을 추구하는 경향은 분열을 지향하고자 하는 경향이라 할 수 있다. 일방적으로 의식에만 집착할 경우, 자기 자신으로부터 멀어지며 결국 무의식이 의식화될 수 있는 기회를 상실하고 만다. 이러한 경우 의식과 무의식이라는 두 정신세계 간의 분열을 초래한다(이부영, 1998: 112 - 113).

자기의 원형(archetype)은 부처나 그리스도의 모습으로 나타나기도 하지만 산신령이나 노현자(老賢者)의 모습으로 나타나기도 한다. '자기'의 원형은 정신의 전일성과 전체성을 상징하며, 지남력의 원형(archetype of orientation)으로서 우리가 정신적으로 혼란에 빠졌을 때, 지향할 방향을 제시해 준다(Jung, 1974a: 31 - 32). 한마디로 '우리 안에 있는 하나님(God within us)'으로 이해되는 자기원형은 대극 관계의 요소들을 통합시키며 조절하는 근거이자 내적인 치유의 동인이 된다. 대부분의 질병과 신경증(노이로제)이 분열과 부조화에서 기인하며, 자기(Selbst)의 회복은 정신의 전일성(wholeness)과 대극요소들 간의 조화를 의미한다(진교훈·윤영돈, 2003: 87 - 88).

자기 자신(Selbst)이란 어느 다른 누구도 아닌 '그 사람의 전체'를 말한다는 맥락에서 참된 의미의 개성(Individualität)을 의미한다. 그것은 의식과 무의식을 포괄하는 전체로서의 그 사람의 성품이자 그 사람의 '본성'이다. 자기 원형은 모든 사람으로 하여금 '그 사람 자신'이 되게끔 하는 기능을 수행한다. 한마디로 자기라는 원형은 어떤 사람으로 하여금 그 사람 자신이 되게 하는 인간 무의식의 근원적 가능성이라 할 수 있다.

4. 인격 계발과 개성화 과정

(1) 인격 계발이란 무엇인가?

융이 지적하는 현대 교육과정의 문제점 중 하나는 인격(personality)의 계발을 아동이 수행해야하는 발달 과업으로 치부하고, 정작 성인에 대해서는 인격계발에 대해 논의하지 않는다는 점이다. 그러나 인간의 인격은 전일성을 지니고자 하며, 일생을 통해 발달된다. 한마디로 인격의 성취는 전일적 존재의 완전한 실현을 의미한다. 물론 인격의 완전한 실현은 도달 불가능한 이상이기는 하지만 그것은 하나의 이정표의 기능을 한다. 인격을 계발할 때 대중이나 인습에 따른 선택은 자신의 전일성을 훼손한다. 그러므로 의지적이고 도덕적인 개별적 선택을 통해 자신의 고유한 인격을 계발할 필요가 있으며, 이를 위해서는 대중으로부터 벗어나는 익숙하지 않은 모험을 감행해야 한다. 다시 말해서 인격의 발달을 위해서는 '인습으로부터의 해방(deliverance from convention)'이 요구된다(Jung, 1981: 174 - 175).

참된 인격으로 나아갈 수 있는 계기는 신의 법칙(law of God)처럼 기능하는 일종의 '부르는 소리(소명, vocation)'이다. 그 소리는 마치 새롭고 경이로운 길을 속삭이는 다이몬과 같다. 우리는 그러한 예를 '소크라테스의 다이몬'[08]에서 엿볼 수 있다(같은 책, 176). 그것

---

[08] "저에게는 무엇인가 신의 음성 혹은 다이몬의 음성이 들린다는 것입니다. (……) 저에게는 이것이 아이 때부터 시작된 것이요, 어떤 음성으로 나타나는데, 그것이 나타날 때에는 언제나 제가 무엇을 하려 할 때 그 일을 하지 못하게 만류하지만, 어떤 일을 하라고 재촉하는 일은 절대로 없습니다."(Plato, *Apology*, 31d). "나 자신과 남의 삶을 검토하는 것은 신탁과 꿈을 통해서, 또 신이 인간에게 무슨 일을 하라고 명할 때 사용하시는 온갖 방법으로

은 내적 인간(inner man)의 소리이자 자기 자신의 존재법칙이기도 하다. 융에게 있어서 이러한 부르는 소리는 의식화되기를 원하는 무의식의 요구이다. 그러나 자연과 인간의 제도에서 신적인 것들을 제거시켜 버린 계몽된 현대인들은 이러한 무의식의 요구를 간과하는 경향이 있다. 내면의 소리에 둔감한 사람은 인습이라는 영혼 없는 메커니즘에 따라 일상화된 삶을 사는 사람일 뿐이다(같은 책, 178). 내면에서 '부르는 소리(vocation)'는 '그 자신의 법칙(his own law)'이며, 타인으로부터 자신을 구별하는 유일한 것이다. 그리고 이러한 법칙에 따르는 삶이 창조적인 삶이라 할 수 있다. 그러나 그러한 삶에는 불가피하게 모험이 따른다. 융은 참된 인격의 모델로서 예수 그리스도를 언급한다. 가령 예수는 자신의 부르심[09]에 대한 내적 소명을 순종하기 위해 로마 제국의 사람들을 지배하는 마귀라는 객관적인 영혼의 유혹에 직면하였으며, 정복자이든 피정복자이든 모든 사람에게 깃들어 있는 제국주의적 광기의 공격에 자신을 노출시켰다(같은 책, 180). 자신의 내적 소명을 따른다는 것은 지극한 위험을 직면할 수 있는 용기가 필요하다. 다시 말해서 내적 소명의 수행은 운명에 대한 사랑(amor fati)이 필요한 것이다. 사실 신경증 환자는 운명에 대한 사랑이 없는 자이다(같은 책, 181).

참된 인격을 갖는다는 것은 자기 안 영웅의 현실화에 상응한다. 그런데 참된 인격을 의미하는 내면적 영웅의 실현은 그리스도에 대한 유혹과 같은 무의식의 부정적 요소에 직면하여 창조적으로 통합할 때 가능하다. 사실 '내면의 목소리(inner voice)'에는 가장 고상한 것과 가장 열등한 것, 최선의 것과 최악의 것, 가장 참된 것과 가장

명하신 것입니다."(같은 책, 33c)

[09] 예수의 내적 소명은 '자기 안에 있는 아버지'(요한복음 10:38; 11:10-11; 20; 17:21; 23)로부터 온 것이다. "나는 그(아버지)의 명령이 영생인 줄 아노라 그러므로 나의 이르는 것은 내 아버지께서 내게 말씀하신 그대로 이르노라 하시니라(요한복음 12:50) 내가 내 아버지께 들은 것을 다 너희에게 알게 하였음이니라"(요한복음 15:15)

사악한 것, 빛을 나르는 자와 루시퍼가 공존한다.010 따라서 인격을 계발하기 위해서는 '대극의 암합(coincidentia oppositorum)'이라는 지혜가 필요하다. 인격을 계발한다는 것은 일종의 모험이자 비극이라 할 수 있다. 이는 다이몬이라는 내적 음성이 가장 큰 위험이면서 필수 불가결한 도움이기 때문이다. 이집트에서 종살이하던 이스라엘 사람들이 이집트에 내린 10가지 재앙을 극복하고 약속의 땅 가나안으로 향하는 새로운 길을 찾았던 것처럼, 인격을 계발하기 위해서는 무의식에 잠재된 부정적인 요소를 극복하고 내면의 길을 찾아가는 것이 필요하다. 내면의 길(interior way)을 중국의 고전철학에서는 도(道, Tao)라고 부른다. "도는 그것의 목적지를 향하여 거부할 수 없도록 진행되는 물의 흐름과 같다. 도에 거한다는 말은 실현, 전일성, 도달된 목적지, 사명의 완수를 의미한다."(Jung, 1981: 185 - 186). 다시 말해서 도에 거한다는 말은 모든 사물에 내재하는 존재의미의 완전한 실현을 의미한다. 한마디로 참된 인격의 계발은 도에 따른 삶이라 할 수 있다.

(2) 인격 완성의 여정으로서 개성화 과정

인격 완성의 여정은 한마디로 '자기 자신이 되는 길'을 의미한다. 자기 자신이 되기 위해서는 '내적 소명', 즉 무의식의 요구를 의식화시키는 일이 필요하다. 하나의 도토리가 참나무로 성장하는 것처럼 인간의 인격은 미분화된 상태로부터 분화과정을 거쳐서 통일된 인격으로 발전한다.

융은 인간 삶의 궁극적인 목표를 사람들이 자기를 실현하는 것으로

---

010 융은 기본적으로 선악의 이분법적 사고를 지양한다. 분석심리학의 관점에서 루시퍼(Lucifer)는 우리의 무의식 가운데 존재하는 일종의 원형이다. 우리의 태도 여하에 따라 루시퍼는 글자 그대로 '빛을 나르는 자(lux / light + fer / bringing)'가 될 수도 있고 사악한 악마가 될 수도 있다. "사실 좋은 것은 불행하게도 언제나 좋은 것이 아니다. 그렇지 않다면 더 좋은 것은 있을 수 없다. 더 좋은 것이 나타날 때, 좋은 것은 배제될 수밖에 없다."(Jung, 1981: 185)

보았다. 다시 말해서 무의식의 의식화 과정을 통해 본래적인 자기 (Selbst)에 이르는 것이 삶의 궁극적인 목적이라 할 수 있다. 융은 의식과 무의식을 통합하는 과정을 '개성화의 과정(process of individuation)'으로 명명한다(Franz, 1996: 173). 개성화(individuation)란 우리의 인격이 더 이상 분할될 수 없는(in-divide) 경지에 도달하는 것을 의미한다. 다시 말해서 개성화란 인격을 통합시켜 전일성(wholeness)에 도달하는 것을 의미한다(김성민, 2001: 92). 자기 원형(原型)이 그 사람으로 하여금 그 사람 자신이 되도록 하는 무의식에 잠재된 근원적인 가능성(가령 아리스토텔레스의 형상eidos과 같은)이라고 한다면, 자기실현은 이러한 가능성을 자아의식이 수용하여 실천에 옮기는 능동적인 행위를 말한다. 자기를 실현해 가는 과정에서 자아의 결단과 용기와 인내심이 필요하며, 이를 통해서 비로소 의식과 무의식의 합일이 가능하다(김성민, 2001: 37-38, 72-73, 320-321; 이부영, 2002: 119-120).

우리의 인격은 집단 무의식이라는 깊은 토양에서 발아하여 충만한 자기의식적인 삶에서 꽃피우고 자기를 실현하는 유기체로서 발달과 성장의 자연스러운 순환과정을 갖는다(Clarke, 1992, ⅴ). 이러한 맥락에서 개성화 과정은 인격 완성의 여정이라 할 수 있다. 개성화 과정은 세 단계로 구성되어 있는데, 그림자의 통합, 아니마·아니무스의 분화 및 통합, 자기 인식이 그것이다.

개성화 과정의 첫 단계는 '그림자(Shatten, shadow)'의 통합 단계이다. 그림자는 부정하고 싶은 '또 다른 나'이자, 그 실재를 인정하기 싫은 '검은 형제'이다. 그러나 그림자가 없는 사람은 없다. 모든 사람에게는 무의식 가운데 자신의 그림자가 존재한다. 우리는 쉽게 우리 자신의 그림자를 망각한 채로 가면(persona, 사회적 자아)을 쓰고 살아간다. 그러나 자신의 그림자를 망각하는 한 자기인식은 불가능하다. 사실 융의 그림자 개념을 토대로 할 때, 지킬박사와 하이드처럼, 콩쥐와 팥쥐, 가인과 아벨은 동일인의 자아와 그림자를 상징한다고 하겠다. 이러한 관점에 의거할 때, 니체(F. W. Nietzsche, 1844 - 1900)가 주목한 디오니소스적 요소는 아폴론적 요소의 그림자라 할 수 있다. 아폴론과 디오니소스는 동전의 양면처럼 동일성과 차이를 담아내고 있다. 그러므로 두 요소 중 어느 하나만을 추구할 때 삶은 왜곡되지 않을 수 없다. 우리가 디오니소스를 떠난다면, 아폴론 역시 우리를 떠나게 된다. 그러므로 진정한 디오니소스적인 지혜는 아폴론적 요소를 매개로 드러날 수 있다.011 그림자의 자각은 우리의 전일적인 자아 - 인격(ego - personality)이 직면하는 도덕적인 문제이다. 왜냐하면 그림자를 인식하기 위해서는 상당한 도덕적인 노력이 요구된다. 자신의 그림자를 인식한다는 것은 인격의 어두운 측면을 인정하는 것이다(Jung, 1974a: 8).

개성화 과정의 2단계는 아니마 · 아니무스의 분화 및 통합과 관련되어 있다. 인격의 성숙을 위해서는 이성(異性)의 모습으로 나타나는 우리 내면의 요소들에 귀를 기울일 필요가 있다. 아니무스의 본성은 남성의 외적 인격으로서 페르소나를 규정할 뿐만 아니라 여성 안의 내적 인격으로서의 남성성을 의미하기도 한다. 이와 마찬가지로 아니마의 본성은 여성의 외적 인격으로서의 페르소나를 규정하며, 남성 안의 내적 인격으로서 여성성을 나타낸다. 여기서 개성화 과정 2단계의 중요한 과제가 드러난다. 바로 개별자는 생물학적인 성과 내적 인격으로서의 이성성(異性性)의 특징을 분화 · 발전시키고, 통합시켜야 한다는 것이다. 다시 말해서 남성성과 여성성의 통합은 전인(全人)으로서의 성장에 필요 불가결한 요건이라 하겠다(진교훈 · 윤영돈, 2003: 91).

남성성이 합리적, 논리적, 주장하는 특성인 로고스로 상징된다면,

---

011 니체와 융의 공통점으로 둘 모두 유년 시절부터 기독교에 시달렸다는 점, 본래적인 자기 (Selbst)에 이르는 길(니체의 표현으로는 초인, 융의 표현으로는 개성화의 과정)이 어렵다는 점, 선악의 이분법을 지양한다는 점, 갈등과 고통이 없다면 의식이 퇴행한다는 실존적 관점, 어두움의 사상(니체의 경우 디오니소스적인 것이라면, 융의 경우 무의식), 창조자로서의 전일적 자기의 강조, 헤라클레이토스에게 큰 빚을 지고 있다는 점 등을 들 수 있다. 두 사람의 가장 큰 차이점은 삶의 영역에 있어서 니체는 미학적 차원을 중시했다면, 융은 종교적 차원을 중시했다는 것이다(Jarrett, 1998: introduction 참조).

여성성은 결합하고, 참여하며, 관계를 맺는 에로스로 상징된다. 남성성이 우리를 현실에서 벗어나 미래적인 요소와 관련되며, 외적 세계의 적응이라는 측면에서 권위, 규율, 규범과 관계가 있다면, 여성성은 사람이나 사물을 논리적으로 파악하기보다는 직관적으로 파악하고, 이론화보다는 구체적인 감정을 중시하며, 막연한 미래보다는 현재적 삶을 중시한다. 그리하여 양육하고 보살피는 능력과 관계되는 불변성, 안정성, 보수성의 토대를 마련한다.

융은 개성화 과정에서 아니마·아니무스의 분화와 통합을 가장 중요한 것으로 보았으며, 개별자는 자기 내면에 있는 이성(異性)을 발견하고, 그 이성(異性)의 인도를 따라 남성성과 여성성을 성적인 범주가 아니라 실제적인 의미에서 통합시켜야 한다고 강조한다. 이러한 남성성과 여성성의 통합은 자웅동체(雌雄同體)인 안드로진(androgyne)이나 헤르마프로디테(hermaphrodite)[012]로 상징적으로 묘사된다(C. G. Jung, 1974a: 24).

개성화 과정의 마지막 단계는 자기 인식(self realization)과 관련된다. 자기실현에서 중요한 물음은 '무엇이 되고 싶은가'보다는 '원래 무엇이었는가'에 대한 물음이다. 자기(Selbst)는 기독교적 의미에서는 '우리 안에 있는 하나님'이며, 불교적 의미에서는 '우리 안에 있는 불성(佛性)'이라 할 수 있다. 한마디로 자기는 우리 삶의 궁극적인 방향과 목적(telos)을 규정하는 형상(eidos)이라 할 수 있다. 여기서 우리는 개성화의 과정, 즉 자기실현의 과정은 종교적 인간이해를 반영하고 있음을 확인할 수 있다. 이러한 연유에서 융은 교회로 되돌아가는 길을 찾는 사람을 모든 면에서 지원했다. 요컨대 자기인식은 무엇보다 인생의 의미를 부여하고, 인격을 형성하는 길이며, 또한 세계관을 구축하는 길이기도 하다(진교훈·윤영돈, 2003: 92).

---

012 안드로진(androgyne)은 남성을 의미하는 그리스어 anēr의 2격(genitive)인 andros
와 여성을 의미하는 gynē의 합성어이며, hermaphrodite는 헤르메스와 아프로디테
의 합성어이다.

참고문헌

김성민(2001), 『분석심리학과 기독교』, 서울: 학지사.

도홍찬(2002), 「도덕교육에서 이야기의 의미와 활용에 관한 연구」, 한국도덕윤리과교육학회, 『도덕윤리과교육』 제15집.

문용린(1994), 『청소년의 도덕성, 법의식 발달, 비행경향성 및 법교육 실태에 관한 연구』, 형사정책연구원.

박병기 · 추병완(2001), 『윤리학과 도덕교육』, 일산: 인간사랑.

이부영(2002), 『분석심리학: C.G. Jung의 인간심성론』, 서울: 일조각.

이춘재 외(1993), 『청년심리학』, 서울: 중앙적성출판사.

정창우(2004), 『도덕교육의 새로운 해법』, 서울: 교육과학사.

진교훈 · 윤영돈(2003), 「융 심리학의 인간학적 함의에 관한 연구」, 서울대학교 『사대논총』 제66집.

추병완(2004), 『도덕교육의 이해』, 서울: 백의.

Bandura, Albert(2002), "Selective Moral Disengagement in the Exercise of Moral Agency", *Journal of Moral Education,* Vol.31, No.2.

Bandura, Albert, 김의철 외 옮김(2003), 『자기효능감과 인간행동』, 서울: 교육과학사.

Bouchard, Nancy(2002), "A Narrative Approach to Moral Experience Using Dramatic Play and Writing", *Journal of Moral Education*, Vol. 31, No.4.

Chin, Kyo - Hun(2001), "Asian and Jungian View of Ethics", *Asia Pacific Education Review,* Vol.2. No.1. BK21 The Institute of Asia Pacific Education Development Seoul National University.

Clarke, J. J.(1992), *In Search of Jung: Historical and Philosophical Enquiries*, London New York: Routledge.

Franz, M. L. von(1996), "개성화의 과정", 『인간과 상징』, 이윤기 옮김, 서울: 열린 책들.

Gibbs, J. C.(1991), "Toward an Intergration of Kohlberg's and Hoffman's Theories of Morality", W. M. Kurtiness & J. L. Gewirtz(eds.),

Handbook of Moral Behavior and Behavior and Development, Lawrence Erlbaum Associates.

Gibbs, J. C.(1995), "The Cognitive Developmental Perspective", W. M. Kurtines & Gewirtz. J. L.(eds.), Moral Development: An Introduction, Boston: Allyn and Bacon.

Hayes, R. L. & Oppenheim, R.(1997), "Constructivism: Reality is What you make it", T. L. Sexton & B. L. Griffin(eds.), Constructivist Thinking in Counseling Practice, Research, and Training, New York & London: Teachers College, Columbia University.

Higgins, Ann(1995), "Educating for Justice and Comunity: Lawrence Kohlberg's Vision of Moral Education", W. M. Kurtines & Gewirtz. J. L.(eds.), Moral Development: An Introdution, Boston: Allyn and Bacon.

Hjelle, L. A. & Ziegler, D. J., 이훈구 옮김(1993), 『성격심리학』, 서울: 법문사.

Hogenson, George B.(1998), "C. G. Jung", in Edward Craig(ed.), Routledge Encyclopedia of Philosophy, Vol.5, New York: Routledge.

Jacobi, Jolande(1951), The Psychology of C. G. Jung: an introduction with illustrations, London: Routledge & Kegan Paul Ltd.

Jacobi, Jolande, 이태동 옮김(1992), The Psychology of C.G. Jung, 『칼 융의 심리학』, 서울: 성문각.

Jarrett, J. L.(1998)(ed. & abr.), Jung's Seminar on Nietzsche's Zarathustra, Princeton: Princeton University Press.

Jung, C. G.(1974a), Aion: Researches into the Phenomenology of the Self, R. F. C. Hull(trans.), London: Routledge & Kegan Paul, Ltd.

Jung, C. G.(1974b), Psychology and Alchemy, R. F. C. Hull(trans.), London: Routledge & Kegan Paul, Ltd.

Jung, C. G.(1977), Two Essays on Analytical Psychology, R. F. C. Hull(trans.), Bollingen Series X X, New York: Princeton Univ. Press.

Jung, C. G.(1981), The Development of Personality. R. F. C. Hull(trans.), New York: Princeton Univ. Press.

Jung, C. G.(1989), Psychology and Religion, R. F. C. Hull(trans.), New York: Princeton Univ. Press.

Jung, C. G.(1996), "무의식에의 접근", 『인간과 상징』, 이윤기 옮김, 서울: 열린책들.

Kant, I.(1996), The Metaphysics of Morals: The Doctrine of Virtue, Mary

Gregor(trans.), Cambridge University Press.

Karcher, Stephen(1999), "Crossed Paths, Crossed Sticks, Crossed Fingers: Divination and the Classic of Change in the Shadow of the West", in Carl B. Becker(ed.). *Asian and Jungian View of Ethics,* Greenwood Press.

Kim, Kyong－Dong(2002), "Resolving the Dilemmas of Human Civilization: The Wisdom of Yin－Yang Dialectics", *East Meets West: A Quest for New Civilizations in the New Millennium,* Internation Conference(Department of Sociology Seoul National University), 3.22.

MacIntyre, A.(1984), *After Virtue: A Study in Moral Theory,* Indiana: University of Notre Dame Press.

Musser, L. M. & Leone, C.(1992), "Moral Character: A Social Learning Perspective", R. T. Knowles & G. F. McLean, *Psychological Foundations of Moral Education and Character Development: An Intergrated Theory of Moral Development.*

Narvárez, D. & Rest, J.(1995), "The Four Components of Acting Morally", *Moral Development: An Introduction,* Boston: Allyn and Bacon.

Piaget, Jean(1997), *The Moral Judgement of The Child,* New York: Penguin Books.

Platon, 박종현 역주(1997), 『국가·政體』, 박종현 역주, 서울: 서광사.

Tappan, M.(1998), "Moral Education in the Zone of Proximal Development", *Journal of Moral Education,* Vol.27.

Wehr, Gerhard, 한미희 옮김(1989), 『카를 융: 생애와 학문』, 서울: 까치.

# 제4장 윤리학과 심리학의 관계 정립

이 글은 도덕교육의 학적 배경으로서 윤리학과 심리학의 관계 정립이 필요하다는 문제의식에서 출발한다. 존재(사실)와 당위(가치)의 이원화 경향은 심리학과 윤리학 사이에도 노정되어 있다. 그러나 도덕교육의 이론적 공고화를 위해서는 윤리학과 심리학의 상호보완성에 대한 탐구가 필요하다. 우리는 대표적인 윤리학자인 칸트와 대표적인 심리학자인 콜버그의 논의에서 윤리학과 심리학 간의 상호보완적 관계 정립을 확인할 수 있다.

Ⅰ. 도덕교육론의 이론적 기초로서 윤리학과 심리학

도덕교육 이론의 양대 지주로 인격교육론과 구성주의적 도덕교육론을 들 수 있다. 이 두 접근법의 등장배경은 미국사회의 시대적 상황과 무관하지 않다(추병완, 1996: 301‒310; 윤영돈, 2009: 131‒133).

구성주의적 도덕교육론은 합리적 도덕교육의 성격을 지니고 있다. 미국사회에서 도덕성 발달 이론과 같은 합리적 도덕교육에 대한 관심은 1960년대를 기점으로 고조되었다. 이 시기에는 전통적인 역할과 가치에 대한 회의, 여권 신장이나 흑인의 지위향상, 소수 인권 운동, 성혁명, 종교나 개인적 가치에 대한 새로운 실험적 태도들이 만연하였다. 이처럼 다원화되어 가는 사회에서 옳은 가치들의 목록보다는 도덕적 추론 기능과 책임 있는 의사결정능력을 배양하는 것이 도덕교육의 본래적 사명으로 받아들여졌다.

그러나 합리적 도덕교육은 1980년대 미국사회의 도덕적 문제해결에 실효성이 떨어진다는 비판에 직면했으며, 그 대안으로 인격교육이 등장했다. 인격교육은 미국사회의 공동체를 와해시키는 과도한 개인주의(overindividualism)의 문제점(Hitchcock, 1994: 29)과 날로 증가하는 청소년의 자살, 범죄, 10대 임신, 약물복용 등으로 대변되는 미국 청소년 문화에 대한 도덕적 처방의 필요성 그리고 구체적인 도덕적 가치와 규범을 가르치지 않은 합리적 도덕교육(가령 도덕적 추론과 가치명료화 접근)에 대한 비판에서 1980년대 대두되었으며, 1990년대에 이르러서는 도덕교육의 주된 흐름이 되었다.[01]

이들 두 접근법의 이론적 배경은 크게 심리학적 기초와 도덕철학적(윤리학적) 기초로 대별해 볼 수 있다. 기본적으로 도덕교육은 아동과 청소년의 인지 및 도덕성 발달에 부합하도록 학교급별 내지 학년별로 교육목표, 교육내용, 교육방법 등을 차별화할 필요가 있다. 인격교육론의 심리학적 기초로서 밴두라로 대표되는 사회학습 이론을, 구성주의적 도덕교육론의 심리학적 기초로 콜버그로 대표되는 인지발달 이론을 들 수 있다. 인격교육이 사회화(socialization)의 관점에 주안점을 둔다면, 구성주의적 도덕교육이 발달(development)의 관점에 초점을 둔다. 한편 인격교육론의 윤리학적 기초로서 덕윤리학을, 구성주의적 도덕교육론의 윤리학적 기초로서 칸트의 의무론을 상정해 볼 수 있다. 인격교육론이 인격계발의 터전으로 도덕적 공동체를 상정하는 공동체주의적 도덕교육과 맥락을 같이한다면, 구성주의적 도덕교육론은 자유주의적 도덕교육의 성격을 지니고 있다.[02]

---

01 도덕科 교육과 관련된 용어로서 '인격 교육(character education)'은 보다 보수적이고, 전통적이며 행동주의적 접근과 매우 밀접하게 연계되어 있다. '도덕교육(moral education)'은 보다 자유주의적이고, 구성주의적이며, 인지주의적인 접근과 연결되어 있다. '가치 교육(value education)'은 보다 반이론적이고, 태도중심의, 경험적 접근과 관련된다는 점에 주목할 필요가 있다 (Berkowitz, 2002: 44).

02 물론 1980년대 자유주의와 공동체주의 간의 논쟁을 통해 1990년대에는 양자 간 상호 수렴의 과정을 거친다. 가령 자유주의적 진영의 콜버그는 초기 '가상적인 도덕딜레마 접근'에서 후기 '정의로운 공동체 접근'을 시도한다면, 공동체주의적 진영의 에치오니A. Etzioni는 자율성과 공동체를 조화시키는 새로운 황금률을 주창한다. 정의와 공동체를 결합하고자 하는 후기 콜버그의 관점에 대해서는 (Higgins, 1995: 49-81) 참고. 에치오니(1996: xviii)의 새로운 황금률은 다음과

다소 단순화시켜서 표현하자면 인격교육론은 사회화를 중시하는 '관습적 도덕'의 성격이 강하고, 구성주의적 도덕교육론은 도덕적 추론 및 도덕 판단능력을 중시하는 '반성적 도덕'의 성격이 강하다고 할 수 있다. 두 이론은 아동 및 학생의 인지와 도덕성의 발달 단계에 따라 적절히 활용할 필요가 있다. 가령 분별연령인 14세 이전에는 인격교육론의 의존도를 높이고, 14세 이후에는 구성주의적 도덕교육론의 의존도를 높일 필요가 있다.[03] 다음 그림은 학교급별 인격교육론과 구성주의적 도덕교육론의 활용도를 개략적으로 표현한 것이다.

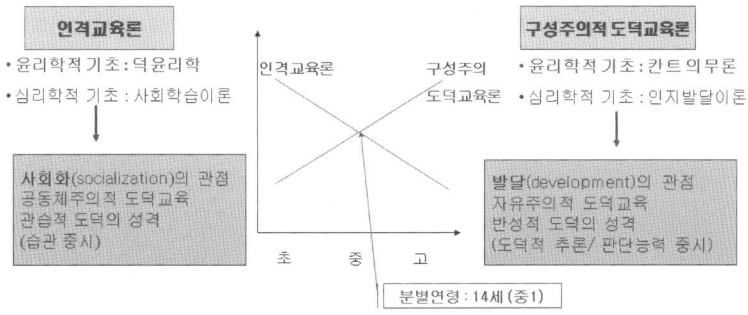

〈그림 4-1〉 도덕교육의 기본 성격

초등 도덕교육에서는 습관을 통한 인격교육에 주안점을 두고, 중등 도덕교육에서는 도덕적 판단능력 배양에 초점을 맞출 필요가 있다. 물론 초등 도덕교육에서도 기본적인 도덕적 판단력 육성을 중요하게 다룬다. 이는 아무리 어린 학생이라 할지라도 그의 내면에 자율성의 씨앗이 담겨 있기 때문이다. 그리하여 도덕교육은 '자율적이

같다. "당신이 사회적으로 존경받고, 자율성을 옹호하고자 하는 바대로, 사회의 도덕적 질서를 존중하고 옹호하라."

[03] 제7차 교육과정에서 도덕적 추론(도덕 판단의 과정)은 중학교 3학년 'Ⅰ.3. 도덕문제와 도덕판단'에서 다루는 데 비해, 제7차 개정 교육과정에서는 중학교 1학년 'Ⅰ.2. 도덕적 탐구'에서 다루고 있다.

고 통합적인 인격 형성' 내지 '자율적 도덕성의 형성'을 궁극적인 목표로 한다(교육인적자원부, 2007: 1 - 2). 그러나 미국사회에서 1960년대 이후 부각된 합리적 도덕교육 운동이 인격교육의 측면을 간과함으로써 발생한 문제점과 1980년대 이후 인격교육의 부활에서 우리가 반면교사로 삼아야 할 대목이 있다. 그것은 자율성이나 합리성은 확고한 신념과 습관화의 토대에서만 가능하다는 것이다. 우리는 이러한 인격교육과 구성주의적 도덕교육의 상호 협력이 필요하다는 관점을 커센바움(Kirschenbaum, 1995)의 가치 및 도덕교육에 관한 '포괄적 접근(comprehensive approach)'에서 확인할 수 있다.04 그는 청소년들의 도덕적 부패를 극복하고, 좋은 인격을 형성할 수 있는 구체적인 방법으로 첫째, 가치와 도덕의 주입 및 직접 교수하는 것, 둘째, 가치와 도덕을 모델링(modeling)하는 것, 셋째, 가치와 도덕발달을 촉진하는 것, 넷째, 가치 발달 및 도덕적 소양을 위한 기능을 발달시키는 것이 통합적·포괄적으로 사용될 필요가 있음을 지적한다. 첫째와 둘째가 인격교육론에 근거한 교육 방법이라면, 셋째와 넷째는 구성주의적 도덕교육론에 근거한 것이다.

---

04 커센바움은 한때 가치명료화 접근법의 대표적인 학자로 명성을 얻었으나 미국 사회의 도덕적 쇠퇴와 청소년의 일탈문제를 극복하기 위해 초기의 생각을 수정하여 인격교육의 관점과 구성주의적 도덕교육의 관점을 포괄하여 청소년의 가치와 인격을 고양하는 데 초점을 맞추게 되었다.

Ⅱ. 칸트와 콜버그에 의한 윤리학과
도덕심리학의 상보적 관계[05]

윤리학(도덕철학)과 도덕심리학의 상호 연관성은 '덕의 교육 가능성' 물음에 관한 소크라테스와 메논의 대화에로까지 소급될 수 있다. 플라톤의 대화편 『메논』(*Meno*, 70a - d)에서 메논이 소크라테스에게 제기한 물음, 즉 "덕은 가르쳐질 수 있는가?"에 대해 소크라테스는 "덕은 무엇인가?"의 물음의 해명이 선결되어야 한다고 말한다. 다시 말해서 '덕의 본질에 대한 앎'은 '덕의 종류에 대한 앎'에 선행하는 것이라 할 수 있다. "도덕성이란 무엇인가?"가 윤리학의 근본 물음이라면 "도덕성은 어떻게 형성되는가?"는 도덕심리학과 관련된 물음이다.

도덕철학(moral philosophy)으로서 윤리학은 도덕규범의 체계를 정당화하기 위해 타당한 근거를 탐구하는 규범 윤리학의 차원을 다루는 것으로서, 문화권에 따라 상대적일 수 있는 도덕의 현상적인 측면이 아니라 그 현상의 이면에 있는 보편성을 지닌 도덕의 원리나 도덕 판단의 보편적 형식을 탐구하는 학문으로 규정된다(Crisp, 1998: 435 - 437; Taylor, 김영진 역, 1985: 18 - 23). 한편 '도덕 심리학(moral psychology)'이란 도덕의 동기화 차원을 다루는 것으로서 도덕성에 관한 다양한 현상들을 과학적 방법으로 탐구하여 기술(記述)하는 학문이다. 그것은 일종의 도덕 해부학(moral anatomy)으로서, 도덕행위, 윤리적 사고, 더 나아가 가치 등과 같은 도덕성에 관한 과학적 연구로 간주된다(Berkowitz, 2002: 48, Lapsley, 2000). 요컨대

05 윤영돈 · 김남준(2008), 「존재 - 당위 문제로서 도덕철학과 도덕심리학의 관계」, 한국도덕윤리교육학회, 『도덕윤리과교육』 제27호, pp.113 - 142에서 필자가 집필한 내용을 재구성한 것임을 밝힌다. 공동 연구를 수행한 김남준 교수에게 감사를 표한다.

윤리학은 당위(규범)의 층위에 있다면, 도덕심리학은 존재(사실)의 층위에 위치한다고 할 수 있다. 한마디로 윤리학과 도덕심리학 사이에는 존재(사실) - 당위(규범)의 문제가 노정되어 있다고 할 수 있다.

사실 당위(규범)와 존재(사실) 간의 소통은 일상적인 도덕판단의 과정에서 확인할 수 있다. 우리가 일상적으로 내리는 도덕판단은 사실판단과 엄격하게 구분되지만 사실판단 없이 가능한 것은 아니다. 물론 사실판단으로부터 도덕판단을 이끌어 낼 수도 있겠지만, 이런 경우 자연주의적 오류(naturalistic fallacy)를 범하지 않을 수 없다. 그러나 도덕판단은 가치기준이 전제된 사실판단으로부터 도출될 수 있다. 가령 "행복은 모든 사람들이 바라는 것이다."라는 사실판단으로부터 "행복은 좋은 것이다."는 도덕판단을 이끌어 내는 것은 부당한 추론이다. 그러나 "모든 사람들이 바라는 것은 좋은 것이다."라는 가치기준이 전제된다면 사실판단으로부터 이끌어 낸 도덕판단은 논리적 오류를 범하는 것이 아니다. 물론 이러한 추론을 하는 과정에서 가치기준은 일종의 도덕적 여과장치를 통과해야 한다(조성민, 1993: 272 - 275).06 가령 도덕판단은 보편화결과검사나 역할교환검사를 통과한 가치기준(대전제)과 사실판단(소전제)을 매개로 가능한 추론적 판단인 것이다. 이런 맥락에서 가치(당위)와 사실(존재)이 엄격하게 분리된 도덕판단은 현실에서 그 설명력이 떨어진다고 할 수 있다. 그러므로 일상생활의 가치판단 내지 도덕판단의 타당성을 확보하기 위해서는 가치(당위)와 사실(존재) 간의 일정한 소통이 필요하다고 할 수 있다. 가치(당위)와 사실(존재) 간의 소통은 무엇보다 윤리적 상대주의, 더 나아가 도덕적 회의주의를 극복하는 데 기여할 수 있다(길병휘, 1996: 8 - 9, 231 - 239).

---

06 여기서 언급하고 있는 도덕적 추론의 이론적 배경은 '가치분석 이론'이다. '가치분석 이론'은 제7차 교육과정 중학교 3학년 『도덕』 '제Ⅰ단원 3. 도덕문제와 도덕판단'의 이론적 배경으로 원용되고 있다.

윤리학과 도덕심리학 간의 상보적인 관계는 누구보다도 칸트와 콜버그의 논의에서 확인할 수 있다(정창우, 2008: 130 - 135). 칸트의 관점은 도덕성의 정초를 위한 윤리학이 주가 되며, 도덕심리학의 논의는 정초된 도덕성의 적용 및 실현을 위해 요구된다. 한편 콜버그의 관점은 윤리학의 규범적 도덕성의 개념을 도덕심리학의 출발점에서 수용하되, 도덕심리학의 경험적 연구를 통해 윤리학의 타당성을 입증하고자 하는 구조를 지니고 있다. 물론 칸트가 대표적인 윤리학자라고 한다면 콜버그는 대표적인 도덕심리학자라는 점에서 주된 연구 분야가 다르지만 둘 다 도덕성에 대한 규범적(normative) 측면과 기술적(descriptive) 측면의 상호 보완성을 강조한다는 점에서 문제의식을 공유한다고 할 수 있다.

1. 칸트: 도덕형이상학의 '기초놓기(윤리학)' vs
'적용 및 실현(도덕심리학)'

우리가 흔히 알고 있는 칸트 윤리학은 도덕성의 기초 놓기에 초점을 맞춘 윤리학의 논의이다. 칸트는 도덕성의 기초 놓기 과정에서 주관적이고 경험적인 모든 요소, 가령 도덕감이나 경향성을 의도적으로 배제한다(*Grundlegung*, A/B 90). 그러나 현실에서 도덕성의 적용 및 실현을 위해서는 인간학에 대한 이해를 요구한다. 칸트에 있어서 인간학은 주로 경험적 윤리학을 지시한다. 그러므로 칸트 윤리학의 전체적인 모습을 파악하기 위해서는 도덕성의 정초 문제를 논하는 '순수 윤리학(pure ethics)'뿐만 아니라 도덕성의 적용 및 실현 문제를 논하는 '경험 윤리학(impure ethics)'에 대한 이해도 필요하다. 칸트는 인간 본성에 관한 경험적 연구를 '도덕적 인간학', '실천적 인간학', '응용도덕철학' 혹은 '인간학'이라고 다양하게 불렀다(Louden, 2000: vii). 요컨대 순수 윤리학으로서의 도덕형이상학이 인간의 내면에 주어진 도덕원리들을 선험적으로 규명하고자 한다면, 경험 윤리학으로서의 인간학은 도덕형이상학에서 밝혀진 도덕 원리들이 실현될 수 있는 경험적 조건을 다룬다. 그렇기 때문에 칸트 윤리학의 총체적인 모습은 도덕성의 기초 놓기와 도덕성의 적용 및 실현 문제로 해명될 수 있다(윤영돈, 2007: 200 – 203). 한마디로 칸트의 '도덕형이상학(순수 윤리학)'은 '도덕철학(윤리학)'으로, 그의 '경험적 인간학(경험 윤리학)'의 논의는 '도덕심리학'으로 간주될 수 있다.

전통적인 윤리학자들은 인간에 관한 경험적인 연구를 윤리학의 영역에 포함시키는 데에 소극적인 태도를 지니고 있다. 칸트 역시 철학과 윤리학의 순수성에 대한 지나친 집착을 보이는 경향이 있다. 이는 존재(is, 사실)로부터는 당위(ought)를 이끌어 낼 수 없다고 보았기 때문이다(Louden, 2000: 4 – 5). 존재로부터 당위를 이끌어 낼 수 없다는 칸트의 관점은 이미 『순수이성비판』에서 확인할 수 있다. "내가 행해야만 하는 것(what I ought to do)에 대한 법칙들을 행해진 것(what is done)에서 도출하거나 그것을 가지고 제한하려고 하는 것은 가장 비난받을 만한 일이다."(*KrV*, A 319, B 375)

우리에게 익숙한 칸트 윤리학은 『정초』(*Grundlegung*)나 『실천이성비판』(*KrV*)에 근거한 것으로, 무엇보다 도덕성의 척도가 되는 도덕법칙의 정초 문제를 다루고 있다. 도덕법칙이란 '일어나는 것(what happens)'의 근거를 규명하는 것이 아니라 '일어나야만 하는 것(what ought to happen)'의 법칙이다(*Grundlegung*, B 62). 도덕법칙은 경험이나 사실의 문맥으로부터 결코 도출될 수 없다는 것이 칸트의 기본 입장이라 할 수 있다.

우리는 칸트의 도덕성 정초 과정을 통해 그의 윤리학의 성격을 확인할 수 있다. 칸트에 따르면 "윤리학에서 경험적인 부분은 특별히 실천적 인간학이라 하고, 이성적인 부분은 본래적인 도덕(도덕철학)이라 할 수 있다."(*Grundlegung*, A/B Ⅵ) 경험적인 것과 이성적인 것을 섞어서 도덕성의 정초 논의를 해서는 안 되며, 학문의 본성은 이성에 있으므로 경험적인 자연학 앞에 자연의 형이상학을 먼저 정초해야 하는 것처럼 경험적인 실천적 인간학에 앞서 도덕의 형이상학을 세울 필요가 있다(같은 책, A/B Ⅶ). 요컨대 도덕형이상학으로서의 순수 윤리학[도덕철학]이 인간의 본성 가운데 내재되어 있는 도덕원리들을 선험적으로 규명하는 작업이다. 한편 '도덕적 인간학' 내지 '실천적 인간학'은 '도덕 형이상학'에서 밝혀진 도덕 원리들이 실현될 수 있는 경험적 조건을 다루는 '경험 윤리학'[도덕심리학]의 성격을 지닌다고 할 수 있다.

칸트 윤리학의 선험적 측면과 경험적 측면의 종합적 이해는 무엇보다 칸트 자신의 주장에 의해 정당화될 수 있다. 칸트 윤리학의 두 번째 부분인 경험 윤리학을 탐구해야 할 필요성은 1784 - 5년 겨울학기 Collins의 강의노트의 "윤리학[도덕철학]은 인간학 없이는 존재할 수 없다."(Kant, 1997: 42)는 대목이나 도덕 형이상학으로서의 "윤리학은 그 적용(Anwendung)을 위해서 인간학을 필요로 한다." (*Grundlegung*, S.40(A/B 35))는 대목에서 확인할 수 있다. 그러므로 내용 없는 사상이 공허한 것처럼 인간학 혹은 주체(행위자)에 관한 연구 없는 윤리학은 단지 사변적이거나 하나의 이념에 불과한 것이다(Louden, 2000: 21 - 22). 도덕성의 적용을 위한 경험 윤리학으로서 '도덕적 인간학'의 성격에 관한 언급은 『도덕형이상학』에서 확인할 수 있다.

> 실천철학 일반의 구분에 있어서 도덕형이상학에 대응되는 다른 한 부분은 도덕적 인간학(moralische Anthropologie)이다. 도덕적 인간학은 도덕형이상학의 법칙들을 실행하는 데 있어서 억제하거나 촉진하는 인간본성의 주관적 조건을 다룬다. 도덕적 인간학은 (학교교육과 대중교육에 있어서) 도덕원리의 발달, 전달, 강화를 다룬다(*MdS*, S.322(A/B 11)).

인간이 어떻게 행위해야 하는지에 관한 당위 차원의 학문이 순수 윤리학으로서의 도덕철학이라면, 행위자에 관한 지식, 이를테면 인간의 성격이나 인간의 도덕성 발달 내지 도덕원리의 전달 및 강화와 같이 인간의 행위와 도덕성의 형성 문제를 다루는 학문이 경험 윤리학으로서의 도덕적 인간학이다. 여기서 우리는 칸트의 도덕적 인간학이 도덕심리학의 성격을 지니고 있음을 알 수 있다. 그러므로 칸트 윤리학의 전체적인 관점에서 조망할 때, 도덕적 인간학(도덕심리학)이 없는 도덕철학(윤리학)은 단지 사변적이거나 하나의 이념일 뿐이다(Kant, 1997: 42). 여기서 우리는 칸트 윤리학의 온전한 이해를 위해서는 도덕철학(윤리학)과 도덕심리학의 통합을 함의하는 '도덕성'과 '인간학'의 통합이 필요하다는 것을 확인할 수 있다(Wilson, 1997: 87 - 104). 이는 칸트 윤리학이 도덕법칙의 순수성에 초점을 맞춘 종래의 관점뿐만 아니라 도덕법칙의 구체적 적용 가능성까지 고려한다는 것을 의미한다. 사실 칸트는 도덕법칙을 실현하기 위해서는 도덕성의 최고원리를 정초하는 과정에서 배제하였던 공감과 같은 경향성이 필요하다고 보았다. 도덕성의 기초를 마련하는 데 있어서 배제되었던 경향성을 도덕성의 적용 및 실천단계에서 요청하는 이유는 인간이 이성적이면서도 감성적인 존재이기 때문이다. 인간이 전적으로 순수한 이성적인 존재라면 경향성이 전혀 요구되지 않을 것이지만 동시에 감성적이기도 한 존재이므로 경향성(Neigungen)을 완전히 제거하는 것은 무익할 뿐만 아니라 해롭고 비난받을 만한 일인 것이다(*Religion*, A 63, B 69). 이 때문에 타인의 즐거움뿐만 아니라 고통의 감정을 공유할 수 있는 공감 능력을 계발하는 것은 실천이성의 명령을 수행하는 데 있어서 간접적인 의무로 간주된다(*MdS*, A 130 - 132).

2. 콜버그에 의한 윤리학과 도덕심리학의 상보성

콜버그(Kohlberg, 1981: ⅺ - ⅹⅲ)에 의하면, 플라톤의 대화편『메논』에서 "덕은 가르쳐질 수 있는가?"는 도덕심리학의 물음이며, 이 물음은 "덕은 무엇인가?"라는 윤리학의 물음이 먼저 해명되어야 물을 수 있는 것이다. 만일 윤리학의 선결 문제를 해결하지 않고, 도덕심리학의 관점에서 도덕교육을 논의하게 되면 '심리학자의 오류'를 범하게 된다. 이는 일종의 '자연주의적 오류'이다. 당위나 도덕성의 정초 문제는 사실 차원의 논의가 아니라 당위 차원의 논의이며, 윤리학의 맥락에서 해명될 필요가 있다. 콜버그의 도덕발달이론은 무엇보다 "덕은 무엇인가?"라는 물음을 해명하는 윤리학의 전제를 수용하고 있다.

콜버그는 "덕은 무엇인가?"라는 물음에 관해, 덕들은 하나의 원리로 통일되어 있으며, 그것은 다름 아닌 '정의'라고 말한다(Kohlberg, 1981: ⅹⅹⅰⅹ). 이때 정의의 근본 성격은 '역할채택(role - taking)'의 양적·질적인 확대(3수준 6단계)로 규정된다. 콜버그의 정의 개념은 심리학에서는 피아제(Jean Piaget, 1896 - 1980)의 형식주의 이론에 근거하고 있으며, 윤리학의 이론에서는 고대 그리스의 소크라테스와 플라톤의 관점에서 시작하여, 근대의 칸트(I. Kant, 1724 - 1804) 및 현대의 롤즈(J. Rawls, 1921 - 2002)에 이르는 윤리학적 형식주의의 전통에 근거하고 있다(Kohlberg, 1981: 192, 194). 콜버그의 도덕발달이론이 고유성과 독자성을 확보할 수 있었던 요인은 바로 도덕심리학적 관점과 윤리학적 관점을 종합함으로써 도덕발달 및 도덕교육의 문제를 논의했기 때문이다(정창우, 2004: 35).

콜버그는 윤리학적 가정이 배제된 도덕심리학은 논리적 오류를 범한다고 말한다. 다시 말해서 윤리학적 전제가 없는 행동주의나 정신분석학과 같은 도덕심리학에 근거한 도덕교육은 심리학자의 오류를 범하고 있다는 것이다. "덕은 가르쳐질 수 있는가?"라는 메논의 물음에 대해 행동주의자나 정신분석학자는 "그렇다."고 답변할 것이다. 행동주의자는 '습관(practice)과 강화(reinforcement)'를 통해서, 정신분석학자는 '사랑(love)과 엄격함(firmness)의 균형을 지닌 부모'를 통해서 덕을 습득할 수 있다고 말할 것이다(Kohlberg, 1981: 29). 다시금 그들에게 "덕은 무엇인가?"라고 물었을 때, 그들은 사회 혹은 부모마다 상이한 내용을 담은 "덕목 보따리(bag of virtues)"라고 답변할 것이다. 사실 메논의 물음에 대한 행동주의자와 정신분석학자의 답변은 소피스트적인 답변에 상응한다고 할 수 있다. 어떤 의미에서 콜버그는 그 옛날 소피스트의 상대주의적 윤리설을 비판하고, 보편적 윤리를 추구하고자 했던 소크라테스처럼 기존의 도덕심리학의 풍토에 만연한 상대주의적 관점을 극복하고자 했던 도덕심리학자라 할 수 있다. 사실 콜버그는 자신의 '정의를 위한 교육' 프로그램이 '소크라테스 관점의 현대적 진술'이라고 밝히고 있다(Kohlberg, 1981: 29).

콜버그에 따르면 도덕심리학자는 대체로 "덕은 무엇인가?" 그리고 "정의란 무엇인가?"라는 철학적 질문을 생략한 채로 도덕발달과 학습 문제로 나아간다. 이러한 경우, 도덕심리학자들은 '심리학자의 오류(psychologist's fallacy)'를 범한다는 것이다. 다시 말해서 '심리학자의 오류'란 심리학적 기능에 관한 기술(descriptions)로부터 바람직한 교육목적과 실천에 관한 처방(prescriptions)을 도출할 때 발생하는 오류이다(Kohlberg, 1981: 4). 이는 존재(사실)의 진술로부터 직접 당위(규범)의 진술을 이끌어 내는 일종의 '자연주의적 오류(naturalistic fallacy)'이다(Kohlberg, 1981: 66). 행동주의 심리학 내지 정신분석학 캠프에 속하는 도덕심리학자들은 "인간 본성, 인간 가치, 인간 욕구는 무엇이어야 하는가에 관한 진술은 그것들이 무엇인가에 관한 심리학적 진술로부터 직접적으로 도출"될 수 있다고 간주한다. 그런데 이러한 태도는 '욕구하는 것(what is desired)'과 '바람직한 것 (what is desirable)' 간의 차이를 간과하고 있다(같은 곳).

콜버그가 '심리학자의 오류'에 주목한 것은 무엇보다 존재(사실)로 부터 당위(규범)를 이끌어 내는 과정에 노정되어 있는 상대주의의 문제 때문으로 보인다.[07] 물론 오늘날 우리가 맞이하고 있는 다문화·다인종 사회에서 문화적 상대주의는 충분히 수용할 필요가 있다. 그러나 이를 근거로 하여 윤리적 상대주의의 주장을 할 경우, 그것은 자연주의적 오류를 범하는 것이며, 이는 보편적인 도덕판단의 가능성을 부정하는 결과를 초래한다. 콜버그가 심리학자의 오류에 강한 문제제기를 하는 이유는 무엇보다 자연주의적 오류를 피하면서 보편적인 도덕판단의 가능성을 확보하기 위한 것이라 할 수 있다.

그렇다면 콜버그의 관점에서 자연주의적 오류를 어떻게 피할 수 있을까? 이를 위해 윤리학과 도덕심리학 간의 관계에 관한 콜버그의 입장을 살펴보자. 심리학은 덕의 본질, 가치의 문제, 교육의 목적과 처방에 대해서 아무것도 가르쳐 줄 수 없다(Kohlberg, 1981: 30). 물론 심리학이 밝힌 사실을 근거로 당위를 이끌어 내는 경우, 자연주의적 오류를 피할 수 없다. 따라서 도덕성의 문제에 기여하고자 하는 도덕심리학은 불가피 윤리학의 가정(가령 칸트와 롤즈의 보편주의, 인격주의, 정의의 원리 등)으로부터 시작해야 하지만 이렇게 출발한 도덕심리학의 실증연구 결과물은 이번에는 윤리학의 타당성을 경험으로부터 직접적으로 입증해 주는 것은 아니지만 경험적으로

---

[07] 콜버그는 대표적인 '심리학자의 오류'의 예로 스키너(B. F. Skinner)를 들고 있다. 스키너는 인간이 자율적으로 선을 행할 수 있는 존재가 아니라 강화물에 의해서 선을 행하는 존재로 간주한다(Skinner, 차재호 역, 1982: 170-171). 한마디로 인간은 자율적인 존재가 아니라 환경에 의해 결정되는 존재인 셈이다. 개인은 자기가 속한 사회적 환경, 즉 문화에 입각하여 행위하는 존재이므로, 개인의 문화적 생존력(cultural survival)에 기여하는 것이 선(good)이다. 각 문화마다 고유한 선을 지니고 있고, 한 문화에서의 선은 다른 문화에서는 선이 아닐 수 있다 (Skinner, 차재호 역, 1982: 122-123). 이 대목에서 우리는 스키너가 문화 상대주의자라는 점을 확인할 수 있다.

입증되지 못한 규범윤리는 그 타당성이 의심을 받는다. 이른바 '상보성의 테제(complementarity thesis)'이다. 도덕심리학과 같이 경험적인 연구에 의해 "경험적으로 검증될 수 있는 것과 비경험적이고 철학적인 방법으로만 논의될 수 있는 것 사이"에는 넘어설 수 없는 심연이 있다는 점을 기억할 필요가 있다. 상보성의 테제에 따르면 도덕심리학의 "경험적 검증이 롤즈나 콜버그의 정의이론 내지 가역성으로서의 정의이론 등의 타당성을 확증해 주는 것은 아니다." 그러나 그렇다고 해서 도덕심리학에서 '단계 상승' 및 '단계발달'에 관한 설명을 위해서 '규범적 정의이론'과 같은 윤리학적 전제(가설)가 부정되면, "규범적 정의이론의 타당성도 의심받는다." 그러므로 윤리학으로서의 "규범이론은 여전히 롤즈나 하버마스가 제시하는 것과 같은 철학적 또는 규범적 기반을 필요로 하지만 심리학적 연구결과들도 규범이론에 간접적인 지지나 증거를 제시함으로써 정당화를 기대할 수 있다."(Kohlberg, Levin & Hewer, 문용린 옮김, 2000: 38 - 39).[08]

---

08 윤리학과 도덕심리학의 관계성 논의에서 콜버그가 그의 논문 「사실에서 당위로」(1971)에서 주장했던 '동형설(isomorphism)'의 관점, 다시 말해서 '동일성의 테제(identity thesis)'를 포기하고 '상보성의 테제(complementarity thesis)'로 입장을 전환했다는 점에 유의할 필요가 있다. 동일성의 테제에서는 심리학적 발달 이론과 형식주의 도덕이론은 양자 간의 동형(isomorphic) 내지 병행(parallel)의 관계가 있으며(Kohlberg, 1981: 180), 그리하여 도덕발달에 관한 사실로부터 도덕적 당위의 타당성을 입증할 수 있다고 보았다. 콜버그는 "발달이라는 심리학적 개념 안에 윤리적 적절성의 표준(정의의 원리)을 결합"하여 수행한 경험적 연구로부터 도덕적 당위를 지향하는 논변은 기존의 비판의 대상이 된 자연주의적 오류는 회피할 수 있을 것으로 전망했다(같은 책, x x x i, 85). 그러니까 콜버그는 3수준 6단계에 관한 심리학적 기술은 규범윤리학 체제의 '심층구조(deep structure)'에 상응하며, 두 가지 논의는 연속성을 지닌 것으로 보았다는 것이다(같은 책, 195). 그러나 하버마스의 비판을 수용하면서, 콜버그는 "경험적 진리(empirical truth)에 대한 주장과 규범적 옳음(normative rightness)에 대한 주장을 혼동"하고 있는 '동일성의 테제'의 문제점을 인정한다(Kohlberg, Levin & Hewer, 문용린 옮김, 2000: 37 - 39). 콜버그의 '동일성의 테제'와 '상보성의 테제'의 문제에 대한 상세한 논의는 이정렬(2009: 109 - 137)의 논문을 참고.

3. 윤리학과 도덕심리학의 상보성과 도덕교육의 공고화

이 글은 도덕교육의 학적 배경으로서 윤리학과 도덕심리학의 관계를 존재-당위의 문제와 연결하여 정립하는 것을 목표로 했다. 이를 위해 칸트와 콜버그의 논의를 중심으로 존재-당위의 문제가 노정된 윤리학과 도덕심리학의 관계를 살펴보았다.

칸트는 존재(사실)로부터 당위를 이끌어 내는 것은 오류를 범하므로, 보편타당한 도덕성의 정초를 위해서는 도덕형이상학이 요청된다고 보았다. 그리하여 윤리학으로서의 도덕형이상학은 선험적이고 종합적인 도덕성의 정초과정에 초점이 맞추어져 있는 데 비해, 도덕심리학으로서의 인간학은 도덕성의 적용 및 실현에 초점을 맞추고 있다. 콜버그 역시 윤리학의 전제가 없는 도덕심리학으로부터 도덕교육의 목적을 규정하고, 그 실천을 처방하는 것은 논리적 오류(심리학자의 오류)를 범한다고 보았다. 그리하여 콜버그의 도덕발달이론은 윤리학적 가정으로부터 시작하되, 도덕발달에 관한 경험적 연구를 통해 윤리학의 타당성을 직접적으로는 입증할 수는 없겠지만 간접적인 논거를 제시함으로써 윤리학의 정당화에 기여할 수 있다. 물론 윤리학이 도덕의 규범적 차원을 강조한다면, 도덕심리학은 도덕의 동기화 차원을 강조한다는 점에서 상호 고유성 내지 차이점이 있다. 그러나 도덕교육의 이론적 공고화를 위해서 윤리학과 도덕심리학의 상호 공존 및 상호 보완이 긴밀하게 요구된다고 할 수 있다.

참고문헌

길병휘(1996), 『가치와 사실』, 서울: 서광사.

윤영돈(2007), 「칸트의 윤리학과 미학의 상호연관성에 관한 인간학적 연구」, 한국윤리학회, 『윤리연구』 제64호.

윤영돈(2009), 「효과적인 학교 인성교육의 방향」, 한국도덕윤리과교육학회, 『도덕윤리과교육』 제29호.

이대희(2004), 『현대윤리학』, 부산: 세종출판사.

이정렬(2009), 「도덕심리학에서 상보성 논제의 도덕교육적 의의와 한계」, 한국윤리학회, 『윤리연구』 제73호.

정창우(2004), 『도덕교육의 새로운 해법』, 서울: 교육과학사.

정창우(2008), 「도덕과 교육의 배경학문으로서 윤리학과 도덕심리학의 역할과 관계 탐색」, 한국윤리학회, 『윤리연구』 제69호.

조성민(1993), 「가치분석 이론의 윤리학적 배경」, 『철학과현실』 제19호.

추병완(1996), 「미국 도덕교육의 최근 동향」, 『인격교육과 덕교육』, 서울: 배영사.

Berkowitz, M. W.(2002), "The Science of Character Education", W. Damon(ed.), *Bringing in a New Era in Character Education*, California: Hoover Institution Press.

Crisp, Roger(2000), "Ethics", E. Craig(ed.), Encyclopedia of Philosophy, London & New York: Routledge.

Kant, I, *Kant Werke in zehn Wänden*, W. Weischedel(Hg.), Darmstadt: Wissenschaftliche Buchgesellschaft, 1983 아래 약호 사용.
- 『윤리형이상학』(*MdS*)→*Metaphysik der Sitten*(바이셰델판 7권)
- 『순수이성비판』(*KrV*)→*Kritik der reinen Vernunft*(바이셰델판 3 - 4권) 백종현 옮김(아카넷, 2006) 참고
- 『실천이성비판』(*KpV*)→*Kritik der praktischen Vernunft*(바이셰델판 6권)
  백종현 옮김(아카넷, 2003) 참고.
- 『정초』(*Grundlegung*)→*Grundlegung zur Metaphysik der Sitten*(바이셰델판 6권)

이원봉 옮김(책세상, 2005), 백종현 옮김(아카넷, 2005) 참고.
  - 『종교』(Religion)→*Die Religion innerhalb der Grenzen der bloßen Vernunft* (바이셰델판 7권) 신옥희 옮김(이화여자대학교출판부, 2005) 참고.

Kant, I.(1997), *Lectures on Ethics,* trans. by P. Heath, Cambridge: Cambridge Univ. Press.

Kohlberg, L.(1981), *Essays on Moral Development Volume 1: The Philosophy of Moral Development*, New York: Harper & Row; 김민남 · 김봉소 · 진미숙 옮김(2004), 『도덕발달의 철학』, 서울: 교육과학사.

Kohlberg, L., C. Levine, A. Hewer, 문용린 옮김(2000), 『콜버그 도덕성 발달 이론』, 서울: 아카넷.

Lapsley, Daniel K., 문용린 옮김(2000), 『도덕심리학』, 서울: 중앙적성출판사.

Louden, Robert B.(2000), *Kant's Impure Ethics: From Rational Beings to Human Beings*, New York & Oxford: Oxford Univ. Press.

Plato, Hamilton, E. & H. Cairns(eds.)(1982), *Plato: Collected Dialogues,* Princeton: Princeton Univ. Press.

Skinner, B. F., 차재호 옮김(1982), 『자유와 존엄을 넘어서』, 서울: 탐구당.

Taylor, Paul, 김영진 옮김(1985), 『윤리학의 기본원리』, 서울: 서광사.

Wilson, Holly L.(1997), "Kant's Integration of Morality and Anthropology", *Kant-Studien 88.*

윤리학이 도덕의 규범적 차원을 강조한다면, 도덕심리학은 도덕의 동기화 차원을 강조한다는 점에서 상호 고유성 내지 차이점이 있다. 그러나 도덕교육의 이론적 공고화를 위해서 윤리학과 도덕심리학의 상호 공존 및 상호 보완이 긴밀하게 요구된다고 할 수 있다.

윤리학의 연구가 도덕성의 정초과정에
초점이 맞추어져 있는 데 비해, 도덕성에 관한 심리학의 연구는
도덕성의 적용 및 실현에 초점을 맞추고 있다

03

도덕교육의 프리즘(Ⅱ):
미학, 도덕신학 그리고
정치철학

—

제5장 도덕교육의 미학적 접근*

이 글은 '미와 도덕성의 친화력에 근거한 미적 도덕성의 다양한 관점이 도덕교육에 어떠한 기여를 할 수 있는가'라는 물음에서 출발한다. 인간은 이성적인 존재이기 때문에 자신의 이성이 명령하는 의무를 수행한다는 것은 자율적인 것임에도 불구하고, 동시에 감성적인 존재이기 때문에 그 의무는 강제적이며 타율적인 것으로 다가온다. 미적 도덕성은 무엇보다 의무를 즐겁게 수행할 수 있는 계기를 마련한다. 도덕주의와 심미주의를 양 극단으로 하는 미적 도덕성의 스펙트럼에서 대표적인 관점을 세 가지로 도식화해 볼 수 있다. 도덕주의의 입장, 미와 도덕성을 동등하게 바라보는 중간 지점에 위치한 입장, 심미주의의 입장이 그것이다.

I. 머리말

도덕교육에서 해결하기 어려운 과제 중 하나는 사회화라는 도덕의 단계에서 어떻게 자율적 도덕으로 나아갈 수 있는가의 문제이다. 물론 자율적인 도덕 판단능력을 강조하는 구성주의적 교육은 그 이전에 올바른 가치·태도의 습득을 목표로 하는 인격교육의 토대 위에 진행될 때 그 실효성을 가질 수 있다(추병완, 1996: 301－335; 정창우, 2004: 127－191). 그러나 문제는 어떻게 사회화라는 타율적 도덕의 단계에서 자율적 도덕의 단계로 이행할 수 있는가이다. 칸트의 관점에서 볼 때, 타율적 도덕의 명법인 가언명법에서 자율적 도덕의 명법인 정언명법으로의 이행은 점진적인 개선을 통해서 가능하지 않

---

* 졸고(2009), 「미적 도덕성의 스펙트럼과 도덕교육」, 한국윤리교육학회, 『윤리교육연구』 제19집, pp.19－46을 수정·보완한 것임을 밝힌다.

고, 일종의 '거듭남'과도 같은 '심성의 혁명'을 통해서 가능하다 (Kant, *Religion,* A 50, B 54). 여기서 도덕교육에 미학적 접근이 요청된다고 할 수 있다. 다시 말해서 미학적 접근은 타율적 도덕에서 자율적 도덕으로 이행하는 계기를 만들어 준다고 할 수 있다. 특히 우리는 미학적 접근을 통해 양심의 명령이나 이성에 입각한 의무를 즐겁게 수행할 수 있다. 다시 말해서 미학적 접근은 이성과 감성의 일치와 조화를 촉진한다고 할 수 있다.

이번 장에서는 도덕교육의 미학적 접근을 '미적 도덕성(aesthetic morality)'이라는 개념의 정립을 통해 논의하고자 한다. '미적 도덕성'의 개념은 근본적으로 미와 선(도덕성)의 친화력에 입각한 개념이다. 부연하자면 미적 도덕성이란 미를 매개로 한 도덕성의 실현에 초점을 맞춘 개념이다. 일종의 도덕성의 동기화 차원에 관심을 둔 논의이다. 사실 미의 매개가 없이도 '도덕성의 정초' 논의는 가능하겠지만 '도덕성의 실현'을 위해서는 미의 매개가 요청된다. 미와 선(도덕성)의 관계양상에 따라 '미적 도덕성'의 스펙트럼은 크게 세 가지로 대별될 수 있다. 첫째, 도덕성에 무게를 두고 미적 체험을 통한 도덕성 함양을 중시하는 입장이 있다. 둘째, 미와 도덕성 양자의 고유성과 독자성을 인정하면서도 적절한 연합을 추구하는 입장이 있다. 셋째, 미에 무게를 두고, 도덕성을 미로 환원시키는 입장이 있다. 이들 세 가지 입장은 도덕교육에 있어서 각기 독특한 미학적 접근법을 제시할 것으로 전망한다. 플라톤과 아리스토텔레스에 의한 미적 도덕성을 주로 지시하는 첫 번째 입장은 습관의 기계적인 반복을 통한 덕목의 내면화를 지양(止揚)하고, 인간의 미적 감수성을 통한 좋은 성품을 형성하는 데 기여할 수 있는 관점을 제시할 수 있을 것이다.[01] 두 번째 입장은 미와 숭고로 대표되는 칸트에 의한 미적 도덕

---

[01] 플라톤은 미를 도덕성으로 환원하는 데 비해, 아리스토텔레스는 미와 도덕성의 독자성을 인정하면서 적절한 연합을 강조한다는 점에서 두 철학자의 관점이 상이하다. 그러나 이 글에서는

성을 함의하는 것으로서 타율적인 도덕성에서 자율적인 도덕성으로 이행하는 계기를 제시할 것으로 기대한다. 세 번째 입장은 니체에 의한 미적 도덕성의 논의를 다루고 있는데, 이는 기존의 도덕관을 혁신하고, 새로운 가치를 산출하는 데 일정한 기여를 할 것으로 전망한다. 물론 니체의 미적 도덕성은 현실의 도덕성을 넘어선 초(超)도덕성의 성격을 지니기 때문에 어떠한 관점에서 도덕교육의 논의에 유의미한 기여를 할 수 있는지 검토할 필요가 있다.

II. 미학적 접근의 핵심 개념: 미적 도덕성

윤리학의 탐구대상인 '도덕성(선)'과 미학의 탐구대상인 '미'의 내면적 상관성은 동양의 고전적 관점뿐만 아니라 서양의 플라톤, 아리스토텔레스, 도덕감 학파와 칸트 및 쉴러 등에게서 확인되는 긴 전통을 가진 것이다. '미'와 '선'의 가치 사이에 내면적 상관성이 존재한다는 논의는 동양의 '예악(禮樂)' 사상이나 서양의 '선미(善美)'의 이상에 잘 반영되어 있다.

동양의 예악사상은 악(樂)을 통한 아름다운 인격의 형성을 중요한 목적으로 삼고 있다. 유가적 전통에 있어서 악(樂)은 예(禮)에 의해 구분된 신분과 지위의 다름을 넘어서서 화합(和合)하게 하는 작용을 한다. 동양의 예악사상에서 악(樂)은 그 자체로서 존재의미가 있다기보다는 음양의 조화처럼 예(禮)와 함께 논의가 되며, '즐거움을 통한 인(仁)의 실현'을 그 목표로 한다고 할 수 있다(윤영돈, 2006: 83 - 99).

둘 다 청소년 도덕교육에서 미적 체험을 통한 도덕성 함양을 강조한다는 측면에서 둘을 함께 다루고자 한다. 플라톤과 아리스토텔레스가 미에 대한 고전적인 접근, 즉 실재론적 관점을 견지한다면, 칸트는 유명론적 전통에서 근대적인 방식으로, 즉 취미론의 맥락에서 미를 해명한다. 그런가 하면 니체는 미에 대한 주관주의, 즉 미적 태도론의 관점에서 미를 해명한다.

서양의 '선미(kalokagathia)' 개념은 고대 그리스에서 발원하였다.[02] 그리스어에서 '미(to kalon)'와 '선(to agathon)'은 긴밀한 연관성을 갖는다. 가령 그리스어 '칼론'은 시각적 대상 혹은 청각적 대상뿐만 아니라 인간의 마음이나 성격, 행위나 습관, 더 나아가 제도에까지 적용된 말이었다. 원래 '선미(칼로카가티아)'는 BC 5세기경 자신의 심신을 도야할 수 있는 여가를 지닌 소수의 귀족에게 국한되어 사용되던 용어였다. 그러나 교육(paideia)을 통한 '선미'의 습득이 가능하다는 것을 인식하면서부터 선미의 개념은 모든 개인에게 개방되었다. 이후 '선미'의 이상은 중세 그리스도교를 통해 확장되었으며, 18세기 계몽주의 시대에 부활한다(Norton, 1995: 122 - 123, 135 - 136). 우리는 그 정점을 칸트와 쉴러에게서 확인할 수 있다.

이 글에서는 '미'와 '선'의 내면적 상관성에 관한 탐구가 정서함양뿐만 아니라 이성적 존재이면서 동시에 감성적 존재인 인간이 즐겁게 의무를 수행할 수 있는 계기를 마련한다는 점에 주목하고자 한다. 특히 지식교육으로 흐르기 쉬운 도덕교육에서 미와 선의 통합 개념인 '미적 도덕성'의 개념은 미적 체험을 통한 도덕성의 함양에 관한 이론적 기초를 제시할 뿐만 아니라, 도덕성의 이념을 생활세계에서 실현시키기 위한 중요한 동기화 기제가 될 수 있다.

1. 미와 도덕성의 통합 양상

선미(칼로카가티아)의 개념에서도 알 수 있듯이 미적 도덕성은 미와 선(도덕성)의 통합개념인데, 과연 그 연관성이 하나의 통합체를 이루는 데 성공할 수 있는가라는 문제점이 제기될 수 있다. 이때 성

---

[02] 그리스어 '칼로카가티아(kalokagathia)'는 'kalos(beautiful)'와 'agathos(good)'의 합성어이다. '칼로카가티아'는 성품과 행위에 있어서 '고귀함(nobleness)'을 의미하며, 행위자 형태인 '칼로카가토스(kalokagathos)'는 '완전한 인격(perfect character)'이나 '신사(perfect gentleman), 군자'를 의미한다(Liddell & Scott, 1968: 869).

공적인 통합체라고 한다면 미와 선 공히 고유성과 독자성을 지니면서도 모종의 동일성이 확보될 필요가 있다.

우리는 미와 선(도덕성)이 통합되는 몇 가지 입장을 생각해 볼 수 있다. 가령 선미가 사용된 고대 그리스의 전통에서는 마음을 즐겁게 해 주고, 감탄을 유발하는 것 일체를 '칼로스(kalos)'라고 명명했다 (오병남, 2004: 11 - 12). 이러한 맥락에서 '미적 도덕성'의 개념은 '도덕성'을 한갓 경탄 내지 칭송의 대상으로 간주하는 수사적 표현에 불과한 것이 된다. 한편 미의 날개를 달고 아름다움 자체에로까지 상승하는 '열망의 도덕성'으로서의 '미적 도덕성'을 묘사하는 플라톤의 논의는 미와 선을 영원히 소유하고자 하는 인간의 지향성을 감명 깊게 제시한다. 그러나 플라톤의 열망의 도덕성은 아름다움 자체(= 선함 자체, 즉 선의 이데아)의 실재를 증명하기 어려운 믿음의 차원으로 비약한다는 난점이 있다(Norton, 1995: 135).

무엇보다 미와 선(도덕성)의 적절한 통합의 맥락은 '상징'의 관계에서 확인할 수 있다. 미와 선을 상징의 맥락에서 논의한 대표적인 학자로 우리는 칸트를 들 수 있다. 우리는 그에게서 근대 미학이 체계화되었으며, 본래적인 윤리학이 정립되었다는 것을 알고 있다. 따라서 무엇보다 칸트를 통해서 우리는 미와 선(도덕성)의 고유성과 독자성을 인정하면서도 그 형식의 동일성을 확보할 수 있다. 다시 말해서 '아름답다'는 판단과 '선하다'는 판단은 각기 고유성과 독자성을 갖고 있으면서도 상징의 맥락에서 통합될 수 있다. 가령 플라톤(*Protagoras*, 326b; *Gorgias*, 503e)의 언급처럼 도덕성의 가치를 추구하는 최상의 인생은 리듬과 조화를 추구하는 예술작품과 형식적인 동일성을 갖는다고 할 수 있다. 사실 서로 다른 것의 형식상의 동일성을 갖는 두 가지는 '유비' 내지 '상징' 관계에 있는 것이다.[03]

---

[03] "유비(Analogie, 유추)는 그 말의 일반적인 의미처럼, 두 사물 간의 불완전한 유사함이 아니라, 전혀 유사하지 않은 사물들 사이의 완전한 유사함이다."(Kant, *Prolegomena*, A 176) "미

유비는 객관적 지식이 아니라 상징적 표현으로서 '관계적 지식(relational knowledge)'이다(Caygill, 1996: 66). 이러한 맥락에서 칸트는 미와 숭고를 도덕성의 상징으로 간주한다. 칸트에게서 의무와 경향성은 상호 투쟁하는 관계로 묘사되지만 미와 숭고 개념을 통해서 '의무와 경향성의 조화' 가능성을 확인할 수 있다(윤영돈, 2010: 266-270, 272-278).

한편 니체에게 있어서 미와 도덕성의 통합 관계는 앞서 언급한 플라톤이나 칸트와 다른 관점에서 논의된다. 플라톤과 칸트는 이원론적 세계관을 근거로 하는 데 비해 니체의 경우 헤라클레이토스적 세계관으로 해명되는 일원론을 지향한다(Fink, 1992: 13). 물론 플라톤이 존재론에 기반을 둔 이데아의 세계와 현상의 세계를 구분한다면, 칸트는 유명론적 전통에 부합하는 방식으로 본체계(예지계)와 현상계(감성계)를 구분한다는 점에서 차이가 있다. 그럼에도 불구하고 플라톤과 칸트 공히 이데아 세계 내지 본체계에 근거한 도덕성에 이를 수 있는 계기를 현상계의 아름다움에서 찾는다는 점은 동일하다. 요컨대 플라톤과 칸트에게 있어서 아름다움은 이원화된 두 세계를 소통할 수 있는 매개이자 현상계에서 도덕성의 원형에로 비약할 수 있는 일종의 날개인 셈이다. 그러나 니체는 도덕성의 원본을 따로 정초할 피안의 세계를 상정하지 않는다. 니체에게 있어서 도덕성은 이성에 근거한 것이 아니라 자연적인 감정과 힘의 표출에 근거한다고 할 수 있다. 한마디로 니체의 도덕성은 미적인 것으로 환원된다고 할 수 있다. 그러므로 니체의 도덕성은 이원론적 세계관에 근거한 선악의 피안에 위치한다.

(Schöne)는 도덕적으로 선한 것(Sittlichguten)의 상징(Symbol)이다."(Kant, KdU, A 254, B 258) 여기서 우리는 미와 도덕성이 유비 내지 상징 관계에 있음을 알 수 있다.

2. 미적 도덕성의 내용 요소

'미적 도덕성(aesthetic morality)'은 무엇보다 미와 도덕성(선)의 통합 개념이다. 미적 도덕성의 개념을 정립하기 위해서는 '미적(aesthetic)'이라는 말의 의미를 해명할 필요가 있다. 이를 통해서 우리는 미적 도덕성의 내용 요소를 확인할 수 있다.

먼저 '미적(aesthetic)'이라는 말의 의미를 살펴보자. 'aesthetic'의 어원은 그리스어 'aisthanomai(아이스타노마이)'에서 유래한다. 그것은 '감각하다(perceive)' 내지는 '지각하다(apprehend by the senses)'는 의미를 지시한다(Liddell & Scott, 1968: 42). 가령 우리가 꽃이나 단풍을 감각기관을 통해서 바라볼 경우, 우리 마음 안에 아름다움 내지 즐거움의 감정이 환기된다. 한편 혐오스러운 대상을 바라볼 경우에는 불쾌감이 일어난다. 다시 말해서 '미적'이라는 말은 어떤 대상에 의해 환기되는 '쾌' 혹은 '불쾌'의 감정과 밀접한 관련이 있다. 이러한 맥락에서 '미적'인 것에는 '미'와 '숭고' 그리고 '카타르시스' 등이 포함될 수 있다.

'미'가 어떤 대상이 우리 안에 쾌를 환기시킬 때 붙여지는 감정이라면, '숭고'는 어떤 대상이 처음에는 우리 안에 불쾌의 감정을 환기시키지만 결국에는 쾌의 감정을 이끌어 낼 때 붙여지는 감정이다. 니체의 언어로 표현하자면 '미'가 아폴론적 요소라면, '숭고'는 디오니소스적 요소에 비견할 만하다. '미'가 한정된 형식에 입각한 근대성의 체험이라면, '숭고'는 자아 중심성을 파괴하며 몰형식을 지향함으로써 이성을 넘어서는 탈근대성의 체험으로 간주된다(김광명, 2004: 296 - 297; 안성찬, 2004: 171 - 177). 특기할 만한 것은 숭고의 체험이 비극의 '카타르시스' 체험과도 유사하다는 것이다. 숭고의 체험과 마찬가지로 '카타르시스' 역시 불안 내지 공포와 같은 불쾌의 감정으로부터 시작하여 '배설적 정화'라는 쾌의 감정으로 종결되기 때문이다. 이상의 논의에서 우리는 미적 도덕성 개념의 중요한 내용 요소로 미, 숭고, 카타르시스 등이 있음을 확인하였다.

Ⅲ. 미적 도덕성의 스펙트럼

미적 도덕성의 스펙트럼을 알아보기 위해서는 미와 도덕성의 상호 연관성 양상을 확인할 필요가 있다. 일반적으로 미와 예술을 도덕성으로 환원시킨 이가 플라톤이라면, 도덕적 체험을 미적 체험으로 환원시킨 이는 니체이며, 아리스토텔레스와 칸트는 도덕성과 미의 자율성을 인정하면서도 양자를 적절하게 연합시킨 인물로 간주된다 (Cohen, 1982: 221).[04] 이를 도식으로 간단히 나타내면 다음과 같다.

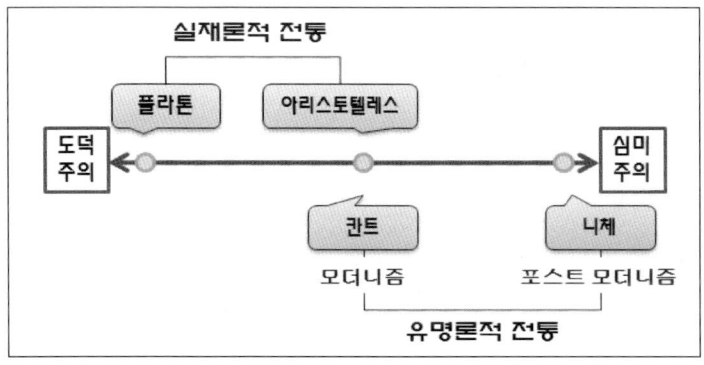

〈그림 5-1〉 미와 선(도덕성)의 관계 양상

도덕주의의 관점에 서 있는 플라톤은 시와 예술의 자율성을 부정

---

[04] 미 혹은 예술을 도덕성으로 환원시킨 학자들로는 플라톤뿐만 아니라 흄(Hume), 콜링우드 (Collingwood), 톨스토이(Tolstoy)를 들 수 있으며, 도덕성을 미 내지 예술로 환원시킨 학자들로는 니체 이외에도 듀이(Dewey)가 있다.

한다. 그는 시와 예술이 도덕성을 함양하는 데 기여하는 한에서 그 존재 의미가 있다고 주장하는 반면, 아리스토텔레스는 플라톤의 시와 예술에 대한 비판에 맞서 『시학』을 통해서 시와 예술의 자율성을 확보한다. 그러면서도 그는 교육의 맥락에서는 플라톤과 유사한 방식으로 미적 체험을 통한 도덕성의 함양에 관심을 기울인다. 이 글에서는 플라톤과 아리스토텔레스가 예술론에 대한 입장이 상반되는 측면이 있지만 도덕교육의 차원에 있어서 거의 유사한 목소리를 낸다는 측면에서 그리고 미와 선의 실재론적 전통을 공유한다는 측면에서 둘을 함께 다루고자 한다.

칸트와 니체는 기본적으로 근대 유명론적 전통에 서 있다. 다시 말해서 미와 선의 가치가 객관적으로 존재한다거나 본질의 세계를 오성(지성)으로 파악할 수 있다고 말하지 않는다는 점에서 일정한 동질성을 갖는다.

칸트에게서 미와 도덕성의 통합 논의를 다룰 때의 장점은 그가 분과학문으로서 근대 미학과 근대 윤리학을 체계화시켰다는 점에 있다. 다시 말해서 칸트에게서 미와 도덕성 각각의 자율성을 확보하면서도 둘 사이의 긴밀한 통합 방식을 확인할 수 있다는 것이다.

한편 니체는 이성에 의한 세계해명, 다시 말해서 논리적이고 분석적인 명제들의 진술이 삶의 풍부한 의미를 은폐시킨다고 보았기 때문에, 세계의 실존은 오로지 미적 현상으로만 정당화될 수 있다고 보았다. 세계에 대한 미학적인 접근 방식은 도덕의 문제에도 유사하게 적용된다.

1. 플라톤과 아리스토텔레스에 의한 미적 도덕성

미학의 두 축을 구성하는 미론(theory of beauty)과 예술론(theory of art)에 대한 최초의 철학적 관심사는 플라톤(Plato, BC 427~347)

에 의해 표명되었다.05 그러나 일반적으로 플라톤은 시와 예술의 적
대자로 간주된다. 반면에 아리스토텔레스(Aristotle, BC 384~322)
는 시와 예술이 도덕적 관점으로부터 벗어나서 자율성을 지닐 수 있음
을 밝힘으로써 시와 예술의 옹호자로 간주된다(Butcher, 1951: 238).

시와 예술에 대한 플라톤과 아리스토텔레스의 상반된 평가는 무엇
보다 그들의 세계관에 근거한다(박상혁, 2008: 507 - 512). 플라톤의
경우, 이원론적 세계관이라는 존재론적 관점에서 세계를 본체계(이데
아의 세계)와 현상계(감성계)로 구분한다. 현상계가 본체계의 그림자
라면, 시와 예술은 현상계의 그림자이므로 그 존재론적 지위가 열등
하다. 반면 아리스토텔레스의 경우, 형상(eidos)이 현실 밖에 있는 것
이 아니라 현실 안에 있다는 이른바 일원론적 세계관을 지향함으로
써, 개별 학문이나 개별 활동까지도 자율성을 지닐 수 있는 이론적
기반을 확보한다. 따라서 시와 예술 활동 역시 그 자체로 자율성을
지닐 수 있다고 보았다.06

시와 예술을 둘러싼 플라톤과 아리스토텔레스의 예술관의 현격한
차이에도 불구하고 미에 대한 실재론적 관점은 상호 친화력이 있다.
플라톤에 있어서 미는 '즐거움(pleasure)'이라는 주관적 감정이 아니
라 이데아와 같은 보편적인 것을 지시한다.07 그에게 있어서 미는 선
(도덕성)과 엄밀히 구분되지 않는다.08 왜냐하면 "선(to agathon)은

---

05 미의 지각 문제를 다루는 것이 미론이라면, 예술작품의 창작 문제를 다루는 것이 예술론이다
(Dickie, 오병남 · 황유경 옮김, 1983: 11 - 12).

06 『국가』 제10권을 통해서 시와 예술에 가한 플라톤의 존재론적 · 인식론적 · 심리학적 비판과
『시학』을 통해서 시와 예술에 대한 플라톤의 비판을 성공적으로 극복하는 아리스토테레스의
논의는(윤영돈, 2005: 393 - 396, 399 - 402) 참고.

07 물론 플라톤이 미를 '즐거움'과 전적으로 구분한 것은 아니다. 그는 『필레부스』에서 '순수한
즐거움' 내지 '미적 쾌'의 개념을 제시하고 있다. 그런데 즐거움(pleasure)은 존재가 아니라
생성의 영역에 속한 것이며, 생성은 존재를 위한 것이다(Philebus, 53c - 54d). 따라서 미적
쾌를 산출하는 시와 예술 활동은 생성의 영역에 속하는 것으로서 최고의 존재인 선의 이데아
를 지향하는 데 기여할 때 그 존재의미가 있는 것이다.

08 플라톤의 대화편에는 미와 선의 긴밀한 관계를 표현하는 대목들이 자주 등장한다. "미란 선의

미의 본성 안에 숨어 있기 때문이다." 좀 더 구체적으로 말하자면 "적절함(metriotēs)과 비례(symmetria)의 속성이 미(to kalon)와 덕(aretē)을 구성하기 때문"이다(Plato, *Philebus*, 64e). 아리스토텔레스 또한 이와 유사한 견해를 제시한다. 그는 미의 조건으로 유기적 통일성과 질서 및 완전성을 들고 있다(Beardsley, 1975: 61). "미(to kalon)는 그것이 살아 있는 생명체이든, 부분들로 구성된 어떤 구조이든 간에 각 부분들의 배열에 있어 일정한 질서를 가지고 있어야 할 뿐 아니라 우연적이지 않은 일정한 크기를 가지고 있지 않으면 안 된다. 왜냐하면 아름다움은 크기와 질서 속에 있기 때문이다."(Aristotle, *Poetics*, 1450b35)[09] 이 대목에서 우리는 플라톤처럼 아리스토텔레스 역시 미를 적절함이나 비례와 같은 객관적 속성을 지닌 것으로 간주하고 있음을 알 수 있다. 물론 플라톤이 미의 객관적 속성을 곧바로 선의 속성으로 연결하는 측면은 아리스토텔레스와 다소 거리가 있는 대목이다.

미와 선(도덕성)을 연결하는 논의에서 플라톤의 경우, '열망의 도덕성'이라는 개념이 부각된다면, 아리스토텔레스의 경우, 미와 선을 통합하는 미적 도덕성으로서의 선미(kalokagathia) 개념을 보존하고는 있지만 플라톤과 같은 생동감 넘치는 미의 성격은 미흡하다(Norton, 1995: 80). 그러나 시와 예술의 자율성에 대한 옹호자답게 그의 논의에서는, '미적 쾌'와 '카타르시스' 개념이 부각된다.

플라톤(*Phaedrus*, 249b; *Phaedo*, 72e–73a, 75e)의 논의에 따르면 현실의 세계에서 이데아의 세계를 직접적으로 파악하는 것이 쉽

아버지'이다(*Greater Hippias*, 297b). "누구든 아름다운 것을 욕구하는 사람은 또한 선한 것을 욕구하는 것이다."(*Meno*, 77b). '미의 사다리의 비유'에는 미의 추구가 선의 추구와 구분되지 않으며, 미의 이데아와 선의 이데아는 일치함을 보여 준다(*Symposium*, 211c–212a).

09 아리스토텔레스(*Metaphysics*, 1078b1–2)는 "미의 주요형식이 질서, 균제, 한정"이라고 말하기도 한다.

지 않지만 미는 현실의 세계에서 이데아의 세계를 파악할 수 있는 중요한 계기가 된다. 다시 말해서 미(美)는 지상의 세계에서 천상의 세계를 상기(anamnēsis)할 수 있는 중요한 계기라는 것이다. 이러한 맥락에서 미는 우리의 영혼이 현실의 세계에서 가치들의 세계인 이데아 세계로 상승할 수 있는 날개와 같은 것이다(Plato, *Phaedurs*, 250d－252b).[10] 여기서 플라톤의 미와 선(도덕성)의 통합 논의는 '열망의 도덕성(morality of aspiration)'의 성격을 지닌다는 것을 알 수 있다(Cornford, 이종훈 옮김, 1995: 105, 111, 117).[11] 즉 미의 사다리의 비유에서 알 수 있듯이, 아름다움에 대한 열망은 궁극적으로 '도덕성 자체(선의 이데아)'로 향하게 한다.

한편 아리스토텔레스는 시와 예술의 자율성의 근거를 '미적 쾌(aesthetic pleasure)'에서 찾는다. 다시 말해서 미를 추구하는 활동은 근본적으로 도덕적 기능과는 무관한 미적 쾌를 산출한다는 것이다. 사실 아리스토텔레스에 있어서 '미적 쾌'의 산출은 시와 예술의 일차적인 기능이다. 그러나 청소년 교육의 맥락에서는 플라톤의 관점처럼 시와 예술의 도덕교육적 기능을 간과하지 않는다는 점도 기억할 필요가 있다.[12] 미적 도덕성과 관련된 아리스토텔레스의 중요한 기여는 '카타르시스' 개념이다. 앞서 언급했듯이 비극적 카타르시스는 불쾌감으로부터 시작해서 미적 쾌로 종결된다는 점에서 숭고의 감정과 그 구조가 유사하다. '카타르시스'는 원래 종교적 측면과 의학적 측면에서 논의되었다. 즉, 종교적 제의를 통한 영혼의 정화

---

[10] 소크라테스는 호메로스의 후계자의 알려지지 않은 시구를 인용하면서 에로스(erōta)와 날개(pterōta)를 연관시킨다(*Phaedurs*, 252b). 사실 날개는 에로스의 선물이다(*Phaedurs*, 256d－e).

[11] '열망의 도덕성'은 '미의 사다리의 비유'에서 그 성격을 확인할 수 있다(Plato, *Symposium*, 211c－212a).

[12] '시와 예술의 교육적 기능'에 대한 아리스토텔레스의 논의는 『정치학』(*Politics*) 제8권 참고. 플라톤보다는 완화된 것이기는 하지만 교육의 문맥에서는 아리스토텔레스 역시 플라톤처럼 '시와 예술'에 대한 검열을 시도한다.

(purification)와 하제(下劑)를 통한 변의 배설(purgation)을 의미하는 것이었다(조요한, 1983: 177－195; Else, 1967: 221－232; Barnes, 1995: 277－279). 그런데 비극의 기능으로서의 '카타르시스'는 그 의미에 있어서 문학적 변용이 일어난다. 다시 말해서 당초 카타르시스의 종교적 측면의 의미는 '감정의 정화'로, 의학적 측면의 의미는 '감정의 배출'로 그 의미의 변주가 일어난다. 우리는 비극작품을 감상하면서 우리 안에 있는 두려움과 같은 부정적인 감정을 배출하고, 심리적 안정을 얻을 수 있다. 한마디로 비극 작품을 통한 카타르시스는 부정적인 감정의 '배설적 정화'를 가능케 한다고 할 수 있다. 카타르시스는 부정적인 감정을 배출하고 정서를 정화함으로써 내적 자유를 환기시키며 비극적 운명을 긍정하는 불굴의 용기를 고양한다는 점에서 숭고의 감정과 유사한 효과를 산출한다.

끝으로 시와 예술을 매개로 한 도덕교육적 함의에 관한 플라톤과 아리스토텔레스의 입장을 살펴보자. 예술관에 있어서 현격한 차이점이 있음에도 불구하고 플라톤과 아리스토텔레스 모두 교육의 관점에서는 '시와 예술(무시케)'의 도덕교육적 기능에 주목한다.[13] 가령 엄선된 시와 예술에 나타나는 좋은 말씨와 조화로움과 우아함은 우리의 청소년에게 '좋은 성품'을 갖게 한다(Plato, *Republic,* 400e, 401e). 따라서 그들은 청소년의 성품적 덕을 함양하기 위해 음악의 리듬과 하모니 및 그 음악이 표현하는 심상에 대한 적절한 선별 작업을 요구한다. 좋은 리듬과 하모니 그리고 도덕적 성품과 관련된 이미지를 산출하는 시와 음악을 통해 '혼의 변화'를 체험하고, '아름답고 선한' 성품을 지닐 수 있다(Plato, *Republic,* 401d－e; Aristotle, *Politics,* 1340a).[14] 한마디로 '미적 체험을 통한 성품의 변화'가 가능하다는

---

[13] 시와 예술의 도덕교육적 기능에 대한 논의는 플라톤의 『국가』 제2권과 제3권: 아리스토텔레스의 『정치학』 제8권 참고

[14] 'kalos kagathos'는 'kalos kai agathos'를 의미하며, 줄여서 'kalokagathos'라고 표현

것이다.

2. 칸트에 의한 미적 도덕성

칸트(I. Kant, 1724~1804)에 의한 미적 도덕성 논의가 갖는 장점은 그의 윤리학과 미학이 미와 도덕성 양자의 자율성을 확보하면서도 양자 간의 긴밀한 내면적 상관성을 제시하고 있다는 점에 있다. 우리는 칸트에게서 본래적인 윤리학의 체계를 확인할 수 있으며, 아울러 근대 미학의 최종적인 완성을 목격할 수 있다.

칸트의 미적 도덕성 문제를 본격적으로 논의하기에 앞서 그의 미적 도덕성 개념의 선구가 되었던 도덕감 학파를 간단하게 언급할 필요가 있다.[15] 샤프츠베리가 창안하고, 허치슨이 정교화시킨 '도덕감(moral sense)' 이론은 무엇보다 홉스의 이기주의 윤리학을 극복하기 위한 노력 가운데 등장한 것이다. 샤프츠베리와 허치슨은 '자기이익과 무관한 사심 없는 태도'를 미적 체험에서 발견하였다. 이러한 태도를 미학적인 용어로는 '무관심성(disinterestedness)'이라 한다. 이기주의 윤리설을 극복하기 위한 도덕감 학파의 도덕감의 개념이나 무관심성의 개념, 아울러 유비관계에 입각한 미와 선의 통합 논의는 칸트에 의해 비판적으로 계승되었다.

칸트는 전통적인 형이상학은 부정하지만 과학의 시대에 부합하는 방식으로 형이상학을 비판적으로 재건한다. 칸트(*KpV*, A 288)의 자연의 세계와 자유의 세계에 대한 관심은 그의 묘비명, "내 위에 별이 빛나는 하늘과 내 안의 도덕률"에 잘 드러난다. 칸트의 철학함은 자연과 자유를 그 대상으로 하며, 자연과학의 가능성과 도덕의 가능성을 그 과제로 한다. 그런데 그가 해결해야 할 과제는 두 세계 사

하기도 한다.

15 칸트 윤리학의 선구로서 도덕감 학파에 대한 이해는 (박찬구, 1997; 박찬구, 1999) 참조.

이에 건널 수 없는 '심연(great abyss)'에 다리를 놓는 일이다. 칸트는 자연과 자유의 매개 문제를 무엇보다『판단력 비판』의 논의를 통해서 해소하고자 한다. 본 연구에서는 칸트에 의한 '미적 도덕성'이 어떻게 자연의 세계(현상계)에서 자유의 세계(본체계)로 이행하는 데 기여할 수 있는가를 해명하는 데 논의의 초점을 두고자 한다.

현상계에 대한 이성의 이론적 사용에 의해 자연법칙이 입법된다면, 본체계에 대한 이성의 실천적 사용에 의해 도덕법칙이 입법된다. 자연법칙이 현상계에 속한 인간에게 필연적으로 강제된다면, 도덕법칙은 본체계에 속한 인간에게 필연적인 의무로 강제된다. 여기서 자연법칙에 의한 인간의 제약은 충분히 납득이 가지만 도덕법칙에 의한 제약은 쉽게 이해하기 어려운 부분이다. 왜냐하면 도덕법칙은 인간의 이성에 의해 입법되고, 그것을 자신이 따를 수 있다는 점에서 자율적으로 부과되기 때문이다. 그러나 그럼에도 불구하고 순수하게 이성적인 존재가 아니라 감성적이기도 한 존재인 인간에게 도덕법칙은 강제성을 띤 것으로 다가오게 된다. 다시 말해서 도덕법칙을 따라야 한다는 것은 도덕법칙에 의한 강제이자 지배이며, 동시에 경향성을 지닌 인간에 대한 타율의 성격도 지니고 있다고 할 수 있다 (Scheler, 1980: 370 - 372).

미적 체험의 의의는 이러한 자연적 필연과 도덕적 필연에 의해 강요되는 인간의 내면에 자유를 환기시켜 줌으로써 인간 자신이 자유로운 존재임을 자각할 수 있다는 데 있다. "아름다움의 체험은 도덕성 자체에 있어서 자유의 상징으로 기능하고, 이러한 자유를 우리가 지각할 수 있게 한다."(Guyer, 1992: 21) 쉴러의 어법으로 표현하자면 '미적 상태'는 '현상에서 자유가 드러난 상태'라고 할 수 있다.

칸트(*KdU*, A 254, B 258)에 의한 미적 도덕성 개념의 핵심적인 명제는 "미는 도덕적으로 선한 것의 상징(Das Schöne ist das Symbol des Sittlichguten)."이라고 표현된다. 여기서 우리는 미가 도덕성의 상징이며, 그런 한에서 미는 미적 도덕성의 자격을 갖는다고 할 수 있다. 이 명제와 관련하여 미(아름다움)라는 현상의 고유성과 미의 판단 근거, 즉 '아름답다'는 판단의 형식을 해명할 필요가 있다. 아울러 미의 판단 형식과 선의 판단 형식 간의 차이에도 불구하고, 양자 간의 형식상의 동일성에 근거한 미와 선(도덕성)의 상징 관계를 살펴볼 필요가 있다.

칸트에 따르면 미는 이성적이면서 동시에 감성적인 인간에게 고유한 현상이다. 다시 말해서 순수하게 감성적이기만 한 동물은 안락함(Annehmlichkeit, 쾌적)만을 느낄 수 있으며, 순수하게 이성적인 존재(천사나 신)의 의욕은 선(das Gute)에 해당한다(*KdU,* A 15, B 15). 인간은 이성적인 존재이기도 하므로 모든 이성적 존재자 일반에게 해당되는 선을 추구할 수도 있으며, 동시에 감성적인 존재이기도 하므로 동물에게 해당되는 안락함(쾌적)을 느낄 수도 있다. 그러나 미의 현상은 동물과 신적인 존재 사이의 중간자인 인간에게 고유한 것이며, 감성적인 것으로부터 순수 이성적인 것으로 나아가는 계기를 마련한다.

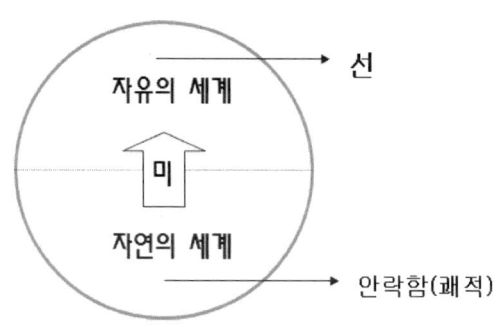

〈그림 5-2〉 두 세계에 거주하는 인간과 미의 체험

칸트는 '아름답다'는 판단과 관련하여, 즉 '취미의 판정 능력(미적 판단력)'과 관련하여 네 가지 계기를 설명한다(*KdU*, § 1 - § 22; 김광명, 1992: 51 - 66; 윤영돈, 2007: 205 - 206). 첫째, 판단의 성질과 관련하여, 미는 일체의 관심과 무관한 만족에 의하여 판단된다. 둘째, 판단의 분량과 관련하여, 미란 개념을 떠나서 보편적 만족의 객체로서 표상된다. 즉, 미의 판단은 주관적인 보편타당성을 지니고 있다. 셋째, 판단의 관계와 관련하여, 미의 판단은 목적 없는 목적으로서의 주관적 합목적성을 띤다. 넷째, 판단의 양상과 관련하여, 미의 판단은 주관적이지만 공통감에 의거하여 필연적인 만족의 대상으로 인식된다.

'아름답다'는 판단을 이제 '선하다'는 판단과 비교해 보자(*KdU*, § 1 - § 22, § 59; 김광명, 1992: 51 - 66; Louden, 2000: 115). 첫째, 판단의 성질과 관련하여, 미의 만족이 일체의 관심과 무관하다면, 선의 만족은 실천적 관심과 결합되어 있다. 그런데 선의 만족은 선이 의지의 대상이므로 최고의 관심을 수반하지만 이해관심과 무관하면서 관심을 환기한다는 점에 유의할 필요가 있다. 둘째, 판단의 분량과 관련하여, 미가 개념을 떠나서, 즉 반성적 직관에 의해 보편적인 만족의 객체로서 표상됨으로써 우리에게 보편적인 만족을 준다면, 선은 개념에 의거해서만 보편적 만족의 대상으로 표상된다. 미가 개념을 떠나서 주관적인 보편타당성을 지닌다면, 선은 개념에 의거한 객관적인 보편타당성을 지닌다. 셋째, 판단의 관계와 관련하여, 미가 목적 없는 목적성, 즉 형식적 합목적성을 그 규정근거로 삼는다면 선은 대상과의 일정한 목적 관계, 특히 목적 의지를 전제한다. 이때 미의 판단에 있어서 구상력(상상력)의 자유는 오성(지성)의 합법칙성과 합치하는 것으로 표상되는 데 비해, 도덕 판단에 있어서는 의지의 자유는 이성의 보편적 법칙에 그 자신이 일치되는 것으로 간주된다. 미에 대한 반응에서 구상력의 자유는 느껴지는 데 비해, 의지의 자유는 개념을 통해 사유된다. 넷째, 판단의 양상과 관련하여 미가 주관적 필연성으로 인간에게만 타당한 데 비해, 선은 객관적 필연성으로 인간을 포함한 모든 이성적 존재에게 타당하다.

이상의 논의에서 미의 판단과 선의 판단은 각기 고유성과 독자성을 지니고 있음을 살펴보았다. 그런데 미와 선의 판단은 놀랍게도 그 형식에 있어서 동일하므로 상징의 관계로 연결될 수 있다(*Prolegomena*, A 176; *KdU*, A 254, B 258). 요컨대 둘 다 무관심적 태도를 반영하고 있고, 둘 다 보편적인 만족의 감정을 산출하며, 둘 다 타율적 힘에 의해 결정되지 않는 자유의 체험을 내포하며, 둘 다 보편적인 타당성을 요청한다.

그런데 칸트가 미를 도덕성의 상징으로 간주한 이유는 무엇 때문일까? 사실 도덕성의 개념은 이성의 개념이며, 따라서 추상적이고 경험과 무관한 개념(즉 이념)이므로 이에 적합한 어떤 직관도 주어질 수 없다. 따라서 도덕성의 이념은 우리의 감관에 직접적으로 주어질 수 없다. 그러나 도덕성의 개념이 간접적으로 우리 앞에 표상될 수 있는 방식이 있는데, 그것이 바로 상징 관계이다. 그러므로 인간은 현상계에서 미를 통해 도덕성의 개념을 간접적으로 확인할 수 있는 것이다(*KdU*, § 59; Louden, 2000: 114). 여기서 우리는 미가 도덕성의 상징이라면 아름다운 대상은 선의지에 상응한다는 것을 알 수 있다. 이 때문에 도덕적 체험은 미적 체험과 그 형식이 유사하다. 선의지의 이념은 구체적인 실례도 없으며, 직접적으로 현시될 수도 없으나 아름다운 대상을 통해 간접적으로 현시될 수 있는 것이다 (Cohen, 1982: 232 - 233).

이상의 논의를 통해서 현상계와 본체계 사이의 거대한 간극은 미를 통해서 매개될 수 있음을 알아보았다. 요컨대 현상계에서 우리는 어떤 개별적인 미적 대상을 '아름답다'라고 판단할 때, 본체계의 도덕적 이념들을 환기할 수 있다. 그러므로 도덕적 이념은 자연의 아름다운 형태를 통해서 일종의 암호처럼 우리에게 유비적(상징적)으로

전달될 수 있다(*KdU*, A 168, B 170).[16]

이제 우리의 논의는 숭고의 문제로 나아간다. 자연과 자유의 매개가 미의 분석을 통해서 충분히 가능함에도 불구하고, 칸트가 다시 숭고의 문제를 논의하는 이유는 무엇인가? 그것은 숭고가 현상계의 제약을 깨뜨리고 도덕성의 이념에 이르는 강력한 계기가 될 수 있기 때문이다. 그러므로 제3비판서는 제2비판서의 주제인 도덕의 문제로부터 미학으로 논의가 전환되었다기보다는 미학으로부터 도덕의 문제를 지향하고 있다고 말할 수 있다. 사실 도덕감 학파와 같이 18세기의 윤리학이 극복하고자 했던 행복주의(이기주의)는 숭고 개념을 통해서 극복될 수 있었다(Cassirer, 박완규 옮김, 1995: 436). 숭고의 체험을 통해서 인간은 자신을 둘러싼 수많은 제약들로부터 자신을 해방시킬 수 있으며, 일종의 근본악이라 할 수 있는 자기중심성을 해체하여 근원적인 자기에로 향할 수 있는 용기를 지닐 수 있다(같은 책, 437-438).

도덕교육에서 해결하기 어려운 과제 중 하나는 사회화라는 타율적 도덕의 단계에서 어떻게 자율적 도덕으로 나아갈 수 있는가의 문제이다. 칸트의 표현에 의하면 '문화화(숙련성의 명법)와 문명화(영리성의 명법)'의 단계로부터 어떻게 '도덕화(도덕성의 명법)'의 단계로 나아갈 수 있는가의 문제이다. 문화화와 문명화의 단계에 상응하는 숙련성의 명법과 영리성의 명법은 감성적·경험적 동기들을 충족시키기 위한 규칙이므로 자연개념에 속하며, 바로 가언명법에 해당된다. 이에 반해 도덕성의 명법은 자유개념에 속하며, 바로 정언명법에 해당하는 것이다(Kant, *Grundlegung*, A/B 41-43; 김영래, 2003: 92-93). 그렇다면 어떤 계기에 의해 가언명법의 단계에서 정언명법의 단계로 나아갈 수 있는가? 사실 이 물음은 어떻게 현상계의 제약

---

16 자연이 도덕적 이념을 아름다운 형식으로 제시하는 상징적인 암호문을 해독하기 위해서는 '도덕감의 도야(die Kultur des moralischen Gefühls)'가 필요하다(*KdU*, A 260, B 264).

을 뚫고 본체계의 일원으로 살아갈 것인가의 문제이다. 그런데 현상계에서 본체계로의 이행은 점진적인 개선을 통해서 가능하지 않고, '심성의 혁명(Revolution)', 다시 말해서 일종의 '거듭남(Wiedergeburt)'과도 같다(Kant, *Religion,* A 50, B 54). 현상적 자아의 모든 제약을 벗어 버리고, 본체적 자아가 드러나는 것은 불교의 '깨달음'이나 그리스도교의 '회심'과도 같다. 그런데 인간의 도덕적인 사명에 대한 숭고의 감정, 즉 '의무에 대한 존경'이 도덕적 심정을 각성시킴으로써 일회적인 결단에 이르는 계기를 마련한다(같은 책, A 55, B 59). 여기에 숭고의 적극적인 의미가 놓여 있다. 사실 숭고의 감정은 무엇보다 의무에 대한 존경과 유사한 것이다. "자연에 있어서 숭고의 감정은 우리 자신의 사명에 대한 존경"이다(Kant, *KdU,* A 96, B 97). 우리는 숭고의 체험을 통해 내 안에 있는 자연(경향성)의 제약을 기꺼이 실천이성에 복종시키며 자유의 세계로 급격하게 이행할 수 있다. 이렇게 볼 때, 우리는 숭고가 미보다 더 강력한 도덕성의 상징이라고 말할 수 있을 것이다(Louden, 2000: 119).[17] 이상의 논의에서 우리는 '미와 숭고는 도덕성의 상징이다.'라는 명제에서 미와 숭고가 바로 현상계에서 미적 도덕성으로 간주될 수 있음을 확인하였다. 미가 한정된 대상형식과 관련된 것으로 부정적(不定的)인 오성개념의 현시라면, 숭고는 무한정성을 표상하는 몰형식적인 대상과 관련되는 것으로 부정적(不定的)인 이성개념의 현시이다(Kant, *KdU,* § 23).[18] 여기서 미와 숭고 모두 부정적(不定的)이라는 표현에서 알

---

[17] 숭고가 도덕성의 상징이 될 수 있는 이유는 미의 만족과 마찬가지로 숭고의 만족 역시 미적인 반성적 판단력의 판단이며, 분량에서 보면 보편타당적이고, 성질에서 보면 무관심적이며, 관계에서 보면 주관적 합목적성이고, 양상에서 보면 필연적인 만족의 대상이기 때문이다(Kant, *KdU,* A 78, B 79).

[18] 미는 구상력과 오성의 자유로운 유희에서 기인하는 심적 상태이다. 오성이 객관적 인식에서처럼 특정 규칙이나 개념에 제한되지 않는다는 점에서 미적 상태는 오성의 부정적(不正的) 현시이다. 그런가 하면 숭고는 구상력이 자연의 단적인 큼(수학적 숭고 대상)이나 위력(역학적 숭고 대상)으로 인해 그것을 한순간에 총괄할 수 없을 때, 구상력은 자기 한계에 부딪힌다. 이때

수 있듯이 미와 숭고는 개방성과 자유라는 인간학적인 의미를 함의하고 있다(김광명, 2004: 190).

이제 앞에서 언급했던 칸트의 묘비명, "내 위에 별이 빛나는 하늘과 내 안의 도덕률"은 상징적 인식의 맥락에서 새로운 차원의 해명이 가능하다. 자연의 나라(현상계)와 목적의 나라(본체계)는 상징 관계에 있다. 그러므로 도덕법칙의 범형은 자연법칙이며, 목적의 나라는 자연의 나라와 유비에 의해서만 인식이 가능하다(Kant, *Grundlegung*, A/B 82 - 84). 그리고 무엇보다 자연의 나라에서 체험하게 되는 숭고는 그 근원성에 있어서 도덕적 인간(homo ethicus)으로서 인간의 사명을 자각하게 하는 계기를 마련한다.

3. 니체에 의한 미적 도덕성[19]

니체(F. W. Nietzsche, 1844~1900)는 미와 도덕성의 상관성 논의에서 도덕성을 미로 환원시킨다. 다시 말해서 니체에 의한 미적 도덕성은 미적인 것이 곧바로 도덕성의 근거가 된다는 것이다. 그는 『비극의 탄생』에서 "세계의 실존은 오로지 미적 현상으로만 정당화된다."고 여러 차례 언급한다(Nietzsche, 이진우 옮김, 2005: 16, 56, 175). 이러한 맥락에서 니체는 예술작품을 대하듯이 세계를 보았으며, 특히 세계를 문학작품처럼 읽었다(Nehamas, 김종갑 옮김, 1994: 19). 그는 이성에 입각한 도덕성의 단일한 기준을 거부한다. 그러한 관점은 하나의 방식에 불과할 뿐이지 보편적인 기준이 될 수 없다는 것이다. 그에 따르면 미적 현상에 대한 해석의 풍부함만큼이나 도덕성

구상력과 오성의 자유로운 유희적 일치와 조화의 느낌은 깨어지고 부조화의 느낌, 즉 불쾌감이 발생한다. 그러나 구상력의 한계의식은 인간의 심의 안에 내재된 무한정성의 의식을 다시 불러일으킨다. 우리의 심의 안에 내재된 무한정성의 의식, 즉 이성의 이념과 구상력은 다시 일치와 조화의 느낌을 갖게 된다(한자경, 2006: 179 - 188).

19 필자(2008: 1 - 31)의 선행 연구의 내용을 중심으로 정리하였다.

은 다양한 맥락에서 해석될 수 있는 것이다.

흔히 칸트는 모더니즘에 갇힌 자로, 니체는 포스트모더니즘의 기반을 마련한 자로 간주된다. 그러나 칸트와 니체는 그 철학함의 방법에 있어서 근대성과 현대성을 동시에 지니고 있다. 니체가 근대 사상의 뿌리로부터 나와 현대 사상이라는 새로운 시대를 연 것처럼, 칸트 역시 두 줄기의 근대 인식론, 즉 경험론과 합리론을 비판적으로 종합하여, 다시 19세기와 20세기의 흐름에 영향을 주었다. 사실 니체의 철학함의 방법은 칸트의 비판철학에 일정 부분 빚지고 있다(최소인, 2001: 145 – 176; 이상엽, 2002: 161 – 192). 첫째, 니체의 인식론은 칸트의 구성주의에 큰 빚을 지고 있다. 인식의 문제에 있어서 대상에서 주관으로의 관점의 변화나 능동적인 주관에 의한 자기입법 능력을 수용하되, 니체 자신의 방식으로 전개했다고 할 수 있다. 도덕교육론의 맥락에서 칸트는 구성주의 도덕교육의 이론적 기초를 마련했으며, 니체는 극단적인 구성주의의 지형에 위치한다고 할 수 있다. 둘째, 니체의 이성 비판은 전통적인 형이상학에 대한 칸트의 비판과 궤를 같이한다. 물론 칸트가 세계를 현상계와 본체계로 이원화하는 것에 대해서 니체가 철저히 비판적인 것이 사실이다. 그러나 둘 다 본질 자체의 세계를 오성에 의해 인식할 수 없다는 점에 동의하면서 현상세계를 긍정한다. 셋째, 니체의 가치 창조자로서의 예술가적 인간 이해는 칸트의 숭고 및 천재 개념의 확장으로 해석될 수 있다.

앞서 살펴보았듯이 칸트에게 있어서 미의 논의가 자아중심의 형식을 지닌 것이라면 숭고의 논의는 자아를 넘어선 몰형식과 관련된다.[20] 여기서 우리는 칸트의 미적 도덕성의 두 요소인 미와 숭고가

---

[20] 특히 숭고의 문제는 포스트모더니즘의 중요한 단초를 제시한다. 리오타르(J. –F. Lyotard)가 칸트의 숭고 문제를 자신의 미학적 출발점으로 삼았다는 것은 주지의 사실이다(김광명, 2004: 301; 안성찬, 2004: 224, 주134번).

니체의 아폴론적인 것과 디오니소스적인 것의 논의와 친화력을 지니고 있다는 것을 알 수 있다. 아폴론적인 것이 형식과 미의 범주를 대변한다면, 디오니소스적인 것은 질료와 숭고의 범주를 대변한다고 할 수 있다. 아폴론적인 것으로서 미가 현실의 질서와 안정의 원리에 근접한다면 숭고는 현실의 파괴와 혁신의 원리에 근접한다고 할 수 있다. 특히 숭고와 디오니소스적인 것은 양자 모두 파괴와 혁신의 계기가 된다는 점에서 강한 친화력이 있다. 특히 숭고의 문제는 디오니소스적인 것과 함께 근대성을 넘어선 탈근대성의 색채를 보여 준다.

니체에 의하면 아폴론은 개별화의 원리를 지향하며, 자기인식이나 절제와 지혜로 표현된다(Nietzsche, 이진우 옮김, 2005: 33, 47). 그러나 모든 것을 합리화하는 아폴론적인 것은 인간을 몰락, 피곤, 병든 상태로 타락시키며, 영원히 굶주리게 한다. 이 때문에 아폴론적인 것에 의한 윤리, 그러니까 이성에 기초한 윤리 역시 인간을 억압하는 것으로 간주된다. 이에 반해 디오니소스는 삶의 부조리나 무상함을 탄식하고, 그럼에도 불구하고 삶의 비극을 긍정하는 음악의 헤라클레스적 힘이며, 결박에서 풀려난 프로메테우스이자 차라투스트라이다(같은 책, 22, 27). 디오니소스적인 것은 개별화의 원리를 지양하고, 화해와 조화를 통해 존재하는 모든 것은 하나임을 자각하게 하는 구원의 축제이다. 요컨대 디오니소스적인 것은 "우리에게 항상 새롭게 반복되는 개체 세계의 유희적 건설과 파괴에 대한 근원적 쾌락의 분출"을 의미한다(같은 책, 176).

앞서 언급했듯이 칸트의 미와 숭고는 니체의 아폴론적 요소와 디오니소스적 요소와 내면적 상관성을 지니고 있다. 물론 니체의 미적 도덕성의 색채는 아폴론적 요소보다는 디오니소스적 요소에 의해 지배된다고 할 수 있지만 그렇다고 아폴론적 요소를 배제하는 것은 아니다. 이러한 점을 염두에 두고 칸트와 니체의 관점을 비교해 보자.

칸트의 숭고 논의는 근본적으로 도덕성을 지향하고 있다. 즉, 자신의 자아중심성과 경향성을 극복하고 도덕성의 이념에로 나아가는 데 초점을 맞추고 있다는 것이다. 그런데 도덕성의 이념은 일종의 논리적 피안의 세계에 있는 보편법칙으로서의 도덕법칙을 의미한다. 그것은 이성적 주체의 산물이다. 한편 니체의 디오니소스적인 것은 끊임없이 자기를 극복하고 가치를 창조하는 원동력이 된다. 그러나 디오니소스적인 것은 부단히 변화하는 생성의 세계에 관여할 뿐 생성의 세계 밖의 또 다른 세계를 결코 지향하지는 않는다. 여기서 우리는 칸트의 숭고 논의가 자신의 경향성과 자기중심성을 극복하는 계기를 마련하지만 여전히 이성적 주체는 그의 실천철학의 근거가 된다. 이에 비해 니체의 디오니소스적인 것은 이성적 주체를 거부하고, 몸 주체이자 몸 이성을 지향한다. 몸 이성은 협소한 자아의 의식활동이 아니라 신체의 커다란 이성이자 자기(das Selbst)를 의미한다. "자기란 단순한 이성적 주체가 아니라 무의식, 정동, 충동 등이 함께 작동하는 몸의 활동에 대한 이름"이다(Nietzsche, 김정현 옮김, 2005: 553; Nietzsche, 정동호 옮김, 2005: 555). 이제 도덕성은 몸 주체에 의한 다양한 미적 세계인식에 근거한다. 그렇다면 칸트의 정언명법과 같은 보편적인 도덕의 기준은 수많은 도덕성의 해석 가운데 하나의 관점에 불과한 것이다.

여기서 우리는 칸트의 미적 도덕성이 도덕성 상징의 맥락에서 논의되는 데 비해, 니체의 미적 도덕성은 이성에 의해 억압될 수 있는 인간의 자연성 내지 파토스를 긍정하고, 우리 안에 심미적 자유를 환기시킬 수 있는 일종의 정신건강론으로 해명될 필요가 있다. 사실 니체가 병과 건강을 균형과 조화의 문제로 간주하듯, 선과 악의 문제 역시 "과잉, 부조화, 불균형의 문제"로 해명한다(김정현, 2006: 380). 그러니까 악이란 과잉, 부조화, 불균형에서 기인하며, 선이란 과잉, 부조화, 불균형의 위험을 지양(止揚)하는 데서 성립한다는 것이다. 그러므로 우리는 니체의 미학적 윤리학을 "총체적인 병으로부터 건강을 되찾는 건강 회복술"로 간주할 수 있다(같은 책, 276). 정신건강론의 맥락에서 핵심 개념은 대립되는 것 간의 적절한 긴장관계, 즉 '반대의 암합(coincidentia oppositorum)'이다.[21] 그러므로 디오니소스적인 것과 아폴론적인 것은 둘 중 어느 한 요소를 강조할 경우, 건강을 상실하게 된다. 아폴론적인 것과 디오니소스적인 것은 동전의 양면처럼 동일성과 차이를 담아내고 있다고 할 수 있다. 따라서 대립되는 두 요소 중 어느 하나만을 추구한다면 삶은 왜곡될 수밖에 없다(Nietzsche, 이진우 옮김, 2005: 89).[22]

니체는 건강한 인간상으로 초인(Übermensch)을 상정한다. 그는 『차라투스트라는 이렇게 말했다』에서 초인에 이르는 정신의 발달 단계를 비유적으로 표현한다.[23] 정신은 낙타에서 사자로, 그리고 다시 어린아이로 변형된다. 우리는 어린아이의 놀이에서 어떠한 절대적 목적도 없이 만들고, 파괴하고, 다시 즐겁게 창조하는 '가치창조자'로서의 초인 이미지를 확인할 수 있다.[24] 가치를 창조하는 인간이 되기 위해서 먼저는 '낙타'의 단계에서 보여 주듯 사회화의 과정을 거쳐야 한다. 다음으로 '사자'의 단계에서 기존의 가치 규범을 부정하였

---

[21] 니체의 '반대의 암합'은 헤라클레이토스에게 빗진 개념이다. 헤라클레이토스는 세계를 하나의 고정된 상이 아니라 끊임없이 변화면서도 상호 대립되고 모순되는 것 간의 조화로 파악한다(Fink, 1992: 13; Wohlfart, 정해창 옮김, 1997: 20).

[22] 두 요소의 통합에 대해서 니체는 "삶의 두 절반"(Nietzsche, 이진우 옮김, 2005: 45), "두 충동의 비밀스러운 결혼"(같은 책, 49), "의형제로 결의한 관계"(같은 책, 160, 172) 등으로 표현한다.

[23] 첫 번째는 낙타의 단계이다. 낙타의 정신은 기존의 가치체계를 지지하고, 그 체계에 얽매인 노예와도 같은 단계이다. 그러나 인간은 끊임없이 자기를 극복해야 하는 존재이기에 정신은 낙타의 단계를 부정하고, 사자의 단계로 이행한다. 사자의 단계에서 정신은 기존의 모든 가치를 거부한다. 하지만 사자는 가치를 창조하지 못한 채 허무주의에 머무를 뿐이다(Nietzsche, 정동호 옮김, 2005: 38-41). 정신의 세 단계 변화에 대한 자세한 논의는 (Alderman, 성진기 옮김, 1999: 163-187) 참고.

[24] "생성과 소멸, 건축과 파괴는 아무런 도덕적 책임도 없이 영원히 동일한 무구의 상태에 있으며, 이 세계에서는 오직 예술가와 어린아이의 유희만 있을 뿐이다."(Nietzsche, 이진우 옮김, 2001: 387)

던 것처럼, 옳고 그름에 대한 사회 규범에 대한 근본적인 반성의 과정을 거칠 필요가 있다. 그러나 아직 가치를 자유롭게 창출하지는 못한다. 결국 어린아이의 유희처럼 미적 상태에 이르러서 비로소 자율적이며 가치를 창조할 수 있는 건강한 인간이 형성될 수 있다. 삶의 텍스트를 창조적으로 해석하고 새로운 가치를 창출해 낼 수 있는 니체의 미학적 인간상은 자신의 삶과 세계를 의미 있는 이야기로 구성할 수 있는 작가이자 시인을 지향한다고 할 수 있다. 가치창조자로서의 작가이자 시인은 니체의 미적 도덕성을 지닌 존재라 할 수 있다.

IV. 미적 도덕성 개념의 한계와 도덕교육적 함의

앞에서 미와 도덕성의 통합 양상에 따른 미적 도덕성의 대표적인 스펙트럼에 대해 살펴보았다. 미적 도덕성의 스펙트럼에 상응하는 도덕교육적 함의를 살펴보기에 앞서 미적 도덕성 개념의 한계를 확인할 필요가 있다. 미적 도덕성 개념의 한계는 무엇보다 "미적 도덕성이 도덕의 기초가 될 수 있는가?"의 문제에서 확인할 수 있다. 결론적으로 말해서 미적 도덕성은 대체로 도덕성의 규범 근거를 마련하기보다는 동기화의 차원에서 논의된다고 할 수 있다.

앞에서 살펴본 것처럼 미적 도덕성은 미와 숭고, 카타르시스, 디오니소스적인 것 등을 그 내용요소로 하기 때문에 일종의 감정에 입각한 것이라 할 수 있다. 따라서 "미적 도덕성이 도덕의 기초가 될 수 있는가?"라는 물음은 "감정이 도덕의 기초가 될 수 있는가?"라는 물음으로 번역될 수 있다. 플라톤이나 칸트에게 있어서 미적 도덕성은 현상계에서 본체계로 상승할 수 있는 계기를 마련한다는 점에서 중요한 기여를 한다. 좀 더 적극적인 의미에서 미적 도덕성은 현상의 세계에서 도덕의 이념을 상징적으로 인식할 수 있다. 그러나 문제는 상징의 굴절률이다. 즉, 미적 도덕성과 도덕성의 이념은 그 형식이 유사하나 동일한 것은 아니라는 점이다.

플라톤과 칸트에 따르면 미적 도덕성이 도덕의 기초가 될 수 없는 이유는 감정이 보편성과 필연성을 담보하지 못하기 때문이다. 가령 칸트는 도덕감과 같은 어떠한 감정 능력도 도덕의 기초가 될 수 없다고 강변한다. 즉, 감정은 경험에 국한되는 것으로 보편성과 필연성을 확보할 수 없다는 것이다. 칸트에게 있어서 미적 도덕성은 이성에 입각하여 '도덕성의 기초'를 놓은 다음, '도덕성의 실현'을 위한 일종의 동기화 차원에 기여할 수 있다. 즉, 미적 도덕성은 도덕성이라는 본체계의 이념을 현상계에서 실현할 수 있는 중요한 계기를 마련한다는 점에서 그 존재의미가 있다고 할 수 있다.

한편 니체의 경우, 이성에 입각한 도덕의 기초 논의 자체를 부정한다. 왜냐하면 인간과 삶에 대한 미적 해석은 다양한 도덕성의 공존을 허용하기 때문이다. 니체의 미적 도덕성 개념에 입각할 경우, 그것은 도덕성의 기초가 된다고 할 수 있다. 그러나 문제는 니체의 도덕성 개념은 단일한 선악의 판단기준을 넘어서는 초(超)도덕의 성격을 지니고 있다는 데에 있다. 물론 니체의 미적 도덕성은 고착되고, 편협한 도덕체계를 파괴하고 혁신하는 데는 적극적으로 기여할 수 있지만 옳고 그름의 객관적 기준을 제시하지는 않는다. 그러나 니체의 미적 도덕성은 선악의 이분법에 의해 야기될 수 있는 내면의 억압을 해소하는 데 기여할 수 있다. 다시 말해서 니체의 미적 도덕성은 일종의 정신건강론의 가능성을 지니고 있다는 것이다.

이제 미적 스펙트럼의 도덕주의와 심미주의라는 양극단과 미와 도덕성의 절적한 연합을 추구하는 관점이 도덕교육에 함의하는 바를 규명하고자 한다. 이러한 논의가 의미가 있는 것은 미적 도덕성의 상이한 색채에도 불구하고 도덕교육에 기여할 수 있는 측면이 있기 때문이다.

먼저 플라톤과 아리스토텔레스에 의한 미적 도덕성이 도덕교육에 함의하는 바를 생각해 보자. 플라톤과 아리스토텔레스의 미적 체험을 통한 도덕성 함양의 관점은 고대 그리스 사회에서 청소년 도덕교육의 중요한 접근법이었다. 미적 체험을 통한 도덕성의 함양은 습관의 기계적인 반복에 의존한 덕목의 내면화보다 인간의 미적 감수성을 통해 자연스럽게 좋은 성품을 지니게 하는 모델이다. 이성 능력(분별 능력)이 발달하기 이전, 초기 도덕교육에서 정화된 시와 예술 작품이 표현하고 있는 좋은 리듬과 하모니 및 미적 심상을 통한 미적 접근은 도덕성의 성품적 토대, 즉 '올바른 가치·태도'를 지니도록 하는 데에 일정한 기여를 할 것으로 전망한다.[25] 사실 미적 체험을 통한 도덕성의 함양은 학생의 자율성을 거스르지 않으면서 즐겁게 덕을 내면화하는 것이다. 물론 이러한 경우 시와 예술 작품의 적절한 선별 작업이 필요하다. 또한 엄선된 시와 예술작품을 통한 덕성 함양은 학생들의 판단 능력이 발달하기 전 인격교육(character education)의 한 방법으로 기여할 수 있다. 인격교육은 기본적으로 타율적 도덕성의 내면화 내지 사회화의 성격을 지니고 있다. 그런데 미적 체험을 통한 도덕성의 형성은 인간의 미적 감수성을 통해 자연스럽게 '좋은 성품'을 지니게 함으로써 인격교육의 난점인 타율적 성격을 지양하고, 자발성의 측면을 환기할 수 있다는 이점이 있다.

다음으로 칸트의 미적 도덕성 개념이 도덕교육에 함의하는 바를 살펴보자. 미와 숭고로 해명되는 칸트의 미적 도덕성은 무엇보다 이기주의적 윤리설을 극복하는 데 일정 부분 기여할 수 있다. 미와 숭

---

25 플라톤에 의하면 '시와 예술'(무시케)은 이성적 능력이 발달하기 전에 도덕성의 토대를 마련하며, 이성이 영혼의 확고한 지배자가 된 이후에도 이성(logos)과 더불어 일생을 통한 '덕의 수호자'(sōtēr aretēs)가 된다(*Republic*, 402a, 549b).

고의 거처라 할 수 있는 자연이나 자연의 본질을 형상화한 예술작품을 통해 우리는 일종의 '원죄'라 할 수 있는 타고난 자기중심성을 벗어나 타자에게로 시선을 돌릴 수 있다. 특히 숭고는 자기중심성을 파괴하며, 경향성을 기꺼이 실천이성에 복종시키며 자유의 세계로 급속한 이행을 촉구할 수 있다. 사실 타율적 도덕성으로부터 자율적 도덕성으로의 전환은 일종의 '심성의 혁명'이자 '거듭남'으로 부를 만큼 도덕교육의 역설로 간주된다. 이런 점에서 칸트의 미적 도덕성은 심성의 혁명 내지 거듭남을 촉발시킬 수 있다. 그런가 하면 도덕성의 상징인 미와 숭고는 현상계에서 도덕성의 이념을 상기시키며, 즐겁게 도덕적인 존재로서의 의무를 수행할 수 있는 계기를 마련한다. 이런 맥락에서 의무와 경향성을 대립 구도로 바라보았던 칸트의 '투쟁으로서의 덕' 개념은 '의무와 경향성의 조화' 내지 '의무에의 경향성'의 가능성을 확보할 수 있다.[26] 더 나아가 칸트의 미적 도덕성의 개념은 인간이 이성적인 존재만이 아니라 실천적 존재이자 미적 존재로서의 총체적인 인간상을 회복하는 데 유의미한 기여를 할 수 있다. 미와 숭고는 무규정적인 것으로서 개방성과 자유라는 인간학적 의미를 함의하고 있다.

끝으로 니체에 의한 미적 도덕성은 미학적 세계해명에서 그 특징이 잘 드러난다. 그에 의하면 세계를 논리적이고 개념적으로 파악하는 것은 삶을 박제화하고 고착시키지만 은유나 상징과 같은 미학적 접근은 생동하는 삶의 의미를 다차원적으로 풍부하게 제시할 수 있다(신승환, 2000: 445). 부연하자면 세계와 삶의 풍부한 의미는 '전망하고 둘러보고 내려다보는 일', 즉 다양한 눈과 양심을 의미하는 관점주의가 필요하다(Nietzsche, 김정현 옮김, 2005: 10, 65 - 66,

---

26 아름다운 영혼을 추구하는 쉴러의 미적 교육론에서는 의무와 경향성의 조화를 추구한다. 의무와 경향성은 '화해된 적'으로서 하나의 천성이 될 필요가 있다. 아름다운 영혼은 개별 행위가 아니라 성품 전체가 도덕적인 것이다(Schiller, 1962: 282, 287 - 288).

77, 172). '탈근대적 전략'으로서 관점주의에 입각한 니체의 미학적 세계 해명은 무엇보다 사회와 개인의 '총체적인 병으로부터 건강을 되찾는 건강 회복술'로 간주된다(김정현, 2006: 302). 칸트의 숭고 개념과 연장선상에 있는 디오니소스적인 것은 부단히 고착된 것을 파괴하고, 새로운 가치를 창출하며, 끊임없이 자기를 극복한다는 점에서 인간의 위대함을 표명한다. 니체는 '주체와 대상, 자아와 타자, 인간과 자연'에 대한 '이분법적인 구분법'과 '기계론적인 자연관, 이성중심주의' 등으로 인해 서구 문명이 '죽음의 문명'으로 치닫고 있다고 진단한다(같은 책, 293). 그러므로 죽음의 문명에서 생명의 문명으로 나아가는 출발점은 '건강한 몸'이다. 몸의 건강이란 "병적인 상태에 저항할 수 있는 힘의 상태, 즉 몸의 조화, 균형을 통해 힘이 고양된 생명의 상태"를 지시한다(같은 책, 315). 한마디로 건강한 사람은 대립되는 요소들 간의 조화와 균형을 자율적으로 추구할 수 있는 힘이 있는 자이다. 그러므로 인간의 자연성과 파토스를 억압하지 않고, 고통스러운 현실까지도 긍정하며, 삶의 텍스트를 창조적으로 해석하고 새로운 가치를 창출하는 데 기여할 수 있는 니체의 미적 도덕성은 현행 도덕교육에서 청소년의 정신건강 문제를 다루는 데 있어서 유의미한 모델로 기능할 수 있을 것으로 기대한다.

V. 결론

이 글은 "미와 도덕성의 친화력에 근거한 미적 도덕성의 다양한 관점이 도덕교육에 어떠한 기여를 할 수 있는가?"라는 물음에서 출발하였다. 무엇보다 미적 도덕성 개념이 필요한 이유는 인간이 이성적인 존재이면서 동시에 감성적인 존재라는 데 있다. 의무 없는 행복의 이론이 문제가 되는 것처럼 행복 없는 의무의 이론 역시 문제가 있다. 따라서 인간의 감성적 욕구를 고려한 당위의 논의로 간주되는 미적 도덕성의 개념은 그야말로 인(仁)이나 도덕적 의무를 즐겁게 수행할 수 있는 계기를 마련해 준다.

미적 도덕성의 스펙트럼은 크게 세 가지로 도식화시켜 볼 수 있는데, 각 관점은 청소년의 도덕성 발달단계에 따라 적절하게 기여할 수 있다.

첫째, 도덕주의의 입장이다. 실재론적 전통 위에서 미와 선의 통합을 논의하는 플라톤과 아리스토텔레스의 미적 도덕성은 정화된 시와 예술을 매개로 한 미적 체험을 통해 도덕성을 함양하는 데 기여할 수 있다. 이성적 판단능력이 발달하기 전 엄선된 시와 예술 작품을 활용하여 바람직한 가치·태도를 습득하게 하는 것은 인격교육의 난점인 타율적 성격을 극복하면서, 즐겁게 '좋은 성품'을 지니게 할 수 있다.

둘째, 미와 도덕성을 동등하게 바라보는 중간 지점에 위치한 입장이다. '미와 숭고는 도덕성의 상징'이라는 명제 위에 정립된 칸트의 미적 도덕성은 가언명법이라는 타율적 도덕성으로부터 정언명법이라는 자율적 도덕성의 이념에 이르는 계기를 마련한다. "왜 나는 도덕적이어야 하는가?"의 물음에 대해 타율적인 도덕성에 머무는 청소년들은 권위자 내지 중요한 타자들의 지시나 기대, 칭찬과 같은 심리적 보상 혹은 이익이나 좋은 결과라는 조건과 결부하여 답변한다. 반면 자율적인 도덕성은 내면의 자유에 기반을 둔 무조건성에 근거하여 해명될 수 있는데, 칸트의 미적 도덕성은 무조건적인 도덕성이 가능하다는 점을 미적 체험에 근거하여 학생들에게 제시해 줄 수 있다고 본다. 이는 기존의 가치와 규범에 대해 회의하고, 부정하기 시작하는 반사회화의 단계에 처해 있는 학생들(가령 중학생)에게 실효성이 있는 접근으로 전망한다. 더 나아가 칸트적인 미적 도덕성으로서의 미와 숭고는 '의무와 경향성의 조화' 내지는 '의무에의 경향성'

의 가능성을 확보함으로써 이성적이면서 실천적이고 동시에 미적인 전인으로서 인간상을 제시한다. 칸트는 미와 숭고의 원형을 자연에 두고 있다. 그러므로 칸트의 미적 도덕성은 자연이나 자연의 아름다움과 숭고함을 형상화한 예술 작품을 통해서 활성화될 수 있다.

셋째, 심미주의의 입장이다. 디오니소스적인 것으로 대표되는 니체의 미적 도덕성은 긍정적인 의미의 '주인도덕'을 지향한다. 니체의 미적 도덕성은 인간의 자연성과 파토스를 긍정하고, 끊임없이 새로운 가치를 창출하며, 자기를 극복함으로써 건강한 자기에 이르는 데 기여한다는 점에서 정신건강론의 맥락에서 해명될 수 있다. 가치창조자를 지향하는 니체의 미적 도덕성은 자기입법 능력을 강조하는 구성주의적 교육과 친화력이 있다. 물론 칸트의 인식론적 관점이 구성주의적 교육의 이론적 기초가 된 것이 사실이지만 낡은 가치를 타파하고 새로운 가치를 창출하는 니체의 건강한 인간은 구성주의적 지평을 확장시킨다고 할 수 있다.

이제 대표적인 관점별로 미적 도덕성의 스펙트럼을 도식화한 앞의 논의 이외에 각 관점을 가로지르는 핵심 개념의 의의에 대해 간단히 살펴봄으로써 글을 마무리 짓고자 한다. 첫째, 플라톤과 칸트가 이원화된 두 세계의 소통 근거를 아름다움에서 찾는다는 점에서 미적 도덕성은 이원화된 세계의 통일 논의에 필수 불가결한 요소라 할 수 있다. 둘째, 아리스토텔레스의 카타르시스, 칸트의 숭고, 니체의 디오니소스적인 것은 넓은 의미에서 '숭고한 것'으로 수렴될 수 있다. 숭고한 것은 부정적인 감정의 배출과 내적 자유의 환기, 더 나아가 주어진 운명과 역경을 극복하고자 하는 불굴의 용기를 고양함으로써 인간의 존엄성을 자각하는 데 기여할 수 있다. 셋째, 인간의 삶을 구성하는 대립되는 두 요소로서 칸트와 니체는 각각 미와 숭고, 아폴론적인 것과 디오니소스적인 것을 강조한다. 이들 요소는 미적 도덕성을 구성하는 요소이다. 물론 니체의 미적 도덕성에서는 디오니소스적인 것이 부각되지만 아폴론적인 것이 배제되는 것은 아니다. 미와 아폴론적인 것이 한정된 형식과 안정을 추구한다면, 숭고와 디오니소스적인 것은 무한정성의 몰형식성과 변혁을 추구한다. 여기서 칸트와 니체에 의한 미적 도덕성은 한편으로는 균형과 비례와 조화를 추구하며 기존의 가치 질서를 긍정하지만, 다른 한편으로는 기존의 가치 질서를 파괴·변혁하고 새로운 가치의 창조를 추구한다고 할 수 있다.

참고문헌

김광명(1996), 「칸트에 있어 미와 도덕성의 문제」, 한국칸트학회편, 『칸트와 윤리학』, 서울: 민음사.

김광명(1992), 『칸트 판단력비판 연구』, 서울: 이론과실천.

김광명(2004), 『칸트 미학의 이해』, 서울: 철학과현실사.

김정현(2006), 『생명과 치유의 철학』, 서울: 책세상.

박상혁(2008), 「예술과 도덕의 관계: 고대부터 근대까지」, 『미학의 문제와 방법』, 서울: 서울대학교출판부.

박찬구(1997), 「도덕감 윤리학에 대한 연구: 케임브리지 플라톤주의자와 샤프츠베리」, 『삶 · 윤리 · 예술』(대구: 이문출판사.

박찬구(1999), 「도덕의 기초에 대한 허치슨과 칸트의 이해」, 한국칸트학회편, 『칸트와 그의 시대』, 서울: 철학과현실사.

신승환(2000), 「생성과 극복의 놀이: 니체와 탈근대」, 『니체가 뒤흔든 철학 100년』, 서울: 민음사.

안성찬(2004), 『숭고의 미학: 파괴와 혁신의 문화적 동력』, 서울: 유로서적.

오병남(2004), 『미학강의』, 서울: 서울대학교출판부.

윤영돈(2005), 「플라톤과 아리스토텔레스의 예술론과 도덕교육에의 함의」, 한국도덕윤리과교육학회, 『도덕윤리과교육』 제21호.

윤영돈(2006), 「유가의 예악(禮樂)사상에서 악(樂)의 문제」, 한국도덕윤리과교육학회, 『도덕윤리과교육』 제23호.

윤영돈(2007), 「칸트의 윤리학과 미학의 상호연관성에 관한 인간학적 탐구」, 한국윤리학회, 『윤리연구』 제64호.

윤영돈(2008), 「정신건강의 관점에서 본 니체의 미학적 세계관과 주인도덕의 문제」, 한국윤리학회, 『윤리연구』 제69호.

윤영돈(2010), 「쉴러의 미적 교육론에서 의무와 경향성의 조화」, 한국윤리학회, 『윤리연구』 제76호.

이상엽(2002), 「니체의 칸트 수용과 비판」, 한국칸트학회편, 『칸트철학과 현대』, 서울: 철학과현실사.

정창우(2004), 『도덕교육의 새로운 해법』, 서울: 교육과학사.

조요한(1983), 「비극의 효능으로서의 카타르시스」, 『아리스토텔레스의 철학』, 서

울: 경문사.

최소인(2001), 「니체와 칸트」, 한국칸트학회편, 『칸트와 현대유럽철학』, 서울: 철학과현실사.

추병완(1996), 「미국도덕교육의 최근 동향」, 『인격교육과 덕교육』, 서울: 배영사.

한자경(2006), 『칸트 철학에의 초대』, 서울: 서광사.

Alderman, Harold, 성진기 옮김(1999), *Nietzsche's Gift* 제2장, 「낙타와 사자 그리고 어린아이」, 『니이체 철학의 현대적 이해와 수용』, 부산: 세종출판사.

Aristotle(1968), *Aristotle's Nicomachean Ethics*, trans. by H. Rackham, MA: Harvard University Press, 최명관 옮김(1984), 『니코마코스윤리학』, 서울: 서광사.

Aristotle(1954) *Metaphysics*, trans. by W. D. Ross, Oxford: Oxford Univ. Press.

Aristotle, 천병희 옮김(1993), 『시학』, 서울: 문예출판사.

Aristotle(1990), *Politics*, trans. by W. D. Ross, *Great Books of the Western World*, Vol.8, Chicago: Encyclopedia Britannica, 나종일 옮김(1995), 『정치학』, 서울: 삼성출판사.

Barnes, Jonathan(1995), "Rhetoric and Poetics", *The Cambridge Companion to Aristotle* Cambridge: Cambridge Univ. Press.

Beardsley, M. C.(1975), *Aesthetics: From Classical Greece to the Present*, Alabama: Univ. of Alabama Press, 이성훈·안원현 옮김(1995), 『미학사』, 서울: 이론과실천.

Butcher, S. H.(1951), *Aristotle's theory of poetry and fine art*, NY: Dover Publications.

Caygill, Howard(1996), *A Kant Dictionary*, Oxford: Blackwell.

Cassirer, E.(1973), *Die Philosophie der Aufklärung*, Tübingen: J. C. B. Mohr(Paul Siebeck), 박완규 옮김(1995), 『계몽주의 철학』, 서울: 민음사.

Cohen, Ted(1982), "Why Beauty is a Symbol of Morality", T. Cohen & P. Guyer(eds.), *Essays in Kant's Aesthetics*, Chicago: The University of Chicago Press.

Cornford, F. M., 이종훈 옮김(1995), 『소크라테스 이전과 이후』, 서울: 박영사.

Dickie, George, 오병남·황유경 옮김(1983), 『미학입문』, 서울: 서광사.

Else, G. F.(1967), *Aristotle's Poetics: The Argument*, MA: Harvard Univ. Press.

Fink, Eugen(1992), *Nietzsches Philosophie*, Stuttgart, Berlin, Köln:

Kohlhammer.

Guyer, Paul(1993), *Kant and the Experience of Freedom: Essays on Aesthetics and Morality,* New York: Cambridge University Press.

Guyer, Paul(1992), "Introduction: The starry heavens and the moral law", Paul Guyer(ed.), *The Cambridge Companion to Kant,* New York: Cambridge Univ. Press.

Kant, I.(1983), *Kant Werke in zehn Wänden,* W. Weischedel(Hg.), Darmstadt: Wissenschaftliche Buchgesellschaft.

Kant, I.(1974) *Kritik der Urteilskraft,* K. Vorländer(Hg.)(Hamburg: Felix Meiner Verlag, 1974), 이석윤 옮김(1994), 『판단력비판』(서울: 박영사, 1994).

Liddlell, H. G. & R. Scott(1968), *Greek - English Lexicon,* Oxford: Clarendon Press.

Louden, R. B.(2000), *Kant's Impure Ethics: From Rational Beings to Human Beings,* New York & Oxford: Oxford University Press.

Nehamas, Alexander, 김종갑 옮김(1994), 『니체 - 문학으로서의 삶』 서울: 책세상.

Nietzsche, F. W.(1994), *Friedrich Nietzsche: Werke in drei Bänden,* Karl Schlechta(Hg.) Damstadt: Wissenschaftliche Buchgesellschaft; 책세상 (2000 - 2005)의 『니체전집』.

Nietzsche, F. W., 이진우 옮김(2001), 「그리스 비극 시대의 철학」, 『유고』, 서울: 책세상.

Nietzsche, F. W., 이진우 옮김(2005), 『비극의 탄생』, 서울: 책세상.

Nietzsche, F. W., 정동호 옮김(2005), 『차라투스트라는 이렇게 말했다』, 서울: 책세상.

Nietzsche, F. W., 김정현 옮김(2005), 『선악의 저편 · 도덕의 계보』, 서울: 책세상.

Norton, R. E.(1995), *The Beautiful Soul: Aesthetic Morality in the Eighteenth Century,* Ithaca & London: Cornell University Press.

Plato(1980), *Plato: Collected Dialogues(I - II),* trans. by E. Hamilton & H. Cairns, MA: Princeton Univ. Pres, 그리스어 원전: Platon(1973), *Platon Werke: Werke in Acht Bänden,* Darmstadt: Wissenschaftliche Buchgesellschaft.

Plato, 박종현 역주(1997), 『국가 - 政體』, 서울: 서광사.

Rader, M. & Jessup, B., 김광명 옮김(1994), 『예술과 인간가치』, 서울: 이론과 실천.

Scheler, Max(1980), *Der Formalismus in der Ethik und die Materiale*

Wertethik, Bern & München: Francke Verlag, 이을상 · 금교영 옮김 (1998), 『윤리학에 있어서 형식주의와 실질적 가치 윤리학』, 서울: 서광사.

Schiller, F.(1962), *Schillers Werke: Philosophische Schriften* Bd. ⅩⅩ – ⅩⅪ, Weimar: Hermann Böhlaus Nachfolger.

Schiller, F., 안인희 옮김(1995), 『인간의 미적 교육에 관한 편지』, 서울: 청하.

Schiller, F., 장상용 옮김(2000), 『쉴러의 미학 · 예술론』, 인천: 인하대학교출판부.

Wohlfart, G., 정해창 옮김(1997), 『놀이하는 아이, 예술의 신 – 니체』, 서울: 담론사.

제6장 도덕신학의
정초와 도덕교육*

이 글은 도덕교육에서 종교 영역의 역할과 위상에 관한 물음에서 출발한다. 종교의 순기능은 도덕교육에 시사하는 바가 크지만 종교가 지닌 역기능은 도덕교육과의 관계에서 해결해야 할 난점이다. 도덕신학의 정초는 도덕교육의 내실화를 위한 종교 영역의 논의에서 요청된다고 할 수 있다. 도덕신학은 도덕의 관점에서 초감성적인 존재(신)의 문제를 이성의 한계 내에서 논의한다. 이 글에서 다루고 있는 소크라테스의 도덕신학이 신의 명령과 반성적 사유를 결합하고 있다면, 칸트의 도덕신학은 도덕의 완성을 위해 영혼불멸과 신의 현존을 요청한다.

우리는 "왜 도덕적으로 행위해야 하는가?"에 관한 물음에 대한 답변으로 "그것은 신의 명령이기 때문에(신명령설)", "도덕적·심리적 보상[즐거움]이 있기 때문에" 혹은 "도덕은 상호 간의 이익을 위한 계약이기 때문에"(페어플레이 논증), "이익이나 결과와 상관없이 그 자체로 옳기 때문에"(칸트 의무론) 등을 들 수 있다(Hospers, 최용철 옮김, 1996: 40 - 58). 이 가운데 신명령설(divine command theory)은 오늘날 더 이상 실효성이 없는 것으로 간주되는 경향이 있다. 왜냐하면 특정한 종교를 신봉하지 않는 사람에게는 신의 명령이 무의미할 것이고, 만일 신의 심판과 처벌이 두려워 신의 명령을 따르는 사람이 있다면 그것은 자신의 이익에 호소하는 논변에 불과한 셈이며, 더 나아가 자신의 장남을 타오르는 불 속에 제물로 바치라는 몰렉(Moloch)의 명령과 같이, 거짓된 신의 명령은 오히려 거부해야 하

＊ 졸고(2007), 「도덕교육에서 도덕신학의 정초와 도덕과 종교 관련 내용의 집필방향」, 한국도덕윤리과교육학회, 『도덕윤리과교육』 제25호, pp.81 - 116을 수정·보완한 것임을 밝힌다.

겠기 때문이다.

신명령설과 관련하여 흔히 제기되는 질문이 있다. "신이 명령하였기 때문에 어떤 행위가 옳은 것인가 아니면 어떤 행위가 옳기 때문에 신이 그것을 명령한 것인가?"(Arrington, 김성호 옮김, 2003: 22-25) 이 질문은 플라톤의 『에우티프론』에 나타난 소크라테스의 도덕신학 성격을 규정하는 물음, 즉 "경건함은 그것이 경건하기 때문에 신들한테 사랑받겠소, 아니면 그것이 신들한테 사랑받기 때문에 경건하겠소?"(*Euthyphro*, 10a)에서 '경건'을 '도덕'으로 대체한 것으로서, '신명령설'에 나타난 도덕과 종교의 관계를 해명하는 데 일정한 기여를 할 수 있다.

이러한 물음에 대한 답변은 "(1) 신이 명령하였기 때문에 그 명령을 따르는 행위가 옳다."는 것과 "(2) 어떤 행위가 옳기 때문에 신이 명령한 것이다."로 나누어진다. (1)의 답변은 그리스도교·유대교·이슬람교 등의 종교에서 볼 수 있듯이 옳음의 근거가 신의 명령에 있는 것으로 간주하며, (2)의 답변은 옳고 그름의 문제는 신의 명령에 앞서서 인간의 이성에 의해 파악될 수 있는 것으로 간주한다. (1)의 답변을 따르는 사람들은 대체로 도덕성의 근거를 신의 명령에서 찾으며, 이성보다는 의지를 강조함으로써 개별적인 선택과 결단을 강조하는 경향이 있다. (2)의 답변을 따르는 사람들은 대체로 도덕성의 근거를 이성에서 찾으며, 신의 명령은 옳은 것을 행하도록 격려하는 계기를 마련한다. 이러한 입장의 급진적인 형태는 도덕성의 근거를 이성에서 정초할 수 있으므로 신을 논의의 장(場)에서 배제하기도 한다.

부연하자면 (1)의 답변을 제시하는 경우는 일반적으로 종교의 맥락에서 도덕을 논의하는 것과 관련이 있다. 특히 우리 사회에서 배타적인 성격으로 종종 비판받는 개신교의 윤리학적 관점은 "신이 어떤 것을 원한다는 사실이 그것을 선하게 만든다."는 둔스 스코투스(J.

Duns Scotus, ca.1265 – 1308)와 옥캄(William Ockham, 1285 – 1349)의 주의주의적(voluntaristic) 윤리설에 기반하고 있다(Arrington, 김성호 옮김, 2003: 248 – 254).[01] 한편 도덕의 맥락에서 종교를 논의할 경우, (2)의 답변을 지지할 가능성이 크다.

이번 장의 논의는 도덕교육에서 종교적 영역의 역할과 위상이 어떠한가라는 물음에서 출발한다. 이를 위해서는 도덕과 종교의 상호연관성에 대한 관계정립이 요구된다. 이 글에서는 논의의 성격상 "어떤 행위가 옳기 때문에 신이 명령한 것이다."라는 답변에 초점을 맞추어서 도덕신학의 정초를 목표로 한다. 논의의 순서는 다음과 같다.

먼저, 종교의 본질이 무엇이며, 종교의 순기능에 입각한 도덕교육적 함의와 종교의 역기능을 극복하기 위한 도덕신학의 요청 문제를 다루고자 한다. 다음으로 종교와 도덕의 공생을 위한 도덕신학을 소크라테스와 칸트의 종교 이해를 바탕으로 정초하고자 한다.[02] 끝으로 도덕과 개정교육과정(2007)에서 도덕신학의 의의와 교과서 집필 시 종교 관련 내용의 집필방향에 대해 논의하고자 한다.

---

01 물론 개신교의 윤리학적 스펙트럼이 다양하기 때문에 (1)과 (2)를 함께 고려하는 관점도 없는 것은 아니나 가톨릭의 윤리학적 관점이 보다 더 긴밀하게 (1)과 (2)를 통합하는 것으로 보인다. 이는 존재론의 맥락에서 신의 존재를 전제하고 있기 때문에 (1)의 관점을 수용하면서도, 동시에 이성의 명령인 자연법(natural law)의 맥락에서 (2)의 관점 역시 수용하고 있기 때문이다. "신의 법칙은 인간 본성 안에 이미 들어와 있으며 따라서 인간의 본성은 신의 법칙을 반영"하고 있으며 "자연법은 이성의 명령이자 신의 마음으로부터 발산된 것이며, 우리의 자연적 성향에 반영되어 있는 것이며, 인간의 이성에 의해서 파악"된다고 할 수 있다(Arrington, 김성호 역, 2003: 236). 스코투스와 오캄이 이성보다 의지를 강조한 것은 신적 의지, 즉 신의 전능함을 강조하기 위함이었다고 할 수 있으며, 의지를 이성의 우위에 두는 이들의 관점은 유명론(nominalism)의 토대를 제시했다. 한편 자연법의 주창자인 아퀴나스는 의지보다 이성을 우위에 둠으로써 신의 명령을 인간의 이성으로 파악할 수 있는 것으로 보았기 때문에, 인간이 파악한 신의 명령이라 할 수 있는 자연법의 토대를 마련했다. 스코투스와 옥캄의 주의주의적 관점과 그 문제점, 그리고 이에 대한 토미즘의 반론에 대해서는 (Rommen, 1936: 71 – 80) 참고.

02 종교와 도덕의 공생을 위한 논의는 동양적 사유, 가령 원효의 화쟁 사상을 기초로 논의할 수도 있다. 자세한 것은 (최병학·김동철, 2006: 16 – 23) 참고.

Ⅰ. 종교의 본질 및 기능과 도덕교육

1. 종교의 본질

종교의 본질을 한마디로 정의하기는 어렵지만 '절대의존의 감정', '궁극적인 것에 대한 신조', '도덕의 완성'에서 종교의 의미를 규명할 수도 있으며, 반종교적 관점에서 종교 문제를 해명할 수도 있다. 더 나아가 무신론적 태도와 그 가운데 드러나는 종교성을 살펴볼 수도 있다.

첫째, 종교란 '절대의존의 감정'이다. 슐라이어마허(F. E. D. Schlei-ermacher)에 의하면 종교는 '하나님에게 절대적으로 의지하는 감정(Gefühl der Abhängigkeit)'에서 기인한다(Cassirer, 최명관 역, 1988: 147). 오토(R. Otto) 역시 그의 저서 *Das Heilige*에서 종교란 본질적으로 무한 타자와의 접촉에서 생기는 외경과 신비의 감정, 즉 '피조물 감정(Kreaturgefühl)'으로 해명한다. 즉, 절대자 앞에서 우리는 "나는 아무것도 아니며, 당신은 전부입니다(Ich nichts, Du alles!)."라는 고백을 하지 않을 수 없다. 절대자나 무한 타자에는 그리스도교의 하나님뿐만 아니라 불교의 무(無)나 공(空)도 포함된다(Otto, 윤성범 옮김, 1971: 137 - 155).

둘째, 종교란 궁극적인 것에 대한 신조이다. 이러한 관점에 선 사람들은 신조와 신념에 대한 바른 인식을 신앙의 중요한 요소로 생각한다. 스펜서(H. Spencer)는 "이 세계의 존재는 한 신비로서, 우리의 해석을 요구한다."라고 말하고 있고, 케어드(E. Caird)는 "종교는 (……) 우주에 대한 인간의 궁극적 태도로서, 사물에 대한 그의 전적의식의 의미를 간취하는 것"이라고 말하고 있다(한전숙 · 이정호, 1996: 360 - 361).

셋째, 종교란 도덕의 완성이다. 칸트(I. Kant)는 실천이성이 최고선의 실현을 필연적으로 추구한다는 사실에서 '영혼 불멸'과 '신의 현존'을 요청한다. 일종의 가언명법으로서의 사회화의 단계라 할 수 있는 문화화와 문명화에서 정언명법을 따르는 도덕화로의 이행을 위해서는 '일종의 거듭남(Wiedergeburt)'과 같은 '심성의 혁명'이 요구된다(Kant, *Religion*, A 50, B 54). '거듭남' 내지 '심성의 혁명'은 도덕의 논의가 종교에로 나가고 있음을 의미한다. 한마디로 종교는 도덕법칙에 대한 우리의 헌신을 강화시키는 것이라 할 수 있다.

넷째, 반종교적 관점이 있다. 마르크스(K. Marx)는 "종교는 인민의 아편이다."라는 반종교적 관점의 대표자이다. 반종교적 관점은 대체로 투사의 개념에 입각해 있다. 포이어바흐(L. Feuerbach)는 그의 주저 『기독교의 본질』(*Das Wesen des Christentums*)을 통해, 종교나 신의 개념 자체가 인간학적인 근원을 갖는 것으로서 인간의 가장 오래된 자기 지식의 간접적인 형태이며, "신은 인간 자신으로부터 추상된 인간의 가장 고차원의 주체"라고 말한다. 프로이트(S. Freud)에 의하면 종교는 "인간의 나약함을 참을 수 있게 만들기 위한 필요성에서 생긴 것"으로서 유아기적 투사가 그 원형이다. 따라서 그는 유아성의 산물인 종교는 극복되어야 한다고 보았다(한전숙·이정호, 1996: 367－368).

다섯째, 무신론적 태도 속의 종교성이 있다. 무신론적 실존주의의 대표자인 사르트르(J. P. Sartre)는 그리스도교적인 신의 개념을 용인하지 않으면서도, 『존재와 무』에서 '인간은 신이기를 기획하는 존재'라고 말한다. 이는 '인간은 스스로 자기를 만들어 가는 자유와 선택이 주어진 존재'라는 의미를 드러내고자 한 것이다. 그런데 여기서 우리는 '창조적 주체로서 인간의 절대화'는 일종의 절대적이고 무한한 것을 추구하려는 종교적 성향임을 알 수 있다. 한편 니체(F. W. Nietzsche)는 피안에 있는 신의 존재는 대지[현실]를 부정하기 때문에 "신은 죽었다."는 충격적인 주장을 한다. 그러나 니체는 신이 죽고 없는 자리에 힘의 지속적인 증대와 강화를 부단히 의지하는 초인을 이상적인 인간상으로 제시한다. 결국 니체의 철학에서 비록 초감성적인 신의 개념은 부정되지만, 새롭게 요청하는 무한성의 개념이나 영원회귀 사상은 또 다른 형태의 종교적 태도이다(하순애, 1994: 138 – 139).

이상의 논의에서 우리가 알 수 있는 것은 인간은 절대적 타자로서의 신을 의지하거나 아니면 자기 안에 있는 신성을 중시하거나 혹은 스스로 신이기를 기획하는 종교적인 존재(homo religiosus)라는 점이다.

2. 종교의 순기능과 도덕교육적 함의

종교의 순기능은 도덕교육에 시사하는 바가 많다. 첫째, 종교는 인생관·세계관·우주관을 제시한다. 종교는 인생의 사건과 경험에 대한 해석의 틀을 제공하고, 총체적 의미를 부여한다. 종교의 이론체계는 궁극적인 것, 우주, 인간, 그리고 인간의 주변에서 발생하는 삶의 고통, 재앙, 죽음은 물론이고, 보이는 것과 보이지 않는 것 일체를 연결하는 보편질서를 제시한다(하순애, 1994: 141 – 142). 청소년기는 그 특성상 "자신의 신념체계, 개인 철학, 그리고 도덕적 기준에 기초하여 자아에 대하여 정의"(정창우, 2004: 299)하고자 하기 때문에 인생관과 세계관과 우주관을 제시하는 종교가 도덕교육의 맥락에서 적절하게 활용될 필요가 있다.

둘째, 종교는 사회를 통합시키는 사회적 기능을 수행한다. 대체로 종교의 이론체계는 기존의 사회제도를 신성한 것으로 간주하며, 그것의 존재론적 지위와 정당성을 부여한다. 또한 종교는 인재(人災)나 자연재해 혹은 전쟁으로 인한 인명피해가 일어났을 때, 사람들을 위로하고 사회의 재통합을 위한 제의적 방법을 제시하기도 한다(한

전숙 · 이정호, 1996: 377).

셋째, 종교는 사회 부조리를 비판하는 선지자적 예언의 기능을 한다. 종교는 제도화된 규범들을 비판적으로 검토해 주며 결점이 발견되는 가치에 대해 새로운 기준을 제공해 줄 수 있다. 사회 부조리와 불의에 대한 종교의 예언자적 기능은 구약성서의 예언서(prophetic books)를 통해서 매우 명백하게 확인할 수 있다. 특히 정치적 · 사회경제적 갈등이 심화된 제3세계의 경우, 종교의 예언자적 기능은 기존의 체제를 변혁시키는 중요한 근원이 되기도 한다.

넷째, 종교는 도덕의 완성을 가능케 한다. 헤센(J. Hessen)에 의하면 "종교는 도덕을 실천하고자 하는 동기를 촉진시키고 강화시킨다." "신에 대한 사랑(amor Dei)", 다시 말해서 인간이 '신'을 "살아 있는 사랑의 힘으로서 경험할 때 선의 힘은 인간 안에서 고양된다."(Hessen, 허재윤 옮김, 1994: 76 - 77) 또한 종교의 맥락에서는 도덕성의 근거가 되는 '양심의 명령'이 '신의 명령'으로 간주될 수 있으므로 종교는 도덕적 동기의 강화에 효과적이라 할 수 있다(같은 책, 81).

끝으로, 성스러움(Numinose)에 대한 종교의 상징적 체험을 통해 우리는 일상성을 극복할 수 있으며, 세계와 삶의 의미를 풍부하게 체험할 수 있다.[03] "신화와 종교에 나타난 상징은 세계를 '열려' 있

03 엘리아데(M. Eliade)는 그의 저서 『聖과 俗』에서 종교를 속된 것과 대조되는 성스러운 것 전체로 파악한다. 그에게 있어서 성(聖)과 속(俗)은 '본질'에 대한 기술(記述)이 아니라 어떤 현상에 대한 '존재의 두 양태'를 의미한다. 따라서 모든 사물은 그것이 무엇이든 간에 인간의 태도 여하에 따라 성현(聖顯, hierophany), 즉 거룩한 것으로 드러날 수 있다(정진홍, 2003: 24 - 29). "인간이 다루고 느끼고 접촉하고 사랑했던 것은 어느 것이나 히에로파니[聖顯]로 변할 수 있다."(Eliade, 이은봉 역, 2002: 65) 근대 이후 사람들은 탈신성화를 거치면서 성스러운 것과 신을 인간의 자기완성을 방해하는 장애물로 간주하였다. 이러한 현대인의 태도를 통해 얻은 것이 있다면 개별자로서의 개성과 자유를 들 수 있지만, 유물론적이고 기능주의적 관점에 익숙한 현대인은 인간과 자연과 우주의 신비 및 초월적 의미를 상실하였다(Eliade, 이은봉 역, 1998: 160 - 165). 그러나 니체의 언급대로 신화 없는 인간, 상징을 잃어버린 현대인은 영원한 굶주림의 상태에 있다고 할 수 있다(Nietzsche, 이진우 역, 2005: 167). 융(C. G. Jung) 역시 삶의 무목적성과 인간소외로 고통하는 현대인의 비극의 원인을 신화와 상징의 상

도록 하며, 이러한 상징을 통해서 인간은 자신의 특수한 상황을 벗어나 보편적이고, 우주적인 것에로 개방할 수 있다."(Eliade, 이은봉 옮김, 1998: 188 - 189)

3. 종교의 역기능과 도덕신학의 요청

"종교적 진리가 초자연적이고 초이성적인 것이지만 '비이성적'인 것은 아니다."(토마스 아퀴나스) 그러나 "불합리하기 때문에 믿는다."(터툴리아누스)라는 말 역시 틀리지 않다. 키에르케고르(Søren Kierkegaard)는 "종교 생활을 위대한 '역설'이라고 묘사"하기도 한다. 종교는 윤리와 밀접한 관련을 맺으면서도 윤리의 요구를 부정하는 경향도 있다. '종교'는 '이론적 이율배반과 윤리적 모순'을 가득 지니고 있기도 하다. 종교는 인간 삶의 궁극적 의미를 밝혀 주는 최고선이자 억압되고 제한된 현실의 출구로서 초월성을 부여하지만 종교의 역사는 '과오와 이단의 역사'이기도 하다(Cassirer, 최명관 옮김, 1988: 119 - 120). 캇시러의 언급처럼 종교가 지닌 순기능만큼이나 역기능 또한 크기 때문에 도덕교육에서 종교영역을 다룰 때, 이러한 점을 유의할 필요가 있다.

첫째, 종교는 보수적이며, 기존체제를 합리화하는 경향이 있다. 종교는 변화되어야 할 사회의 보수성을 지원하거나 기득권층의 관점을 정당화시켜 주는 등 부정적인 역할을 하기도 한다. 역사를 통해 종교가 당대의 권력과 유착하여 정치적 탄압을 방조하거나 합리화한 경우를 종종 확인할 수 있다. 가령 히틀러 집권 시 독일교회의 대부분이 나치에 대해 침묵 내지 동조했었다는 것은 주지의 사실이다.

실에서 찾고 있다. 그는 누미노제[Numinose, 성스러운 것]에 대한 접근이 본래적인 치료법이며, 누미노제를 체험하는 사람은 신경질환으로부터 벗어날 수 있다고 보았다(진교훈 · 윤영돈, 2003: 80).

둘째, 종교는 편파성과 교조성 및 경직성을 띠기도 한다. 각 종교는 자신이 지니고 있는 도그마로 인해 새롭고 발전된 지식을 향한 인간의 진보적 노력을 저지하기도 한다. 대표적인 예로 우리는 지동설을 주장했던 갈릴레이를 범죄자로서 종교재판에 회부한 사건을 들 수 있는데, 이는 종교와 과학 간의 오랜 갈등을 보여 주는 것이다. 제도화되고 신성화된 권위주의에 안주해 있는 종교는 급속한 변화의 시대를 대처할 수 있는 생동하는 사고의 폭을 경직시키고 기존의 관점을 교조화하는 경향이 있다. 그럴 경우, 종교가 갖는 사제적인 기능은 지속적인 사회변화와 발전에 걸림돌이 된다(한전숙·이정호, 1996: 377).

셋째, 종교는 배타성과 불관용의 문제로 역사적 과오를 범하기도 한다. 각 종교는 그 나름의 정체성을 부여하기 위한 근본 교리로서의 도그마를 지니고 있는데, 이러한 도그마를 신성시함으로써 다른 제도 및 이념과의 갈등을 초래하기도 하고, 다른 종교적 관점에 서 있는 사람들에 대해 배타적인 태도를 갖는 경향이 있다.

종교의 불관용 문제는 기독교와 이슬람 간의 갈등이나 불교와 힌두교 간의 갈등처럼 타 종교와 관련된 문제이기도 하며, 같은 종교 내에서 경전에 대한 해석의 문제에서 발생하기도 한다. 가령 이슬람의 지하드(jihad)나 그리스도교의 십자군에 의한 성전(聖戰)의 개념에 의하면 자신의 종교를 위해 싸우는 전사들은 선(善)의 화신이자 신을 위해서 싸우는 것이며, 상대국은 악(惡)의 화신이자 신의 원수로 간주된다. 이와 같은 성전(holy war)의 맥락에서는 인명살상을 최소화하기 위한 비례성 내지 차별성의 원칙이 제대로 지켜지지 않을 가능성이 크다(Amstutz, 1999: 97－98). 한편 종교가 정치의 제1원리로 기능하는 제정일치의 사회에서 공식적인 종교 교리에 대한 새로운 해석 내지 위반은 사회질서를 교란시킨다는 맥락에서 엄격하게 처벌되었다. 가령 같은 그리스도교 내에서도 아나밥티스트(anabaptist),

즉 침례의 문제로 수많은 살육이 자행되었다(J. M. Carroll, 말씀보존학회역, 1997).

어떤 면에서 종교의 역사는 피 흘린 살육의 역사이다. 특히 종교와 권력이 결합된 경우, 종교의 교리는 정치영역의 최고선으로 기능함으로써, 최고선에 대한 다른 견해를 지닌 사람들에 대해 철저하게 불관용으로 대처해 왔다. 롤즈(J. Rawls)가 정의의 제1원칙으로 자유의 우선성을 상정하는 이유 중 하나는 특정한 종교의 가치나 이데올로기를 최고선으로 상정했을 때 불관용의 문제가 발생하기 때문이다. 이는 종교적 역사의 경험이기도 하다. 따라서 종교와 권력(정치)은 분리될 필요가 있으며, 이교도(신앙이 나와 다른 이)에 대한 관용은 모든 종교인들에게 요구되는 덕목이라 할 수 있다.

이상에서 살펴본 바와 같이 종교의 역기능과 과오를 견제하고, 다원주의사회에서 다양한 종교들의 공존 가능성을 담보할 수 있는 '보편성을 지닌 최소한의 기준'을 마련하는 것이 중요한 문제로 대두된다고 할 수 있다. '보편성을 지닌 최소한의 기준'이라 함은 모든 사람이 동의할 수 있는 도덕적 기준이라 할 수 있다. 사실 우리는 사회 구성원 간 선호의 불일치로 인해 모두가 동의할 수 있는 적극적인 선을 강조하기 어려운 다원주의 사회를 살고 있다. 이러한 맥락에서 도덕신학의 정초 문제는 바로 각 종교의 건전성 제고와 종교 간 공존을 위한 '최소한의 기준'을 마련하는 작업이라 할 수 있다.

II. 소크라테스와 칸트에 의한 도덕신학의 정초

본래적인 도덕성의 정립을 자신의 철학함의 사명으로 간주했던 소크라테스나 칸트는 도덕성의 근거를 인간의 이성 능력에서 찾는다.

그들은 신이 명령하기 이전에 무엇이 옳은 것인지를 인간의 이성이 파악할 수 있다는 입장을 견지한다. 그러니까 옳고 그름의 판단근거가 인간의 이성에 있다는 것이다. 그러나 우리가 주목할 것은 소크라테스나 칸트가 도덕의 논의에서 종교적 요소를 배제하기보다는 오히려 도덕성의 온전한 구현을 위해 영혼불멸 혹은 신의 존재를 인정하거나 요청한다는 사실이다. 물론 소크라테스가 초자연적 현상이나 신의 존재를 인정하면서도 반성적 사유를 통해 종교적 체험을 자신의 삶과 철학함의 근본계기로 삼은 데 비해, 칸트는 자신의 도덕형이상학 완성을 위해 영혼불멸이나 신의 현존을 요청한다는 점에서 차이점이 없는 것은 아니다. 그럼에도 불구하고 둘 다 종교적 요소를 도덕의 논의에서 진지하게 고려하고 있다는 것은 기억할 필요가 있다.

1. 신의 명령과 반성적 사유의 결합: 소크라테스의 도덕신학

소크라테스(Socrates, BC 469~399)는 그의 조국인 아테네인뿐만 아니라 오늘을 사는 우리에게도 여전히 유효한 "네 자신을 알라."(*Charmides*, 164d) 혹은 "반성 없는 삶은 살 가치가 없다."(*Apology*, 38a)는 경구를 통해서 '영혼에 대한 돌봄과 염려'의 중요성을 상기시키는 인류의 도덕교사라 할 수 있다.

소크라테스의 삶과 철학의 토대가 되는 그의 종교관은 아테네인들에게 매우 생소하고 파격적인 것으로 간주되었다. 가령 희극작가인 아리스토파네스(Aristophanes, BC 450~385)와 같은 보수적인 사람들에게 있어서 소크라테스는 전통적인 신앙과 가치를 붕괴시키는 궤변론자로 비쳐졌다(*Apology*, 19b; 황필호, 1985). 사실 소크라테스는 아테네의 기존 질서와 정치가, 소피스트, 시인, 장인 등과 같은 기득권자들의 위상에 위협이 되기 때문에 고소를 당했다. 고소장의 내용은 다음과 같다. "소크라테스는 젊은이들을 타락시키고, 나라가 신봉하는 신들을 믿지 않고, 다른 새로운 영적인 것들을 믿음으로써 죄를 범하고 있다."(*Apology*, 24b) 기소 내용 중에 이 글의 주제와 관련하여 소크라테스의 종교관을 살펴볼 필요가 있다.

소크라테스는 영적인 것(daimonia, supernatural activities)과 영들(daimones, supernatural beings)의 존재를 결코 부정하지는 않는다(*Apology*, 27b). 오히려 소크라테스에게 있어서 소명으로서의 철학함은 신의 명령에서 기인한다고 할 수 있다.

> "제가 그렇게 생각하고 이해했다시피, 신이 저로 하여금 지혜를 사랑하며, 또한 저 자신과 남들을 캐물어 들어가면서 살아야만 한다고 지시하였는데, 이 마당에 제가 죽음이나 또는 그 밖의 어떤 것이든 이를 두려워하여, 제자리를 뜬다면, 저는 무서운 짓들을 한 셈이 될 것입니다."(*Apology*, 28e)

소크라테스는 신탁이나, 반복되는 꿈과 같은 영적인 현상들도 신의 명령으로 간주하였고, 그 명령의 수행을 마치 군인이 자신의 처소를 사수(死守)해야 하는 것으로 받아들였다(*Apology*, 33c; *Phaedo*, 60e). 그렇다면 영적 현상과 신의 존재를 인정하고, 더 나아가 자신 삶의 궁극적인 목표를 신의 명령에서 발견한 소크라테스의 종교관이 당시 아테네의 종교관과 어떻게 상충되는 것인가에 대해 검토할 필요가 있다. 아테네인들의 전통적인 종교관과 구별되는 소크라테스의 관점에는 이성에 의한 '추론(reasoning)'이 부각된다고 할 수 있다.

> "이건 내가 이제 비로소 하는 것이 아니라 언제나, 추론해 보았을 때(logizomenō, when I reason) 나에게 가장 좋은 것으로 보이는 그러한 원칙 이외에는, 내게 속하는 그 어떤 것에도 따르지 않는 그런 사람이기 때문일세."(*Crito*, 46b)

주지하듯이 소크라테스적 대화의 특징은 정의, 우정, 용기, 사려,

경건 등과 관련하여 대화 상대자의 이성적 논구가 결여된 의견(doxa) 수준의 지식을 논박(elenchus)을 통해 지양(止揚)하고, 참된 인식(epistēmē)을 지향(志向)하는 데에 있다. 이러한 맥락에서 소크라테스는 무비판적으로 전통이나 관습을 추종하는 '신화적 사유'를 거부하고, 이성에 의한 '반성적 사유'를 강조하고 있음을 알 수 있다. 그런데 '반성적 사유'는 앞서 언급한 소크라테스의 철학함의 근거가 되는 '신의 명령'과 상충하는 것은 아닌가라는 문제를 제기할 수 있다. '반성적 사유'를 수용할 때, 신의 존재와 명령의 성격은 '반성적 사유'를 배제할 때와는 상이할 것이기 때문이다. 그러나 소크라테스의 종교관에 있어서 '신의 명령'과 '반성적 사유'는 조화를 이룰 수 있는 요소라 할 수 있다(Vlastos, 2000: 538). 사실 기존의 종교적 태도에 '반성적 사유'를 도입한 것은 '신화적 사유'에 익숙한 사람들에게 매우 충격적인 사건이 아닐 수 없다. 종교의 문제에 대해 반성적 사유를 도입한 소크라테스의 근본적인 물음은 도덕신학(moral theology)의 가능성을 제시한 것으로 평가할 수 있다. 다시 말해서 "신들이 이성적으로 도덕적이라면 초자연적인 것과 이성적인 것은 함께 성립할 수 있다."고 할 수 있다(Vlastos, 2000: 543). 신화적 사유(인습적인 믿음)에서 신은 선악의 원인으로 간주되었으나 소크라테스의 도덕신학에서 신은 모든 것의 원인인 것이 아니라 선한 것의 원인으로 해명된다(Republic, 379c). 이러한 관점은 소크라테스가 신적인 예언이나 신탁을 존중하지만 그 진위를 검토하는 기준으로 비판적 이성(critical reason)의 사용을 요청하는 맥락에서 이해될 수 있다(Vlastos, 2000: 552). 요컨대 소크라테스는 신의 명령을 액면 그대로 받아들인 것이 아니라 비판적 이성의 검토를 통해 보편성을 지닌 도덕 명령으로 재해석한 것으로 볼 수 있다.

우리는 소크라테스의 도덕신학의 성격을 플라톤의 대화편 『에우티프론』(Euthyphro)에 나타난 소크라테스의 저 유명한 물음에서 확인할 수 있다.

> "경건함은 그것이 경건하기 때문에 신들한테 사랑받겠소, 아니면 그것이 신들한테 사랑받기 때문에 경건하겠소?"(*Euthypro*, 10a)

신화적 사유에 익숙한 에우티프론은 '(모든) 신들의 사랑을 받는 것'을 '경건'으로 간주한다(*Euthyphro*, 6e). 그러나 그리스 신화나 그리스인들의 삶의 지침으로 간주된 『일리아드』에서 묘사되고 있는 신들은 서로 간에 의견이 상충하고, 서로에 대한 적대감을 보이기도 한다. 제우스와 헤라 또는 트로이를 지원하는 신들과 그리스 연합군을 지원하는 신들은 서로 갈등관계에 있으므로, "(모든) 신들의 사랑을 받기 때문에 경건하다."는 명제는 모순을 내포하고 있다. 이러한 맥락에서 볼 때, 자신의 아버지를 고소하고자 하는 에우티프론의 행동은 "제우스에게는 사랑받되, 크로노스와 우라노스에게는 미움을 받는 것"이므로 경건한 행동이라 할 수 없다(8b). 이제 경건의 문제는 그것이 신들의 사랑을 받기 때문이 아니라 그것이 경건하기 때문에 신들의 사랑을 받는다고 말하지 않을 수 없다. 그러나 또 다른 문제가 있다. 어떠한 행동이 경건한 것이기 위한 조건은 무엇인가? "경건한 것이 있는 곳엔 올바른 것이 있지만, 올바른 것이 있는 모든 곳에 경건한 것이 있는 것은 아니므로, 경건함은 올바름의 한 부분"이어야 한다(12c). 다시 말해서 경건함의 최근류(最近類)는 올바름이다. 그러니까 올바름은 경건함의 외연인 셈이다. 그렇다면 이제 경건함은 신과의 관계에서 적용되는 올바름인데, 구체적으로 그것은 '신들에 대한 섬김(봉사)과 관련하여 올바른 것'으로 정의 내릴 수 있다. 그런데 에우티프론은 신들에 대한 올바른 섬김(봉사)을 "신들에게 제물을 바치고 기원을 하는 데 대한 일종의 앎"(14a)으로 정의 내림으로써 경건을 신들과 인간들 사이의 일종의 '거래(do ut des, give & take)' 기술로 간주한다. 이러한 정의는 다시금 '경건함은 신들한테 사랑받는 것'이라는 모순이 노정된 정의로 되돌아간다. 사실 플라톤의『에우티프론』에서는 '경건함'의 정의가 명확하게 언급되어 있지 않다. 그러나 "경건함이란 신들에 대한 섬김(봉사)과 관련하여 올바른 것이다."라는 명제는 경건함의 정의에 근접한 것임에는 틀림 없다. 블라스토스(Vlastos)는 소크라테스에게 있어서 '경건함'의 문제 는 플라톤의『변론』(Apology)을 참고할 때 해명될 수 있을 것으로 전망한다(Vlastos, 2000: 557).

> "저는 신에 대한 저의 이 봉사(섬김)보다 더 크게 좋은 일이 일찍이 여러분을 위해 이 나라에서 생긴 적이 없다고 믿습니다."(Apology, 30a)

여기서 우리는 타인과 자신을 끊임없이 검토하는 일을 소명으로 삼 았던 소크라테스의 철학함에서 참된 경건의 의미를 읽어낼 수 있다. 그러므로 소크라테스에게 있어서 경건이란 "신들이 우리를 봉사자들 로 이용함으로써 이루게 되는 지극히 훌륭한 일"(Euthyphro, 13e)이 며, "인간에게 유익한 신의 일을 행하는 것"이라 할 수 있다.04

2. 도덕의 완성을 위한 영혼불멸과 신의 현존 요청: 칸트의 도덕신학

칸트의 종교 논의는 순수 실천이성의 한계 내에서 이루어지며, 이성 신앙이자 도덕신학의 성격을 띠고 있다. 우리는 칸트의 도덕신학을『실천 이성비판』그리고『종교』를 통해 구성해 볼 수 있다. 물론 칸트의 도덕

---

04 이러한 맥락에서 소크라테스의 기도는 "나의 뜻이 당신에 의해서 이루어지이다."가 아니라 "당신의 뜻이 나를 통해서 이루어지다."로 표현될 수 있다(Vlastos, 2000: 558). 여기서 유의 할 것은 '신의 뜻'이 예언이나 신탁 혹은 꿈을 통해서 주어진다 할지라도 그것은 이성에 입각 하여 비판적으로 검토된 후 수행되어야 한다는 점이다.

신학에 대한 관심은 이미 『순수이성비판』에도 언급되어 있다는 것을 기억할 필요가 있다. 인간은 신의 현존이나 영혼불멸 등에 관해 거부할 수도 없지만, 증명할 수도 없는 문제로 괴로워하는 운명에 처한 존재이다. 이러한 인간의 운명이 『순수이성비판』 서문에 제시되어 있다.

> "인간의 이성은 어떤 종류의 인식에서는 특수한 운명을 가지고 있다. 인간 이성은 이성의 자연본성 자체로부터 부과된 것이기 때문에 물리칠 수도 없고, 그의 전 능력을 벗어나는 것이어서 대답할 수도 없는 문제들로 인해 괴로움을 당하고 있다."(*KrV*, A Ⅶ. 백종현 번역 참고)

우리가 경험하는 현상에 대해 이성을 이론적으로 사용하는 한에서는 신이나 영혼불멸과 같은 초감성적인 것에 대한 인식은 불가능하다고 말하지 않을 수 없다. 그럼에도 불구하고 "형이상학에 대한 인간의 물음은 결코 없어질 수 없는 것"(*Prolegomena*, A 7)이다. 결국 그것은 자연과학적 방식으로는 결코 다룰 수 없지만, 실천적 관점에서는 요청하지 않을 수 없는 것이다. 칸트 도덕신학의 핵심 요소인 '신의 현존'과 '영혼 불멸'은 이론적 인식의 대상이 아니라 '실천적인 이성적 믿음'의 요청이며, 이는 '주관적 확실성'이지 '객관적 지식'은 아니다(*KrV*, 백종현 옮김: 2006, 92).

이제 칸트가 『실천이성비판』의 변증론에서 '영혼 불멸'과 '신의 현존'을 요청하는 과정을 살펴보자. 논의의 쟁점은 도덕성과 행복을 어떻게 일치시키는가이다. '이성적 존재로서 나'는 도덕법칙을 입법하고, '감성적인 존재인 나'에게 따라야 할 의무로 명령한다. 그러나 '감성적인 존재인 나'는 욕망(경향성)의 충족을 원하며, 끊임없이 행복하기를 요구한다. 행복의 추구와 도덕성의 종합은 어떻게 가능한가? 만일 "도덕성과 행복, 즉 덕과 복의 일치가 불가능하다면, 인간이 지향하는 덕과 복, 이성적 도덕과 감성적 경향성 중 어느 하나는 포기되어야 한다."(한자경, 2006: 136) 그러나 도덕과 행복의 일치는 인간이 궁극적으로 지향하는 것이다. '예지계에 속한 나'는 도덕을 지향하지만, '감성계에 속한 나'는 행복을 목표로 한다. 결국 궁극적으로 내가 바라는 것, 즉 내가 추구하는 최고선은 도덕성과 행복을 그 요소로 한다. 그런데 '최고(das Höchste)'라는 개념은 '최상(das Oberste)'과 '완전(das Vollendete)'을 의미하기 때문에(*KpV*, A 198) '최고선'은 '최상선'과 '완전선'으로 구성됨을 알 수 있다. 도덕성과 행복의 결합에 있어서, 먼저는 의지와 도덕성(도덕법칙)의 일치가 고려되어야 하는데, 이것이 바로 '최상선'의 문제이다. 그런데 우리의 내면은 경향성과 도덕성이 서로 투쟁하는 갈등상황에 있다. 나의 의지로 경향성을 억누르고 도덕성을 따를 때, 비로소 도덕적일 수 있는 것이다. 시간이 지날수록 나의 경향성은 순화되고, 점차 도덕성과 조화를 이루게 될 것이다. 그러나 경향성이 의지를 거스르지 않고, 의지와 도덕성이 일치하기까지는 무한한 시간이 요청된다. 여기서 순수 실천이성은 '영혼의 불멸성'을 요청하게 된다(*KpV*, A 220).

이제 문제가 되는 것은 완성된 도덕성에 행복이 주어져야 한다는 점이다. 도덕성과 행복의 일치와 관련된 것이 바로 '완전선'이다. 그런데 현실에서는 도덕적인 사람이 반드시 행복한 것은 아니다. 오히려 비도덕적인 사람이 행복한 경우도 많다. 도덕적인 사람은 행복할 만한 자격이 있는 사람임에도 불구하고, 현실에서는 도덕성과 행복이 비대칭적인 경우가 많다. 일종의 부조리가 아닐 수 없다. 그렇다면 도덕성과 행복은 어떻게 합치될 수 있는가? 순수 실천이성은 도덕성과 행복의 일치를 필연적인 것으로 요청한다. 결국 순수 실천이성은 도덕성과 그에 비례하는 행복의 일치를 보장해 주는 전체 자연의 원인인 신의 현존을 요청하지 않을 수 없다(*KpV*, A 224-227). 신의 현존을 요청하는 것은 이론 이성의 관점에서는 일종의 '가설(Hypothese)'이지만 실천적 관점에서는 순수한 '이성신앙(Vernunftglaube)'이다(*KpV*, A 227).

이리하여 도덕법칙은 순수 실천이성의 최고선 개념을 통해 종교에 이르게 된다. 다시 말해서 영혼의 불멸과 신의 현존을 요청하는 순수 실천이성의 도덕신학으로 나아간다. 이 대목에서 '이성의 명령'이었던 도덕법칙은 '신의 명령'으로 인식하는 데에 이르게 된다(박찬구, 2007: 106). 다시 말해서 우리의 순수 실천이성은 "이 세상에서 가능한 최고선을 너의 궁극 목적으로 하라."(*Religion*, Anm.BA)는 명제를 '선험적인 종합명제'로 제시한다. 그런데 도덕성과 행복의 합치라는 최고선의 문제를 유한하고 무력한 인간은 결코 해결할 수 없다. 결국 이 둘을 합치시킬 수 있는 '세계통치자로서의 전능한 도덕적 존재자[신]'를 요청하지 않을 수 없고, 이렇게 하여 "도덕은 불가피 종교에로 도달한다."(*Religion*, Anm.BAⅩⅢ)

칸트의 도덕신학은 무엇보다 『종교』(*Religion*)에서 그 체계와 내용을 풍부하게 확인할 수 있다. 칸트의 『종교』는 네 편의 논문으로 구성되어 있는데, 인간의 본성 안에 있는 '근본악(das radikale Böse)'의 문제, 선의 원리와 악의 원리 사이의 투쟁, 선의 원리의 승리와 지상에서 '하나님 나라(ein Reich Gottes)'의 건설, 선의 원리의 지배하에서 '봉사(Dienst)' 문제를 다루고 있다. 이 글의 성격상, 도덕신학에 대한 칸트의 접근방식을 토대로 칸트의 도덕신학을 구성하는 데 필수적인 요소, 가령 근본악의 문제, 선의 원리의 인격화된 이념으로서 예수 그리스도, 이성(도덕) 신앙의 근본 가르침을 중심으로 살펴보고자 한다.

먼저, 도덕신학에 대한 칸트의 기본적인 접근 방식을 확인할 필요가 있다. 칸트는 기존의 그리스도교 종교철학자들과는 달리 도덕성의 근거를 마련하기 위해 성경의 주장들을 소개하는 방식을 거부하고, 도덕 이론을 성경 독해의 렌즈로 사용함으로써 성경을 일종의 '도덕성의 상징(a symbol of morality)'으로 이루어진 서사로 간주한다(O'Neill, 1991: 181). 그러므로 칸트는 도덕이 성경에 따라 해석되어야 하는 것이 아니라 성경이 도덕에 따라 해석되어야 하며, 이러한 맥락에서 이성과 성경은 일치할 수 있다고 말한다(Kant, 신옥희 옮김, 2001: 128, *Religion*, B ⅩⅢ). 도덕성의 렌즈로 종교문제를 해명하는 칸트의 관점은 그야말로 종교철학 분야의 혁명적인 사고를 표명하고 있다고 할 수 있다.

다음으로 논의할 사항은 인간의 본성 안에 있는 근본악의 문제이다. 칸트는 인간이 본성적으로 악하거나 선하다고 말하지 않는다. 또한 아담의 원죄가 유전된다고도 말하지 않는다(Kant, 신옥희 옮김, 2001: 49). 자유의지를 가진 인간이 어떤 준칙을 견지하는가에 따라 선하거나 악하다고 말할 수 있다. 다시 말해서 인간의 악은 그의 자유의지에서 비롯한 것이다. "'인간이 악하다'는 명제는 인간이 도덕법칙을 의식하면서도 종종 그 법칙으로부터의 이탈을 그의 준칙 안에 받아들였다는 것을 말하려는 것뿐이다."(39) 그런데 인간은 '악의 성향', 즉 '근본악'이 인간성 속에 뿌리내리고 있다는 것은 어떻게 이해해야 할까. 칸트는 근본악의 문제를 '인간본성의 허약성(die Gebrechlichkeit)', '인간심정의 불순함(die Unlauterkeit)', '인간심정의 사악함(Bösartigkeit)'으로 세분하여 해명한다(36). '허약성'은 도덕법칙을 의지의 준칙으로 수용하면서도, 실천하지 못한다는 것이다. 한마디로 "마음은 원하지만 실천이 어렵다."는 것이다. '불순함'은 도덕법칙만을 의지의 준칙으로 삼지 않고, 동시에 자기애와 같은 다른 동기들이 개입되어 혼탁한 것을 말한다. '사악함'은 인간 심정의 '부패성'인데, 도덕법칙을 의식하면서도 이에 반하는 준칙을 택하는, 일종의 인간 심정의 '전도(die Verkehrtheit)'를 의미한다. 여기서 유의할 것은 '근본악'을 인간이 극복할 수 있다는 점이다. 한마디로 인간은 '근본악'의 극복을 지향하는 존재라 할 수 있다. '근본악'의 극복을 위해서는 점진적인 '개선(Reform)'을 통해서가 아니라 '거듭남(Wiedergeburt, 요3:5)'이라 할 만한 심정의 '혁명(Revolution)'이 요청된다(58). 이를 위해서는 일회적인 결단을 통하여 악을 선택한 준칙의 최고근거를 역전시킬 필요가 있다. 여기서 일회적인 결단을 강조한 이유는 초월적·예지적 자아로서 자유의지의 주체가 시간의 영향을 받지 않는 '무시간적 주체'이기 때문이다(박찬구, 2007: 109). 결단은 불교의 '깨달음'이나 그리스도교의 '회심(회개)'에 해당될 것이다. 그런가 하면 도덕적인 사명에 대한 숭고(Erhabenheit)의 감정은 도덕적 심정을 각성시킴으로써 일회적인 결단에 이르는 계기를 마련하기도 한다(Kant, 신옥희 옮김, 2001: 61).05 칸트는 선의 지향이나 의무에의 헌신을 간과한 채 은총을 구하는 종교를 경계하면서, 모든 것이 자신에게 달려 있는 것처럼 노력하면서, 신의 은총을 희망하는 것이 선한 행위의 종교, 즉 도덕 종교(moralische Religion)로 간주한다(63, 197, 116).

이제 칸트가 복음의 교사인 예수 그리스도를 어떻게 이해하는지를 살펴보자. 칸트의 예수 그리스도에 대한 이해의 단면은 『정초』(*Grundlegung*)에서도 엿볼 수 있다. 칸트의 관점에서 우리가 예수 그리스도를 본받고 그의 말씀을 따라야 하는 것은 그가 그리스도이자 하나님의 아들이기 때문이 아니라 그가 우리의 이성 안에 놓인 '선의 원형(das Urbild des Guten)'을 따르고 있기 때문이다(*Grundlegung*, BA 30). 이와 동일한 방식으로 『종교』에서도 칸트는 예수 그리스도를 '선의 원리의 인격화된 이념'으로 간주한다. 예수 그리스도는 순수한 '도덕적 심정의 원형(Urbild)'이다. 그러나 그 원형은 우리 밖에 있는 것이 아니라 우리의 이성 속에 놓여 있다(Kant, 신옥희 역, 2001: 70-72). 칸트에게 있어서 예수 그리스도는 순수 이성 종교의 창시자이며, 그의 산상수훈(마5-7장)은 순수 이성의 가르침이다(같은 책, 182-183).

---

05 감성계에서는 도덕성의 이념을 인식할 수 없지만 미와 숭고는 도덕성에 이르는 계기를 마련한다. 특히 숭고의 감정은 자기중심성을 극복하고, 경향성을 기꺼이 실천이성의 명령에 복종케 한다(윤영돈, 2007: 205-209).

그렇기 때문에 우리가 따라야 할 것은 역사적인 예수 그리스도가 아니라 그가 따랐던 도덕법칙인 것이다. 이러한 맥락에서 칸트는 예수 그리스도에 의해서 시작된 그리스도교를 이성종교로서의 보편적 교회 역사의 출발점으로 간주한다(같은 책, 148).

그렇다면 칸트가 주창하는 이성과 도덕에 기초를 둔 이성종교는 역사적인 계시신앙(현실의 그리스도교)과 어떤 관계를 맺고 있는가? 칸트는 역사적 신앙으로서 "계시는 이성종교(Vernunftreligion)를 자신 속에 포괄하지만 이성종교는 계시가 지닌 역사적 측면을 포괄할 수 없다."고 말한다(*Religion*, B). 여기서 우리는 마치 본체적 자아가 입법한 도덕법칙이 현상적 자아를 통해서 실현되어야 하는 것처럼, 이성종교는 역사적인 계시신앙에서 실현되어야 함을 알 수 있다. 부연하자면 인간이 이성적 존재와 감성적 존재로 구분되는 것처럼, 그리스도교 역시 이성신앙과 계시신앙으로 구분된다. 이성적 존재가 감성적 존재를 통제할 때, 자유로운 것처럼, 이성신앙이 계시종교를 통제하는 것이 바람직하다고 할 수 있다. 계시신앙, 즉 우연성을 지닌 역사적인 그리스도교에서는 신의 명령을 의무로 간주하였다면, 이성신앙에서는 의무를 신의 명령으로 받아들인다(Kant, 신옥희 역, 2001: 178, 187 – 188). 그러므로 현실의 그리스도교 계시신앙은 이성신앙으로 지향해 나갈 사명을 부여받았다고 할 수 있다.

이제 이성신앙 안에서 전통적인 그리스도교의 기본 교리들은 이성과 도덕성의 관점에서 새롭게 해명될 수 있다. 가령 십계명의 가르침 역시 순수 이성의 가르침으로 파악할 수 있다. 십계명은 하나님의 자의적인 명령이 아니라 이성의 맥락에서 도덕적 명령으로 타당하다. 그 명령은 모든 의무의 입법자인 하나님을 사랑하고, 모든 사람을 네 자신과 같이 사랑하라는 것이다. 이러한 맥락에서 칸트가 가장 경계한 것은 이성과 도덕성이 배제된 계시신앙이다. 그것은 맹목적이며 노예적인 신앙이자 일종의 우상숭배인 것이다(Kant, 신옥희 역, 2001: 189, 214). 이성신앙(도덕신앙)은 선한 행위의 길인 좁은 길을 지향한다. 그 길은 속죄로부터 선행으로 나아가는 길이 아니라, 선행으로부터 시작하여 속죄로 나아가는 길이다. 덕으로부터 시작하여 은총으로 나아가는 것이 올바른 신앙의 태도이며(같은 책, 134 – 135, 234), 이러한 신앙이 참된 의미의 봉사이다. 이제 이성신앙에서의 교회는 도덕공동체를 의미하며, 그것은 이 땅에서 실현되기를 희망하는 '목적의 왕국'으로서 '하나님의 나라'인 것이다.

3. 도덕신학의 기본 성격과 내용 구성

우리는 앞에서 신의 명령과 반성적 사유를 결합한 소크라테스의 도덕신학과 도덕의 완성을 위한 영혼불멸과 신 존재를 요청한 칸트의 도덕신학을 규명하였다. 이제 이들의 관점을 토대로 도덕신학의 기본 성격과 내용을 구성할 필요가 있다. 이를 위해 '도덕신학'이라는 용어 자체가 가지는 의미를 간단히 살펴보고, 소크라테스와 칸트의 도덕신학에 나타난 공통요소를 검토하고자 한다.

도덕신학(moral theology)은 말 그대로 도덕(moral)의 맥락에서 신(theos) 문제를 이성(logos)의 한계 내에서 언어(logos)로 체계화한 것이라 할 수 있다.[06] 여기서 주목할 만한 것은 그리스어 '로고스(logos)'의 복합적인 의미이다. 아리스토텔레스가 『정치학』(*Politics*, 1253a1 – 18)에서 내린 인간에 관한 두 가지 명제 "인간은 본성적으로 정치적인 동물이다(ho anthrōpos physei politikon zōon)."와 "동물들 중에서 인간만이 언어를 가지고 있다(logon de monon anthrōpos echei tōn zōon)."를 주목해 보자. 인간은 언어를 지닌 덕분에 무엇이 유익하고, 무엇이 올바른지 말할 수 있고, 선과 악과 정의와 불의를 파악할 수 있다.

---

[06] 그리스어 'logos'는 말(speech), 언어(language), 대화(conversation), 비율(proportion), 원리(principle), 이성(reason) 등을 의미한다(Liddell & Scott, 1983: 1057 – 1059).

그리하여 언어는 인간에게 분별능력을 부여하며, 공동체의 형성을 가능하게 한다. 이렇게 하여 언어능력은 이성능력으로 발전하게 된다. 여기서 우리는 이성이 언어능력과 무관하지 않고, 더불어 사는 공동체에서 대화와 소통의 능력이 될 수 있음을 알 수 있다. 도덕신학의 용어를 통해 본 의미가 소크라테스와 칸트의 도덕신학 관점과 친화력이 있다는 점은 주목할 만하다. 다음으로 소크라테스와 칸트의 도덕신학 공통요소가 무엇인지 살펴보도록 하자.

첫째, 소크라테스와 칸트는 기존의 종교관을 도덕성 내지 이성이라는 여과기로 걸러 재해석함으로써 순수 실천 이성의 도덕신앙을 지향하고자 한다. 소크라테스가 올림푸스신에 대한 전통적인 신앙을 비판적 사유를 통해 도덕성의 요구를 충족시키는 새로운 신으로 변경한 것처럼, 칸트 역시 역사적인 계시신앙으로서의 그리스도교를 이성(도덕)신앙으로 재해석하고, 성경을 이성의 렌즈로 바라봄으로써 성경과 이성의 일치를 꾀하고 있다. 한마디로 이들의 도덕신학은 종교로부터 도덕으로 나아가는 것이 아니라 도덕으로부터 종교로 나아가는 맥락에서 신명령설을 '신은 옳은 것만을 명령'하는 것으로 해석한다. 한마디로 도덕신학은 도덕성이 종교의 충분조건은 아닐지라도 종교의 필수조건임을 이해하는 데 기여할 수 있다.

둘째, 소크라테스와 칸트는 초감성적인 것이나 본질적 가치에 대해 인식론적 차원이 아니라 믿음의 차원으로 접근한다. 소크라테스는 '무지의 지'를 강조하며 진리와 본질적 가치에 대한 지식(epistēmē)을 주장하지 않는다. 다만 진리와 본질적 가치에 대한 열망을 믿음과 확신의 차원에서 '참된 의견(orthē doxa)'으로 제시하였으며, 그 진실성을 열린 대화의 장(場)에서 확증하고자 했다(윤영돈, 2003: 97). 이와 유사하게 칸트 역시 신이나 영혼 불멸과 같은 초감성적인 것은 객관적 지식으로서 이론적 인식의 대상이 아니라 실천적인 이성적 믿음으로서 주관적 확실성으로 간주했다.

셋째, 소크라테스와 칸트는 다음과 같은 동일한 형식의 기도를 드릴 것으로 전망된다. '나의 뜻이 당신에 의해서 이루어지다.'가 아니라 '당신의 뜻이 나를 통해서 이루어지다.' 여기서 당신이라고 부르는 신은 도덕성(도덕법칙)의 원천이다. 그런데 도덕성이 결여된 기도는 응답받을 자격이 없는 것이며, 또한 기도는 신과 인간 사이의 거래관계(give & take)도 아니다. 다만 순수 실천이성의 신앙은 도덕법칙을 신의 명령으로 간주하여 온 맘을 다해 의무에 헌신하는 것에 의미를 부여한다.

이상의 논점을 종합하자면 도덕신학은 계시나 영감 혹은 초자연적인 현상과 같은 종교적 체험 등을 부정하지는 않지만 그것은 주관적이고 우연적이므로 이성과 도덕성의 한계 내에서만 종교문제를 다룸으로써 신앙의 보편성을 확보하고, 어떠한 신앙이든 충족시켜야 할 최소한의 도덕성의 기준을 제안한다. 아울러 도덕신학은 종교 영역의 확신을 인식론적 차원이 아니라 이성적 믿음의 차원에서 다루되, 그 확신의 진실성을 소통의 장(場)에서 열린 대화를 통해 확증할 것을 요청하며, 다양한 신앙이 공존할 수 있는 계기를 마련한다.

III. 도덕교과에서 도덕신학의 의의와
도덕교과서 집필방향

1. 개정 도덕과 교육과정에서 도덕신학의 의의

제7차 도덕과 교육과정 개정방향과 관련하여 가장 큰 논란이 되었던 것은 사회과 교육과 구별되는 도덕과 교육의 정체성 문제였다. 사회과학적 접근과 규범과학적 접근을 양대 축으로 했던 방식에서 윤리학적 접근을 주축으로 하고, 도덕적 탐구를 강화하는 쪽으로 방향을 설정하였다(교육인적자원부, 2007:1-2). 이와 함께 내용영역의 설정근거로서 '생활영역 확대의 원리'를 '가치관계 확장의 원리'로 대체하였다. 도덕적 주체인 나로부터 확장되는 도덕적 가치 공간(지평)에서 특기할 만한 것은 '자연·초월적 존재와의 관계'가 새롭게 추가되었다는 점이다. 특히 '초월적 존재와의 관계'는 그야말로 도덕의 논의에 종교 영역을 다룬다는 점에서 이 글의 문제의식과 밀접한 관련이 있는 대목이다. 이 영역에 대한 해설을 통해 우리는 도덕신학의 의의를 확인할 수 있다.

> "마지막으로 나와 우주·자연, 초월자와의 관계에서 실현될 가치는 선(善) 외의 생명성 및 진(眞), 성(聖), 미(美) 등의 완전성이다. 여기서는 인간의 우주·자연에 대한 경외와 책임, 완전한 존재[초월자]에 대한 겸손 등 행위주체가 지녀야 할 덕성이다. 이러한 것들은 인간의 사유를 유한한 삶의 영역을 넘어가게 함으로써 자연스럽게 존재의 무한한 지평에 대한 종교적 세계관과 만나게 한다. 그렇지 않을 때 환경윤리라는 것도 기술적 사유의 한 가지 변양태에 떨어질 위험에 처하게 된다. 도덕교육은 이 단계에서 학생들로 하여금 다양한 종류의 종교적 세계관과 접하게 하며, 종교들 사이의 공존의 가능성을 스스로 생각하게 할 수도 있다."(한국교육과정평가원, 2005. 12: 36)

인용문에서 밝히고 있듯이 도덕적 주체의 '자연·초월적 존재와의 관계'가 중요한 것은 유한한 삶의 궁극목적을 제시할 뿐만 아니라 실질적인 환경윤리의 영역에 생동감을 심어주며, 나아가 도덕의 완성을 가능케 하기 때문이다. 사실 도덕의 고유한 가치인 선(善)과 가장 밀접한 가치라 할 수 있는 미(美)나 성(聖) 등의 가치는 자연·초월적 존재와의 관계로 수렴되며, 이들 미적 가치와 성스러운 가치의 도움이 없다면 환경윤리의 실효성은 기대하기 어렵다(진교훈, 1998: 10). 또한 인격교육의 관점에서 '전인적 학생(whole student)'의 육성을 위해서는 세속적인 것(the secular)과 종교적인 것(the religious)의 적절한 통합이 요청된다고 할 수 있다(Damon, 2002: xii - xiv).

이러한 맥락에서 성(聖)과 속(俗)의 연계 고리를 마련하고, 다양한 종류의 종교적 세계관을 제시하며, 종교들 사이의 공존의 가능성을 다루는 데 있어서 소크라테스와 칸트의 관점에서 구성할 수 있는 도덕신학은 일정한 의미가 있다고 할 수 있다.

2. 도덕교과서의 종교 관련 내용 집필 시 예상되는 문제점과 집필방향

검인정체제하에서 도덕교과서의 종교 관련 내용을 집필할 때, 예상되는 문제점 및 이견들의 예로 인간의 종교성과 인간의 위상 문제, 종교의 역기능 문제, 제사에 대한 이견 및 병역이나 수혈 거부 등의 문제, 종교 간 관용 및 대화 · 협력의 문제, 건전한 종교의 기준 문제 등을 들 수 있다.

우리는 도덕신학의 맥락에서 이러한 논쟁점들에 대해 검토하고, 보편타당성을 고려한 집필방향에 대해 논의할 필요가 있다(한국교육과정평가원, 2007.4.28; 교육인적자원부, 2007.8). 특히 종교 간 관용 및 대화 · 협력이나 건전한 종교의 기준 마련은 건강한 사회를 위해 매우 긴요한 문제이므로 좀 더 자세히 다루고자 한다.

(1) 인간의 종교성과 인간의 위상 문제

반종교적 관점이나 무신론의 관점에서조차도 인간은 종교성 내지 초월성을 지니고 있음을 부정하기는 어렵다. 앞서 도덕신학의 정초를 위한 소크라테스와 칸트의 논의에서도 알 수 있듯이 철저한 이성주의자들 역시 도덕의 논의에서 종교 관련 내용을 중요한 요소로 고려하고 있다. 그렇기 때문에 어떤 면에서 우리는 인간을 종교적 인간(homo religiosus)으로 정의 내릴 수 있다. 우리는 종교적 인간상을 선사시대의 벽화나 각종 제사의식을 살펴볼 때에, 특히 인간이 고통, 질병, 죽음, 전쟁과 같은 한계상황의 탈출구로서 초월자나 절대자를 찾게 될 때에 확인할 수 있다. 물론 무신론자의 입장에서는 종교에 대한 논의 자체에 거부반응을 나타낼 수도 있다. 따라서 무신론자의 경우에도 인간의 유한성을 자각하고, 인간의 종교성을 이해할 수 있도록 다양한 논의의 장을 마련할 필요가 있다. 가령 칸트 (*KrV*, A Ⅶ)가 언급했듯이 영혼불멸이나 신에 관한 문제는 형이상학적 소질을 타고난 인간의 거부할 수 없는 물음이며, 무신론적 철학의 이면에 기존의 형태와는 다르지만 인간은 '신이기를 기획하는 존재'(사르트르)이거나 '초인'(니체)을 지향하는 맥락에서 일종의 종교성을 지니고 있다는 점을 제시할 필요가 있다.

(2) 종교의 역기능의 문제

우리는 앞서 종교의 순기능뿐만 아니라 종교의 역기능도 있음을 살펴보았다. 특히 도덕교육의 내실화를 위해 종교 관련 영역을 활용한다고 했을 때, 가장 큰 쟁점이 바로 종교의 역기능과 관련된 부분이다. 집필자마다 종교문제를 객관적으로 기술하려고 할지라도 자신이 선호하는 종교의 순기능은 강조하고 역기능은 축소하려는 경향을 지닐 가능성이 있다. 제7차 교육과정의 도덕교과서에서는 유·불·도 3교와 가톨릭 및 개신교의 사회적 역할에 대해 대체로 긍정적으로 묘사하고 있다. 그러나 종교의 성격상 현실의 합리화, 교조성과 경직성, 배타성 및 불관용의 문제를 노정하고 있기 때문에 그 역기능에 대한 객관적인 사실을 밝혀 줄 필요가 있다. 물론 이 경우에 유의해야 할 점은 특정 종교의 순기능을 부각시키는 것이 문제가 되는 것처럼, 특정 종교의 역기능을 편파적으로 부각시켜서도 안 된다는 점이다. 다시 말해서 종교의 순기능을 진술할 때와 마찬가지로 종교의 역기능을 서술할 경우, 각 종교에 대해 공평무사하고 균형 있게 기술(記

述)해야 한다. 아울러 도덕성은 모든 종교의 필수요소임을 적절하게 제시할 필요가 있다.

(3) 제사에 대한 이견 및 병역이나 수혈 거부 등의 문제

제사 문제나 병역 및 수혈 거부 등의 문제는 해당 종교에 따라서는 상당히 민감한 사안이다. 제사의 경우, 그리스도교 내에서도 개신교의 경우, 상당한 거부반응을 나타내기도 한다. 이러한 경우, 제사의 기본정신은 공유하되, 종교별로 그 표현방식이 다양할 수 있음을 기술할 필요가 있다. 가령 유교식 제사 이외에도 불교식 추도식, 위령미사나 추도미사와 같은 가톨릭식 추도식, 기독교식 추도예배 등이 있다(이에 대한 적절한 예로 교육인적자원부, 2004a: 216 참고).

병역이나 수혈 거부 등의 사안에 대해서는 일방적인 반대나 찬성의 논변보다는, 동 사안을 둘러싼 종교적 근거에 대한 이해, 병역 내지 수혈을 거부할 경우 일어나게 되는 사회적 문제 등에 대해 객관적으로 기술할 필요가 있다. 또한 유사한 외국의 사례도 제시함으로써 보다 나은 해결방안을 탐색하는 것이 필요하다.

(4) 종교 간 관용 및 대화협력의 문제

종교마다 고유한 최고선과 불변하는 구원관을 지니고 있기 때문에 자기 종교에서 견지하는 최고선이나 구원관과 다른 관점에 대해서는 배타적이고 불관용하는 경우가 많다. 그러나 칸트의 지적처럼 초감성적인 종교적 진리는 인식의 대상이라기보다는 믿음의 대상이라 할 수 있다. 그렇기 때문에 종교적 진리의 존재를 부정할 수는 없겠지만 인식의 불확실성을 고려할 필요가 있다.

우리는 종교적 진리에 대한 인식론적 상대주의(epistemological relativism)의 맥락에서 관용의 문제를 다룬 로크(J. Locke)의 『관용론』(A Letter Concerning Toleration)이나 밀(J. S. Mill)의 『자유론』

(*On Liberty*)을 참고할 수 있다.

로크는 하나님의 진리는 절대적이나 인간의 이성은 유한하고 따라서 상대적이라고 했다. 진리 그 자체는 절대적일지 모르나 그에 대한 인간의 해석은 상대적이며 오류 가능성을 배제할 수 없다. 따라서 관용은 바로 피차간의 견해에 있어서 어떤 상대성에서 그 근거를 갖는다(황경식, 1995: 586 - 600).

밀은 『자유론』 제2장 '사상과 언론의 자유'에서 개인의 사상과 언론의 자유를 강력하게 주장한다. 밀은 한 사람을 제외한 전 인류가 동일한 의견을 갖고 있고 오직 한 사람만이 반대 의견을 가진다고 하더라도 그 한 사람이 권력을 가지고 전 인류를 침묵시키는 것이 부당한 것과 마찬가지로 인류가 그 한 사람을 침묵시키는 것도 부당하다고 주장한다. 그 근거로서 만약 침묵을 강요당한 의견이 옳다면 인류는 오류를 진리와 교환할 기회를 상실하게 되며, 만일 침묵을 강요당한 의견이 옳지 않다면 진리가 오류와 충돌하는 데서 발생하는 진리에 대한 명백한 인식과 선명한 인상을 상실하게 되는 큰 손실을 입게 된다(Mill, 김형철 옮김, 1992: 30 - 31). 계속해서 밀은 제4장 '개인에 대한 사회권위의 한계'에서 특정 신앙을 강요하는 '온정적 간섭주의(paternalism)'의 부당성을 지적한다(같은 책, 121).

이제 우리는 종교 간의 대화와 협력이 왜 요청되는지에 대해서 살펴볼 필요가 있다. 종교 간 대화와 협력의 필요성에 대한 물음은 다원주의 사회에서 각각의 종교가 동일한 한계상황에 직면해 있다는 사실에서 기인한다. 다시 말해서 종교 간 대화와 협력은 무한경쟁의 시대에 삶의 방향과 의미부여를 위해, 파괴된 환경과 생태계의 회복 문제 해결을 위해, 전쟁의 위협해소와 인권의 신장을 위해 요청되고 있다고 할 수 있다. 이러한 맥락에서 부버(M. Buber)의 다음과 같은 언급은 시사하는 바가 크다.

"종교적 대화의 시대가 시작되고 있다. 상대방에게 바로 보지도 않고 말도 걸지 않은 채 겉으로만 미끈하게 보이는 대화의 시대가 아니고, 확신에서 확신으로 그러나 또한 한 사람의 개방된 인격과 다른 한 사람의 개방된 인격의 사이에서 교환되는 진정한 대화의 시대가 온 것이다. 참된 공동생활(genuine common life)은 바로 이때에 나타나게 된다. 그것은 모든 종교들 속에서 발견되어 주장될 어떤 동일한 신앙 내용에 있어서가 아니라 상황과 불안과 기대를 함께할 공동생활에서 일어난다."(Buber, 남정길 옮김, 1979: 17-18)

여기서 유의할 점은 각 종교의 본질적인 신앙의 체계를 건드리지 않고서도, 더불어 살기 위한 공동의 노력은 얼마든지 가능하다는 점이다. 특히 한국은 무속을 비롯한 유·불·도 3교와 이에 대한 새로운 해석인 동학, 원불교, 증산도 등의 동양 종교나, 가톨릭과 개신교를 비롯하여 소수이긴 하지만 이슬람교도 존재하는 종교 다원주의 사회이다. 따라서 다양한 종교들의 평화로운 공존을 위한 노력이 필요하다.

이러한 맥락에서 교과서 집필 시 종교 간 관용 및 대화와 협력은 더불어 살기 위한 종교의 사회적 요청임을 이해시킬 필요가 있다. 다원주의 사회에서 각각의 종교는 무한경쟁, 환경과 생태계 위기문제, 인권문제, 사회복지문제, 통일문제, 핵위협과 전쟁문제와 같은 동일한 사회문제 및 한계상황에 처해 있기 때문에, 이를 극복하기 위한 종교 간의 대화와 협력이 요청된다. 여기서 주의할 점은 각 종교의 구원관까지 개방하여 바꾸도록 요구할 필요는 없다는 점이다. 다만 타 종교에 대한 깊은 이해와 존중의 태도 그리고 평화로운 공존을 위한 종교 간의 대화와 협력을 긍정적인 모습으로 제시할 필요가 있다.

(5) 건전한 종교의 기준 문제

우리 사회에는 기존의 고등종교뿐만 아니라 수많은 신흥종교들이 우후죽순처럼 성장하고 있으며, 그중 일부는 정상적인 삶을 방해하는 사이비 종교의 성격도 지니고 있다. 우리의 청소년들 역시 특정한 종교를 지니고 있기도 하며, 사이비 종교에 노출되어 있기도 하기 때문에 건전한 종교의 기준을 제시할 필요가 있다. 소크라테스의 도덕신학에서 대화의 장을 중시하고, 칸트의 도덕신학에서 계시에 대한 이성의 여과를 강조했던 것처럼, 부버나 프롬(E. Fromm) 역시 건전한 종교의 기준으로 대화와 반성적 사유 등을 중시한다.

부버는 신의 계시라는 이름으로 부과되는 헛된 가르침들을 경계해야 한다고 말한다. 신은 계시에 있어서도 인간과 대화하는 자이지 일방적으로 어떤 지시를 하지 않는 것처럼, 신과의 만남에서도 그러한 지시는 없다. 부버는 사람들이 흔히 절대자의 명령이라고 제시하는 도덕규칙들은 가짜 계시일 경우가 많다고 한다(이삼열, 1992: 243 - 244).

이런 견지에서 우리는 신까지도 우상화시킬 수 있다는 프롬의 논의에 귀를 기울일 필요가 있다. 특히 더불어 살아야 하는 사회에서 종교의 진정한 모습이 무엇인가에 대한 그의 견해는 시사하는 바가 크다.

> "과거에는 돌과 나무에 새겨진 형상을 우상이라 하였지만 말(語)도 우상이 될 수 있고, 또 지도자, 국가, 권력도 우상이 될 수 있으며, 과학이나 이웃사람의 견해도 우상이 될 수 있다. 더 나아가 신의 이름을 빌미로 명령하는 독단적인 가르침[계시] 또한 생의 최고원칙, 즉 사랑과 이성의 원칙을 마비시키는 우상인 것이다."(Fromm, 박경화 옮김, 1960: 102).

사람이란 그야말로 '떡으로만 사는 것이 아니다.' 그렇기 때문에 인간은 반드시 종교나 철학을 지니지 않을 수 없다. 그러나 우리는 권위주의적 종교는 배격하고, 인도주의적 종교를 추구해야 한다. 만일 "종교의 교훈이 그 신도를 발전시켜 힘, 자유, 행복에 기여한다면 그것은 사랑의 열매라고 볼 수 있다(인도주의적 종교). 그와는 반대로 종교의 교훈이 인간의 잠재능력을 억압하고 인간을 불행하게 만들고 비생산적으로 만든다면 그 교리가 아무리 훌륭한 것일지라도 사랑의 열매가 될 수 없다(권위주의적 종교)."(Fromm, 박경화 옮김, 1960: 58)

이상의 논의에서 우리는 누구나 수용할 수 있는 건전한 종교의 요소로서 도덕성, 대화와 만남을 중시하는 열린 자세, 자아실현에 기여할 수 있는 인도주의 등을 들 수 있다. 가령 어떤 종교가 개인적 차원에서 삶의 의미를 부여하고, 자아실현을 돕고, 사회적 차원에서 각종 사회문제 해결과 평화로운 공존에 기여한다면 그 종교는 건전한 종교라 할 수 있다. 그러나 인간의 잠재능력을 억압하고, 타인 및 사회와의 소통을 억압하며, 평화로운 공존에 기여할 수 없는 종교는 건전한 종교라고 말하기 어렵다.

Ⅳ. 결론

우리는 영혼불멸이나 신의 현존과 같은 초감성적인 것에 대한 형이상학적 소질을 거부하기가 어렵다. 그러기에 인간은 종교적 인간으로 규정될 수 있다. 종교의 본질에 대한 관점은 절대적 타자로서의 신 문제를 다루는 것에서부터 자기 안에 있는 신성을 강조하거나, 스스로 신이기를 기획하는 관점까지 매우 다양하다.

종교는 인생관·세계관·우주관을 제시하고, 사회를 통합시키며, 사회 부조리를 비판한다는 점에서는 순기능을 하며, 도덕교육에 시사하는 바가 크다. 그러나 기존체제를 합리화하는 보수적 경향이나 편파성 및 경직성, 더 나아가 배타성과 불관용과 같은 종교의 역기능은 종교 영역의 도덕교육적 적용에 적잖은 난점이 아닐 수 없다. 이 대목에서 도덕교육의 내실화를 위한 종교 영역의 논의를 위해서는 도덕신학의 정초가 요청된다고 할 수 있다. 도덕신학의 정초를 과제로 했던 이 글에서는 종교를 도덕의 완성이자 도덕성(도덕법칙)에 대한 우리의 헌신을 강화시키는 맥락에서 다루었다.

소크라테스의 도덕신학은 신의 명령과 반성적 사유를 결합하고 있으며, 칸트의 도덕신학은 도덕의 완성을 위해 영혼불멸과 신의 현존을 요청하고 있다. 이들의 논의를 토대로 구성할 수 있는 도덕신학의 기본 성격과 내용은 다음과 같다. 도덕신학은 계시나 영감 혹은 초자연적인 현상과 같은 종교적 체험 등을 부정하지는 않지만 그것은 주관적이고 우연적이므로 이성과 도덕성의 요구를 만족시키기 어렵다. 따라서 도덕신학은 이성과 도덕성의 한계 내에서 초감성적인 것을 다룸으로써 보편성의 확보를 담보하며, 자신의 신앙이 어떠하든 그 신앙이 도덕성의 기준을 충족시킬 것을 제안한다. 도덕신학은 종교적 신념을 인식론적 차원이 아니라 이성적 믿음의 차원에서 다루되, 그 확신의 진실성은 소통의 장(場)에서 열린 대화를 통해 확증할 것을 요청하며, 다양한 신앙이 공존할 수 있는 계기를 마련한다.

도덕과 개정교육과정(2007)의 내용체계는 도덕적 주체[나]로부터 가치관계의 확장에 의거하여 구성되고 있는데, 가치관계를 완성하는 지평으로서 '자연·초월적 존재와의 관계'는 도덕신학의 필요성과 그 의의를 부여한다. 다시 말해서 '자연·초월적 존재와의 관계'에서 드러나는 선(善)과 성(聖), 성(聖)과 속(俗)의 내면적 상관성은 도덕신학에 의해 해명될 수 있다. 더 나아가 도덕신학은 도덕교과서를 집필할 때, 다양한 종교들의 공존 가능성과 종교를 둘러싼 각종 갈등의 해소 및 종교 간 관용과 대화·협력의 이론적 근거를 제시하는 데 일정한 기여를 할 것으로 전망한다.

참고문헌

교육인적자원부(2004a), 『중학교 도덕1』, 서울: 대한교과서주식회사.

교육인적자원부(2004b), 『시민윤리』, 서울: (주)지학사.

교육인적자원부(2004c), 『전통윤리』, 서울: (주)지학사.

교육인적자원부(2005), 『고등학교 도덕』, 서울: (주)지학사.

교육인적자원부(2006a), 『중학교 도덕2』, 서울: (주)지학사.

교육인적자원부(2006b), 『중학교 도덕3』, 서울: (주)지학사.

교육인적자원부(2006c), 『윤리와 사상』, 서울: (주)지학사.

교육인적자원부(2007), 『도덕과 교육과정』.

교육인적자원부(2007. 8), 『중학교 도덕 교과서 집필 기준』.

교육인적자원부(2006.12.), 『도덕과 교육과정 개정안 토론회』.

박찬구(2007), 「칸트의 인격론」, 『인격』, 서울: 서울대학교출판부.

윤영돈(2003), 「소크라테스적 시민성과 시민불복종」, 한국윤리교육학회, 『윤리교육연구』 제4집.

윤영돈(2007), 「칸트의 윤리학과 미학의 상호연관성에 관한 인간학적 탐구」, 한국윤리학회, 『윤리연구』 제64호.

이삼열(1992), 「마틴 부버에서 본 대화의 철학」, 『대화의 철학』. 서울: 서광사.

정진홍(2003), 『M. 엘리아데 종교와 신화』, 서울: 살림.

정창우(2004), 『도덕교육의 새로운 해법』, 서울: 교육과학사.

진교훈(1998), 『환경윤리』, 서울: 민음사.

진교훈 · 윤영돈(2003), 「융 심리학의 인간학적 함의에 관한 연구」, 서울대학교 사범대학, 『사대논총』 제66집.

최병학 · 김동철(2006), 「종교윤리교육, 폐쇄적 독선주의에서 화쟁의 미학으로」, 한국윤리교육학회, 『윤리교육연구』 제10집.

하순애(1994), 「종교란 무엇인가」, 『교양철학』, 서울: 한울아카데미.

한국교육과정평가원(2007. 4. 28), 『도덕과 교과서 집필 기준안 9개 학 · 단체합동토론회』.

한국교육과정평가원(2005. 12), 『도덕과 교육과정 개정(시안) 연구 개발』.

한전숙 · 이정호(1996), 「종교」, 『철학의 이해』, 서울: 한국방송대학교출판부.

황경식(1995), 「대화와 관용」, 『개방사회의 사회윤리』, 철학과현실사.

황필호(1985), 「소크라테스는 과연 궤변론자인가?: 아리스토파네스의「구름」에 대한 비판적 고찰」, 한국철학회, 『철학』 제24집.

Amstutz, Mark R.(1999), "The Ethics of Force", *International Ethics: Concepts, Theories, and Cases in Global Politics*, Lanham & Oxford: Rowman & Littlefield Publishers.

Aristoteles(1978), *Politik*, trans. by F. Susemihl, Leipzig: Scientia Verlag Aalen.

Arrington, R. L.(2000), *Western Ethics: An Historical Introduction*, MA: Blackwell Publisher; 김성호 옮김(2005), 『서양윤리학사』, 서울: 서광사.

Buber, M., 남정길 옮김(1979), 「대화」, 『사람과 사람 사이』, 서울: 전망사.

Carroll, J. M., 말씀보존학회 옮김(1997), 『피흘린 발자취』, 말씀보존학회.

Cassirer, E., 최명관 옮김(1988), 『인간이란 무엇인가』, 서울: 서광사.

Damon, W.(2002), *Bringing in a New Era in Character Education*, California: Hoover Institution Press.

Eliade, M., 이은봉 옮김(1998), 『성과 속』, 서울: 한길사.

Eliade, M., 이은봉 옮김(2002), 『종교 형태론』, 서울: 한길사.

Fromm, E., 박경화 옮김(1960), 『정신분석과 종교』, 서울: 한국번역도서.

Hessen, J., 허재윤 옮김(1994), 『종교철학의 체계적 이해』, 서울: 서광사.

Hospers, J., 최용철 옮김(1996), 『인간행위의 탐구: 현대 윤리학의 제문제』, 서울: 지성의 샘.

Jaspers, K., 윤성범 옮김(1971), 『철학입문』, 서울: 을유문화사.

Kant, I, *Kant Werke in zehn Wänden*, W. Weischedel(Hg.), Darmstadt: Wissenschaftliche Buchgesellschaft, 1983 아래와 약호 사용.

　－*Kritik der reinen Vernunft*(바이셰델판 3 － 4권)
　　→『순수이성비판』(*KrV*), 백종현 옮김(아카넷, 2006) 참고.
　－*Kritik der praktischen Vernunft*(바이셰델판 6권)
　　→『실천이성비판』(*KpV*), 백종현 옮김(아카넷, 2003) 참고.
　－*Grundlegung zur Metaphysik der Sitten*(바이셰델판 6권)
　　→『정초』(*Grundlegung*), 백종현 옮김(아카넷, 2005) 참고.
　－*Die Religion innerhalb der Grenzen der bloßen Vernunft*(바이셰델판 7권).
　　→『종교』(*Religion*), 신옥희 옮김(이화여자대학교출판부, 2001) 참고.
　－*Prolegomena zu einer jeden künftigen Metaphysik, die als Wissenschaft wird auftreten können*(바이셰델판 5권)
　　→『프롤레고메나』(*Prolegomena*), 최재희 옮김(박영사 1995) 참고.

Liddel, H. G. & Scott, R.(1983), *Greek — English Lexicon*, Oxford: Clarendon Press.

Mill, J. S., 김형철 옮김(1992), 『자유론』, 서울: 서광사.

Nietzsche, F. W., 이진우 옮김(2005), 『비극의 탄생』, 서울: 책세상.

O'Neill, Onora(1991), "Kantian Ethics", Peter Singer(ed.), *A Companion to Ethics*, Oxford: Basil Blackwell.

Otto, R., 윤성범 옮김(1971), *Das Heilige*, 『종교철학』, 서울: 을유문화사.

Plato, 박종현 역주(2003), 『플라톤의 네 대화편: 에우티프론, 소크라테스의 변론, 크리톤, 파이돈』, 서울: 서광사.

Plato, Hamilton, E. & Cairns, H.(eds.)(1982), *The Collected Dialogues of Plato(I)*, New Jersey: Princeton Univ. Press.

Rommen, H.(1936), *Die Ewige Wiederkehr des Naturrechts*, Leibzig: Verlag Jakob Hegner.

Vlastos, Gregory(2000), "Socratic Piety", in Gail Fine(ed.), *Plato*, Oxford: Oxford University Press.

제7장 시민성교육의 정치철학적 접근: 소크라테스적 시민성

우리 사회에서 논의되고 있는 시민성 모델의 대표적인 두 유형은 자유주의에 기반을 둔 시민성과 공동체주의에 기반을 둔 시민성이라 할 수 있다. 자유주의적 시민성이 공적 영역보다 사적 영역에 강조점을 둔다면, 공동체주의적 시민성은 공적 영역을 가장 가치 있는 삶의 영역으로 간주한다. 한편 우리는 자유주의적 시민성과 공동체주의적 시민성의 교차점에 위치하는 대안적 시민성으로 소크라테스적 시민성의 성격과 위상을 살펴볼 필요가 있다.

I. 머리말

인간의 삶은 사회를 떠나서는 생각할 수 없다는 데에 이의를 제기할 사람은 없을 것이다. 개인과 사회의 관계는 크게 두 가지 관점으로 대별해 볼 수 있다. 개인이 사회보다 우선한다는 맥락에서 사회의 구성원들이 각자의 권리를 보장받기 위해 계약을 맺어 사회가 형성되었다고 보는 견해가 있고, 이와는 달리 사회가 개인에 우선한다는 맥락에서 계약 이전에 사회가 존재하며, 개인은 그 사회의 문화와 역사의 영향을 받아 정체성이 형성되며 사회에 대한 책임을 진다는 견해가 있다. 전자를 사회계약론(social contractualism)의 입장이라고 한다면 후자는 사회존재론(socail ontology)의 입장이라 할 수 있다. 그런가 하면 자유주의(liberalism)와 공동체주의(communitarianism) 논쟁에 있어서 전자는 자유주의의 입장과 관계하며, 후자는 공동체주의와 관계한다고 볼 수 있다. 그러나 강조점을 어디에 얼마큼 두는

가에 따라 정도의 차이는 있지만 개인과 사회는 불가분의 관계에 있다는 것은 틀림없는 사실이다.

고대와 중세의 정치철학자들은 대체로 개인의 권리보다는 공동체의 질서에 보다 큰 관심을 기울였다. 현대적 시각에서 볼 때, 고대와 중세에는 아직 개인의 권리가 공동체나 신의 의지에 종속되어 있다고 할 수 있지만 그 시대의 합리성에는 부합한다고 할 수 있다. 르네상스와 종교개혁을 통해 개인의 자유와 인간 이성의 자율성이 부각되었고, 밀(J. S. Mill)에 이르러서는 정치적·사회적 자유, 특히 개인의 개별성(individuality)이 강조된다. 밀의 『자유론』(On Liberty)은 자유민주주의 사상의 고전으로서 인류가 나아가야 할 길을 개인의 자아완성과 자유의 신장에 있다고 보고, 공리(utility)의 원칙에 충실하면서도 개인의 개별성을 보존하는 길을 제시한다.

자유주의가 과연 역사발전에 있어서 가장 발달된 정치사회이론 또는 최선의 대안인가에 대해 일말의 의문이 있다. 물론 자유주의체제와 사회주의체제의 대결은 구소련과 동구사회주의권의 몰락으로 일단 자유주의체제의 승리로 매듭지어졌다. 그러나 자유주의가 최종적인 승리를 한 것인지, 그리고 그것이 최선의 대안인가에 대해서는 여전히 문제제기를 하지 않을 수 없다. 사실 자유주의에 대한 공동체주의의 거센 도전은 자유주의의 한계를 극명하게 드러낸 것이라 할 수 있다. 그럼에도 불구하고 자유주의는 공동체주의적 관점을 수용하여 이른바 자유주의적 공동체주의의 가능성을 모색하고 있다는 점은 고무적인 대목이다. 과도한 개인주의(overindividualism)로 경도되었던 서구 사회가 공동적 가치(collective value)로의 방향전환을 모색하고 있다는 점은 전통사회로부터 급격한 시민사회로의 진입에 따른 공동체의 와해와 과도한 개인주의의 폐해를 겪고 있는 우리 사회가 건강한 시민·공동체 사회를 지향하는 데 시사하는 바가 크다고 할 수 있다.

우리 사회에서 논의되는 있는 시민성의 모델은 앞서 설명한 정치 철학적 지형에 위치한다. 다시 말해서 시민성 모델의 대표적인 두 유형이 자유주의에 기반을 둔 시민성과 공동체주의에 기반을 둔 시민성이라 할 수 있다. 전자가 공적 영역보다 사적 영역에 강조점을 둔다면, 후자는 공적 영역을 가장 가치 있는 삶의 영역으로 간주한다. 그런가 하면 자유주의적 시민성과 공동체주의적 시민성의 교차점에 위치하는 대안적 시민성에 대한 논의도 필요하다. 이러한 대안적 시민성으로 우리는 소크라테스적 시민성을 살펴볼 수도 있다. 소크라테스적 시민성은 공적 영역과 사적 영역의 경계에, 그리고 자유주의와 공동체주의의 중첩된 지점에 위치한다는 점에서 시민·공동체 사회를 지향하는 우리 시대의 대안적 시민성으로 그 가능성을 충분히 지니고 있다고 할 수 있다.

Ⅱ. 시민성 담론의 배경으로서 자유주의와 공동체주의

1. 개인과 사회의 관계 설정

자유주의의 맥락에서 시민들은 스스로를 자신의 욕구와 이익에 의해서 행동하는 존재로 간주하며, 다른 사람들도 자신의 욕구와 이익에 의해서 행동할 수 있는 권리를 가진 자라고 인정한다. 이들은 자유주의가 전제하고 있는 "반완벽주의, 도덕적 회의주의, 중립성, 그리고 개인 권리의 우선성" 때문에 사회의 최고선에는 합의할 수 없지만 사회의 최고악에 대해서는 합의할 수 있고, 계약론적 문맥에서 절차적 정의를 개념화하여 '좋은 질서(well-ordered society)'를 가진 사회를 구축할 수 있을 것으로 전망한다(박효종, 2003: 80-81). 사실 최고선에 대한 확신은 정치영역에서 철인왕과 같은 최고선의 담지자에 의한 독재를 허용하게 되는 논리적 취약성을 지니고 있다. 가령 중세 종교 국가에서 아나밥티스트(anabaptist)와 같이 교리적 문제로 인한 종교적 박해나 모택동의 문화혁명이나 스탈린에 의한 숙청과 같은 이데올로기적 폐해에서 최고선에 근거한 정치영역의 역설적 상황을 확인할 수 있다. 그러므로 자유주의자들은 무엇보다 최고선의 가능성에 대해서는 회의적이지만 최고악의 가능성에 대해서는 철저히 경계를 한다. 그러므로 자유주의자들에게 있어서 가장 중요한 가치는 다름 아닌 자유이다. 롤즈(J. Rawls)의 『정의론』(*A Theory of Justice*, 1971)에서 자유에 우선성을 부여한 것도 바로 이 때문이다. 자유주의적 시민성은 자신의 선호와 이익에 따라 행동하고 언제나 진입과 퇴출이 자유로운 클럽과 같은 공동체 생활을 갈망하고 있다. 그러기에 자유주의는 분자적 개인주의로 말미암아 진정한 의미의 공동체, 즉 정체성을 구성하는 공동체나 좋은 삶에 대한 목표를 공유하고 있지 않다. 그러므로 자유주의적 시민은 공적 영역보다는 사적 영역에 함몰되어 있으며, 공동체적 유대감보다는 시장적 우애를 지향한다.

한편 자유주의에 대한 공동체주의의 도전은 샌들, 매킨타이어, 테일러 그리고 왈쩌 등의 공동체주의자들로부터 시작되었다. 이들은 인간을 사회적 동물로 규정했던 아리스토텔레스의 정치철학의 정신을 계승하고 있다. 공동체주의자의 주장에 따르면 우리는 공공의 목적이나 공동선에 의거하지 않는 어떤 정치체제도 정당화할 수 없으며, 또한 시민이나 공공 삶에의 참여자로서 우리의 역할에 의거하지 않고서는 우리의 자아를 형성할 수도, 생각할 수도 없다. 그들에 의하면 일정한 가치관, 규범, 목표 등을 공유하고 있는 집단으로서의 공동체는 그에 속하는 성원들이 공동의 목표를 자기 자신의 목표로 간주하고 있어 그 자체로서 하나의 선으로 간주된다. 그래서 공동체주의자들은 공동체적 유대에 의해 자아가 구성되는 것은 도덕적 선이라고 주장하는 것이다.

　공동체주의자들의 자유주의에 대한 비판을 정리하면 다음과 같다 (황경식, 1995: 174-182; 정순미, 1995: 139-142). 첫째, 자유주의에 대한 공동체주의의 가장 날카로운 비판은 자유주의는 그릇되고 회복 불가능할 정도로 개인주의적이라는 점을 겨냥하고 있다. 자유주의는 개인을 원자론적으로 생각하고, 이 때문에 인간의 사회성이나 공동체성을 제대로 설명할 수 없다는 것이다. 공동체주의자들은 자유로이 선택하는 합리적 개인과 같은 개인주의의 전제를 그릇된 것으로 간주한다. 그 이유는 인간의 행위는 사회적, 문화적 맥락의 영향을 받기 때문이다. 따라서 개인주의적 자아관은 존재론적으로 볼 때 거짓이라고 주장한다. 둘째, 권리론적 자유주의에 대한 공동체주의의 비판이다. 권리론적 자유주의자는 칸트의 계승자로서, 개인의 독자성이나 자립성을 내세운다. 칸트주의적 자아는 그것이 특정 순간에 갖는 요구나 목적과 상관없이 존재하는, 이른바 '선택하는 자아'이다. 롤즈가 언급하고 있듯이 자아는 그가 내세우는 목적에 선행하고 선재한다. 그러나 공동체주의자들은 우리 자신을 이런 방식으로 독자적인, 즉 우리의 목표나 가치관과 전적으로 상관없는 자아의 담지자로 생각할 수 없다는 것이다. 결국 개인주의적 자유주의자들은 인간의 자아가 그의 목적들에 선재한다고 생각하는 반면 공동체주의자들은 그러한 구분과 선재성이 인위적일 뿐만 아니라 불가능하다는 것이다. 셋째, 공동체주의자들은 개인주의적 자유주의가 자기이익에 밝은 합리적 개인을 상정하기 때문에 타인과 갖는 거리감과 도구적 관계를 조장하며, 사회적 존재로서의 인간의 특성을 간과한다고 본다. 개인주의적 자유주의는 인간의 삶을 속박했던 모든 전통과 제도를 극복하는 데 기여했지만 부의 불평등한 분배나 이로 인한 인간의 경제적 측면에서의 소외문제나 환경 문제를 유발함으로써 그 한계를 드러내고 있다. 사실 자유주의하에서 모든 인간관계는 그 특성상 단지 '시장적 우애(market friendship)'가 현저하며, 자기이익에 몰두함으로써 자유주의 이데올로기는 우리로부터 인간애와 결속력을 앗아가 버리는 측면이 있다.

이상의 논의를 통해 자유주의에 대한 공동체주의의 비판은 상당 부분 타당하며, 자유주의 진영에서 이러한 비판을 심각하게 숙고할 필요가 있음을 알 수 있다. 그러나 공동체주의 진영에서 자유주의를 오해한 부분도 있으며, 자유주의든 공동체주의든 양자 간의 상호작용에 의한 '자유주의적 공동체주의(liberal communitarianism)' 내지 '공동체주의적 자유주의(communitarian liberalism)'의 가능성도 확인할 필요가 있다(Mulhall & Swift, 1993: 201－205; Spragens, 1995: 37－51). 이 지점에서 우리는 공동체주의에서 강조하는 시민의 '공적 영역'과 자유주의에서 강조하는 시민의 '사적 영역'에서 '중용'을 추구할 수 있는 '시민'의 모습을 제시할 수 있을 것으로 전망한다(박효종, 2003c: 27).

2. 자유주의와 공동체주의의 조화

롤즈가 『정의론』(1971)을 발표한 이후 영미 철학계에는 공리주의를 비판하면서 권리에 기초한 윤리학이 부상했다(황경식, 1995: 174). 『정의론』은 광범위한 도덕이론으로 간주되었고, 공동체주의자들의 비판에 직면하면서 롤즈는 자신의 정의론에 사회협동이라는 개념과 함께 새로운 개념의 도덕적 인간상을 도입시킨다(정순미, 1995: 142). 그는 광범위한 도덕이론으로 생각되었던 '공정으로서의 정의'를 정치적 의미로 그 범위를 축소시킨다(Mulhall & Swift, 1993: 170－171). 정의의 정치적인 의미는 먼저 입헌민주제도의 기본구조를 위한 도덕적 개념이다. 여기서 기본구조라 함은 정치, 경제, 사회 제도를 말한다. 둘째, 정의의 정치적인 의미는 기본구조 자체만을 위한 합리적인 가정이다. 따라서 특별한 종교적, 철학적, 도덕적 교리를 전제한 것이 아니다. 셋째, 정의의 정치적 의미는 입헌 민주사회의 정치적 문화에 있어서 근본 되는 개념이다.

롤즈가 정치적인 정의의 개념을 추구한 이유는 다원주의사회의 모든 구성원에게 정당화될 수 있는 정의개념을 찾고자 했기 때문이다. 현대의 민주주의체제의 사회적, 역사적 조건은 종교전쟁(Wars of Religion)과 이에 따른 종교개혁(Reformation)과 관용의 원리(principle of toleration) 그리고 산업 시장경제의 입헌적 정부의 성장 등을 통해 마련되었다. 롤즈에게 있어서 다원화(fact of pluralism)는 현대 민주주의의 항구적인 특징이다. 롤즈는 정치적인 정의의 개념을 통해 이러한 다가치 사회에서 다양한 가치와 가치 간의 갈등, 상이한 삶의 목표, 셀 수 없는 선(the good)의 개념들이 보존될 수 있다고 보았다. 정치적인 정의의 의미를 통해 자신의 특수한 선의 개념이 무엇이든지 간에 모든 시민들이 공유할 수 있는 정의관을 확보하고자 한 것이다 (Mulhall & Swift, 1993: 181 - 183).

롤즈는 정의론의 인간개념, 방법론, 내용에 대한 공동체주의자들의 비판에 응답함으로써 자신의 자유주의적 관점에 공동체주의적 요소를 확충한다.

샌들(M. Sandel)의 비판은 주로 롤즈의 인간개념에 집중된다. 샌들에 의하면 롤즈의 인간개념은 형이상학적이다. 그래서 특정목적에 결부된 인간개념을 무시하고 본질적이고 자연적인 인간관을 전제한다는 것이다. 또한 롤즈의 인간개념은 선험적으로 개체화되고, 특수한 목적과는 분리된 어두운 자아이다. 그래서 공동체의 가치를 무시하게 된다는 것이다. 이에 대해 롤즈는 정치적 영역에 국한된 시민으로서(qua citizens)의 인간개념을 주장한다. 시민은 계약당사자이자 정치문화의 성격을 띤다. 그리고 자신의 인간개념이 형이상학적인 것 (metaphysical)이 아니라 광범위한 것(comprehensive)으로서, 시민으로서의 인간개념뿐만 아니라 광범위한 도덕, 철학, 종교적 교리를 포함한다고 하더라도 형이상학적인 주장이 아니라고 말한다. 롤즈에게 있어서 중요한 것은 자신의 인간개념이 공공 정치문화에 잠재되어(latent) 있다는 사실이지 그 인간개념이 현실과 합치한다는 것이 아니다(Mulhall & Swift, 1993: 174-178). 이런 의미에서 공동체주의자들이 인간개념을 롤즈 이론의 핵심으로 이해한다면 롤즈에 대한 비판을 잘못 제기한 것이다.

왈쩌(M. Walzer)의 비판은 주로 정의론의 방법론에 관한 것이다. 왈쩌는 기본적인 가치(primary goods)와 문화의 특수성을 무시하는 롤즈의 추상화를 거부한다. 왈쩌에 의하면 분배의 원리는 가치(선)에 따라 특정하고(good-specific), 문화에 따라 특정하게(cultural-specific) 해야 한다고 주장한다. 이에 대해 롤즈는 기본적인 가치가 보기만큼 추상적인 것이 아니며, 오히려 왈쩌가 요구한 분배방식에 의거한 것이라고 주장한다. 롤즈에 의하면 기본가치는 자유롭고 평등한 도덕적 인간으로서 시민에 요구되는 재화이다. 분배방식에 있어서 왈쩌는 가치에 따라 특정하게 할 것을 주장했다면 롤즈는 사람 또는 역할에 따라서 특정하게 할 것을 요청한다. 즉, 기본가치(primary goods)[01]는 시민에게 요청되는 것이며, 교육은 학생에게, 헬스케어(health care)는 환자에게 요청되는 것이다. 롤즈에 의하면 공정으로서의 정의가 민주주의 사회를 위한 정치적인 개념이기 때문에 그는 입헌 민주주의 제도라는 정치적인 제도 속에 그리고 그 해석의 공적인 전통 가운데 형성된 기본적인 직관개념을 끌어들였을 뿐이라고 말한다. 원초적 입장은 표현을 위한 도구일 뿐 문화의 특수성을 초월하는 것은 아니다(Mulhall & Swift, 1993: 179-180).

테일러(C. Taylor)는 롤즈의 이론에 있어서 개인이 사회에 우선하

---

01 기본적인 가치는 권리와 자유, 기회와 권력, 소득과 부이다(Rawls, 1971: 92).

고, 개인과 사회관계에 대해 부적절한 원자론적 이해를 하고 있다고 비판한다. 테일러에 의하면 인간의 자기이해는 타인과의 관계, 즉 가치의 저장소인 공동체와의 관계에서만 밝혀진다. 이에 대해 롤즈는 공적으로 정당화될 수 있는 공정으로서의 정의가 사람들로 하여금 자신들이 자유롭고 평등하며, 가치의 개념들을 형성·수정·추구하게 하는 교육적 역할을 한다고 주장한다. 롤즈에 의하면 이러한 일련의 공공성(publicity)은 다시 공적 문화와 그 안에 내재하는 인간과 사회의 개념들로부터 시민으로서의 자기이해를 형성한다고 말한다. 개인의 자율성의 이상에 대한 롤즈의 특수한 사회 환경의 중요성에 대한 관찰은 테일러의 요구, 즉 자유로운 개인은 자유로운 사회의 조합에 의존한다는 요구를 만족시킨다.

이상에서 살펴본 바와 같이 롤즈의 정치적 의미로서의 자유주의는 공유된 가치와 공동체주의자들이 강조하는 공공선에의 헌신(commitment)이라는 내용을 배제하는 것이 아니다(Mulhall & Swift, 1993: 195 - 196). 롤즈가 정의의 특수한 정치적 개념을 추구한 동기는 국가권력의 억압 없이 지속될 다원주의와 선(가치)에 대한 다양한 인식에서라고 할 수 있다. 정치적 개념으로서의 정의관을 구축하면서 롤즈는 정치원리로서 자유를 제1원칙으로 규정한 것이다. 어떤 의미에서 롤즈는 '자유주의적 공동체주의자'로 간주될 수 있는 '진정한 공동체주의자'라고도 할 수 있다(같은 책, 201 - 203).

따라서 공동체주의적 가치관이 우리 사회에서 자유주의적 가치관을 근본적으로 대체하는 것으로 간주하기보다는 보완하는 것으로 이해할 필요가 있다. 이런 관점에서 스프라겐스(T. A. Spragens, Jr.)는 공동체주의적 가치관을 수용한 '개선된 자유주의'를 다음과 같이 제시한다(Spragens, 1995: 46 - 47). 개선된 자유주의는 자유, 평등, 우애(fraternity)의 세 가지를 강조하며, 동시에 자유주의의 강점인 시민들의 도덕적 자율성과 개인적 발달에 핵심적 가치를 부여하면서,

특히 우애의 개념을 공동체 내에서 '시민적 우애(civic friendship)'를 표현하는 것으로 이해해야 한다. 확대된 의미의 시민적 우애는 사실 자유주의사회의 가장 고귀한 덕목으로 간주되어야 한다. 스프라겐스의 '공동체주의적 자유주의'의 이론적 함의는 다음과 같다. 첫째, 공동체주의적 자유주의자들은 국가와 시장의 중요성을 크게 손상시킴 없이 인간의 번영과 행복에 대한 생산적인 환경을 창출하는 데 지역공동체, 가족, 교회, 교육제도 그리고 시민 연합 등의 중대한 역할을 주장한다. 둘째, 공동체적 자유주의자들은 다원주의사회에서 시민 간의 우애와 공공목적의식을 촉진시킬 방법으로 사회적 제도나 정책을 계획하고자 한다. 셋째, 공동체주의적 자유주의자들은 다수의 억압으로부터 자유로운 개인을 보호하는 데 있어서 개인의 권리를 중요하게 생각한다(정순미: 1995: 145). 이러한 맥락에서 공동체주의적 자유주의를 지향하는 스프라겐스(1990: 제7장)는 미국과 같은 다원주의사회에서 동질성과 공동체의식을 지니기 위해 담론의 강화, 참여의 증진, 시민적 덕의 고양 등을 중요하게 고려한다.

요컨대 공동체주의가 자유주의의 결점을 보완해 주는 것처럼, 자유주의 또한 공동체주의의 큰 약점이라고 할 수 있는 전체주의로부터 공동체를 보호할 수 있는 현저한 대안이다. 그러므로 두 입장은 상호 보완할 때에 개별적인 개인으로서의 자유와 사회적 존재로서의 공동체적 목표에 대한 요구 모두를 만족시킬 수 있을 것으로 기대된다. 개인의 자유만이 최우선의 가치가 아니며, 그렇다고 해서 공동체의 가치만이 최고의 가치인 것도 아니다(정순미, 1995: 142). 우리는 자유주의와 공동체주의 각각의 성격을 반영하면서도 양자의 조화를 추구하는 정의론의 관점을 밀러(D. Miller)의 '인간관계의 양식(modes of human relationship)'에 근거한 다원주의적 정의의 원리에서 확인할 수 있다. 밀러(2001: 26-31)에 따르면 인간이 맺고 있는 인간관계의 양식에는 크게 세 가지 양식이 있는데, 연대적 공동체, 도구적 결사체, 시민권이 그것이다(윤영돈, 2009: 9 - 10).

첫째, 연대적 공동체(solidaristic community)는 인민들이 공동체 의식을 지니고, 한 집단의 구성원으로서 정체성을 가질 때 존재한다. 연대적 공동체는 가족이나 친척, 친지뿐만 아니라 종교적 공동체나 키부츠와 같이 동일한 신념과 문화를 가진 보다 넓은 영역의 집단을 포괄한다. 연대적 공동체에서의 실질적인 정의의 원리는 필요(need) 에 따른 분배이다.

둘째, 도구적 결사체(instrumental association)는 이익사회의 성격 을 갖는다. 즉, 도구적 결사체 내의 인간관계는 주로 시장에서 맺어 지는 상호 공리주의적 관계이자 경제적 관계이다. 도구적 결사체, 즉 시장관계에 있어서 실질적인 정의의 원리는 공적(desert)에 따른 분 배이다.

셋째, 시민권(citizenship)은 제한된 법적 성원권과 그에 따른 권리 와 의무를 동등하게 갖는 동료시민과의 관계를 규정한다. 현대사회 의 시민은 누구나 자유와 권리, 보호받을 권리, 참정권, 정치공동체 가 제공하는 다양한 서비스를 동등하게 향유할 수 있다. 이런 맥락 에서 시민권에 의거한 실질적인 정의의 원리는 평등(equality)에 따 른 분배이다.

공적과 필요와 평등은 '각자의 몫'을 규정하는 기준이지만 세 가 지가 엄격하게 구분되는 것은 아니며, 각각 포함관계를 맺고 있다. 시민으로서의 관계는 시장관계가 지배적인 도구적 결사체와 연대적 공동체를 포함한다. 연대적 공동체, 도구적 결사체, 시민권이라는 세 가지 관계의 기본 양식은 뒤로 갈수록 그 중요성을 피부로 느끼지 못한다.

밀러의 '인간관계의 양식'에 따른 정의의 원리가 지닌 강점은 자 유주의와 공동체주의의 논의가 적절하게 조화를 이루고 있다는 점을 들 수 있다. 자유주의가 개인의 자유를 공동체의 가치에 우선하며,

시장을 기반으로 한 경제적 관계를 중요시하는 측면은 밀러가 구분한 '도구적 결사체'의 맥락과 잘 부합한다. 반면에 공동체주의가 개인의 자유와 권리보다 공동체적 유대감을 강조하는 대목은 밀러의 '연대적 공동체'의 맥락과 친화성이 있다. 밀러가 실질적인 정의의 원리를 탐구하는 방식에 있어서 '시민'의 관점 이외에도 '도구적 결사체' 및 '연대적 공동체'와 같은 다차원적인 측면에서 정의론을 전개하는 것은 롤즈가 자신의 정의론을 '시민'의 관점에서만 설명하는 것보다 더 현실 적합성이 있다고 하겠다(Miller, 1999: 41, 277, 326).

지금까지 우리는 시민성 담론의 배경이 되는 자유주의와 공동체주의의 기본 관점과 양자의 조화 가능성에 대해 살펴보았다. 다음에서 우리는 자유주의와 공동체주의의 교차점 또는 사적 영역과 공적 영역의 경계선에 위치한 대안적인 시민성으로 대두되고 있는 소크라테스적 시민성에 대해 논의하고자 한다.

Ⅲ. 소크라테스적 시민성의 재구성[02]

빌라(Villa, 2001: ix)는 그의 저서 『소크라테스적 시민성』에서 역사적인 소크라테스의 시민성을 재구성하고, 그 흐름을 추적하면서 자유주의와 도덕적 개인주의의 맥락에서 소크라테스적 시민성의 가능성을 탐구하고 있다. 빌라는 소크라테스가 "도덕적이고 지적인 성실성(integrity), 즉 개별적인 도덕적 양심과 지적인 정직성을 전통적인 시민적 덕목보다 우선시함으로써 대안적인 시민의 개념을 창출했

---

[02] Ⅲ - Ⅴ의 논의는 졸고(2003), 「소크라테스적 시민성과 시민불복종」, 한국윤리교육학회, 『윤리교육연구』 제4집, pp.95 - 113을 수정 · 보완한 것임을 밝힌다.

다."고 평가한다.

　필자는 빌라의 통찰을 원용하여, 우리 사회의 대안적 시민성의 한 모델로서 소크라테스적 시민성을 재구성하고, 권위와 복종의 문제에 대한 소크라테스적 입장을 해명하며, 더 나아가 소크라테스적 시민성 교육을 위해 그리스적 교육전통을 재해석하고자 한다.

1. 소크라테스의 문제

　소크라테스적 시민성의 재구성을 위해서는 소크라테스가 어떤 사람이며, 어떤 시민이었는지에 대한 이해가 필요하다. 문제는 소크라테스 자신의 저서가 없다는 것이며, 소크라테스의 삶과 철학에 대한 증인들의 주장이 상이하다는 점이다. 더 큰 문제는 가장 신뢰할 만한 플라톤의 대화편에 나타난 소크라테스의 면모가 대화편마다 상충하는 대목들이 발견된다는 데에 있다. 이른바 소크라테스의 문제 **(Socratic problem)**를 어떻게 해소할 것인가? 일반적으로 소크라테스의 삶과 철학에 대한 증인으로 아리스토파네스, 크세노폰, 플라톤, 아리스토텔레스를 들 수 있다. 소크라테스의 삶과 철학에 대해 증인들 간의 상반된 주장들이 있지만 우리는 대체로 플라톤의 대화편을 통해서 소크라테스의 면모를 살펴볼 수 있을 것이다.

　그렇다면 플라톤의 대화편 중 어떤 것에 역사적 소크라테스가 형상화되어 있는가? 대체로 플라톤의 초기 대화편에 속하는 『변론』, 『크리톤』, 『에우티프론』, 『라케스』, 『뤼시스』, 『카르미데스』, 『고르기아스』 등에 등장하는 소크라테스는 역사적 소크라테스에 가까운 반면, 중기 대화편에 속하는 『메논』, 『파이돈』, 『향연』, 『국가』, 『파이드로스』 등에서는 플라톤적 소크라테스가 등장한다(박종현, 1996: 32-33). 중기 대화편부터는 플라톤의 형이상학인 이데아론이 전개되기 때문이다. 그러나 중기 이후의 작품에 나타난 소크라테스가 역사적인 소크라테스와 무관하다고 단정할 수는 없다. 중기 작품에 속하는『향연』에 펠로폰네소스 전쟁에 참전했던 소크라테스의 무용담이 잘 묘사되어 있다거나『파이돈』에서 사형집행 직전에 소크라테스의 심경을 기록한 대목들은 상당 부분 역사적인 소크라테스일 가능성이 크다.

여기서 중요한 것은 소크라테스의 진리관의 문제이다. 과연 그는 경건, 용기, 우정, 절제 등의 의미를 정말로 모른 채 반문했는가? 아니면 이미 이들 개념에 대한 진리를 알고 있음에도 불구하고 방법론적 전략으로 문답법을 구사하는가? 일반적으로 소크라테스가 구사하는 문답법(dialektikē)은 논박(반어법, elenchos)과 산파법(maiutikē)으로 구성되어 있다. 논박은 하나의 의견(doxa)으로서 안다고 하는 사람들의 무지를 폭로하여 그들이 자신의 무지를 자각하게 하는 데 그 목표가 있다면, 산파법은 덕이나 가치에 대한 참된 인식(epistēmē)의 산출을 목표로 한다. 여기서 과거적 진리관을 엿볼 수 있다. 즉, 진리(alētheia)란 각자의 영혼에 이미 주어져 있는 것인데, 진리를 의미하는 그리스어[alētheia]의 의미처럼, 망각된 것을 일깨움으로써[想起] 참된 앎(인식)에 이를 수 있다는 것이다.

그런데 과연 소크라테스는 참된 앎(인식)을 적극적으로 주장하는가? 아니면 실제로 본질에 대한 지식을 알지는 못하지만 본질을 추구하고자 노력하는가? 양자의 입장에 따라 소크라테스적 시민성의 양상은 판이하게 달라질 것이다. 플라톤의 초기 대화편에 나타난 경건이나 용기, 우정 또는 절제에 대한 아포리아의 측면이 소크라테스의 진리관을 반영한다면 소크라테스는 진리나 참된 인식에 대한 명백한 확신보다는 '절대적 부정'에 강조점을 둔다고 할 수 있다. 소크라테스는 참으로 자신이 무지하다는 것을 겸손히 자각한 인물임에 틀림없다. 필자는 무지의 지(知)를 소크라테스의 진실한 고백으로 받아들이고자 한다.03 그러나 무지의 지를 고백하는 소크라테스를 액면 그대로 받아들인다고 해서 가치상대주의로 함몰되는 것은 아니다.

왜냐하면 문답법을 통해 '옳은 의견(orthē doxa)'을 산출할 수 있고, 이는 대화의 장에서 상호 공유할 수 있는 가능성이 열려 있기 때문이다.

앞서 언급한 과거적 진리관에 따르면 상기(想起)를 통해 참된 인식, 즉 진리에 도달할 수 있으며, 이는 산파법의 목적이기도 하다. 그러나 이러한 과거적 진리관은 소크라테스의 주된 입장이라기보다는 플라톤의 입장과 보다 친화력이 있다. 왜냐하면 플라톤의 이데아론은 과거적 진리관을 전제로 하고 있기 때문이다. 소피스트들에 의해 조장된 가치 상대주의와 가치 회의주의의 극복을 철학함의 과제로 안고 있었던 플라톤에게 있어서 이데아론은 절대적 기준을 마련하기 위한 하나의 가정일 수 있다.

우리는 여기서 플라톤의 입장을 따르지 않고, 빌라의 입장을 따라서, 소크라테스가 '부정의 길(via negativa)'을 걸었고, '아니오'라고 이의제기를 하며, 아테네라는 거대한 소에 등에(gadfly)이자 전기가오리(stinging‒fish)로서 끊임없이 자기기만과 무지에 사로잡혀 있는 아테네인들을 자극하고, 각성시킨 도덕적 개인주의의 모델일 수 있다는 점을 강조한다. '부정의 길'을 걷는 소크라테스는 적극적인 행위의 원리 대신에 "부정(불의)한 일을 회피하라."(Plato, *Apology*, 32d)는 준칙을 정언명법으로 삼는다. 사실 적극적인 행위의 원리를 제시할 수 있는 사람은 도덕적 전문가이자 철인왕일 것이다. 그러나 그러한 적극적인 행위의 원리를 추구하는 시민성은 일반 시민을 배제한다. 오히려 "부정(불의)한 일은 회피하라."는 소극적인 행위의 원리를 제시하는 '부정의 길'이 모든 시민에게 열려 있는 길이라 할

---

03 여기서 한 가지 주의할 점은 소크라테스가 진리와 본질적 가치에 대한 열망과 희구가 없었다는 것이 아니라 인식론의 측면에서 참된 앎(지식, 에피스테메)을 적극적으로 주장하지 않았다는 것이다. 그러나 소크라테스가 전망하고 있는 진리와 본질적 가치에 대한 '참된 의견'은 인식론의 차원이 아니라 믿음과 확신의 차원에서 산출될 수 있으며, 그 진실성은 대화의 장에서 밝혀질 수 있다고 하겠다.

수 있다.

2. 소크라테스적 시민성의 제양상: 자유인, 시민, 군인

소크라테스적 시민성의 전체적인 모습을 그려보기 위해서는 먼저 소크라테스가 살았던 시대 아테네의 정치·사회·문화적 배경을 살펴 볼 필요가 있다. 주지하듯이 아테네는 페르시아 전쟁(BC 492~479) 이후에 정치적으로, 문화적으로 황금기를 구가한 반면, 펠로폰네소스 전쟁(BC 431－404) 이후에 급격한 쇠퇴의 길을 걸었다. 소크라테스 (BC 469~399)는 두 전쟁을 축으로 변전하는 아테네 정신을 온몸 으로 체험한 자유인이자 시민이었다. 특히 소크라테스는 펠로폰네소 스 전쟁 기간 중 세 차례나 전투에 참전했던 군인이기도 하다.

페르시아 전쟁 이후 황금기를 맞이한 아테네 사회에서 소크라테스 는 자유인(eleutheros)으로서 폴리스의 생활에 직접 참여하였다. 그는 폴리스가 제공하는 비극공연과 같은 문화생활도 향유하였으며, 민회 (정무심의회)의 일원으로 공직에 복무하기도 했다. 무엇보다 그는 아 고라에서 젊은이들과 토론하면서 자기지배와 자율의 가치를 만끽하 였다. 자유인이자 아테네의 시민이었던 소크라테스에게 있어서 폴리 스는 어떤 의미가 있었을까? 우리는 부분적으로 당시 아테네인들의 폴리스관을 통해서 소크라테스의 폴리스에 대한 견해를 재구성할 수 있을 것으로 전망한다. 키토(Kitto, 1977)에 의하면 페르시아 전쟁 이후 아테네인들에게 있어서 폴리스는 정치적, 문화적, 경제적, 도덕 적인 국민의 전 공동생활을 의미했다. 페리클레스의 언급처럼 폴리 스는 모든 사람이 공유하는 것이었으며, 시민의 정신이나 품성을 함 양하는 적극적이고도 유기적인 것으로 간주되었다. 그리하여 폴리스 의 관심사는 모든 인간의 관심사이며, 폴리스를 구제하는 것은 만인 의 의무로 받아들여졌다.

페르시아 전쟁 이후 페리클레스적 이상은 아테네의 시민상으로 굳어지게 된다. 페리클레스적 시민상의 특징은 사적인 영역과 공적 영역 간의 조화를 이루며, 사유와 행위, 권력과 지성, 말과 행동이 통합되어 있다는 점이다. 특히 페리클레스적 시민상의 면모는 펠로폰네소스 전쟁 초기 추모 연설(funeral oration)에 잘 나타나 있다.

"우리는 자유롭게 공직에 종사하고, 서로 일상생활에 힘씁니다. 서로 질투에 찬 감시를 하는 것과는 거리가 멀고…… 악의를 가지고 다른 사람의 일에 간섭하지 않으며, 두려움을 품고 마땅히 공적인 일에서 법을 어기지 않으며, 언제나 법과 판사를 존중하고, 특히 학대받는 사람을 지키는 법과 모두에게 수치를 가르치는 불문율에 유념하고 있습니다…… 우리들은 정의의 척도에 있어서 아름다움의 친구들이요, 유연성에 빠져들지 않는 지혜의 친구들입니다. 우리의 국가는 그리스 전체를 위한 교육기관이며, 개별적으로 우리들 각자는 인간다움의 품위를 증명합니다."(투키디데스, 박광순 옮김, 1994: '페리클레스의 추도연설' 제2권 35 - 46)

페리클레스적 시민상에서 시민은 권리의 보유자(bearers of right)라기보다는 의무의 보유자(bearers of duties)라는 성격이 강하다. 이러한 맥락에서 시민들은 법적으로 정치생활에 참여해야 할 의무가 있고, 공직을 돌아가면서 맡을 의무가 있으며, 공적 생활을 위하여 사적 생활을 상당 부분 희생할 의무가 있는 것이다(박효종, 2003b: 3). 그러나 이러한 페리클레스적 시민상에는 이미 이상적 제국주의가 배태되어 있다. 사실 추도연설을 생기 있게 하는 것은 '아테네의 유일함에 대한 자각'이었다. 그런데 문제는 페리클레스적 시민상에 이미 실패가 노정되어 있다는 사실이다. 세계최고라는 아테네의 위대함의 비전은 이미 최악의 것을 노정하고 있다. 펠로폰네소스 전쟁 기간 중 멜로스 회담에서 확인할 수 있듯이 아테네인들은 할 수 있다면 무엇이든 지배할 수 있다는 '일반적이고 필연적인 자연법'의 수행자로 자처했다. 한마디로 강자는 무엇이든 행할 수 있고, 약자는 강자가 요구하는 것을 따라야 한다는 것이다(Villa, 2001: 11 - 12).

펠로폰네소스 전쟁 이후 BC 5세기 말에서 BC 4세기의 아테네는 정치적 무기력, 정치적 무관심이라는 인상을 준다. 이제 사람들은 폴리스 이외의 것에 관심을 기울인다. 소크라테스의 문제제기는 바로 이러한 펠로폰네소스 전쟁 이후의 아테네 사회를 배경으로 한다. 이제 소크라테스는 끊임없이 반어법을 구사하며, 왜곡된 가치와 독단에 대해 자각할 것을 요청한다. 이를 위해 충격요법으로 아테네 정신의 화신이라고 할 수 있는 페리클레스까지도 가차 없이 비판한다. 소크라테스는 페리클레스적 이상의 문제점을 극복하기 위해 사유와 행위, 권력과 지성, 말과 행동 간의 거리(distance)를 두고 반성적 사고를 통해 부정(불의)의 가능성을 최소화하고자 한다. 여기에서 끊임없이 이의를 제기하는 시민성의 면모가 부각된다.

소크라테스적 시민성의 총체적 모습을 조망하는 데 있어서 특기할 만한 것은 소크라테스가 군인이었다는 사실이다. 그의 철학함의 소명은 전투 중에 갖게 되었다. 아테네의 군인으로서 소크라테스는 펠로폰네소스 전쟁 기간 중 세 차례 참전하였다. 37세에 포티다이아 전투, 45세에 델리온 전투, 47세에 암피폴리스 전투에 참전하였다. 상관이 배치해 준 장소에, 죽음을 무릅쓰고 다른 사람과 같이 머물러 있으면서 다음과 같이 생각했다. '신의 명령에 의하여 나는 지혜를 사랑(철학)하게 되었고, 나 자신과 남들을 검토하면서 살아가게 되었는데, 이 자리에서 죽음이나 그 밖의 어떤 것을 두려워하여, 내가 지켜야 할 자리를 버린다고 하면, 이것은 참으로 옳지 못한 일이다.'(Plato, *Apology*, 28e - 29a) 『향연』(219d - 221c)에서 알키비아데스는 펠로폰네소스 전쟁에서 목격한 소크라테스의 용맹함을 묘사하고 있다. 포티다이아로 원정 가기 전 군이 포위되었지만 누구보다도 배고픔을 잘 참았던 일. 추위가 지독한 날, 아무도 밖으로 나가려하지 않을 때, 맨발로 얼음 위를 누구보다도 수월하게 걸어갔던 일. 밖에서 24시간 이상을 꼼짝도 않고 사색에 잠겼던 일. 전투 중에 상처 입은 알키비아데스를 목숨을 무릅쓰고 구해 준 일이나 델리온 전투에서 패전하여 후퇴할 때, 누구보다도 결연한 군인의 행동으로 방어를 하며 후퇴했던 일 등. 이러한 소크라테스의 면모는 용기 있는 군인상을 보여 주고 있다.

Ⅳ. 소크라테스적 시민성과 시민불복종의 문제

1. 시민불복종의 개념정의

흔히 소크라테스는 "악법도 법이다."라는 준칙을 죽기까지 고수했다는 점을 들어 그는 국가권위에 대해 철저히 복종했다는 평가를 받는다. 그러나 시민으로서, 특히 공적 업무에 종사하는 공인으로서 그는 몇 차례 시민불복종이라 부를 만큼 강한 의지를 가지고 이의제기 및 불복종을 시도하였다. 소크라테스의 시민불복종 성격이 어떠한 것인지 검토하기 위해 필자는 시민불복종의 개념 및 한계를 롤즈(1971)의 『사회정의론』을 토대로 살펴보고자 한다.

역사적 맥락의 소크라테스적 시민성을 탐구하는 과정에 현대의 정치철학자인 롤즈의 정의론을 이끌어 댄 것은 이 글의 논리적 정합성을 떨어뜨릴 수도 있지만 소크라테스의 시민불복종의 성격을 규명하는 데 있어서 롤즈의 시민불복종 개념은 유의미하다.

롤즈(1971: 85, 353, 360)에 의하면 헌법이란 정의로운 결과를 보장하기 위해서 여건이 허용하는 한에서 형성되는 정의롭긴 하지만 불완전한 절차라는 데 난점이 있다. 그것이 불완전한 이유는 헌법에 따라서 제정된 법이 정의로운 것이기를 보장해 줄 현실적인 정치 과정이 존재하지 않기 때문이다. 이상적 입법도, 형사재판도 불완전한 절차적 정의에 속하며, 정치적인 문제에 있어서 완전한 절차적 정의는 달성될 수 없다. 이와 같은 불완전한 절차를 통해 정의롭기를 바라는 법이 평등한 자유의 원칙에 벗어나는 경우가 현실에 존재하게 된다.

평등한 자유의 원칙을 벗어나는 법을 준수해야 할 것인가? 아니면 거부해야 할 것인가? 이 대목에서 시민불복종의 문제가 대두된다. "악법도 법이다. 그러므로 지키지 않으면 안 된다."라는 준칙을 상기하면서, 무조건적으로 법을 따르는 것에 동의할 수는 없을 것이다. 그러나 시민불복종 이전에, 비록 정의의 원칙을 벗어난 법일지라도 법의 부정의가 그것을 지키지 않아도 될 충분조건은 아니다. 즉, 적어도 거의 정의로운 국가(a state of near justice)에서는 부정의한 법이 어느 정도의 부정의를 넘어서지만 않는다면, 우리는 그 법이 구속력이 있다고 인정해야 하며, 따라야 할 의무가 있다(350 - 351, 355). 우리는 사회 체제의 결함을 그 체제에 따르지 않기 위한 손쉬운 구실로 삼아서도 안 되고, 법규에 있어서 불가피한 허점을 이용해서 우리의 이득을 도모해서도 안 되는 시민의 자연적 의무를 갖는다(355).

그러나 평등한 자유의 원칙을 크게 위배하는 법까지도 준수해야 할 의무가 시민에게 주어지는가? 롤즈에 의하면 시민불복종(civil disobedience)은 흔히, 법이나 정부의 정책에 변혁을 가져올 목적으로 행해지는 공공적이고, 비폭력적이며, 양심적이긴 하지만 법에 반하는 정치적 행위이다(364). 시민불복종은 그것이 비록 법의 바깥 경계선에 있는 것이긴 하지만 법에 대한 충실성의 한계 내에서 법에 대한 불복종을 나타내야 하며, 그 법을 어기긴 하지만 법에 대한 충실성(fidelity)은 그 행위의 공공적이고, 비폭력적인 성격과 그 행위의 법적인 결과들을 받아들이겠다는 의지에 의해 표현된다(366). 불복종(noncompliance)의 정당화 여부는 법과 제도가 부정의한 정도에 달려 있다(352). 시민불복종이 정당화되는 것은 정의의 제1원칙인 평등한 자유의 원칙에 대한 심각한 위반이나 제2원칙의 두 번째 부분인 공정한 기회균등의 원칙에 대해 현저히 위배되는 경우이다 (372). 제헌위원회의 계약자들은 법에 대한 충실성의 한계 안에서 정당한 시민 불복종은 정의로운 체제의 안정성을 유지하기 위한 방식으로 채택하게 될 것이다. 비록 이러한 양식의 행위가 엄밀히 말해서 법에 반하는 것이기는 할지라도 그것은 입헌체제를 유지함에 있어 도덕적으로 옳은 방식인 것이다(384).

이상의 시민 불복종에 대한 기본 개념을 염두에 두고, 권위와 복종에 대한 소크라테스의 입장과 소크라테스에게 있어서 시민불복종의 성격을 살펴보자.

2. 권위와 복종에 대한 소크라테스의 입장

펠로폰네소스 전쟁 기간 중 세 차례의 참전에 나타난 소크라테스의 면모에서 우리는 명령에 죽고 사는 참군인의 모습을 엿볼 수 있다. 권위와 복종에 대한 소크라테스의 입장을 고찰하는 데 있어서 필자가 군인으로서의 소크라테스를 부각시키는 이유는 군인에게서 권위와 복종의 관계가 가장 현저하기 때문이다. 물론 군인과 시민이 과연 동일한 범주인가에 대한 의문을 제기할 수도 있을 것이다. 사실 군인은 일반시민과는 다른 고유한 특수성을 지닌 사회의 구성원이다. 그러나 군인도 일반 시민처럼 국회의원 선거나 대통령 선거에 참여하지 않는가. 어찌 보면 군인은 그 특수성이 있음에도 불구하고 시민이라는 보다 넓은 범주에 속해 있지 않은가. 그렇기 때문에 군인과 시민을 구분하여 군인에게 적용되는 군대윤리와 일반 시민에게 적용되는 일반윤리 사이에는 그 차이점에도 불구하고 밀접한 관련이 있다고 볼 수 있다. 사실 조금만 생각해 보아도 군인은 군인이기 이전에 시민이며, 시민 일반에 요구되는 일반윤리가 군인에게도 상당 부분 동일하게 적용됨을 알 수 있다. 물론 군인에게는 일반 시민과 다른 특수성을 반영한 군대윤리가 요구되지만 그 특수성도 보편성을 전제로 하지 않을 수 없다. 군인과 시민에게 적용되는 윤리의 보편성과 특수성의 관계는 군인과 시민에게 적용되는 권위와 복종 문제의 보편성과 특수성을 잘 설명해 줄 것이다.

권위(authority)란 '명령을 내릴 수 있는 권리(right to command)'이며, 권위에 의한 명령에 복종하는 것은 내용−중립적(content−neutral)이고 내용−독립적(content−independent)이며, 배제적 이유(exclusionary)와 선취적 이유(preemtive reason)를 지닌 것이라 할 수 있다(박효종, 2001: 10−11). 특히 이러한 권위의 개념을 가장 잘 만족시킬 수 있는 것은 군대의 명령·복종 관계이다. 그러나 군대에서조차도 불복종이 정당화되는 사례가 있다. 만일 군대에서의 명령 불복종이 정당화될 수 있는 측면이 있다면 권위와 복종의 관계가 보다 약화된 구도에 처해 있는 일반시민의 경우, 권위에 대해 절대적으로 복종해야 할 이유는 없는 셈이 된다.

군인으로서 상관에게 이의를 제기하는 것(dissent)은 쉬운 일이 아니지만 수명(受命)받은 명령이 자신의 양심과 충돌한다면 이를 상관에게 보고해야 한다.04 상관에 대한 이의제기는 보다 상위의 가치에 대한 충성심의 발로이어야 하며, 상관의 지시에 반대하면 할수록 그의 지시를 따르고자 하는 노력도 커야 한다. 우리는 명령과 복종 관계의 고뇌를 종종 목격한다. 예컨대 이와 관련하여 우리는 상관의 부당하고 위법한 명령을 맹목적으로 추종하여 발생한 베트남의 밀라이 양민학살 사건이나 히틀러의 파리 파괴명령을 불복종한 콜티츠

---

04 (Montor et al, 1994: '충성, 이의제기 그리고 헌신' A101−104) 참고.

장군의 사례를 떠올려 볼 수 있다.

이제 권위와 복종에 대한 소크라테스의 입장을 살펴보자. 우리는 플라톤의 『변론』에서 공인이자 군인으로서 소크라테스가 이의를 제기하고, 심지어 국가의 권위에 불복종하는 모습을 엿볼 수 있다. 첫째 사건은 소크라테스가 민회(정무심의회)의 일원으로 있을 때 일어났다. 펠로폰네소스 전쟁 말기 아테네가 승리한 해전에서 침몰한 아테네 함선 승무원들의 구조가 폭풍우 때문에 늦어졌는데, 이들을 구출하지 않았다 하여 10명의 장군들에 대해 일괄 재판을 하게 되었다. 이때 오직 소크라테스만이 이의제기를 하고, 반대투표를 하였다. 반대투표를 한 이유는 무고한 자를 죽이는 것이 아테네의 법에 어긋난다고 보았기 때문이었다(*Apology*, 32b‒c).

두 번째 사건은 BC 404년 30인 과두정치 시기[05]에 발생했다. 소크라테스는 다른 4명과 함께 살라미스 사람 레온(Leon, 아테네 장군)을 사형에 처하려고 그를 데려오라는 과두정권의 명령을 받았을 때, 그 명령에 불복종하고 집으로 돌아가 버렸다. 이는 죽음을 무릅쓰고서라도 부정한 일이나 불의한 일은 절대로 하지 않겠다는 것이다. 국가 권위에 대한 소크라테스의 불복종은 아테네 법률의 기본원리인 무고한 자에게 해악을 가하지 않는다는 원칙을 고수하기 위해서였다.

두 사건에서 유추할 수 있는 것은 권위에 대한 명령을 정당화할 수 있는 상위의 질서를 소크라테스가 전제하고 있다는 점이다. 즉, 첫 번째 예에서 소크라테스는 무고한 자를 죽이는 것은 아테네의 법에 어긋난다는 점을 고수하며, 10명의 장군들에 대한 처형의결에 반대표를 던졌다. 또한 두 번째 예에서도 소크라테스는 무고한 자에게

---

05 펠로폰네소스 전쟁에서 아테나이가 패전한 후(BC 404), 점령군인 스파르타의 무력을 배경으로 크리티아스 등 30인이 과두정권을 수립하여 무도하게 사람들을 죽이고 공포 정치를 하다가 8개월 만에 타도되었다.

해악을 가해서는 안 된다는 아테네 법률에 기반을 두어 불합리하고, 비도덕적인 상관의 명령에 불복종하였다.

요컨대 우리는 소크라테스에게서 이의를 제기하는 시민상을 엿볼 수 있으며, 이의제기, 더 나아가 불복종의 결과에 따른 책임을 강조하는 시민불복종의 아주 제한된 형태를 확인할 수 있다. 이러한 소크라테스의 시민불복종 면모는 롤즈가 상정하고 있는 시민불복종의 개념에 잘 부합한다고 볼 수 있다. 특히 법에 대한 헌신을 전제하고, 시민불복종의 비폭력적인 성격과 행위의 결과에 대한 법적인 결과를 감수하는 소크라테스의 불복종 행위는 롤즈의 시민불복종 개념의 좋은 모델이라고 할 만하다.

3. 소크라테스적 시민 불복종의 한계

앞의 논의에서 우리는 '권위와 복종'의 관계에 있어서 국가의 권위에 이의를 제기하고, 더 나아가 불복종하는 소크라테스의 면모를 살펴볼 수 있었다. 그런데 『크리톤』에서 소크라테스는 이의제기만 인정할 뿐 국가의 권위나 법에 대한 불복종을 결코 인정하지 않는다. 앞선 논의와 상반되는 소크라테스의 면모를 어떻게 해석할 수 있을 것인가.

국가 권위에 대한 복종은 충분조건을 지닌 시민적 의무는 아니다. 왜냐하면 국가 권위 자체가 불완전한 절차적 정의이기 때문이다. 물론 시민 불복종 또한 집단 간의 도덕적 선의 불일치 문제로 논리적으로 완벽하게 정당화될 수는 없다. 이러한 상황을 고려할 때, 소크라테스는 국가 권위에 대한 불복종을 부정한다기보다는 불복종으로 인해 초래될 심각한 사회적 손실을 고려하여, 시민불복종의 엄격한 한계를 긋는다고 보면 어떨까.

아테네의 법률을 인격화하여 대화하는 장면(Laws' speech)에서 우리는 부모 이상의 권위를 가지고 있는 법률에 대한 소크라테스의 입장을 엿볼 수 있다.

> 전쟁 중이든, 법정에 있든, 그 밖에 어떤 곳에서든 너는 너의 폴리스와 너의 조국이 명하는 것은 무엇이든지 수행해야 하네. **만일 그렇지 않다면 정의와 부합하게 폴리스와 조국을 설득해야만 하네**(Crito, 51c).

> 우리(법률)는 우리에게 불복종하는 자는 누구든지 세 가지 점에서 악을 행한 것이라고 주장하고 싶네. 첫째, 우리는 그의 부모이며, 둘째, 우리는 그의 보호자이기 때문에, 셋째, 복종을 약속(동의)한 후에, 그가 우리에게 복종하고 있지 않기 때문에, 또한 우리가 어떤 점에서 오류가 있다면 우리의 결심을 바꾸도록 설득하고 있지 않기 때문이네…… 우리는 그에게 우리를 **설득하는지 아니면 우리가 말한 것을 행하든지 선택의 여지**를 주었는데도, 그가 어떤 것도 행하고 있지 않기 때문이네(Crito, 51e – 52a).

만일 누군가가 어떤 법에 불복했다면, 그가 소환되었을 때, 법정에 출두하여 불복종이 정당하다는 사실을 동료 시민들에게 설득해야 한다. 이는 자신이 동의를 한 조국에게 자신의 행위에 대한 어떤 해명을 할 의무가 있기 때문이 아닐까! 여기서 시민불복종의 근거가 도출될 수 있을 듯하지만 법률과의 대화 전체적 맥락에서는 시민불복종의 의미가 다시 제한되고 있다.

법률과의 대화에 드러난 수사와 이 수사에서 부모의 비유로서 법률의 현저함은 법률이 최초에 그(시민)에게 생명을 부여했기 때문에 그(시민)는 법적 질서(국가)에 영원히 빚을 진다(Crito, 50d). 법률은 아버지로서 그를 양육하고 교육했다. 그러기에 국가와 시민 간에 평등한 권리가 있는 것은 아니다(51a). 이러한 맥락에서 개인의 삶은 자신의 것이 아니라 오히려 국가의 조건적인 선물이다. 그래서 각자는 자신의 부모에 대해 존경하는 것보다 훨씬 더 명예와 경의를 표하면서 국가를 대해야 한다. 그리고 부모에 대해서보다도 국가에 대해서 말대꾸하는 것이 허용되지 않는다는 것을 언제나 명심해야 한다(50e).

법률과의 대화에 나타난 소크라테스는 일단 부당한 법 절차 및 집행과 관련하여 최대한 자신을 변호하고, 동료 아테네 시민들을 설득하고자 한다.06 그러나 이 설득이 결국 성공하지 못했을 때, 악행을 행하느니 차라리 죽음을 선택하겠다는 자신의 준칙에 입각하여 아테네 법에 복종한다.

시민불복종의 다른 모델로서 안티고네와 소로의 입장도 간단히 살펴볼 필요가 있다. 안티고네는 오빠 폴뤼네이스를 묻어주는 것을 금지한 클레온에게 저항하여 적극적으로 죽음을 선택하는 데 있어서 명백한 가치들의 위계와 적극적인 정의감을 표출한다. 안티고네는 자연법의 고전적 모델이며, 시민불복종의 중요한 고전적 근거를 제공하기도 한다. 그러나 안티고네의 시민불복종의 행위는 어떤 합리적인 논증에 의한 것이라기보다는 제우스의 법, 즉 전통적 가치와 종교적인 신념에 기반을 둔 것이 아닌가라는 의문을 가질 수도 있다. 만일 그렇다면 안티고네의 도덕적 입장은 일면적이며, 시민적 영역과 가족 및 종교의 영역을 통합시키고 있지는 못하다고 볼 수도 있다. 그럴 경우 안티고네의 시민불복종은 반성적 도덕이라기보다는 관습적 도덕에 의거한 행위라는 평가가 내려질 수도 있다.07

---

06 그리스적 시민의 개념은 "민회에서 발언할 수 있는 사람"으로부터 형성된다. 이 개념의 출발점은 아이스킬로스의 3부작 『오레스테이아』(*Oresteia*)의 제3부인 『에우메니데스』에 잘 나타나 있다. 주인공 오레스테스는 아버지 아가멤논왕을 죽인 클뤼템네스트라와 그녀의 정부(情夫) 아이기스투스를 살해하는데 이 과정에서 오레스테스가 어머니에게 복수를 할 자격이 있는가의 논쟁이 아폴론신과 복수의 여신(Eumenides, Fury) 간에 이루어진다. 탄원자(supplicant)로서 오레스테스는 아테네 앞에서 자신의 행위를 변론한다. 이처럼 자기의 죄를 판단하고 해결할 수 있는 능력 등이 결합되어 시민개념이 형성된다. 이런 견지에서 흔히 번역되는 '변명(*Apology*)'보다는 '변론' 내지 '변호'가 그리스어 **apologia**의 원래 의미(a speech in defence)에 부합한다(박효종, 2003b: 14-15; Aeschylus, 1953).

07 안티고네의 행위에 대한 해석에 있어서는 자연법의 신봉가들의 입장도 있을 수 있으며, 자유주의자들의 입장도 있을 수 있다. 다만 당시 장례의식에 대한 관습은 일종 신의 명령이라 할

시민불복종의 또 다른 모델로서 소로(D. H. Thoreau)는 노예제도를 폐지해야 하며, 멕시코와의 전쟁을 막아야 한다고 강변한다. 소로의 시민불복종 개념에서, 원리로부터 행동의 추구는 단순한 불복종 내지는 불응이 아니라 '행동'이다. 그리하여 소로는 "원리로부터의 행위는 사태와 관계를 변화시키는데 (권리에 대한 지각과 그 권리의 수행이라 할 수 있는) 그 행동은 *본질적*으로 혁명적이다." 당시 최고의 악인 노예제도의 폐지에 대한 그의 갈망에서 노예 제도를 옹호하는 정부를 공격하고, 세금을 내지 않는 '평화적 혁명'을 제안했을 뿐만 아니라, 필수적인 수단으로서의 폭력을 고려한다.

소로의 논의는 여러 면에서 양심적 개인주의라는 소크라테스적 개념을 확장·심화시키지만, 행동에의 강한 요청과 결정적 순간에 무력에 호소하는 문제 때문에 소로의 논의는 소크라테스적 시민성의 범주를 넘어서고 있다. 소로와는 달리 소크라테스는 세속적인 결과와 상관없이 악의 폐지를 요구하지는 않는다. 즉, 소크라테스적 양심은 내적인 도덕적 순수성의 추구를 적극적인 정치적 행위의 지배원리로 전환시키지는 않는 것으로 보인다.

V. 소크라테스적 시민성 교육

소크라테스적 시민성 교육은 과연 어떤 교육체계하에서 가능할까? 소크라테스적 시민성이 도덕적 개인주의이자 자유주의에 기반을 둔다고 했을 때, 공동체주의자들이 강조하는 덕교육과 논리적으로 상충할 가능성이 클 것으로 전망된다. 그러나 자율성이 상당한 교육과

만큼 절대적인 것으로 간주했다는 점을 유념할 필요가 있다. 우리는 그러한 사례를 호메로스의 『일리아드』에서 헥토르의 장례식의 사건을 통해서도 알 수 있다. 필자는 안티고네의 행위를 자연법에 부합한 행위로 볼 필요가 있다고 생각한다.

훈련의 기간을 통해서 가능하다는 사실을 염두에 둘 때, 자유주의와 덕목의 함양은 논리적으로 양립할 수 있고, 보완될 수 있을 것이다 (박효종, 2001: 584). 특히 인간의 도덕적·이성적 발달과정을 고려할 때, 시민성 교육의 구성에 있어서, 초등교육에서는 습관이나 모방을 통한 교육에 보다 중점을 두고, 중등교육에서는 가치선택 및 판단능력의 신장에 초점을 두는 것이 적절하다. 이번 장에서 필자는 고대 그리스의 교육관과 플라톤 및 아리스토텔레스의 교육론을 토대로 소크라테스적 시민성 교육의 방법론을 제시하고자 한다.

1. 그리스적 전통의 수용: 전범(典範)과 모방(模倣)

고대 그리스의 전통적인 교육, 특히 초등교육은 한마디로 전범 (paradeigma)과 모방(mimēsis)에 의한 교육이었다. 플라톤이나 아리스토텔레스 모두 그들의 교육론에서 초기에 무시케(mousikē, 문예교육)를 통해서 이상적인 영웅상, 신과 인간의 관계, 주인 - 손님 간의 관계(host - guest friendship), 정의의 문제 등에 대해 바람직한 태도와 성향을 습득하는 것에 관심을 기울인다. 이 때문에 아리스토텔레스 역시 보다 완화되긴 하지만 플라톤과 함께 문학작품이든, 미술작품이든, 음악작품이든 국가기관에 의한 검열을 수용한다.

고대 그리스에 있어서 전범과 모방의 대상은 호메로스의 『일리아드』나 『오디세이아』였다. 물론 헤시오도스의 작품이나 아이스퀼로스, 소포클레스와 같은 비극시인들의 작품도 큰 영향을 주긴 했지만 호메로스에 대한 의존은 절대적이었다. 크세노파네스는 "그리스인들은 처음부터 호메로스를 통해서 배웠다."고 했으며, 플라톤은 "이 시인이 그리스를 교육시켰고, 인간사에 있어서 행정과 교육에서 가치 있는 사람이 되려고 하는 자는 이 사람을 통해서 배워야 한다."고 했고, 크세노폰은 "나의 아버지는 내가 훌륭한 사람이 되라고 호메로스의 전부를 외우게 했는데, 지금도 나는 『일리아드』와 『오디세이아』를 암기하고 있다."고 토로했다. 심지어 알렉산더 대왕은 아킬레우스의 모습을 따르고자 항상 『일리아드』를 가지고 다녔다고 한다.

전범과 모방에 의한 교육적 전통은 덕교육의 성격을 지니고 있다. 덕교육의 고전적 원천으로 간주되는 아리스토텔레스(*Politics*, 1332a39 − 1332b11,1334b5 − 13; *Nicomachean Ethics*, 1179b20 − 21)에 따르면 인간이 선하고 덕성 있게 될 수 있는, 즉 덕교육이 가능할 수 있는 세 가지 근거로 타고난 본성(physis), 습관(ethos) 그리고 이성적 능력(logos)을 들고 있다. 타고난 본성은 자연에 의해 중립적인 형태로 내재되어 있기에 습관과 교육(didachē)을 통해서 인간의 고유한 가능성을 최대한 실현할 수 있다. 여기서 필자가 주목하는 것은 덕교육에 있어서 덕을 내면화할 수 있는 선천적 본성과 습관 이외에 이성적 능력에 대한 아리스토텔레스의 견해이다. 특히 덕교육의 방법론에 있어서 중요한 것은 단순히 훈련을 통해서 덕목을 습관화시키기보다는 인간의 미적 감수성의 통로를 통해 시민적 덕을 습득하도록 하는 것이 필요하다. 아리스토텔레스(*Nicomachean Ethics*, 1106b20 − 24; 1109a27 − 30)는 중용으로서 덕의 형식을 "마땅한 때에, 마땅한 일에 대하여, 마땅한 사람들에게, 마땅한 동기로, 마땅한 태도로 **느끼거나 行하는 것**으로써 중간적이며, 최선의 것이다."라고 정의한다. 중용으로서 덕의 정의를 살펴볼 때, 덕을 습득하는 방법은 직접 행동으로 옮겨보는 길이 있고, 다른 사람의 행위나 문학작품을 통해서 간접적으로 체험하는 길이 있다. 특히 문학작품을 통해서 적절한 감정을 내면화할 수 있다.

동양의 덕교육에 있어서도 직접적인 행동을 통한 습관화뿐만 아니라 문학작품을 통한 적절한 감정의 습득에 대해서도 논하고 있다. 가령 주자가 "몸소 행하여 얻은 바가 덕"(躬行有得謂之德)이라고 한 것은 행동의 습관화를 강조한 것이라면, 공자가 "『시경』에 나오는 300여 수의 시는 그 발상에 있어서 사악함이 없다."[08]고 한 것은 문학작품을 통한 적절한 감정과 태도의 습득을 강조한 것이다. 『시경』에 나오는 300여 수의 시를 음미하다 보면 자기도 모르게 자신의 생각에 사악함이 없어지고, 임금과의 관계, 부모와의 관계, 자연과의 관계, 선악시비의 적절한 기준을 체득할 수 있을 것이다. 이러한 견지에서 공자는 도덕을 대변하는 예(禮)와 예술을 대표하는 악(樂)을 모두 섭렵할 때, 유덕(有德)하다고 본 것이 아닐까.[09] 이 대목에서 덕교육의 내실화를 기하기 위해서는 예술작품의 적절한 활용이 요구된다.

서양의 덕교육의 바이블이라 할 수 있는 『일리아드』나 그리스 비극 같은 문학작품은 그 이면에 이성적 논리가 담겨 있는 것이 아니라 누구나 공감할 수 있는 감정의 샘이 흐르고 있다. 현상학적 가치론자들의 주장처럼 우리의 감정에는 가치들을 지향하는 능력이 있는데, 특히 미적 감수성을 자극하는 예술작품에 담긴 표상 및 내용과 친화력을 갖는다. 사실 진지한 예술작품은 단순히 허구의 창작이 아니라 인간실존의 대응물이며, 현존재로서 인간의 자기이해를 가능케 하고, 우리의 상상력과 공감능력을 확대시켜 타인, 사회와 자연을 아우르는 감정의 공동체(community of feeling)를 형성케 한다(진교훈, 2000: 16-18; Rader & Jessup, 1994: 308).

끝으로 아리스토텔레스나 플라톤에게 있어서 덕(德)이란 단순히 습관(ethos)을 의미하는 것이 아니라 품성(ēthos)으로 내면화되는 측면이 강조된다. 물론 덕 자체로는 불완전하지만 아리스토텔레스의 덕교육의 전체 맥락에서, 즉 본성(physis)과 습관(ethos) 그리고 이성

---

[08] 『論語』, 爲政篇, "子曰 詩三百, 一言以蔽之, 曰, 思無邪"
[09] 『禮記』, 樂記篇, "禮樂皆得 謂之有德 德者得也"

적 능력(logos)의 틀에서 보았을 때, 덕이 품성으로 내면화되었다는 것은 반성적 사고가 결여된 관습적 수준의 덕을 넘어서서 어느 정도 자율성을 지닐 수 있는 가능성을 상정하고 있다. 물론 여기서 덕은 이성적 능력과 유기적인 관계를 맺고 있긴 하지만 덕 자체가 자율적이라고는 말할 수는 없다.

2. 시민적 자율성 고양: 실천적 지혜와 문답법

성숙한 시민을 육성하기 위해서는 소크라테스처럼 관행이나 전통 등에 대해 비판적으로 바라볼 수 있는 안목을 길러 주는 것이 필요하다. 필자는 비판적 안목과 자율성을 지닌 성숙한 시민성의 함양을 위해 그리스의 위대한 정신적 유산인 실천적 지혜(phronēsis)와 문답법(dialektikē)을 원용할 필요가 있다고 본다.

아리스토텔레스는 『니코마코스윤리학』(1102a34 – 1103a10)에서 덕을 '성품적인 덕(도덕적인 덕)'과 '지적인 덕'으로 이분하는데,[10] 성품적인 덕이 덕교육의 주된 내용이지만, 지적인 덕에 속하는 실천적 지혜 또한 덕교육을 보완하는 중요한 요소이다. 프랑케나의 "원칙 없는 성품은 맹목이고, 성품 없는 원칙은 공허하다."는 말처럼, 좋은 개인으로서건, 좋은 시민으로서건 유덕한 행위는 지적 사유와 덕성이 상호 결합될 때 가능하다(1139a34 – 35).

성품(ēthos)이 없이는 좋은 행위(eupraxis)가 가능하지 않는 것처럼, 선택의 상황에서도 성품에 실천적 지혜가 결여되어 있으면 올바른 선택을 할 수 없다. 무슨 일이나 실천적 지혜와 성품이 함께 연계될 때 성취되는 법이다(1144a7). 왜냐하면 성품적인 덕(도덕적인

---

10 '성품적인 덕(hai ēthikai aretai)'을 '도덕적인 덕(moral virtues)'으로 번역하기도 하지만 '성품적인 덕'이 보다 적절하다. 왜냐하면 지혜, 용기, 절제, 관후함 등의 덕은 성품과 관련되는 덕이기 때문이다.

덕)이 올바른 목적을 선택한다면 실천적 지혜는 그 목적을 달성케 하는 것들을 가능하게 해 주기 때문이다(1145a4 - 6).

이상의 논의에서 올바른 선택이나 올바른 행위는 성품적인 덕과 실천적 지혜가 공수행할 때에만 가능하다는 것을 명확히 알 수 있다. 그런데 여기에서 문제가 되는 것은 성품적 덕(도덕적 덕)이 올바른 목적을 정해 준다고 했을 때, 실천적 지혜는 주어진 목적을 달성하기 위한 한갓 도구적 이성으로 간주될 소지가 있다는 점이다. 그러나 아리스토텔레스에게 있어서 실천적 지혜가 단지 목적 실행의 수단 마련 내지는 개별적인 것의 직관이라고 단언하기는 어렵다. 목적과 수단 간의 구별이 어떠하든 간에 확실한 것은 실천적 지혜와 성품적 덕은 상호 밀접한 연관을 맺고 있으며, 어느 것도 다른 것을 배제하고 존재할 수 없다는 점이다(Guthrie, 1977: 347 - 348). 사실 『니코마코스윤리학』 제6권에서 불과 몇 장 안 되는 내용을 토대로 실천적 지혜를 규명한다는 것은 무리한 일이 아닐 수 없다. 차선책이기는 하지만 실천적 지혜의 대략적인 의미파악을 위해 아리스토텔레스 이전의 문학과 철학에 나타난 실천적 지혜의 의미와 아리스토텔레스적인 실천적 지혜의 성격을 탐구한 박전규(1985: 159 - 171)의 논의를 간단하게 소개한다.

프로네시스, 즉 실천적 지혜는 인간의 한계를 인식하고, 인간적인 것을 알며, 인간이고자 하는 앎이다. 그리하여 욕구하는 진리에 도달하고자 할 때, 실천적 지혜는 수단에 대한 고려와 상황 판단으로서 인간이 찾을 수 있는 지식의 대명사이다. 그것은 절제와 온건, 협력과 적절함, 행이든 불행이든 간에 다가올 우연에 미리 대비하는 슬기, 목적에 비례하는 수단의 선택, 수단에 비례하는 목적의 합리적인 설계균형과 때에 맞은 시기, 알맞은 장소 등을 고려하는 '사려 깊음'으로 이해된다. 사실 실천적 지혜는 호메로스나 비극시인들, 아울러 소크라테스에게서도 익숙하게 발견되는 그리스 고유의 실천적 사유이다. "너무 지나치지 마라.", "너 자신을 알라.", "지혜를 사랑하라." 등의 권고적 명령은 실천적 지혜의 근간을 이루고 있다. 결국 실천적 지혜는 인간인 한에 있어서 "무엇은 해야 하고 무엇은 해서는 안 된다."(ti dei prattein ē mē)는 것을 규정하는 명령의 형식(epitaktikē)을 취한다(*Nicomachean Ethics*, 1143a8 - 9).

요컨대 아리스토텔레스의 논의를 종합해 볼 때 덕교육은 단순한 습관화를 넘어서, 사려·선택·분별능력으로서 실천적 지혜의 계발을 통해서 온전한 형태를 갖출 수 있다. 그러나 실천적 지혜가 과연 궁극적인 삶의 목적이나 최고선, 사물의 본질에 대한 참된 인식을 이끌어 낼 수 있는가에 대해서는 적극적으로 답변하기 어렵다. 앞서 우리는 소크라테스의 진리관을 살펴보면서 적극적으로 주장할 수 있는 행위의 근본원리는 "부정(불의)한 일을 회피하라."는 것이다. 이러한 진리에 대한 소극적인 입장은 우리로 하여금 오만(hybris)하지 않고, 겸손(eusebeia)한 태도를 지니게 한다. 따라서 우리가 지닐 수 있는 삶의 가치들에 대한 입장은 '옳은 의견'의 수준에서 표명할 수밖에 없다. 그리고 내가 옳다고 믿고 있는 의견(doxa)은 담론의 장에서 상대방을 설득하거나 상호 공감대를 형성할 수 있어야 할 것이다. 또한 담론의 장은 내가 옳다고 상정한 의견의 문제점을 발견하고 수정할 수 있는 계기도 부여할 것이다.

소크라테스적인 문답법이라는 담론의 장을 통해 우리는 '의견'에 내포된 모순을 발견할 수 있으며, 보다 성숙한 '의견'으로 정련시킬 수 있고, 보다 확신 있는 행위의 토대를 확보할 수 있다. 여기서 문답법은 상대방과의 대화뿐만 아니라 자기 내면과의 대화도 포함한다는 점이 중요하다. 자기 내면과의 대화는 페리클레스적 이상의 모순점, 즉 사유와 행위, 말과 행동, 권력과 지성의 즉각적인 통합이라는 아테네인의 과도한 확신과 자기의(自己義)를 한 발짝 물러나 반성적으로 사유할 수 있는 심리적 공간을 마련해 줄 수 있을 것으로 기대된다.

3. 소크라테스적 시민성의 도덕교육적 함의

소크라테스는 무지의 지를 바탕으로 적극적인 진리를 확언하지 않고, 끊임없이 반성하며, 문제를 제기하는 부정의 길(via negativa)을 걸었다. 유일하게 정언명법으로 요청한 것은 '불의(부정)의 회피'이다. 그리하여 소크라테스는 개인으로서든 시민으로서든 우리가 최악의 것을 회피하는 것이 그 자체로 최상의 명령에 대한 도덕적 성취임을 강변한다. 여기서 특히 '부정의 길'이 유용한 것은 모든 사람을 소크라테스적 시민성에로 초대할 수 있다는 점이다. 이는 포퍼(K. Popper)가 소크라테스를 열린사회의 이상적인 시민상으로 삼는 이유이기도 하다. 만일 소크라테스가 참된 인식이나 사물의 본질에 대한 지식을 추구했다고 주장한다면 이러한 인식과 지식은 도덕적 전문가나 철인왕의 몫일 뿐이다.

권위와 복종에 대한 소크라테스의 입장에서 우리는 소크라테스가 시민불복종에 대해 명확한 한계를 제시하고 있음을 살펴보았다. 즉, 국가 권위의 부당함을 설득시키거나 그렇게 하지 못할 경우, 복종해야 한다는 것이다. 한편에선 시민불복종을 옹호하는 듯한 소크라테스가 다른 편에서 시민불복종의 형식을 엄격히 제한하는 이유는 시민불복종이 불합리한 제도나 관행을 개선할 수 있는 유일한 대안은 아니라는 점과 시민불복종으로 유발되는 사회적 해악을 염려하였기 때문이다.

소크라테스적 시민은 도덕적 개인주의자이지만 이 글에서는 공동체에 전혀 부담이 없는 자아로 상정하지는 않았다. 소크라테스의 폴리스에 대한 관심과 열정, 아테네 시민에 대한 교육적 사랑을 고려할 때, 소크라테스의 도덕적 개인주의는 진공상태 혹은 맥락 없는 자아관과는 거리가 멀며, 민주적인 공동체와도 친화력이 있다. 요컨대 소크라테스적 시민성은 자유주의적 시민성과 공동체주의적 시민성을 가로지르는 대안적 시민성이라 할 수 있다.

소크라테스적 시민성의 교육에 있어서 필자는 아리스토텔레스의 두 가지 명제, 즉 "교육은 무엇보다 교육받는 사람의 도덕적·지적 발달과정을 고려해야 한다."는 명제와 "인간이 유덕한 존재가 되기 위해서는 본성(physis), 습관(ethos), 이성적 능력(logos)이 유기적으로 결합되어야 한다."는 명제를 토대로, 소크라테스적 시민성 교육의 전반기(초등교육)에는 전범과 모방이라는 그리스적 전통을 수용한 덕교육을 위주로 하고, 후반기(중등교육)에서는 실천적 지혜와 문답법을 통한 가치선택 및 가치판단능력을 배양하는 자율성 함양 교육을 제안하였다. 특히 필자는 시민적 덕교육에 예술작품이 함의하는 바를 동서양의 고전적 덕윤리 맥락에서 설명하였다.

그러나 덕교육에서 가장 문제가 되는 것은 덕목들이 보편성을 지니고 있지 않다는 점이다. 또한 고전적 덕윤리는 소규모 공동체, 가령 20~30만 명의 폴리스를 상정하고 있기에 고전적인 덕윤리를 현대사회에 적용한다는 것은 부적절할 수 있다. 하지만 언제나 특수성은 보편성을 토대로 하며, 특수한 덕목[用]의 이면에는 인류의 보편적 가치[體]가 흐르고 있다는 점을 고려할 때, 한 사회에서 공유할 수 있는 덕윤리의 재구성이 불가능한 과제만은 아닐 것이다.

소크라테스적 시민성 교육의 후반기(중등교육)에서 실천적 지혜는 "무엇은 해야 하고, 무엇은 하지 말아야 하는 것"을 규정하는 명령의 형식을 취한다. 물론 실천적 지혜는 사물의 본질이나 절대적인 지식을 적극적으로 제공하지는 않을지라도, '올바른 의견'을 지닐 수 있게 하며, 이러한 의견의 진실성은 대화를 통해 밝혀질 수 있다. 특히 대화 가운데 내면과의 대화는 거리두기(Distanzierung)를 통해 사유와 행위, 말과 행동, 권력과 지성의 즉각적인 통합이라는 과도한 확신이나 편견을 한 발짝 물러나 반성적으로 사유할 수 있는 심리적 공간을 열어준다.

참고문헌

박전규(1985), 『아리스토텔레스의 실천적 지혜』, 서울: 서광사.

박종현(1996), 『플라톤: 메논, 파이돈, 국가』, 서울: 서울대학교출판부.

박효종(2001), 『국가와 권위』, 서울: 박영사.

박효종(2003a), 『민주시민, 그 위상과 관심사』, 서울대 사범대학 윤리교육과.

박효종(2003b), 『민주시민이란 어떤 존재인가』, 서울대 사범대학 윤리교육과.

윤영돈(1998), 「플라톤 교육론에서 예술과 도덕의 상호보완성에 관한 연구」, 서울대학교 석사학위논문.

윤영돈(2000), 「아리스토텔레스 교육론에서 예술과 도덕의 상관성 연구」, 해군사관학교, 『해사논문집』 제43집.

윤영돈(2009), 「밀러(D. Miller)의 사회정의의 원리에 대한 비판적 검토」, 인천대학교평화통일연구소, 『통일문제와국제관계』 제19집.

이민수(1998), 『전쟁과 윤리: 도덕적 딜레마와 해결방안의 모색』, 서울: 철학과현실사.

정순미(1995), 「공동체주의적 자유주의 정의관의 모색」, 서울대학교대학원 윤리교육과, 『사회와 사상』 제14집.

진교훈(2000), 「철학과 문학의 만남」, 『문학과 철학의 만남』, 서울: 민음사.

황경식(1995), 「자유주의와 공동체주의」, 『개방사회의 사회윤리』, 서울: 철학과현실사.

Aeschylus(1953), *Oresteia,* trans. by R. Lattimore, Chicago: Univ. of Chicago Press.

Aristoteles(1978), *Politik,* trans. by F. Susemihl, Leipzig, Scientia Verlag Aalen.

Aristotle(1968), *Aristotle's Nicomachean Ethics,* trans. by H. Rackham, MA: Harvard Univ. Press.

Aristotle, 나종일 옮김(1995), 『정치학』, 서울: 삼성출판사.

Aristotle, 최명관 옮김(1984), 『니코마코스 윤리학』, 서울: 서광사.

Guthrie, W. K. C(1977), *A History of Greek Philosophy* Ⅵ, Cambridge: Cambridge Univ. Press.

Hamilton, E. & Cairns, H.(eds.)(1982), *Plato: Collected Dialogues(Ⅰ - Ⅱ),* MA:

Princeton Univ. Press.

Homer(1990), *The Illiad and the Odyssey of Homer,* trans. by R. Lattimore, *Great Books of Western World,* Vol.3, Chicago: Encyclopedia Britannica, Inc.

Kitto, H. D. F.(1977), *The Greeks,* Penguin Books.

Miller, D.(1999), *Principles of Social Justice,* Cambridge: Harvard Univ. Press.

Montor, K.(et al)(1994), *Ethics for the Junior Officer,* Maryland: Naval Institute Press.

Mulhall, S & A. Swift(1993), *Liberals and Communitarians,* Oxford & Cambridge: Blackwell.

Plato, 최명관 옮김(1993), 『플라톤의 대화』, 서울: 종로서적.

Rader, M. & B. Jessup, 김광명 옮김(1994), 『예술과 인간가치』, 서울: 이론과 실천.

Rawls, J.(1971), *A Theory of Justice,* Cambridge: Harvard University Press; 황경식 옮김(2006), 『사회정의론』, 파주: 서광사.

Sophocles(1994), *Antigone, Oedipus the King, Electra,* trans. by H. D. K Kitto, Oxford & N. Y.: Oxford University Univ. Press.

Spragens Jr, T. A.(1990), *Reason and Democracy,* Duke University Press.

Spragens, Jr, T. A.(1995), "Communitarian Liberalism", *New Communitarian Thinking: Persons, Virtues, Institutions,and Communities.* Charlottesville & London: University Press of Virginia.

Thucydides, 박광순 옮김(1994), 『펠로폰네소스전쟁사(상)』, 서울: 범우사.

Villa, Dana(2001), *Socratic Citizenship,* New Jersey: Princeton Univ. Press.

Xenophon, 최혁순 옮김(1994), 『소크라테스의 회상』, 서울: 범우사.

제8장 중등 도덕과의
사형제도 문제: 계약론적
관점으로 해명하기*

이 글은 중등 도덕과에서 사형제도 문제에 대한 접근법의 한 예로 계약론의 문맥에서 사형제도의 존폐론 논쟁을 고찰하고자 한다. 사형제도의 찬성 논거로 홉스의 관점을, 사형제도 반대의 논거로 롤즈의 관점을 살펴보고자 한다. 특히 사형제도를 둘러싼 불균형한 정보의 시정을 통해 사형제도가 정의롭지 못하다는 점을 밝히고자 한다. 더 나아가 콜버그의 도덕성 발달 단계에 입각하여 사형제도 문제에 관한 교육적 지향점과 처방적 관점을 제시하고자 한다.

Ⅰ. 머리말: 사형제도에 대한 소크라테스의 무지

소크라테스(Socrates, BC 469~399)[01]의 재판은 BC 399년에 있었다. 그때 그의 나이는 70세였다. 그는 정계에서 유력한 아뉘토스(Anutos)[02]의 앞잡이 멜레토스(Meletos)에 의하여 고소되었다. 고소 이유는 소크라테스가 "아테네의 청년들을 부패시키고, 나라에서 신봉하는 신들을 믿지 않으며, 다이몬이라는 새로운 신을 끌어들였다."는 것이다. 고소의 배후에는 소크라테스와 전쟁 중의 위험인물이었

---

* 졸고(2010), 「계약론적 관점에서 본 사형제도의 문제」, 인천광역시민주시민교육연구회, 『민주시민교육』 제31호, pp.1 - 19를 수정 · 보완한 것임을 밝힌다.
01 소크라테스의 재판에 관한 기록은 크세노폰의 『소크라테스 회상』(제1권 1 - 2장)과 플라톤의 『변론』 참고. 사형집행 전의 대화는 플라톤의 『크리톤』과 『파이돈』 참고.
02 펠레폰네소스 전쟁 후에 들어선 30인의 독재정권을 타도하고, 민주정치를 재건한 민주파의 주요한 정치가. 소크라테스의 민주제 비판을 위험하다고 보는 그의 생각이 고소의 진정한 동기인 듯하다.

던 알키비아데스와의 관계나 패전 후 폭정을 한 30인 정권의 수령 크리티아스와의 관계 등과 같은 정치적 요인이 있었다. 최후의 변론에서 소크라테스는 자신의 사명이 신(다이몬)의 명령에 의하여 지혜를 사랑하고, 그 자신과 남들을 검토하면서 살아가는 것이므로, 설령 죽음이 닥쳐올지라도 신의 명령을 어길 수 없다고 주장한다(Plato, *Apology*, 28e－29a). 소크라테스의 변론에도 불구하고 일차 투표에서 유죄(유죄 280표, 무죄 220표)가 결정되었고, 이차 투표에서도 유죄(유죄 360표, 무죄 140표)로 표결이 되어 사형이 결정되었으며, 그 후 한 달이 지난 뒤 사형이 집행된다.

소크라테스에게 있어서 법은 신으로부터 부여된 것이며, 법을 따르는 것이 정의로 간주되었다. 따라서 국법을 어기고 살아남기보다는 차라리 국법을 준수하면서 죽을 것을 택한다(Xenophon, 최혁순 옮김, 1994: 제Ⅳ권 4장). 사실상 소크라테스는 아테네 청년을 부패시키지 않았고, 신을 모독하지도 않았다. 국법을 어기지도 않았던 소크라테스에게 사형이 선고된 것은 하나의 비극이 아닐 수 없다. 물론 소크라테스는 국법에 의해서가 아니라 국법을 악용한 사람들에 의해 살해된 셈이다. 소크라테스에게 있어서 국법 자체는 신적인 권위가 있으므로 어겨서는 안 되는 것으로 간주된다. "악법도 법이다."라고 말할 때, 이 말에는 법의 권위를 존중하는 자세가 담겨 있다는 것이며, 신적인 법이 악법이 된 것은 인간들이 악용한 것이다. 소크라테스는 법의 권위와 준법정신의 중요성을 누구보다도 절실히 깨달았으며, 인간들에 의해서 악용·남용될 수 있다는 것도 알고 있었다. 그러나 소크라테스는 사형제도 자체가 과연 정의로운 것인지, 아니면 정의롭지 못한 것인지에 대해서는 심각하게 검토하지 않는다. 아마도 이러한 모습은 그의 종교관에 기인하는 듯하다. 그의 종교관에 의하면, '육체는 영혼의 무덤'이기에 육체를 벗어나는 것, 즉 죽음은 영혼의 해방을 의미한다(Plato, *Phaedo*, 67c－d).

필자는 사형제도를 묵인하는 소크라테스의 태도가 과연 타당한가에 대해 의문을 제기한다. 자신과 남의 삶을 반성적으로 검토하고자 했던 소크라테스가, 사형제도 자체의 부정의함에 대해서는 비판적으로 검토하지 않은 것은 아닌가.

형벌의 역사는 사형의 역사라고 할 만큼 사형제도는 오랜 역사를 가지고 있다. 고대에서부터 중세를 거쳐 근세에 이르기까지 사형제도 자체의 부정의함에 대한 비판적인 사고가 거의 없었다. 그러나 계몽시대 이후, 사형제도 자체의 모순이 지적되고, 개인의 실천과 집단의 활동을 통해 사형제도가 점차 폐지되는 길을 걷게 된다. 이러한 과정에 있어서 불균형한 정보의 시정과 정보에 대한 책임 있는 실천이 중요함을 확인할 수 있다. 사형제도의 폐지는 단순히 정보만을 통해서 가능한 것은 아니다. 앎과 앎에 대한 성실한 실천이 요구된다.

Ⅱ. 홉스의 계약론과 사형제도

계약론의 문맥에서 사형제도의 출현과정에 대해 규명할 때, 주의할 점은 사형제도의 출현을 역사적 사실을 토대로 고찰하기보다는 자연상태(state of nature) 또는 원초적 상황(original position)을 가정하여 논의한다는 것이다. 또한 자기 이익에 밝은 합리적인 개인을 계약 당사자로 상정한다는 점도 기억할 필요가 있다. 자연상태에서 우리가 상정하는 '방법론적 개인주의'의 의미는 모든 제도나 행위 유형 및 정치적 · 사회적 과정이 원칙적으로 개인의 차원으로부터 설명될 수 있다는 점에서 명확하게 드러난다(박효종, 1994: 27). 자연상태와 방법론적 개인주의는 사실상 인간관의 문제이므로, 어떠한 인간관을 상정하는가에 따라 사형제도의 출현과정에 대한 설명이 달라질 수 있다.

계약론의 문맥에서 사형제도의 존치를 계약하는 대표적인 논의는 홉스의 『리바이어던』에서 확인할 수 있다. 『리바이어던』은 크게 두 부분으로 구성된다. 제1부에서는 '인간론'이, 제2부에서는 '국가론'이 다루어진다. 이 두 부분을 통해서 우리는 자연상태와 인간관, 그리고 리바이어던(국가)의 출현과 그 역할을 알 수 있다. 사형제도의 출현 과정은 리바이어던의 출현과 그 궤를 같이한다.

홉스의 자연상태에서 사회적 관계는 단적으로 '인간이 인간에게 늑대(homo homini lupus)'라는 말로 표현된다. 각 개인은 그들 모두를 두렵게 하는 공통적 힘이 없이 살아갈 때 그들은 '만인의 만인에 대한 전쟁(bellum omnium contra omnes)'이라고 불리는 상태에 있으며, 그러한 전쟁은 모든 사람에 대한 모든 사람의 전쟁인 것이다. 무엇보다도 나쁜 것은 지속되는 공포와 폭력으로 인한 죽음의 공포이다. 인간의 삶은 고독하며, 가난하고, 험악하며, 잔인하고, 짧은 것이다. 이러한 자연상태에서 개인들이 자발적으로 맺는 계약은 어떠한 계약이든 실효성을 거두지 못하리라는 것이 홉스의 비관적 통찰이다. 칼에 의해 보장되지 않는 계약은 한낱 말장난에 불과한 것이다. 법이 없다면 벌도 없는 이러한 자연상태에서 강자의 이익이 정의가 되며, 사회적 관계에는 언제나 전쟁의 위협이 도사리게 된다(Hobbes, 한승조 옮김, 1994: 229 - 234). 결국 자연상태에서 각 개인은 자신의 생명을 보존하기 위해 자신의 판단과 이성 안에서 원하는 대로 자신의 힘을 행사할 수 있었던 자연권을 리바이어던(국가)에게 양도한다. 이제 리바이어던은 행정권, 입법권은 물론이고, 사형을 포함한 완전한 처벌권을 갖게 된다(같은 책, 234 - 237, 356). 그야말로 왕권신수설의 권능이 리바이어던에게 부여된 것이다. 따라서 신민은 자신의 생명권을 확보하기 위해 리바이어던의 통치제도에 절대 복종해야 한다. 요컨대 전쟁의 위협 가운데 있는 인간은 자신의 생명과 안전을 위해 자연권을 리바이어던에게 양도하며, 강력한 칼을 쥔 리바이어던은 사형을 포함한 일체의 처벌권을 부여받게 된다.

Ⅲ. 사형제도의 계약은 합리적인가?

1. 계약 상황에서 생명까지 국가에 양도한 것은 합리적인가?

우리는 앞에서 홉스의 자연상태로부터 사회 구성원들의 계약에 의한 리바이어던의 출현과정을 살펴보았다. 그런데 사회 구성원들은 칼부림을 하는 리바이어던(국가)을 마치 플라톤의 철인왕처럼 절대적으로 신뢰할 수 있는 대상으로 치부해 버린 것은 아닌가 하는 의구심을 떨쳐 버릴 수 없다. 그들은 리바이어던의 권력남용을 간과한 것은 아닌가. 홉스에 의하면 자신의 생명을 보존하기 위해 자신의 판단과 이성으로 원하는 대로 자신의 힘을 행사할 수 있었던 자연권을 국가에 양도함으로써, 사형을 포함한 처벌권을 국가에 부여한다. 이에 대해 계약상황에서 사람들은 자신에게 전속된 자유의 극히 작은 부분만을 국가에 위탁한 것이기에 자신의 생명에 대한 결정권까지 국가에 위임하지 않았다는 반론이 제기될 수 있다. 이러한 반론을 제기하는 대표적인 학자로 베카리아(Cesare Beccaria, 1738 - 1794)를 들 수 있다(오영근, 1982: 47 - 49).

베카리아는 중세의 야만적 형벌을 개선하기 위해, 공리주의의 입장에서 그의 사형론을 전개한다. 그는 몽테스키외(Montesquieu)의 영향을 받아 형벌의 과학성, 개별성, 비례성에 관한 이론을 전개하고, 사회계약의 원리하에서 형벌권을 사회복지를 위한 개개인의 의무로 이해한다. 그는 국가의 형벌권이 개인의 상호권리와 자유를 획득하고 보유하기 위하여 자기가 가진 자유의 일부를 국가에 제공함으로써 이루어진 것이고, 따라서 국가의 형벌권은 국민의 행복을 유지하는 데 필요한 최소한의 범위에서 행사되어야 하고, 가능한 한 소량의 자유를 희생함으로써 이루어져야 할 것이라고 주장한다. 또한 범죄가 사회에 끼친 선악에 비례하여 형벌이 결정되는 것을 반대하여 '동해보복의 원리(lex talionis)'를 극복한다.

베카리아(Beccaria, 김봉도 옮김, 1992: 156)는 그의 저서 『범죄와 형벌』에서 법률의 도덕성과 범죄예방과 관련하여 법률이 어떤 범죄에 대해 가능한 한 최선의 방법으로 예방하려고 하지 않고 결과적으로 발생한 범죄에 대하여 부과하는 형벌은 정당하지 않다고 말한다. 범죄예방을 위해서는 자유가 이지와 보조를 맞출 필요가 있으며, 법률이라는 신전으로부터 부패를 멀리하고 전적으로 청렴한 사람을 사법관으로 양성하여 국가가 맡긴 법률을 보존할 것을 요구한다. 계속해서 그는 가장 확실하고, 동시에 가장 어려운 것은 사람을 나쁜 행위로 향하지 않게 하는 것, 즉 교육의 완성이라고 말한다. 특히 그는 루소의 『에밀』을 교육의 전범으로 생각하며, 청소년을 덕으로 인도하는 데는 감성이라는 용이한 길을 이용해야 할 것이라고 주장한다(같은 책, 174 - 183).

베카리아의 사형제도에 관한 구체적인 견해는 『범죄와 형벌』 제16장에서 피력하고 있다. 그에 의하면 첫째, 사형은 위법한 것이다. 왜냐하면 사회계약 속에 사형이 포함될 수 없기 때문이다. 둘째, 사형은 불필요한 것이다. 무기징역도 사형만큼 사회 방위목적을 잘 수행할 수 있기 때문이다. 셋째, 사형은 부당한 것이다. 왜냐하면 형벌이란 필요 이상 잔인해서는 안 되는데, 사형은 상술한 대로 필요 이상으로 잔인하기 때문이다. 넷째, 사형은 해로운 것이다. 왜냐하면 사형은 야만적인 영향을 미치고, "살인하지 말라."라는 금지에 대한 주의를 감소시키기 때문이다.

여기에서 사회계약을 기초로 한 베카리아의 기본 입장에 주목할 필요가 있다. "주권과 법률은 각 사람이 사회에 양도한 개인적 자유의 총체에 불과하다. 그것은 각 개인의 총의를 표현한다. 누가 다른 사람에게 자기를 죽일 권능을 주는 것에 동의할 것인가? 어째서 각 개인의 자유의 가장 적은 부분을 희생한 것에 모든 재산 중 가장 중요한 생명을 희생하는 것까지 포함될 수 있을까?" 리바이어던에게 생명권을 양도한 홉스의 계약론과 대비되는 대목이다. 홉스의 계약 당사자가 만일 베카리아의 관점을 알았다면 과연 생명까지도 국가(리바이어던)에게 양도했을 것인가.[03]

2. 롤즈의 무지의 베일을 쓰고, 사형제도를 원점에서부터 고찰하기

전통적인 사회계약론의 '자연상태'는 롤즈의 '원초적 입장(original position)'에 해당한다. 원초적 상황의 계약 당사자들은 합리적이고 상호무관심한 것으로 간주된다. 그렇다고 계약 당사자들이 전적으로 이기주의자라는 것은 아니다. 원초적 상황에서 합리적인 계약당사자는 '무지의 베일(veil of ignorance)'을 쓴다. 즉, 아무도 자신의 사회적 지위나 계층상의 위치를 모르고, 자신의 소질, 능력, 체력 등과 같은 천부적 자질도 모르며, 심지어 자신의 가치관이나 특수한 심리적 성향까지도 모른다. 이와 같은 원초적 상황에서 계약당사자로서 각 개인은 최소 수혜자의 입장에서 '맥시민의 원리(불행 중 다행 전략)'에 따라 무지의 베일을 쓴 모든 사람들이 합의하게 될 가장 일반적인 것, 즉 정의의 제1원칙에 합의하는데, 이는 제도들에 대한 비

---

[03] 이러한 베카리아의 사상은 1786년 오스트리아와 투스카니의 형법 개정에 영향을 미쳐 비록 일시적이지만 사형폐지에 이르게 하였다. 또한 그의 사상은 근대 형법학의 전범典範이 되었고, 그 이후 수많은 사형제도 존폐논쟁의 발단이 되었다. 루소, 칸트, 헤겔 밀 등은 사형존치론을 옹호하는 반면, 위고, 길핀, 블랙 등은 사형폐지론을 옹호한다.

판과 개혁을 규제하는 근거가 된다. 일단 정의관이 선택된 다음에는 그것에 근거해 헌법이 선택되고 입법기관이 결정된다. 만일 이러한 일련의 가정적 합의에 의해서 사회적 상황을 규정해 줄 규칙들의 일반 체계가 약정된다면 우리는 그러한 사회적 상황을 정의롭다고 할 수 있다(Rawls, 1971: 12 - 13).

계약론의 전통에 입각해 있는 롤즈의 정의론적 관점에서 과연 사형제도는 정당화될 수 있는 제도인가? 사실 롤즈의 정의론이 개인의 자유를 최우선시한다는 점에서 개인의 자유가 심각하게 유린될 수 있는 사형제도를 계약한다는 것은 기대하기 어렵다. 물론 롤즈의 정의론을 칸트의 정의관에 입각하여 해석할 경우, 사형제도가 선택될 가능성도 없는 것은 아니다. 그러나 롤즈의 정의론은 무엇보다 특정한 종교의 가치나 이데올로기를 정치공동체의 최고선으로 상정함으로써 이에 반하는 견해를 지닌 행위자에 대해 마녀사냥과 같은 불관용의 관점으로 처단하는 것을 원천적으로 막는 데 관심을 기울이고 있다. 이를 위해서 롤즈는 '자유의 우선성'을 정의의 제1원칙으로 규정한다.

과거 몇 세기 동안, 관용을 제한하는 그릇된 근거로 간주되어 온 논변 중 하나를 아퀴나스에게서 확인할 수 있다. 그에 의하면, 영혼의 생명인 신앙을 더럽히는 일은 생명을 유지하기 위해 위조 화폐를 만드는 것보다 훨씬 더 중대한 문제라는 근거에서 이단에 대한 사형제도를 정당화하였다. 따라서 위조범이나 다른 범법자를 사형시키는 것이 정당하다면 더더욱 이단자를 그와 같이 다룬다는 것은 말할 나위 없이 당연하다는 것이다.[04] 자유의 억압이 신학적 원리나 신앙의 문제에 근거하는 경우 어떤 논란도 있을 수가 없다(Rawls, 1971: 216).

그러므로 원초적 입장에서 제헌위원회의 계약 당사자는 법을 기초

---

04 Thomas Aquinas, *Summa Theologica*, II - II, q.11, art.3, Rawls, 1971: 215에서 재인용.

함에 있어 평등한 자유의 원칙에 의거하여 종교적 자유를 부여하게 될 것이다. 평등한 자유의 우선성을 가정할 경우, 평등한 자유를 부정할 수 있는 유일한 근거는 보다 큰 부정이나 보다 큰 자유의 상실을 막기 위함이다(같은 책, 214). 평등한 자유를 가능케 하는 정의로운 헌법을 보호하기 위해 불관용자들의 자유가 제한되는 경우, 자유의 극대화라는 이름 아래 이루어져서는 안 된다. 단지 타인들이 보다 큰 자유를 누리도록 하기 위해 어떤 자들의 자유가 억압되어서는 안 된다. 제한되어야 하는 것은 오직 불관용자들 자신까지도 원초적 입장에서 받아들이게 될 원칙들로 이루어진 정의로운 헌법 아래서 평등한 자유를 위해서 이루어져야 한다(같은 책, 220).

우리는 단지 종교적인 차이나 공산주의라는 이데올로기에 의해 수많은 인권이 유린된 역사를 알고 있다.[05] 언제나 최소 수혜자가 될 가능성을 고려하는 제헌위원회의 계약 당사자는 평등한 자유의 우선성에 비추어 종교나 이데올로기에 대한 관용을 요구할 것이다. 물론 평등한 자유의 원칙을 위협하는 종교나 이데올로기에 대한 제한은 불가피하다. 그러나 특정한 종교나 이데올로기를 따른다는 이유로 생명을 박탈하는 사형 선고는 제헌위원회의 계약 당사자에게 있어서 용납할 수 없는 것이다.

이상의 논의에 입각해서, 계약당사자들이 형벌제도를 설치하는 과정에 있으며, 제헌 위원회의 계약 당사자들은 개인의 자유를 최우선시하는 부류와 칸트적인 공정성을 최우선시하는 부류로 이분된다고 가정해 보자. 두 부류의 계약당사자들은 질서 정연한 사회에서 형벌제가 가혹하거나 지나칠 필요는 결코 없을지라도 강제력을 가진 통치권의 필요성에는 이견이 없을 것이다. 더 나아가 효과적인 형벌제

---

05 중세에서 근세에 이르는 기간 동안 기독교 세계에서 침례(baptism, 浸禮) 문제로 5,000만 명 이상이 희생되었다(Carroll, 말씀보존학회 옮김, 1997). 또한 공산주의적 사회의 실험 가운데 적어도 5,000만 명 이상이 희생되었다(Brzezinski, 명순희 옮김, 1989) 참조.

도가 있다는 것은 사람들의 상호안전에 도움이 되리라는 것에도 동의할 것이다(Rawls, 1971: 240). 강제기관을 설치하여 형벌제도에 저촉되는 개인의 자유를 제한하는 것이 정당화되는 것은 이러한 강제기관이 없음으로 해서 유발되는 자유의 상실보다 작은 경우이다. 물론 그들은 이러한 형벌제도가 개인의 자유에 위협이 된다는 것을 알 것이다(같은 책, 241). 이제 제헌 위원회의 계약 당사자가 풀어야 할 과제는 형벌제도에 사형을 포함시키는 것이 과연 정의로운 것인가의 여부이다. 개인의 자유를 최우선에 두는 계약 당사자들은, 다음의 준칙을 상기할 것이다. "모든 사람은 전체 사회의 복지라는 명목으로도 유린될 수 없는 정의에 입각한 불가침성(inviolability)을 갖는다. 그러므로 정의는 타인들이 갖게 될 보다 큰 선을 위하여 소수의 자유를 빼앗는 것이 정당화됨을 거부한다. 다수가 누릴 보다 큰 이득을 위해서 소수에게 희생을 강요해도 좋다는 것을 정의는 허용하지 않는다."(같은 책, 3-4) 계속해서 이들은, 극악무도한 범죄자일지라도 자유의 핵심인 생명을 박탈하는 것은 정의에 위배되는 것으로 간주하고, 사형을 형벌제도에서 배제시킬 것을 주장할 것이다. 물론 칸트적인 공정성을 최우선시하는 계약 당사자들은 "시민사회가 그 모든 구성원의 동의에 의해 해체된다 하여도 감옥에 있는 사형수는 한 사람도 남기지 말고 처형되어야 한다."는 준칙을 떠올리면서 응보적(retributive) 입장에서 사형제도를 채택할 수도 있다. 이들은 형벌이 정의(Gegechtigkeit)라는 목적 이외에 다른 목적을 갖고 있지 않고, 형벌 그 자체에 그 목적이 있고, 그 자체로 선한 것이라고 생각할 것이다.[06] 그리고 형벌은 범죄의 경중에 정확히 비례해야 한다

---

[06] 콜버그에 따르면 "칸트 자신은 사형제를 살인에 대한 정의로운 보상이라고 믿고 있었다. 그는 응보가 범죄인을 수단으로서가 아니라 목적으로서 취급하는 것과 어울린다고 믿었다. 그러면서도 그는 형벌이 범죄억제를 위해 필요하다고 보는 공리주의적 견해는 범죄인을 목적으로서가 아니라 수단으로서 취급한다고 믿었다."(Kohlberg, 김민남·김봉소·진미숙 옮김, 2004: 302)

고 볼 것이다. 따라서 살인에는 사형을, 강간에는 거세형을 부과해야 한다고 생각할 수도 있다(오영근, 1982: 41－42).

그러나 이 글에서는 평등한 자유를 보장하는 정의의 제1원칙에 의거하여, 입법과정에서 사형제도가 선택되지 않을 것으로 전망한다. 칸트의 도덕철학에 대한 롤즈의 재해석에 따르면 합리적인 인간이라면 그가 살인자가 될지도 모르고, 또 사형수로서 처형을 당할지도 모르는 상황에서 문제의 사형제도를 선택하는 것은 설득력을 갖기가 어렵다(Kohlberg, 김민남·김봉소·진미숙 옮김, 2004: 302). 특히 우리가 간과해서 안 되는 것은, 헌법이란 정의로운 결과를 보장하기 위해서 주어진 여건이 허용하는 한에서 형성되는 정의롭긴 하지만 불완전한 절차라는 것이다. 그것이 불완전한 이유는 헌법에 따라서 제정된 법이 정의로운 것이기를 보장해 줄 현실적인 정치 과정이 존재하지 않기 때문이다. 이상적 입법도, 형사재판도 불완전한 절차적 정의에 속하며, 정치적인 문제에 있어서 완전한 절차적 정의는 달성될 수 없다(Rawls, 1971: 85, 353, 360). 이와 같은 불완전한 절차를 통해 정의롭기를 바라는 법이 평등한 자유의 원칙을 위반하는 경우가 현실에 존재하게 된다. 그러므로 불완전한 절차적 정의에 속하는 사형제도에는 언제나 오판의 가능성이 존재한다고 할 때, 그것은 무고한 자를 사형시킬 수 있는 오류 가능성을 배제할 수 없다.

Ⅳ. 정보 불균형의 문제와 사형제도 존폐논쟁의 귀결

우리는 앞에서 사형제도의 계약 여부에 대해 홉스의 입장과 롤즈의 입장을 고찰해 보았다. 다음의 논의는 주로 홉스의 입장이 갖는 문제점으로 지적되는 정보의 불균형을 시정할 필요가 있다는 점에 주목하고자 한다. 불균형한 정보가 시정된다면, 인간 존엄성의 관점 뿐만 아니라 효용성의 관점에서도 사형제도가 폐지되어야 함을 확인 하게 된다.

1. 사형제도를 둘러싼 불균형한 정보의 시정

사형제도는 합법적으로 리바이어던에게 강력한 칼을 건네준 것이 라고 할 수 있겠다. 사형제도는 리바이어던에게 권력을 강화하는 구 실 좋은 정치수단 또는 정치무기가 될 수 있으며, 이러한 경우 리바 이어던을 구성하고 있는 권위당국자와 그의 추종세력은 좀처럼 사형 제도를 폐지하려고 하지 않을 것이다. 또한 그러한 리바이어던에 의 해 균형 있는 정보의 공유가 어려웠다고 볼 수 있다(박홍규, 1989: 116-117). 대부분의 국가에서는 사형제도 존치의 근거로 국민의 정 의감, 응보감정 등의 여론을 내세우는 경우가 많다. 그러나 여론조사 는 조사기법에 따라 매우 상이할 수도 있고, 대중은 이러한 사실을 충분하게 인식하지 못하기 때문에 국가에 유리한 여론을 내세워 사 형제도를 존치하는 것은 또다시 대중에게 불균형한 정보를 제공하는 것으로 볼 수 있다.

이제 불균형한 정보를 시정하여 사형제도의 정당성이 얼마만큼 확 보되는지, 그리고 어느 정도의 효용성이 있는지를 검토해 볼 필요가 있다. 첫째, 사형제도의 발생과정은 리바이어던의 출현과정과 궤(軌) 를 같이하는데, 사회계약이 체결될 때, 우리는 리바이어던에게 너무 도 강력한 칼을 부여했다. 그렇다면 우리는 개인의 자유 전부를 국 가에 양도했다는 논리(리바이어던의 사형권 인정)와 자유의 극히 작 은 부분만을 양도했다는 논리(리바이어던의 사형권 부정) 사이에서 새롭게 선택을 해야 한다.[07]

―――
07 사회계약에 대한 홉스와 베카리아의 입장이라고도 할 수 있다.

둘째, 리바이어던의 사형권을 부정했을 때, 범죄율의 증가를 우려하게 되는데, 과연 그러한가? 사형제도에 대한 가장 일반적인 정당화는 범죄예방(deterrence) 또는 위하력이다. 그러나 사형이 종신형보다 범제억제효과가 더 크다는 과학적 증거를 보여 주지 못한다(Hood, 1990: 166 – 167). 사형 폐지국과 존치국의 살인사건 발생률이나 동일 국가에서 사형을 폐지하기 전과 후의 살인사건 발생률 또는 사형집행 사실을 공표한 후와 그전의 범죄 발생률의 비교를 통해 볼 때, 사형의 위하력이 없음을 알 수 있다. 소매치기가 공개 처형되는 순간에도 그 동료는 다른 사람의 지갑을 노린다. 범죄 억제력은 위하력보다는 범죄 검거율에 더 큰 영향을 받는다(김동환, 1984: 36 – 40).

셋째, 국민의 정의감이나 응보감정 때문에 사형제도를 존치하는 것이 합당한가? 우리는 스스로 인간이기를 포기한 극악한 범죄자에게 사형선고를 내리는 것을 불가피한 것으로 여겨 왔다. 그러나 국민의 정의감과 응보감정은 항상 유동적이다.[08] 사형에 관한 한 국민여론이란 이성적인 법적 가치판단에 기초하기보다는 감정적, 즉흥적 판단에 의존하는 경우가 많다(이상혁, 1989: 270). 또한 범죄학자들에 의하면 가장 극악무도한 범죄는 대개 정신상태가 의심스러운 사람들에 의해 저질러지며, 빈곤, 실업, 알코올중독, 결손가정 등과 같은 사회문제와 연관되어 있다(앰네스티 리포트, 서명원 옮김 1989: 299). 그러므로 사형은 국민의 응보적 법감정을 순화시켜 주는 것이 아니라 오히려 황폐화시킬 수 있다.

넷째, 판사의 오판가능성에 대해서 우리는 지나치게 사소한 것으로 치부하지는 않는가? 설령 무고한 자를 처형함으로써 범죄예방에 효과가 있다면 공리주의적인 관점에서는 설득력이 있겠지만 이미 우

---

08 1949년 53%의 서독 국민들이 사형폐지를 지지함으로써 헌법개정을 통해 사형을 폐지하였으나 1952년에는 폭탄 장치된 소포물에 의해 두 명이 살해된 살인사건의 영향으로 55%의 국민이 사형을 다시 지지하였다.

리는 사형의 위하력이 크지 않음을 살펴보았다. 판사는 신이 아닌 이상 무고한 자에게 사형을 선고할 가능성이 있고,[09] 사형과 무기징역의 구분이 애매모호하기 때문에 사형이 자의적이고 차별적으로 선고될 수 있다.[10] 합리적인 우리로서는 한 개인의 생명이라도 소홀히 할 수 없는 것이다.

다섯째, 사형제도는 정치적 반대세력, 소수민족, 종족, 종교 및 소외집단에 대한 탄압도구로 빈번히 악용된다는 사실을 국민들은 잘 알지 못한다(배종대, 1993: 612; Hood, 1990: 162).

그 밖에 사형제도를 무기징역으로 바꾸었을 때, 오히려 비용이 절감될 수 있으며,[11] 형무작업을 통해 피해자나 본인의 가족을 경제적으로 부양할 기회를 줄 수 있으며(김동환, 1984: 46), 사형선고와 집행을 담당하는 판사와 사형 집행관의 심리적 고통을 덜어 줄 수 있고, 무엇보다도 교화와 개선의 여지를 남겨두고, 법에 의한 또 다른 살인을 금지할 수 있게 된다.

이상의 정보들을 알고 있는 계약 당사자라면 국가에 사형권을 위탁하지 않을 것이며, 사형존치를 옹호하는 비율도 감소할 것이다. 그러나 사형제도 폐지로의 길은 불균형한 정보의 시정만으로 충분하지 않다. 아울러 그 성격상 사형제도를 옹호하는 쪽으로 팔이 굽는 리바이어던의 성향과 사형제도의 경직성을 극복하기 위해서는 정치가

---

[09] 영국에 있어서 사형폐지 후 사형부활론이 4차례나 대두되었으나, 영국 의회에서 이를 받아들이지 않는 중요한 이유 중에 오판의 문제가 직접적 동기를 이루고 있다(김동환, 1984: 41). Hugo Adam Bedau 교수와 Michael Radelet 교수는 1900－1985년 사이의 연구를 통해 총 349명의 무고한 사람이 사형에 처해질 수 있는 죄목으로 기소되었으며, 그중 23명이 실제 처형되었다고 밝혔다(앰네스티 리포트, 서명원 옮김, 1989: 306, 註13번 참고).

[10] 1983년 미국 전역에서 살인범으로 기소된 사람의 숫자는 33,526명이었으나 그중 사형수는 3%인 1,300여 명에 불과하다(앰네스티 리포트, 서명원 옮김, 1989: 307, 註19번 참고).

[11] 미국 뉴욕에서 행해진 한 연구는 사형제도를 부활했을 때 드는 추가비용을 계산해 보았는데 그 결론은 보통 사형재판의 1심과 2심에 드는 경비는 180만 달러 정도이며 이 비용은 죄수 한 사람을 종신형으로 수감시킬 때 드는 비용의 두 배 이상이 된다(앰네스티 리포트, 서명원 옮김, 1989: 308, 註27번 참고).

나 입법가의 노력도 필요하고, 사형제도 폐지를 목표로 하는 인권운동도 요구되며, 더 나아가 사형제도 존폐논쟁의 귀결과 관련된 교육적 처방도 요청된다.

2. 도덕적 진보에 따른 형벌의 목적 변화와 사형제도 존폐논쟁의 귀결

계약론의 맥락에서 사형제도는 쉽게 결정될 수 있는 것은 아니나 역사적으로는 안정적인 제도로 정착되어 왔다. 흔히 '형벌의 역사는 사형의 역사'라고 한다. 그러나 인류는 도덕적 진보에 따라 사형제도 자체의 모순점을 발견하게 되었으며, 그 목적 또한 인간성을 고양하기 위한 것으로 전환시켰다. 여기서 우리는 인류 문명의 정신사적 발전과 개인의 인지 및 도덕성의 발달 단계의 관점에서 사형제도의 폐지를 위한 교육의 문제에 대해 논의하고자 한다.

(1) 도덕적 진보에 따른 형벌의 목적의 변화

라즐로(E. Laszlo)에 따르면 인류는 150억 년의 우주 진화과정, 40억 년의 지구 진화과정, 그리고 10만 년의 또 다른 진화과정을 거친 끝에 의식을 지닌 생명체로 탄생했다. 인류의 의식은 성장을 거듭하여 이성과 직관, 그리고 사랑과 유대감을 획득하게 된다(Laszlo, 이종현·최준영 옮김, 1994: 9 - 12). 여기서 언급하고 있는 진화론적 관점은 다원주의적인 경향이나 무신론적 관점보다는 보다 나은 삶의 수준을 위해 개방적 태도와 과정적 사고를 강조한다.[12] 인간의 의식은, 특히 자기반성적(self - reflexive, 자기반사적) 정신에 의해 외부환경의 속박으로부터 상대적인 자율성을 획득하며, 가족과 집단

---

12 진화론적인 윤리와 도덕에 대한 논의는 (Jantsch, 홍동선 옮김, 1995: 제16장 참조).

으로부터 공동체와 국가를 거쳐 전 세계로까지 관계를 확대하며, 전체적인 사회체계의 향방에 책임을 지게 된다(Jantsch, 홍동선 옮김, 1995: 248). 사회생물학적 영역은 엄격한 집단주의에서 점차 강화되는 개인주의로 진행하지만, 사회 문화적 발달과정은 인간의 자기반성적 정신에 의해 거시계를 재창조하게 된다(같은 책, 246). 이러한 인간의 자기반성적 사고의 발달은 형벌의 목적에 대한 발전적인 관점과 사형제도의 정당성 여부를 평가해 볼 수 있는 좋은 준거가 될 수 있다.

일반적으로 형벌의 목적은 응보(retribution), 일반예방 내지 범죄억제(deterrence), 특별예방 내지 개선(reformation)이라고 논의된다. 그러나 이러한 형벌 목적의 전 체계가 처음부터 인식되었던 것은 아니다. 국가가 성립하기 이전의 형벌은 개인의 복수심 또는 집단 간의 복수심을 기초로 하여 주로 응보의 목적에서 행해졌다. 그리고 이때의 형벌은 이성적 판단에 의한 것이 아니라 복수라는 감정적 판단에 의거하였기 때문에 문제의 범죄보다도 더 커다란 해를 초래하는 경우가 많이 있었다(오영근, 1982: 25).

그 후 국가가 성립되어, 개인이나 집단에 의한 형벌권의 행사는 극히 예외적인 경우를 제외하고는 부인되었고, 모든 형벌권을 국가가 갖게 된 것이다. 국가의 형벌권 행사는 그것이 사적 복수(private vengeance)가 아닌 공적 복수(public vengeance)로 발전되었다는 것과, 이에 따라 사적 감정에서 해방되어 이성적 고려가 생겨나게 되었다는 것 등과 같은 발전이 있었다. 그러나 근대 국가 이전의 형벌권은 절대군주를 위한 봉사수단으로 사용되었고, 일반국민에 대한 위하의 목적 내지 범죄 예방의 목적을 가졌다는 점에서 그 특징을 찾을 수 있다. 절대왕권 또는 봉건제라는 경직된 정치체제와 미약한 정치 공동체라는 환경 가운데 자기반성적 정신은, "왜 국가가 국민에게 형벌을 부과해야 하는가?"에 대한 합리적 고찰은 하지 못하는 한계를 갖는다. 이 시기에 위하의 목적을 가진 형벌권의 행사는 잔인하고 가혹한 성격을 띠었다(오영근, 1982: 25).

자기반성적 정신이 활짝 핀 계몽시대가 동터오기 시작하면서부터, 형법 및 형벌의 목적, 본질, 내용, 분량 및 대상 등에 관한 합리적 논의가 시작된다. 이에 따라 이전의 공적 복수, 응보, 위하라는 형벌의 목적은 좀 더 근대적 의미의 합리적 성격을 띠게 된다. 또한 19세기의 소위 특별 예방론의 등장과 함께, 범죄인을 개선·교육시킴으로써 다시는 범죄를 짓지 않게 한다는 제3의 형벌의 목적이 인식되기 시작한다(오영근, 1982: 26).

이러한 배경하에서 오늘날 형벌의 목적은 응보, 범죄억제, 개선으로 대표되는데, 응보보다는 개선이 더 진화된 개념이다. 여기서 우리는 인간 정신의 발달과 정치체계의 3요소가 자율적인 기능을 확보해 감에 따라 보다 이성적이고, 도덕적인 형벌의 목적에로 변화했음을 알 수 있다. 그런데 어떻게 형벌의 목적이 인간적인 의미로 전환되었으며, 사형제도의 폐지가 어떻게 가능한가? 우리는 불균형한 정보의 시정을 통해 사형제도 폐지가 정당하다는 점을 앞에서 확인했다. 그러나 사형제도의 폐지는 정보의 인식으로만 가능한 것은 아니다. 이를 위해서는 교육의 역할이 중요하며, 더 나아가 개인의 실천이나 집단 또는 정치공동체의 활동이 일종의 새로운 에너지원으로 정치체계에 투입될 필요가 있다.

(2) 법적 정의에 관한 교육적 지향점과 사형제도 폐지의 길

처벌이라는 법적 정의의 목적이 인류 역사의 진보에 따라 변화되어 온 것처럼, 한 개인의 도덕성 발달의 단계에 따라 법적 정의에 관한 견해가 상이하다. 피아제(J. Piaget)의 관점을 원용하자면, 주어진 규칙이나 법을 절대적으로 옳은 것으로 간주하는 타율적 도덕성의 단계에 있는 아동들은 도덕적 실재론(moral realism)의 관점에서 행위의 동기보다는 결과에 초점을 맞추어 옳고 그름의 문제를 판단한다. 가령 어머니를 도와주려고 설거지를 하다가 실수로 컵 10개를 깬 행위와 장난치다가 컵 2개를 깬 행위가 있다고 할 때, 타율적 도덕성의 단계에 있는 아동들은 전자의 행위가 후자의 행위보다 더 잘못된 것이라고 판단한다. 그러나 자율적 도덕성의 단계에 있는 아동들은 행위의 의도나 동기를 고려함으로써 전자보다는 후자의 행위가 더 나쁜 것이라고 판단한다(서강식, 2007: 28 - 33).

피아제의 관점을 보다 구체화시킨 콜버그(L. Kohlberg)는 도덕성 발달단계에 따라 사형제도에 관한 찬성 입장에서 반대 입장으로 바뀌는 경우가 많다는 점을 경험적 연구를 통해 제시한다. 그는 10세에서 16세 사이에 분포하는 30명의 연구대상을 3년마다, 그들의 도덕성 발달 단계와 사형제도에 관한 추론의 발달단계 사이의 상관성에 관한 연구를 실시하였다. 그 결과 도덕성 발달단계와 사형제도 반대 간의 양분 상관계수는 .76(사례수＝105)로 나타났다(Kohlberg, 김민남 · 김봉소 · 진미숙 옮김, 2004: 319 - 321, 331). 이러한 종단적 연구를 통해 콜버그는 도덕성 발달 이론의 맥락에서 사형제도는 정의롭지 못하며, 비합법적임을 논증한다. 3수준(인습 전, 인습, 인습 후) 6단계로 표현된 콜버그의 도덕성 발달 단계에 입각할 때, 사형제도를 계약론의 문맥에서 반대한 베카리아의 논거는 5단계에 속하며, 무지의 베일을 쓴 합리적인 행위자가 사형제도를 반대하는 롤즈의 논거는 6단계에 속한다. 롤즈 역시 계약론의 문맥에 있기는 하지만 무지의 베일을 상정함으로써 그의 관점은 최소 수혜자, 즉 문제의 사회에서 가장 열악한 상황에 처해 있는 사람의 입장까지 고려한다는 점에서 칸트의 정언명법을 구현하고 있다고 할 수 있기 때문에 6단계에 속하게 된다(같은 책, 338 - 350).

필자의 연구에서도 도덕성이 발달함에 따라 사형제도에 대한 찬성 답변에서 반대 답변으로 도덕적 추론이 변화된다는 것을 확인할 수 있었다. 중학교 2학년 학생과 대학생을 대상으로 사형제도에 관한 견해를 물었다.[13] 두 그룹 모두에게 사형 선고를 받고, 형장의 이슬로 사라진 지존파의 범행 전모를 제시하였다. 그 결과, 중학교 2학년 학생의 경우, 사형제도를 찬성하는 비율(56.6%)이 반대하는 비율(35.2%)보다 월등히 높았다. 한편 대학생의 경우, 사형제도를 반대하는 비율(66.2%)이 찬성하는 비율(33.8%)보다 훨씬 높았다. 중학교 2학년 학생의 사형제도 찬성 논거는 '눈에는 눈, 이에는 이'라는 동해보복으로서의 응보적 관점이 지배적이었다(1단계).[14] 그 다음으로 사회질서 유지가 그 뒤를 이었으며(4단계), 피해자 가족이 억울하지 않도록 사형시켜야 한다는 견해도 있었다(3단계). 중학교 2학년 학생들의 대부분은 아직 인간의 변화 가능성이나 오판 가능성, 더 나아가 범죄를 유발시키는 사회의 구조적 모순에 대한 이해는 드물었다. 물론 사형제도를 반대하는 학생들 중에는 "어떠한 사람의 생명도 소중하다."는 6단계의 견해를 지닌 경우도 있지만 그 수는 매우 적었다. 이에 비해 대학생의 경우, 사형제도 반대논거로 "사형제도가 인간존엄과 가치의 근원인 생명을 박탈하므로 헌법에 위배된다."는 의견이 많았으며, 다음으로 "사형이 형벌의 합리적인 목적인 교화, 개선의 여지를 저버리는 것이다."는 견해가 그 뒤를 이었다. 특기할 만한 것은 사형제도에 대한 반대논거로 "지존파와 같은 극단적인 범죄가 사회 구조적인 모순의 결과이자 사회 병리적 현상으로 이해할 필요가 있으며"(5단계), "인간의 교화 가능성을 포기해서는 안 된다."(6단계)는 의견이 다수 있었다. 대학생의 사형제도 반대논거는 대체로

---

13 1997년 1학기 성서중학교 2학년 355명을 대상으로 사형제도에 대한 찬반 의견을 조사한 결과, 찬성이 201명(56.6%), 반대가 125명(35.2%), 무관심이 29명(8%)으로 나타났다. 대학생의 경우, 1995년 1학기에 서울대생 71명을 대상으로 설문 조사 및 인터뷰를 실시한 결과, 찬성 및 부분적 찬성이 24명(33.8%), 반대 및 부분적 반대가 47명(66.2%)으로 나타났다.

14 '눈에는 눈, 이에는 이'라는 정의 개념은 1단계에 속하기는 하지만 어렴풋하게 6단계의 정의감을 내포하고 있다는 점에 유의할 필요가 있다. 콜버그의 3수준 6단계는 '역할(관점) 채택' 능력의 확장으로 표현될 수 있는 하나의 덕을 상정하고 있다.

콜버그의 도덕성 발달 단계 중 5단계나 6단계에 속하는 것으로 볼 수 있다.

일반인의 도덕성 발달 단계가 보통 4단계(법과 질서지향의 도덕성)인 점을 감안할 때, 극악무도한 사건이 발생할 경우, 사형제도를 찬성하는 여론이 높아지는 것은 당연하다(Kohlberg, 김민남·김봉소·진미숙 옮김, 2004: 297, 307-308). 4단계의 도덕성에 의하면 사형제도를 규정하고 있는 실정법을 마치 진리인 양 받아들이며, 사회질서를 심각하게 위반하는 범죄가 발생할 경우, 문제의 범죄자에 대한 사형선고 및 사형집행을 정당한 것으로 간주할 가능성이 크다. 앞에서 살펴보았듯이 중학교 2학년의 도덕성 발달단계는 대체로 3단계와 4단계 사이에 위치하며, 대학생은 대체로 4단계와 5단계 사이에 위치한다고 할 수 있다. 그렇다면 사형제도의 문제와 관련하여 중등학교에서의 교육은 어떠한 관점을 지향해야 할까? 교육은 그 성격상 현실적 가치에 머물지 않고, 이상적이고 규범적인 가치를 지향한다. 그러므로 도덕성 발달의 최종 단계인 6단계가 중등학교 교육에 있어서 궁극적인 지향점이라 할 수 있다. 그러나 보편적인 원리의 도덕성을 의미하는 6단계를 지향한다고 해서 사형제도를 규정하고 있는 실정법의 권위를 무시해도 좋다는 것은 아니다. 여기서 우리는 준법정신의 중요성을 상기할 필요가 있다. 물론 우리는 "악법도 법이다. 그러므로 악법도 지키지 않으면 안 된다."라는 준칙을 상기하면서, 무조건적으로 실정법을 따르는 것에 동의할 수는 없다. 그러나 비록 정의의 원칙을 다소 위반하고 있는 법이라고 해서 곧바로 그 법을 지키지 않는 것이 정당화되지는 않는다. 현실에서의 법은 그 성격상 불완전한 절차적 정의라는 한계점을 지니고 있기 때문이다. 그러기에 '거의 정의로운 국가(a state of near justice)'에서는 부정의한 법이 일정한 문지방을 넘지 않는다면 그 법이 구속력을 갖는다고 보아야 한다(Rawls, 1971: 350-351, 355). 따라서 우리는 사회 체제나 제도상의 결함을 구실로 사회 법규를 위반해서도 안 되며, 법규상의 허점을 이용해서 자신의 이익을 도모해서도 안 된다는 시민의 '자연적 의무'를 갖는다.

요컨대 이상의 논의를 통해 우리는 사형제도가 정의의 원칙에 부합하기는 어렵다는 점을 확인하였다. 어느 시기에 어떠한 정치적, 사회적 배경하에서 사형제도가 마련되었고, 그 제도에 의해 생명권이 유린되는 최소 수혜자가 발생한다고 할 때, 그 사회의 시민은 정의의 제1원칙인 평등한 자유의 원칙에 의거하여, 문제의 사형제도가 부정의 한 것이라고 판단하고 이에 대해 학교 교육이나 여론을 통해 사형제도의 부당함을 알리고, 궁극적으로 사형제도를 폐지함으로써 정의로운 법 체제에 기여할 수 있다. 그러나 정치적, 사회적 여건이 아직 사형제도를 폐지할 만큼 성숙되지 못한 경우라면 사형선고는 허용하더라도 사형집행을 보류하는 '사실상의 사형제도 폐지 국가'로 나아가는 노력이 필요하다.

V. 결론

현재 사형 폐지국으로 분류되는 국가는 138개국이다. 모든 범죄에 사형을 폐지한 국가는 92개국, 전시범죄를 제외한 일반범죄에 사형을 폐지한 국가는 10개국, 지난 10년간 단 한 건도 사형이 집행되지 않아 사실상 사형폐지국으로 분류되는 국가는 36개국에 이른다(헌법재판소, 2008년 말 기준). 한국은 아직도 사형을 존치하고 있는 국가이지만 김영삼 정부 시절인 1997년 12월 30일 23명에 대한 사형을 집행한 이후 12년간 한 번도 사형을 집행하고 있지 않기 때문에 사실상 사형폐지국에 속한다(프레시안, 2009. 10. 8).

현재 한국의 형법과 특별법을 합쳐 사형을 규정하고 있는 항목은 전체 169개이다. 이 중 절대적 사형은 15개이다. 이것은 북한 형법의 전체 사형규정 50개, 그 가운데 9개가 절대적 사형규정인 것과 비교해 볼 때, 분명히 자랑할 만한 일은 아니다(배종대, 1993: 608－609). 현행 형법상의 사형규정은 사회방위의 사상이 강조된 일제강점기의 일본 형법을 거의 그대로 번역한 것(이상욱, 1989: 160)이므로 개정이 불가피하며, 모든 범죄에 대한 사형폐지의 과정으로서 반역죄를 제외한 국가적 또는 사회적 법익에 대한 죄에 있어서 사형규정을 폐지해야 한다는 주장도 있다(이재상, 1990: 564). 한국 현대사를 들여다볼 때, 정권 유지목적으로 사형이 선고된 경우도 있었다. 1974년 대통령 긴급조치 제4호를 통해 사형이 선고되고, 집행된 역사를 우리는 가지고 있다(이상욱, 1989: 153－179). 사형이 헌법 제10조와 제12조 제1항과 제37조[15]에 의거하여 위헌(違憲)임에도 대법원은 국민의 도덕적 감정과 질서유지, 공공복리라는 이유로 사형이 위헌이 아님을 판시했고(1963. 2. 28, 대판 도 241), 범행의 동기, 수단, 잔학성, 결과의 중대성 등을 고려하여, 극형이 불가피한 경우에 인정되는 것으로 판시(1987. 10. 13 대판 87 도 1240)하였다(이상욱, 1989: 177－178). 그 후 1996년 사형제에 대한 헌법소원심판에서 합헌의견 7, 위헌의견 2로 합헌 결정이 내려진 바 있으나 "시대상황이 바뀌면 사형은 폐지해야 한다."는 단서를 붙임으로써 향후 사형제도는 폐지되어야 할 것으로 방향설정을 하고 있다고 할 수 있다. 그러나 사형제도의 완전폐지는 다소 시간이 필요할 듯하다. 최근 (2010. 2. 25) 광주고법이 사형제도를 규정한 형법 제41조 등에 대해 제청한 위헌법률 심판에서 헌재는 재판관 5(합헌) 대 4(위헌)의

---

15 이 가운데 제37조 2항 "국민의 모든 자유와 권리는 국가안전보장, 질서유지 또는 공공복리를 위하여 필요한 경우에 한하여 제한할 수 있으며 제한하는 경우에도 자유와 권리의 본질적인 내용은 침해할 수 없다."는 조항을 근거로 어떠한 경우에 있어서도 필자는 사형이 위헌(違憲)이라고 생각한다.

의견으로 합헌을 결정했다. 그러나 헌재는 입법을 통한 사형제도의 개선을 촉구하고 있다는 점에서 사형제도 폐지의 여지를 남겼다.

얼마 전 우리는 70대 어부에 의한 남녀 여행객 연쇄살인 사건이나 7명의 여성을 성폭행한 후 살해한 강호순 씨 사건과 같은 흉악범에 대한 사형 집행을 요구하는 여론을 쉽게 접할 수 있다. 그러나 우리는 범행의 잔인함 때문에 인간이라고 보기 어려웠던 '지존파'의 회심을 알고 있다. 그들은 삶의 마지막 단계에서 어느 선한 이웃에 의해 사랑받고, 수용되었으며, 삶의 참된 의미를 깨닫게 되었다.[16] 사실 인간에 대한 깊은 신뢰와 사랑은 결코 정의감과 무관하지 않다고 생각한다. 그렇다고 해서 사형제도 폐지에 집중한 나머지 사형을 규정하고 있는 실정법의 권위를 무시하는 어리석음을 범해서도 안 되겠다. 이는 법에 대해 신적인 권위를 부여할 만큼 준법정신에 투철했으며, 끊임없이 앎과 삶을 통합시키고자 했던 소크라테스의 자세가 우리에게 던져 주는 메시지이기도 하다. 사형제도에 대한 부당함에 대해 소크라테스가 결코 무지했다고 볼 수는 없다.[17] 언제나 실정법에 대한 비판은 그 법에 대한 충실성(fidelity)의 한계 내에서 이루어질 필요가 있다. 이러한 견지에서 볼 때 흉악범에 대한 사형선고는 현행 형법이 규정하고 있으므로 불가피하다고 할 수 있겠으나 국민적인 합의와 법 개정 절차를 통해 사형제도를 폐지하는 방향으로 나아갈 필요가 있다. 사형제도의 폐지는 인류의 문명이 나아가고 있는 방향이기도 하며, 개인의 도덕성 발달의 최종단계와도 부합한 것이라 할 수 있다.

러시아 단편작가 안톤 체호프의 『내기 *The Bet*』에서 '극형(capital

---

[16] 선한 이웃에 의한 지존파의 회심에 대해서는 국민일보 1995년 11월 3일자 참고. '지존파' 조직원 6명은 1995년 11월 2일에 형장의 이슬로 사라졌다.

[17] 시민불복종주의자로서의 소크라테스와 준법주의자로서의 소크라테스에 대해서는(윤영돈, 2003: 95-113) 참고.

punishment)'과 '종신형(life imprisonment)' 중 어느 것이 나은가에 대해 주인공은 15년의 감금생활을 하는 조건으로 100만 달러를 보상받을 수 있다는 '내기'를 통해 극형이나 종신형 둘 다 비인간적이지만 그래도 자아실현과 삶의 의미를 탐색할 기회가 부여되는 종신형이 더 낫다는 것을 증명한다. 이러한 문학작품의 논의는 한갓 비현실적인 이야기에 불과한 것일까.[18]

18 필자는 문학과 삶에 일정한 상호연관성이 있다고 생각한다. 1992년 7월 25일 신도림역에서 만났던 전과 15범인 장영일(당시 50세) 씨와의 대화를 통해 인간의 진실에 대해 깊이 생각해 볼 수 있는 기회를 가졌다. 그는 용서받은 장발장과도 같았다. 말하는 태도에서 누구보다도 고귀한 품위를 가진 분이었다. 19년간의 징역생활 가운데 성경과 문학서적(『부활』, 『인간의 조건』, 『죄와 벌』 등)을 통해 인생을 깊이 이해하신 것이다. 그는 자신에게 드리워진 과거의 그림자(shadow of the past) 때문에 살아가는 동안 감내하기 어려운 고통을 겪었다. 소중한 만남(encounter)을 통해 범죄와 인간의 비참함에 대해서 다시금 생각해 보았다. 그의 마지막 말이 기억난다. "과연 진실의 기준이 무엇일까?"

참고문헌

김동환(1984), 「사형제도에 대한 고찰」, 경남대학교 석사학위논문.

박종현(1996), 『플라톤: 메논, 파이돈, 국가』, 서울: 서울대학교출판부.

박홍규(1989), 「사형제도 폐지의 법학적 논리」, 국제사면위원회 한국연락위원회편, 『사형제도의 이론과 실제』, 서울: 까치.

박홍규(1989), 「사형폐지운동협의회의 결성과 그 의의」, 국제사면위원회 한국연락위원회편, 『사형제도의 이론과 실제』, 서울: 까치.

박효종(1994), 『합리적 선택과 공공재Ⅱ』, 서울: 인간사랑.

박효종(2001), 『국가와 권위』, 서울: 박영사.

배종대(1993), 『형법총론』, 서울: 홍문사.

서강식(2007), 『피아제와 콜버그의 도덕교육이론』, 일산: 인간사랑.

엠네스티 리포트, 서명원 옮김(1989), 「사형제도 폐지에 관한 엠네스티의 입장」, 국제사면위원회 한국연락위원회편, 『사형제도의 이론과 실제』, 서울: 까치.

오영근(1982), 「사형제도에 관한 연구」, 서울대학교 석사학위 논문.

윤영돈(2003), 「소크라테스적 시민성과 시민불복종」, 한국윤리교육학회, 『윤리교육연구』제4집.

이상욱(1989), 「한국 현대사에서 본 사형제도 운용의 실태」, 국제사면위원회 한국연락위원회편, 『사형제도의 이론과 실제』, 서울: 까치.

이재상(1990), 『형법총론』, 서울: 박영사.

프레시안(2009. 10. 18), 「정진석 추기경 등 10만 481명, '사형폐지' 입법청원」.

Beccaria, C., 김봉도 옮김(1992), 『범죄와 형벌』, 서울: 박문각.

Brzezinski, 명순희 옮김(1989), 『대실패』, 서울: 을유문화사.

Carroll, J. M.(1997), 말씀보존학회 옮김, 『피흘린 발자취』, 말씀보존학회.

Hobbes, T., 한승조 옮김(1994), 『리바이어던』, 서울: 삼성출판사.

Hood, Roger(1990), *The Death Penalty: A world-wide perspective*, New York: Oxford University Press.

Jantsch, E., 홍동선 옮김(1995), 『자기조직하는 우주』, 서울: 범양사.

Kohlberg, L., 김민남·김봉소·진미숙 옮김(2004), 『도덕발달의 철학』, 서울: 교육과학사.

Laszlo, E., 이종현·최준영 옮김(1994), 『초이스』, 서울: 한겨레.

Plato, 최명관 옮김(1993), 『플라톤의 대화』, 서울: 종로서적.

Rawls, J.(1971), *A Theory of Justice,* Cambridge: Harvard University Press.

Xenophon, 최혁순 옮김(1994), 『소크라테스의 회상』, 서울: 범우사.

언제나 실정법에 대한 비판은 그 법에 대한 충실성(fidelity)의 한계 내에서 이루어질 필요가 있다. 이러한 견지에서 볼 때 흉악범에 대한 사형선고는 현행 형법이 규정하고 있으므로 불가피하다고 할 수 있겠으나 국민적인 합의와 법 개정 절차를 통해 사형제도를 폐지하는 방향으로 나아갈 필요가 있다. 사형제도의 폐지는 인류의 문명이 나아가고 있는 방향이기도 하며, 개인의 도덕성 발달의 최종단계와도 부합한 것이라 할 수 있다.

사실 인간에 대한 깊은 신뢰와 사랑은 결코 **정의감**과 무관하지 않다고
생각한다. 그렇다고 해서 **사형제도 폐지**에 집중한 나머지 사형을 규정하고 있는
실정법의 권위를 무시하는 어리석음을 범해서도 안 되겠다.

04

다문화시대
도덕교육의 스펙트럼

—

 제9장 도덕과에서
다문화교육의
윤리학적 정초*

도덕과에서 다문화교육의 관점이 도입된 것은 바람직한 현상이나 다문화교육의 윤리학적 논거 제시는
아직 미약한 상황이다. 따라서 이 글은 2007 도덕과 개정교육과정에 새롭게 부각된 다문화교육의 윤리
학적 정초에 초점을 두고 있다. 이는 문화상대주의를 지향(志向)하는 다문화교육이 윤리상대주의로 흐
르는 것을 지양(止揚)하고, 상호주관성이 확보될 수 있는 보편적인 토대를 정초하는 데 일정한 기여를
할 것으로 전망한다.

I. 머리말

한국은 지금 다문화 사회로 진입하고 있다. 2050년이면 인구 중
외국인 체류자의 비율이 10%까지 증가할 것으로 예상됨으로써 한국
은 이민사회로 분류될 전망이다. 한국 사회 식자층에서 회자되는 다
문화주의는 상호 간의 이해와 존중, 대화와 신뢰를 바탕으로 한 다
문화적 정체성을 수립하는 것으로 이해되고 있다. 이른바 다원적인
국민성을 상정하는 것이다. 즉, 지배문화와 피지배문화, 중심문화와
주변문화의 서열을 없애고, 다양한 문화의 공존을 주장한다. 그런가
하면 다문화주의는 국가 간의 불평등에 주목하기보다는 탈민족, 탈
국가주의를 지향하는 경향을 띠며, 그것을 넘어서는 일종의 새로운
다문화적 공동체를 지향하고 있다. 한마디로 '다르게 평등하게 살기'
로 요약할 수 있다(송종호, 2007: 91 - 92).

---

* 졸고(2010),「도덕과에서 다문화교육의 윤리학적 정초」, 한국윤리교육학회,『윤리교육연구』제
21집, pp.1 - 26을 수정·보완한 것임을 밝힌다.

한국에서 도덕과 교육과정이 시행된 이후부터 제7차 도덕과 교육 과정(1997년 고시)에 이르기까지 도덕과에서 '다문화교육'의 관점은 직접적으로 찾아보기 어렵다. 다시 말해서 도덕과에서 다루고 있는 개별 생활 영역인 개인생활, 가정·이웃·학교생활, 사회생활, 국가·민족생활 영역에 다문화교육의 관점이 거의 반영되어 있지 않았다는 것이다. 물론 보편적 도덕규범을 고려하기는 하지만 도덕과에서 추구하는 인간상으로 바람직한 한국인상이 부각되었다. 그 한국인상에는 이미 한국 사회의 구성원으로 살아가고 있는 혼혈아, 북한이탈주민, 한국 국적을 취득한 구성원 등에 대한 고려는 미비했다. 외국인이나 외국문화에 대한 이해 및 존중에 대해서는 언급하고 있지만, 외국인이나 외국 문화는 우리 사회의 구성원이나 한국인 및 한국문화의 범주 밖에 위치하고 있는 것으로 간주되었다. 아울러 남북한 간의 문화적 차이나 북한이탈주민의 남한 사회 적응에 있어서도 다문화교육의 관점이 부족하다는 점을 언급할 필요가 있다.

그러나 2007년 고시된 개정교육과정에서 다문화교육의 관점이 본격적으로 도입되고 있다. 이는 한국사회가 이미 민족, 인종, 종교, 문화 등에 있어서 다양성을 띠고 있다는 현실적 상황을 고려한 것이라 할 수 있다. 다문화교육이 적용되는 영역은 성차 문제, 피부색이나 문화가 다른 다양한 종류의 이웃과의 관계 문제, 문화적 이질감이 심화되어 가는 남북한 주민 간의 소통 문제나 남한 내 북한이탈주민의 한국문화에의 적응 문제 등을 들 수 있다.

도덕과에서 다문화교육의 관점이 도입된 것은 바람직한 현상이나 다문화교육의 윤리학적 논거 제시는 아직 미약한 상황이다. 따라서 이 글은 2007 도덕과 개정교육과정에 새롭게 부각된 다문화교육의 윤리학적 정초에 초점을 두고 있다. 이는 문화상대주의를 지향(志向) 하는 다문화교육이 윤리 상대주의로 흐르는 것을 지양(止揚)하고, 상호주관성이 확보될 수 있는 보편적인 토대를 정초하는 데 일정한 기여를 할 것으로 전망한다. 이 글은 넓게는 민족, 인종, 종교, 문화 등에 있어서 다문화 사회를 지향하고 있는 한국사회의 통합을 위한 규범적 논거 제시라는 시론적 성격을 띠고 있으며, 좁게는 2007 도덕과 개정교육과정에서 새롭게 도입된 다문화교육의 윤리적 논거 마련을 그 목표로 한다.

그런데 다문화교육의 윤리학적 논거를 마련하는 데 있어서 일정한 제약을 가할 필요가 있다. 이 글에서는 문화상대주의는 충분히 인정하지만 윤리상대주의를 지양(止揚)하고자 한다. 이를 위해서 논리적 보편성 내지 상호 주관성과 같은 일정한 보편성을 담보할 수 있는 연구를 지향(志向)할 필요가 있다. 다문화교육은 기본적으로 동질성보다는 차이와 다름을 이해하고 존중하는 것을 목표로 한다. 그렇기 때문에 이 글의 문제의식(research problem)은 차이와 다름을 이해하고 존중하며, 다문화시대에 진입한 우리 사회의 건강한 공동체 형성에 기여할 수 있는 윤리적 담론을 어떤 논거로 제시할 것인가에 있다. 이를 위해서 먼저 한국 사회의 다문화적 상황과 윤리적 도전에 대해, 그리고 인간 존엄성의 근거인 인격의 의미를 살펴보고자 한다. 특히 인격의 개념은 동일성(보편성)과 타자성(차이)이 융합된 것이라는 점에 착안하여 다문화 윤리의 이론적 기반으로 동일성에 근거한 칸트의 의무윤리의 관점과 타자성에 근거한 레비나스의 타자윤리 관점을 제시하고자 한다. 끝으로 칸트의 의무윤리와 레비나스의 타자윤리에서 요청되는 의무와 책임의 한계 문제에 대해 논의하고자 한다.

Ⅱ. 한국사회의 다문화적 상황과 윤리적 도전

개화기 이후 한국사회가 직면한 각종 사회문제는 인류가 해결해야 할 다양한 윤리적 문제들의 축소판이라 할 수 있다. 지난 20세기 한국사회는 전통적 가치와 서구적 가치의 충돌과 갈등을 겪어 왔고, 남북 분단과 이념적 대립, 압축적 근대화로 인한 가치의 왜곡과 아노미 상황, 사회 양극화로 인한 계층 갈등 양상의 심화, 저출산·고령화 사회의 급속한 진전으로 인한 세대 갈등 요인의 심화, 동남아 이민자의 유입으로 인한 새로운 갈등 요인의 증폭, 전통 신앙과 서구 유입 종교 간 갈등 문제 등 다문화적 사회 갈등을 겪어 왔다. 이러한 맥락에서 한국사회에는 사회적 소통과 화합을 위한 새로운 윤리학적 처방이 필요하며, 세계화의 물결 속에서 급격하게 다인종·다문화 사회를 맞이하고 있는 한국 사회의 윤리적 지형을 고려할 때, 다문화 윤리의 정초 작업이 시급하게 요청되고 있다. 다문화 윤리는 무엇보다 인종, 종교, 이념, 지역, 세대, 빈부 등 다양한 차이의 현존을 인정하고, 화해와 상생을 통한 건강한 공동체를 지향할 필요가 있다. 이상의 논의는 다음과 같은 모형으로 표현해 볼 수 있다(인천대학교 인천학연구원, 2008: 2-8).

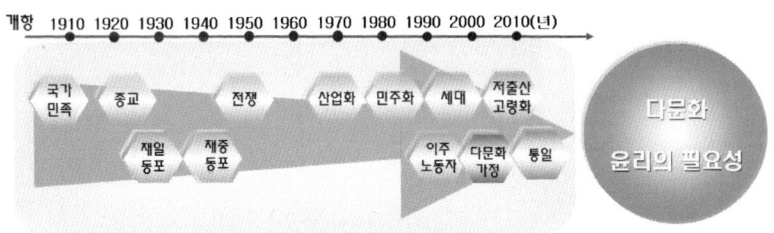

〈그림 9-1〉 개항 이후 한국사회의 윤리적 도전과 다문화 윤리의 필요성

2007 개정 교육과정에 다문화교육의 관점이 도입된 것은 바람직한 현상이다. 이는 급속히 진전되는 한국의 다문화 상황에 대한 현실인식에서 비롯된 것이며, 2007년 8월 18일 유엔인종차별위원회(CERD)가 한국 사회에 대해 "외국인과 혼혈을 차별하는 단일민족 국가 이미지를 극복하라."는 권고 보고서도 교육과정에 다문화교육적 관점을 반영하는 중요한 계기가 되었다. 이러한 배경하에 2007 개정 교육과정에 '다문화교육'이 범교과 학습 주제로 반영되었으며, 기존 교과서의 '단일민족' 관련 부분에 대해 삭제 및 수정이 가해지기도 했다(정순미, 2008: 151).[01] 그러나 문제는 다문화교육에 관한 논의가 빠른 속도로 진행되고 있으며, 학술지나 단행본, 다문화교육 자료, 다문화교육 프로그램, 다문화 가정 지원센터 등 다양한 형태의 결과물 및 정책들이 쏟아져 나오고 있지만, 다문화교육의 논의를 한국이라는 공동체의 맥락 속에 체계적인 윤리관의 형태로 정립되지 않았다는 데 있다. 다행히 다문화시대의 도덕 원리에 관한 논의나 다문화교육의 도덕·윤리교육적 논의가 진행되고 있지만 보다 적극적으로 우리 사회의 타자, 즉 외국인 노동자, 외국인 배우자, 북한이탈주민, 더 나아가 북한 주민까지도 아우를 수 있는 다문화적 공동체를 지향하는 윤리학적 정초가 필요하다.

다문화 윤리의 윤리학적 논거를 탐구하기 전에 '다문화'라는 개념과 '공동체'라는 개념이 친화력이 있는 것인지를 검토할 필요가 있다. 사실 다문화의 지향성과 공동체의 지향성 사이에는 친화력보다는 긴장 관계가 현저하다. 다문화가 차이와 해체를 지향한다면 공동체는 정체성과 응집을 지향하기 때문에 두 개념의 통합은 일견 모순처럼 보인다. 그러나 다문화의 논의는 한국 사회라는 공동체의 맥락

---

[01] 범교과 학습 내용으로서의 '다문화교육'은 2007 개정 교육과정에서 처음 등장했다(이미숙, 2009.9.1: 19). 2007 개정 교육과정에 따른 중·고등학교 도덕 교과서 집필기준(교육과학기술부, 중학교 2008. 12, 고등학교 2009. 2)에는 '다문화교육 영역'에 관한 유의사항이 적시되어 있다.

속에서 진행되는 것이 불가피하므로 대립되는 두 개념이 유기적으로 결합될 수 있는 이론적 토대를 마련할 필요가 있다. 결국 이러한 긴장 관계를 내포하고 있는 다문화 윤리는 무엇보다 '타자성(차이)'과 '동일성(정체성)'을 융합할 수 있는 근거를 규명해야 한다. 한마디로 '다양성 속의 통일성'을 지향할 수 있는 윤리학적 근거가 요구된다는 것이다. 다양성과 차이의 공존과 상생을 강조하는 다문화주의는 그 성격상 문화상대주의와 친화력이 있다. 물론 우리는 문화 대주의의 문제를 긍정적으로 바라볼 수 있으나, 문화의 다양성과 차이에 입각하여 '보편적인 혹은 객관적인 가치규준은 없다.'라는 윤리 상대주의로 비약하는 것은 경계할 필요가 있다. 따라서 다문화 윤리는 윤리상대주의를 지양(止揚)하되, 차이와 다름을 인정하면서도 일정한 보편적인 가치의 지평 위에 정초될 필요가 있다.

Ⅲ. 다문화사회에서 인간 존엄성의 근거

피부색이나 빈부의 차이에 상관없이, 남성과 여성의 성차에 상관없이, 나이나 건강 상태에 상관없이 모든 인간이 존중받을 수 있는 근거는 과연 무엇일까? 이는 한국의 다문화 지형에서 윤리적 정초 논의에서 반드시 해명될 필요가 있는 물음이다.

물론 "인간은 왜 존엄한가?"라는 물음은 인간의 존엄성을 천부적인 것으로 간주하는 사람들에게는 '사이비 질문(pseudo question)'일 수 있다. 그러나 경험과 과학적 지식에 익숙한 사람들은 검증이 불가능한 '천부적인 것'에 대해 회의적인 경향이 있다. 인간의 존엄성을 천부적인 것으로 간주하는 사람들은 인간이 어떠한 발단단계에 있든지 간에 "인간(man)은 인격(person)이다."는 명제를 지지하는 데 비해, 경험론의 맥락에서 인간의 존엄성을 규명하고자 하는 사람들은 어떤 특정한 계기에 의해 "인간(man)은 인격(person)이 된다."는 명제를 지지한다. 여기서 우리는 인간의 존엄성 문제가 무엇보다 인격의 의미를 어떻게 규정하는가에 달려 있음을 알 수 있다.

1. 존재론적 인격 개념과 경험론적 인격 개념

서구의 전통적인 인격 개념은 토마스 아퀴나스(Thomas Aquinas, 1224~1274)에 의해 정초되었다.02 그가 말하는 '인격(persona)'은 무엇보다 존재론적인 개념으로 이해될 수 있다. 그에게서 인격이란 인간의 본성적 측면에서 각 개인이 단지 '인간이라는 종(種)', 즉 인간은 '호모 사피엔스(homo sapiens)'에 속한다는 이유만으로 지니는 고유성과 가치를 함의하는 형이상학적 개념이다. 아퀴나스에 의하면 "인격은 자연 전체에서 가장 완전한 것, 즉 지적 본성 안에서 자립적으로 존재하는 것을 의미한다(persona significat id quod est perfectissimum in tota natura, scilicet subsistens in rationali natura)."03 다시 말해서 인격이란 존재방식에 있어서 자립성과 지적 본성 모두에 관한 것으로 이해된다. 그러므로 인간은 '지적 본성'을 지녔다는 '보편성의 지평'과 '자립적 존재'라는 '개별성의 지평'에 동시에 서 있다. 아퀴나스의 존재론적인 인격개념에 따르면, 인간은 자신이 인간이라는 이유만으로 가치 있고 존엄한 존재인 것이다. 이런 맥락에서 "인간은 인격(persona)이다."라고 말할 수 있다. 이러한 인격 개념은 성취에

---

02 아퀴나스의 인격 개념의 토대는 6세기 보에티우스(Boethius, 480-524)에 의해 마련되었다. 보에티우스 인격의 의미는 예수 그리스도의 신성과 인성을 다루기 위한 의도에서 제시한 "지적 본성을 지닌 개별적 실체(rationalibilis naturae individua substantia)"라는 개념에 바탕을 두고 있다.

03 Thomas Aquinas, *Summa Theologiae*, I, q.29, a.3, c, (이경재, 2007: 85)에서 재인용. 아퀴나스의 인격 개념의 의의는 개인의 개별성 문제와 개인의 본성이 지적 본성임을 정교하게 논증하고 있다는 점이다.

대한 평가이기보다 존재에 대한 판단인 것이다. 누구나 자신의 삶이 어떠하든 간에 각 개인은 그가 인간이라는 종에 속하는 존재라는 사실만으로 자연계 내의 그 무엇에도 종속되어서는 안 되는 고유하고 탁월한 가치를 지니고 있다는 주장이다. 물론 인간에게는 자신의 인격을 보다 더 완성시켜야 할 과제가 주어져 있지만 말이다. 요컨대 아퀴나스의 인격 개념은 한편으로는 '이미 실현된 완성과 가치(인격의 실체적 완성, 인간이라는 종에 속함)'로서의 인격 개념이자 다른 한편으로는 '실현해야 할 완성과 가치(인격의 실존적 완성)'로서의 인격 개념이다. 현실의 인간의 인격은 위에서 언급한 것처럼 실체적 완성과 실존적 완성 사이의 중간 단계에 위치한다. 그러기에, 모든 인간은 '이미 완성된 것이면서 동시에 완성을 향해 나아가는' 과정 중에 있다. "경주 중의 순위를 보고 출전 자격 시비를 하거나 혹은 최종 순위를 말할 수는 없는 것처럼, 그러한 판단이 개인의 인격으로서의 본래적 가치에 대한 부정으로 이어지거나 혹은 개개인의 삶 전체에 대한 단정적 판단으로 확대되어서는 안 된다."(이경재, 2007: 91-93) 토미즘에 따르면 존재하는 모든 것 안에는 각기 고유한 형상(eidos)이 내재되어 있어서 그 형상을 실현하고자 한다. 다시 말해서 각 형상은 개별 존재의 고유한 목적(telos)을 규정한다. 그러므로 형상의 실현 내지 본질의 실현은 당위로 요청된다.[04] 어떠한 여건에 처한 인간이라도 그의 본성(가능성)을 실현해야 하는 당위를 부여받았으며, 우리에게는 그의 자아실현을 도와야 할 일종의 당위가 주어진다고 할 수 있다.

전통적인 인격(personhood) 개념에서 '인간이 된다는 것(being a human)'과 '인격이 된다는 것(being a person)'은 동일한 것이었다.

---

[04] 이른바 존재와 당위의 문제이다. "모든 존재는 자신의 완성을 추구하고, 목적하고, 의욕한다. 그런데 선성(善性)이야말로 모든 존재가 노리고, 추구하고, 의욕하는 것이다. 그러므로 완성과 완성으로 이끄는 모든 것은 선하다. 생성, 즉 모든 피조물의 고유한 조건인 생성은 완성 그리고 존재의 충만을 목표로 한다."(Rommen, 1979: 172)

다시 말해서 모든 인간은 인격으로 대우받아야 한다는 것이다. 그러나 이러한 관점은 유명론적 전통 위에 형성된 경험주의의 문맥에 의해서 해체되고 말았다. 이와 동시에 실체로서의 인격개념도 사라지게 되었다. 이제 한 인격의 지위는 등급이 매겨질 수 있으며, 다시 말해서 인간의 발달 정도, 즉 인격의 상이한 발현 정도에 따라 상이한 가치가 주어진다. 그러므로 갈등의 상황에서 인간은 그의 발달 정도에 따라 값어치가 달라진다(Wimmer, 2003: 121).[05] 이러한 관점을 지지하는 대표적인 학자들로 로크, 흄, 파핏, 싱어 등을 들 수 있다. 로크는 인격적 동일성(personal identity)을 의식(consciousness)이 규정하는 것으로 간주한다. 다시 말해서 동일한 실체(가령 영혼)가 아니라 동일한 의식이 동일한 인격을 만든다는 것이다(Locke, 1996: 138-139, 143).[06] 흄 역시 인격의 동일성을 규정하는 불변하는 실체를 부정한다. 그는 연속된 지각들이 구성하는 마음을 사람들은 하나의 인격적 동일성인 것처럼 보는 경향이 있다고 말하면서 영혼이나 자아 또는 실체와 같은 오류 개념을 제거하고자 한다. 다시 말해서 인격적 동일성은 상상력의 활동 속에서 관념들 간의 유사(resemblance), 근접(contiguity), 인과(causation)라는 관계에 의해 습득된 관념의 연합에 근거한 것이다(Hume, 1985: 299-311). 이러한 관점은 파핏(D. Parfit)에 의해서 계승되고 있다. 그는 인격적 동일성의 기준을 '심리적 연속성'에 의거하여 설명하며, 심리적 연속성은 '뇌의 동일성'에 종속된다고 말한다(김선하, 2007: 120-127).[07] 싱어 역시 경험주의

---

05 그러나 전통적인 관점(가령 아퀴나스나 칸트의 인격론)에서 모든 인격이 인간인 것은 아니다. 왜냐하면 인격의 범주에는 인간뿐만 아니라 신과 천사도 있기 때문이다.

06 의식의 동일성에서 인격의 동일성을 찾기 때문에 하나의 사고실체(thinking substance)(A)에서 다른 사고실체(B)로 동일한 의식이 전이된다면 A와 B는 동일한 인격이 된다(Locke, 1996: 141).

07 "인간존재는 정확하게 뇌와 신체 그리고 그러한 것들 사이에 연결된 정신적이고 심적 사건들의 연속적 발생에서 구성된다." D. Parfit, *Reasons and Persons*, Oxford: Clarendon Press, 1984, p.211, (김선하, 2007: 124)에서 재인용. 뇌의 동일성에 근거한 인격 동일성의 논증은 개인의 고유한 역사성과 타자성이 배제된 물리주의적 환원주의의 입장이다(같은 논문,

적 문맥에서 생물학적 인간(homo sapiens)과 인격(person)을 구분한다. 그는 호모 사피엔스에게 귀속시킨 존엄성을 인간종족주의라는 이유로 삭제하고자 한다(Singer, 황경식 · 김성동 옮김, 2003: 116 - 118).

경험주의적 관점에 입각한 이들의 입장은 어떤 특정한 계기를 충족시키는 한에서 "인간은 인격이 된다."는 명제를 지지한다. 여기서 '특정한 계기'란 '자기의식, 자기통제, 미래에 대한 감각, 과거에 대한 감각, 타인과 관계를 맺는 능력, 타인에 대한 관심, 의사소통 등' 을 의미한다. 한마디로 '합리성과 자기의식'을 지닐 때, 인격 존재가 된다는 것이다(홍석영, 2007: 219). 그러나 '합리성과 자기의식'에서 인격적 동일성을 찾고자 하는 경험주의적 관점은 그러한 의식이 없거나 희미한 태아나 유아 혹은 혼수상태에 있는 인간이나 합리적 의사결정을 하기 어려운 중증 장애인의 생명 가치에 대해 비관적인 전망을 갖지 않을 수 없다. 그러나 우리의 일상적인 체험은 이러한 논거를 부정한다. 가령 누군가가 자신에 대해 "나는 이러이러한 때에 임신되었고 이러이러한 때에 출산되었다."고 말할 수 있다. 또는 어떤 아이가 자신의 어머니에게 "내가 엄마 배 속에 있을 때 어땠나요?"라고 묻기도 한다. 여기서 인칭대명사 '나'는, 우리 중 그 누구도 스스로 '나'를 말할 수 있기 전에, 더욱이 다른 인간이 그에게 이미 '너'를 말하기 때문에 비로소 나중에 '나'라고 말하는 것을 배우기 시작하는 생물학적 종으로서의 인간과 관련된다.[08] 그리고 이러한 존재가 장애 때문에 한 번도 '나'를 말하는 것을 배우지 못한다 할

127 - 130.

[08] 몇 가지 예를 더 들어보자. "엄마가 너를 임신한 것을 최초로 느꼈을 때가 행복한 나날이었단다.", "나의 어머니는 제2차 세계대전이 발발한 첫해 5월 어느 좋은 날에 나를 임신하였다고 나에게 말씀하셨다."(Wimmer, 2003: 122). 과르디니(Romano Guardini, 1885~1968)에 따르면 진정한 의미에서의 인격은 "이 사람은 누구인가?(Wer ist das?)"라는 물음에 비로소 답하는 데서 해명된다. 즉, 이에 대한 답변은 '나(Ich)'이다(이경원, 2007: 290). 그런데 인간은 '나'라고 말할 수 있기 이전에 타자에 의해서 '너'라고 부르는 인정활동 속에서 '나'의 존재가 제시되는 것이다.

지라도, 그 존재는 자녀나 형제자매로서 '인간 가족'에 속하며, 인격 공동체인 '인간 가족'에 속한다. 발달단계와 무관하게 인간이 인격으로 허용될 수 있는 기준은 오로지 "인간 가족에 생물학적으로 속함"일 뿐이다(홍석영, 2007: 228 - 229). 이러한 '인정 활동(im Akt der Anerkennung)'에서 주목할 것은 인간이 인격으로서의 지위를 갖는 것은 합리성이나 자기의식과 같은 어떤 속성 때문이 아니라는 것이다. 인간은 어떤 속성 때문에 존엄한 것이 아니라 그러한 속성의 (잠재적인) 담지자이기에 존엄한 것이다.9

2. 칸트의 인격 개념

앞서 논의한 아퀴나스의 인격론은 존재론적 인격 이해의 전통에 입각해 있다. 그러나 형이상학적 존재론을 거부하는 유명론적 전통이 지배적인 근대 이후의 사상적 지평 위에서 보다 설득력 있는 인격의 논의는 칸트에게서 확인할 수 있다.

칸트의 인격 개념은 무엇보다 전통적인 형이상학의 관점인 '실체로서의 마음' 대신에 '기능으로서의 의식', 즉 '초월적 의식'에 입각한 의식의 동일성에서 출발한다. 칸트는 "내가 무엇인가를 의식하고 있음에 대한 의식"을 '통각(apperceptio: 수반의식, 자기의식)'으로 명명한다. "나는 의식한다."라는 자기의식은 "나의 모든 표상들에 수반할 수밖에 없다."(KrV, B 131) 모든 표상들에 수반하는 이 '나'의 자기의식에서 그 모든 표상들은 '나의 표상들'이 되고, 시시각각 표상되는 그 잡다한 표상들에 수반하는 이 '나'가 '동일자'인 한에서 그 표상들은 하나로 통일된다. 다시 말해서 '잡다한 표상들을 하나로

---

9 "a. 어떤 것누가이 있는데, b. 그것(그)은 무엇이다."라는 문장에서 a에 대한 답변에 해당하는 것이 '실체(Dasein)'이고, b의 물음에 해당하는 것이 '속성(Sosein)'이다. 인격의 문제에 있어서 a와 관련되는 것이 '인격'이며, b와 관련되는 것이 '인격의 속성'이다.

통일하는 동일한 자기의식'이 '통각'이며, 그 통각의 통일작용을 '근원적 통일'이라 일컫고, "그 통일작용은 '통일되는 것'을 가능하게 한다."는 뜻에서 '초월적 통일'이라고 부르며, '그 통각 활동이 순전히 자기의식의 자발성에 기인'하는 한에서 그 통각을 '순수한' 통각이라고 부른다(*KrV*, B 133). 사물 'A'라는 것은 '나'에 의해 'A라고 인식(규정)된 것'이다. '나'에 의해 '무엇인 것'으로 규정된 A, B, C는 그 '무엇인 것'이라는 점에서 같은 것처럼, 그렇게 인식하는 '나' 역시 갑, 을, 병일 수 있다. 그러나 갑, 을, 병 모두 '나'라는 점에서는 같다. 여기서 칸트는 어느 경우에나 '동일한 나'와 서로 '구별되는 나'를 말하고 있다. '동일한 나'는 바로 '초월적 자아(나, 주관, 주체)'이다. '초월적 자아는 신체성과 무관'하며, 너와 나의 구별이 없다. 한편 '경험적 자아'는 개별 신체성을 도외시하고서는 말할 수 없다. 가령 하나의 사과를 나눠먹는 경우에 한 사람은 '시다'라고 하고, 다른 사람은 '달다'고 할 수 있다. 요컨대 초월적 자아는 시·공간상의 존재자가 아니라 단지 '초월논리적' 개념이다. 그러니까 경험적인 자아를 가능하게 하는 논리적 전제라는 것이다. 우리가 지식의 체계로서 알 수 있는 자아에 대한 이해는 '일종의 생리학으로서의 경험적 심리학'(*KrV*, A 347)의 차원에 국한된다. 왜냐하면 비물질적 실체이자 단순하고 자기 동일적이고 불사하는 영혼은 지식의 대상이 될 수 없기 때문이다. 즉, 그것은 경험의 대상이 아니라는 것이다. 그럼에도 불구하고 '초월적 자아'의 논의가 가능한 것은 그것이 '경험적인 나들'을 동일하게 '나'이게끔 하는 것이기 때문이다. 그러기에 '초월적 자아'는 존재자로 해명되는 것이 아니라 '논리적인 나'이자 '형식적인 나'로 전제되는 것이다(백종현, 1999: 109 - 116을 중심으로 정리).

이러한 맥락에서 초월적 자아는 전통적인 존재론적 관점에서는 벗어나 있지만 초월철학적으로 표현된 새로운 존재론적 관점에서 논의되고 있다고 볼 수 있다. 칸트의 '초월철학'은 인간의 선험적인 이론적 인식과 선험적인 실천적 인식의 가능 근거에 대한 '존재론적인 해명'이며, '이론 이성과 실천 이성을 그 존재론적 연관성과 통일성 안에서 체계적으로 파악하는 형이상학의 정초 작업'으로 간주할 수 있다. "순수 자기의식으로서의 통각, 즉 초월적 자아는 그의 자발적 활동성에 따라 경험 대상인 현상의 존재 지평을 형성함으로써 이론 인식의 궁극적 근거가 되고, 또 바로 이 자발성과 활동성이 행위하는 주체의 실천적 자유로서 의식될 때 도덕법칙을 이룸으로써 실천적 인식의 출발점"이 된다(한자경, 1992: 251-254). 어떤 의미에서 칸트의 철학은 '비움의 철학'으로 명명될 수 있다. 다시 말해서 칸트는 텅 빈 마음, 그 안에 어떤 내용이든지 비워버린 텅 빈 마음을 주목한다. 그것은 바로 내용이 아니라 '형식'이다(한자경, 2006: 6). 사실 칸트의 철학은 "형상이 사물의 존재본질을 준다(forma dat esse rei)."는 중세 스콜라의 명제를 유명론적 전통에 입각하여 '형상(forma)'을 '형식(form)'으로 변환시킨 논의라고 할 수 있다(박진, 1999: 13-83). 즉, 나의 외부에 있는 '형상'이 사물의 본질을 규정하는 것이 아니라 이제는 나의 인식능력으로 간주되는 마음의 형식이 현상으로서의 사물의 본질을 규정한다는 것이다. 다시 말해서 인간은 물자체를 알 수 없으나 인간에게 고유한 인식능력을 통해 인간 사이에서 통용될 수 있는 사물의 본질을 구성할 수 있다는 것이다. 여기서 사물의 본질을 구성한다는 것을 포괄적으로 표현하자면 물자체가 아니라 현상으로서의 사물의 본질을 인식하는 문제뿐만 아니라 이성을 이론적으로 사용함으로써 자연법칙도 입법할 수 있고, 이성을 실천적으로 사용함으로써 도덕법칙도 입법할 수 있다는 것이다.

형식을 강조하는 칸트의 비움의 철학은 그의 인격 개념에서도 드러난다. '인격성(Persönlichkeit)'이란, "자유이자 전 자연의 기계성으로부터의 독립성이며, 동시에 고유한, 곧 자기 자신의 이성에 의해 주어진 순수한 실천법칙에 복종하고 있는 존재자의 한 능력"이다(*KpV*, A 154). 이러한 정의에서 확인할 수 있는 것은 칸트의 인격 개념이 무엇보다 도덕적 자율성에 근거하여 정의되고 있다는 점이다. "자율(Autonomie)은 인간을 포함한 모든 이성적 자연존재자에 있어 존엄성(Würde)의 근거"이다(*Grundlegung*, A/B 79). 그런데 칸트의 인격성 의미는 인간을 오로지 이성적 존재의 측면에서만 고려할 때 성립할 수 있는 개념이다. 이 때문에 칸트의 인격 개념은 셀러에 의해 개별성이나 고유성이 배제된 '이성 인격(Vernunftperson)'이며, 그의 자율 개념은 '이성에 의한 지배(Logonomie)'이자 인격에 대한 극단적인 '타율(Heteronomie)'이라는 비판을 받기도 한다(Scheler, 1980: 372). 사실 칸트의 인격 개념은 정신의 자율보다는 정신의 한 측면인 이성에 입각한 자율성의 논의가 부각되고 있다. 물론 칸트의 인격을 지·정·의를 가진 인간으로 확장시켜서 볼 수 있는 여지가 없는 것은 아니다. 칸트의 3대 비판서는 근본적으로 "인간이란 무엇인가?"라는 물음의 해명인 점을 고려할 때, 인간은 "사변적 – 도덕적 – 미적으로 통합된 존재(a unified speculative – moral – aesthetic entity)"이기 때문이다(Pitte, 1971: 112). 그러므로 인식[知]의 형식이나 의지규정[意]의 형식 그리고 미감[情]의 형식은 인간 일반에게 보편적으로 주어진 것이지만 이들 형식을 채우는 내용의 종류나 색채가 개인마다 상이하다는 점에서 인격의 개별성을 확보할 수 있다. 그럼에도 불구하고 전체적으로 보았을 때, 칸트의 인격은 인간 일반에게 동일한 이성인격에 초점을 맞추고 있다는 한계가 있다.

3. 인격 개념에 나타난 동일성과 타자성

앞서 우리는 인격에 관한 논의를 존재론적 인격 개념과 경험론적 인격 개념, 그리고 인간존중 윤리학의 대표적인 관점이라 할 수 있는 칸트 윤리학에 나타난 인격 개념에 대해 살펴보았다. 여기서 우리는 한국사회의 다문화적 지형에서 온갖 다름과 차이에도 불구하고 모든 인간이 존엄한 근거는 존재론적 인격 개념이나 칸트의 인격 개념에서 확인할 수 있었다. 경험론적 인격 개념은 '합리성과 자기의식'이라는 특정한 계기를 충족시키는 한에서만 "인간은 인격이 된다."는 명제를 지지하기 때문에 모든 인간이 존엄하다고 말하지는 않는다. 이 때문에 이 글에서는 인간 존엄성을 지지하는 논변으로 존재론적 인격 개념과 칸트의 인격 개념을 중심으로 그 개념 안에 내포된 동일성과 타자성에 관해 검토하고자 한다.

아퀴나스의 존재론적 인격 개념에 따르면 인격은 "지적 본성 안에서 자립적으로 존재하는 것"을 의미했다. 여기서 아퀴나스의 인격 개념은 '지적 본성'과 '자립적 존재' 두 요소를 포괄하고 있음을 알 수 있다. '지적 본성'은 인간 종 일반이 지닌 보편성을 지시한다면, '자립적 존재'는 개개인의 개별성을 지시한다. 전자가 인간 사이에서 드러나는 인격의 동일성 요소라면, 후자는 개별 인격의 타자성 요소라 할 수 있다. 그런가 하면 칸트의 인격 개념에서도 인간 일반에 있어서 인격의 동일성과 개별 인격의 타자성을 확인할 수 있다. 물론 칸트의 인격 개념은 자신의 이성이 입법한 실천법칙을 자신에게 부과하고 그것을 따를 수 있는 능력, 다시 말해서 자율(Autonomie)의 성격이 부각되는 이성인격을 의미한다. 이런 측면에서 보면 칸트의 인격 개념에는 모든 인간이 공유하는 동일성 요소가 현저하다. 그러니까 개별 인격의 고유성이나 개별성이 드러나지 않는다는 것이다. 그러나 칸트의 인격 개념에 '형식(인식과 의지규정과 미감의 형식)'의 요소가 부각되는 것이 사실이지만 그 '형식'이 담아내는 개별적인 '내용'이 배제되는 것은 아니다. 칸트의 인격 개념에서 '형식'의 요소가 인간 일반 인격의 동일성을 의미한다면 '내용'의 요소는 인격의 '타자성'을 의미한다고 하겠다.

그런데 인격 개념에서 동일성 요소와 타자성 요소 가운데 어떤 것이 인간 존엄성의 근거일까? 아퀴나스와 칸트의 인격 개념에서 발달 단계와 상관없이, 각양 다름과 차이에도 불구하고 모든 인간이 존엄한 근거는 인간이라는 생물학적인 종에 속하기 때문에 주어진 형상으로서의 '지적 본성' 내지 지·정·의를 내포하는 인격의 '형식'이 아닐까? 이러한 지적 본성의 '형상'과 인격의 '형식'은 인간의 발달 단계와 상관없이, 인간의 온갖 다름과 차이에도 불구하고 인간이 생물학적 종에 속하는 그 순간 인간이 존엄할 수 있는 근거가 된다. 이러한 인격 개념의 동일성 요소는 인간 종과 다른 동물이 구별되는 계기이자 도덕성의 단초이기도 하다. 한편 인격 개념의 타자성 요소인 개별성은 어떤 의미가 있는 것일까? 개별성이란 개인 간에 결코 환원될 수 없는 개별자의 고유성이다. 사실 사상적 맥락에서 근대의 출발점은 '개별자(a particular)'의 등장이다.[10] 여기서 우리는 인격이란 인간 일반의 동일성 요소에도 불구하고, 각 개인이 지니는 환원될 수 없는 개별적 고유성이 강조되는 개념임을 알 수 있다. 그렇다면 인격 개념의 동일성 요소와 타자성 요소 모두 인간 존엄성의 근거가 아닌가? 맞는 말이다. 인격 개념의 동일성 요소란 인간 종에 선험적으로 주어진 것이라면, 타자성 요소는 개별자의 실존적 삶에 의해 드러나는 것이라 할 수 있겠다. 이제 필자는 인격 개념에 내포되어 있는 동일성 및 타자성 요소에서 착안한 동일성과 타자성에 의한 다문화교육의 윤리학적 정초에 대해 논구하고자 한다.

---

[10] 좀 더 엄밀히 말하면 근대의 출발점은 "존재하는 모든 것은 개별자(a particular)이다."라는 유명론적 명제에서 찾을 수 있다. 하우저는 근대의 자연과학적 세계상이 본질적으로 르네상스의 산물이기는 하지만, 이러한 새로운 세계상의 형성계기는 중세의 유명론(唯名論)이었다고 말한다(Hauser, 백낙청·심성완 옮김, 1991: 20).

Ⅳ. 동일성과 타자성에 근거한 윤리학적 정초

1. 동일성에 의한 정초: 칸트의 의무윤리

칸트의 의무윤리는 나와 남을 차별하지 않고, 타자의 인간성을 목적으로 존중할 수 있는 '인간존중의 윤리학'으로 간주될 수 있다. '인간존중의 윤리학'은 무엇보다 모든 인간에게 '동등한 존엄성'을 부여한다(Harris, 김학택·박우현 옮김, 2004: 196‒197).[11] 이를 위해 칸트는 실천이성의 명령, 즉 정언명령을 제시한다.

의무의 모든 명령이 도출될 수 있는 정언명령은 "보편화 가능성의 정식"이다. 정언명령을 보편성이라는 형식의 측면에서 표현한 것이다. "(너의) 준칙이 동시에 보편적인 법칙이 될 것이라고 의욕할 수 있는 그런 준칙에 따라 행위하라."(*Grundlegung*, A/B 52) 사실 우리가 타자에게 거짓말을 해서는 안 되는 이유를 '보편화 가능성의 정식'에서 확인할 수 있다. 자신의 이익을 위해서 거짓말을 해도 괜찮다는 준칙은 결코 보편적인 법칙이 될 수 없다. 즉, 그러한 준칙은 보편화 가능성의 테스트를 통과할 수 없다. 왜냐하면 그러한 준칙을 보편화할 경우, 사회에서 약속이라는 것이 더 이상 무의미하기 때문이다. 분명한 것은 보편화 가능성의 테스트를 통과할 수 없는 준칙은 도덕적이지 않다는 것이다. 그런데 어떤 준칙이 보편화 가능성의 테스트를 통과했다고 해서 도덕적인 것일까? 가령 공리주의의 유용성의 원리도 보편화 가능성의 테스트를 충분히 통과할 수 있다. 그러나 칸트의 의무윤리에서는 유용성의 준칙에 근거한 행위는 결코

---

[11] 해리스는 인간 존중 윤리학의 두 가지 도덕적 규준을 칸트의 정언명령의 정식에서 차용한다. 그는 '보편화 가능성의 정식'을 '자멸 테스트(self‒defeating test)'로, '인격주의의 정식'을 '수단‒목적의 원리(means‒ends principle)'로 재해석한다(Harris, 김학택·박우현 옮김, 2004: 197‒217).

도덕적인 것은 아니다. 왜냐하면 유용성의 준칙은 이성적 존재의 지평에 위치한 실천이성의 명령이 아니라 욕구와 경향성의 충족을 추구하는 감성적 존재의 지평에 근거한 것이기 때문이다.

그러므로 어떤 준칙이 도덕적 지위를 갖기 위해서는 또 다른 정언명령이 요구된다. 이른바 "인격주의의 정식"이다. 이는 정언명령을 보편성이라는 형식의 측면보다는 '내용'의 측면에서, 다시 말해서 '인격'이라는 '주체성'에 근거하여 표현한 것이다(최재희, 1990: 96 – 98). "네 자신의 인격에서나 모든 다른 사람의 인격에서나 항상 그리고 동시에 목적으로 대하고, 결코 수단만으로 대하지 말라."(*Grundlegung*, A/B 66 – 67) 인격주의의 정식은 타인과의 수단적 관계 자체를 부정하는 것은 아니다. 가령 고객과 종업원의 관계에서처럼 고객의 어떤 필요에 대해 종업원이 적절한 서비스로 응대하는 것은 쉽게 생각해 볼 수 있고, 이것 자체가 문제되는 것은 아니다. 다만 고객의 입장에서 종업원을 상품을 구매하고자 하는 자신의 필요를 충족시켜 주는 수단으로만 생각하거나, 종업원의 입장에서 고객을 돈을 벌기 위한 한낱 수단으로만 고려하는 것이 문제가 된다는 것이다. 칸트의 '인격주의의 정식'은 고객과 종업원 간의 수단적 관계의 맥락에서도 자신과 상대방의 인격 모두를 목적으로 고려해야 함을 전제하고 있다고 볼 필요가 있다.

이제 우리는 '보편화 가능성의 정식'과 '인격주의의 정식'으로 표현될 수 있는 정언명령에 의거하여 나와 남을 차별하지 않고, 낯선 타인의 인격까지도 존중할 수 있는 논거를 확인해 보았다. 이러한 정언명령을 따른다는 것은 콜버그의 어법으로 표현하자면 도덕성 발달의 궁극목적인 제6단계 '보편적 윤리원리 지향(The Universal Ethical Principle Orientation)'의 도덕성에 부합한다(Kohlberg, 1981: 19). 또한 칸트의 정언명령을 사회정의론의 맥락에서 재해석한 롤즈의 어법으로 표현하자면 무지의 베일을 쓴 계약당사자의 선택 전략, 즉 최소 수혜자의 처지를 적극적으로 고려하는 선택 전략에 부합한다.

그런데 문제는 행위자(주체)의 이성 능력 내지 합리성에 기초한 윤리가 북한이탈주민, 외국인 노동자, 다문화 가정의 자녀 등 "우리 사회의 낯선 타인과 나를 구별해서는 안 된다."는 윤리적 처방은 제시하고 있지만 그것은 '타자의 타자성(the alterity of the Other)' 자체를 고려한 것은 아니라는 점에 있다. 가령 칸트의 의무윤리 관점은 위급한 상황에 처한 타자를 구조할 의무를 규정하지만 그 의무를 규정하는 원천은 타자의 타자성에 있는 것이 아니라 행위자의 실천이성 명령에 있다. 타자의 필요에 대한 응답은 동정심에 근거해서는 안 되며, 행위자 중심의 실천적 합리성에 근거해야 한다. 왜냐하면 외적인 강요뿐만 아니라 동정심과 같은 내적인 경향성까지도 타율적인 것이기 때문이다. 나와 남을 차별하지 않고, 타자에 대한 존중을 무엇보다 강조함에도 불구하고 칸트의 의무윤리는 "유일회적이며 대체 불가능한 타자의 인간성" 때문이 아니라 '도덕법칙의 저자'인 행위자 자신과 타자의 유사성에 근거한다.[12] 다시 말해서 행위자 자신과 타자 모두 도덕법칙을 입법하고 그것을 따를 수 있는 능력이 있다는 동일성에 근거하여 타자에 대한 존중이 정초된다는 것이다. 도덕법칙을 입법하고 따를 수 있는 자율성의 소질을 지닌 '나'처럼 '타자'도 그러한 자율성의 소질을 지녔다는 점에서 내가 타자를 존중해야 한다는 주장 이면에는 '타자'를 '또 다른 나(alter ego)'로 환원시키는 태도가 반영되어 있다(Kodelja, 2008: 189-190). 즉, 타자의 타자성을 삭제하고, 이성적 주체인 '나'와의 동일성을 추구하는 연역적이고 환원적인 사유방식이다. 이러한 태도는 어떤 면에서 보편성이라는 중립적이고 형식적인 방식으로 타자의 타자성에 가하는 일종의 폭력일 수 있다. 여기서 우리는 나와 남을 차별하지 않고, 타자를

---

[12] C. Chalier, *What ought I to do? Morality in Kant and Levinas* (Ithaca: Cornell University Press, 2002), p.65, (Kodelja, 2008: 189)에서 재인용.

존중할 것을 요청하는 칸트의 의무윤리가 지닌 역설적 측면을 보게 된다.

2. 타자성에 의한 정초: 레비나스의 타자윤리

모더니즘의 주체성을 단일성(monadicity)으로 간주하는 레비나스는 의지의 자율성에 관한 교설을 동일한 운동으로 보았다(Kodelja, 2008: 192).[13] 그러나 그는 주체성은 타자성에 의해 정초되며, 통일성으로 용해될 수 없는 다원론을 지향한다(Levinas, 강영안 옮김, 1997: 33, 84). 이런 맥락에서 레비나스의 타자윤리는 우리 사회의 낯선 타자들의 입장을 적극적으로 고려할 수 있는 윤리적 담론이다. 칸트의 의무윤리가 주체의 이성에 기초한 도덕적 자율성에서 타자에 대한 의무를 해명하는 데 비해, 레비나스의 타자윤리는 타자에게 열린 몸에 기초한 도덕적 감수성에 의해 낯선 타자에 대한 책임의 문제를 해명한다(공병혜, 2008: 131).

레비나스의 타자윤리는 나(I)에 의해 타자가 규정되는 것이 아니라 타자에 의해 내(me)가 규정된다. 레비나스는 온갖 타자를 동일자 안으로 포획시키는 이성적 주체를 거부하며, 자율성(autonomy)을 지닌 주체라기보다는 타율성(heteronomy)을 지닌 주체 개념을 제시한다. 물론 여기서 말하는 타율성은 외적 강제라기보다는 '타자의 얼굴(face of the other)'에 근거한 것이다. "얼굴은 열려 있고, 깊이를 얻으며, 열려 있음을 통하여 개인적으로 자신을 보여 준다. 얼굴은 존재가 그것의 동일성 속에서 스스로 나타내는, 다른 어떤 것으로 환원할 수 없는 방식이다."[14] 고통을 호소하는 타자의 얼굴은 도덕적

---

13 "존재자는 자기 동일성 확인을 통해서 다시 자신 속에 닫히게 된다. 이러한 존재자는 단자이며 고독이다."(Levinas, 강영안 옮김, 1997: 47) "이성은 모든 것을 자신의 보편성 안에 포괄하면서 그 자체로 고독 안에 머물러 있다. (……) 이성 자체가 유아론적 구조를 갖추고 있다." (같은 책, 68)

명령이지 나의 동정심을 불러일으키는 것은 아니다. 만일 동정심을 가지고 타자에게 선의와 자선을 베푼다면 그러한 선의와 자선은 타자를 종속시킬 것이기 때문이다. "얼굴은 직설법이 아니라 명령법으로, 한 존재가 우리와 접촉하는 방식이다. 그것을 통해 얼굴은 모든 범주를 벗어나 있다."[15]

타자의 벌거벗고 굶주린 '얼굴'은 거부할 수 없는 도덕적 호소력을 지니고 있다. 그러므로 대체될 수 없는 유일회적인 타자의 얼굴이 주체를 소환하고, 도움을 호소하는 것에 응답함으로써 비로소 주체가 출현한다(Kodelja, 2008: 190). 타자는 한계 없이 초월적이며 전적으로 나의 통제력을 벗어나 있다. 타자는 "그 얼굴이 나를 소환하고, 나를 부르며, 나에게 도움을 청함으로써 바로 나의 이웃이 되며, 그리고 그렇게 함으로써 나의 책임을 요구하며, 나를 문제 속으로 불러들인다."(Levinas, 2004: 247) 타자의 얼굴을 받아들임으로써 우리는 사람 사이의 유대와 결속을 다질 수 있다. "내가 타자를 영접하고 대접할 때 진정한 의미의 주체성, 즉 '환대'로서의 주체성이 성립한다(강영안, 1995: 164).

자율성에 근거한 칸트의 의무윤리가 타자의 얼굴이 현전하기 이전에 실천이성이 의무를 규정하는 데 비해, 레비나스의 타자윤리는 타자의 타자성이 현전함으로써 비로소 타자에 대한 책임이 성립한다. 역설적이지만 타자윤리에서의 자율성은 타자에 대한 책임에 의존하며, 그 책임에서 생겨난다. 이렇게 레비나스는 '도덕적 타율성(moral heteronomy)'을 긍정적으로 재평가한다(Kodelja, 2008: 191). 요컨대 레비나스의 타자윤리는 '내 안의 타자'를 지향하는 윤리적 자아관을 제시함으로써 타자의 요구에 적극적으로 응답할 수 있는 윤리

---

14 E. Levinas, *Difficile Linerté* (Paris: Fata Morgana, 1976), p.20, (강영안, 1995: 156)에서 재인용.

15 E. Levinas, *Difficile Linerté*, p.270, (강영안, 1995: 157)에서 재인용.

적 담론이다. 그러므로 타자윤리는 타자에 대한 적극적인 책임을 요청한다. 타자윤리에 따르면 나와 타자는 비대칭적 관계에 있다. 대칭적이고 상호적인 관계에서 타자는 '또 다른 나(l'alter ego)'라는 일종의 동일자로 환원되고 만다. "타자는 내가 아닌 사람이다. 그가 그인 것은 성격이나 외모나 그의 심리상태 때문이 아니라 오직 그의 타자성(다름) 때문이다."(Levinas, 강영안 옮김, 1997: 100-101) 이렇게 나와 전적으로 다른 타자의 타자성에 의해 나의 책임이 규정된다. 우리는 우리가 초래하지 않은 사건에 대해서도 책임을 져야 한다. 이는 "나 자신이 타자에게 묶이는 것을 의미한다."(김연숙, 2008: 316) 그렇기 때문에 나와 전혀 연고가 없는 사람의 고통에 대해서도 무관심할 수 없다.

그렇다면 동일자로서의 내가 타자의 타자성을 왜곡하지 않고 어떻게 주관 안에 그 타자성을 받아들일 수 있을까? 우리는 신체의 감성에서 그 실마리를 찾을 수 있다. 인간은 신체를 통해서 비로소 '세계 내 존재'가 될 수 있다. 신체를 매개하여, 전 세계가 내 안에 살아 있고, 나 또한 전 세계를 나의 거처로 삼을 수 있다. 한마디로 신체는 '자아와 세계의 매개물'인 셈이다. 우리가 신체의 살아 있는 체험만 인정한다면 주·객 대립의 이원론이라는 막다른 난관을 극복할 수 있을 것이다(Mondin, 1985: 232-235). 신체의 감성은 자신의 행복으로만 향하지 않는다. 감성은 그와 동시에 '타자와 함께할 수 있는 가능성'으로서 "이 세계에로의 존재 가능성, 접촉과 노출과 다가섬의 가능성"이다. "감성적인 것 ― 모성, 상처의 가능성, 염려 ― 은 육화의 끈을 자아의 통각보다 더 큰 구성에 연결시킨다. 이 같은 구성에서 나는 나의 몸에 묶인 존재이기 이전에 타자에게 구속된다."[16] 사실

---

16 E. Levinas, *Otherwise than Being or Beyond Essence*, A. Lingis(trans.) (Dordrecht: Kluwer Academic Publishers, 1974), p.76, (김연숙, 2007: 77)에서 재인용. 칸트적인 구성(Konstruktion)은 동일자의 감성과 지성의 형식에 의하여 대상을 구성하는 것인데, 동일자의 감성과 지성에 의해 대상이 불가피하게 왜곡된다. 이에 비해 현상

'사고하는 존재(homo sapiens)'보다 '아파하는 존재(homo patiens)'가 보다 직접적이고 근원적이다. 호모 사피엔스가 '지배하고 이용하는 위치에 서 있는 존재론적인 자아'라면, 호모 파티엔스는 '애원하고 호소하는 윤리적 자아'라고 할 수 있다(손봉호, 1998: 34 - 36).

아파하는 것, 즉 고통은 주체의 주체성의 핵심 요소이다. 인간은 자신이 거부할 수 없는 사건과 상황을 겪으면서 아파하며 고통당하지만 그것을 극복하고자 하는 열망을 지닌 존재이다. 레비나스의 타자 윤리에서 주체는 '상처받을 가능성'으로, '외상에 열려 있음'으로, '타자에 대한 노출'로, 타자에 대한 '대리자'로, 타자를 위한 '볼모'로 해명된다. 요컨대 참된 의미의 주체는 "타자에 대해 열려 있고 타자를 위해 고통받을 수 있다."는 것을 수용한다(강영안, 2008: 211).

3. 타자에 대한 의무와 책임의 한계

타자에 대한 의무와 책임의 한계는 윤리학의 중요한 물음 중 하나이다. 최소도덕과 최대도덕 혹은 의무와 초과의무라는 개념의 쌍은 이미 의무와 책임의 불연속성을 전제하고 있다. 그럼에도 윤리적인 인간(homo ethicus)은 최소도덕이나 의무에 만족하지 않고, 최대도덕이나 초과의무의 영역으로 나아가고자 한다. 여기서 우리가 주목해야 할 것은 논리적인 측면에서 특수주의는 보편주의의 지평 위에 위치하며, 최대도덕은 최소도덕의 지평 위에 위치한다는 점이다. 최대도덕으로서의 초과의무 역시 최소도덕으로서의 의무 연속선상에 위치한다고 보아야 한다. 강한 의무로부터 최상 이상까지의 연속성을 그림으로 표현하면 다음과 같다(Beauchamp & Childress, 2001: 42).

학적인 구성(Konstitution)은 "존재자가 알려질 수 있도록 맞아들임"을 의미한다. 동일자로서의 주관은 대상의 의미를 임의로 구성할 수 없다. 여기서 '이성에 대한 감성의 우위'를 확인할 수 있다(한전숙, 1998: 156 - 157, 260 - 261).

〈표 9-2〉 의무의 스펙트럼

의무(obligation)		초과의무(supererogation)	
① 강한 의무 (strict obligation)	② 약한 의무 (weak obligation)	③ 의무를 넘어선 이상 ideals beyond the obligatory	④ 성인/영웅의 이상 saintly & heroic ideals

여기서 우리가 주목해야 할 것은 의무와 초과의무 사이에 일정한 괴리가 존재함에도 불구하고 도덕교육의 이상은 최소도덕으로부터 최대도덕을 지향한다는 점이다. 이 때문에 의무와 초과의무 사이를 실선이 아니라 점선으로 표현하고 있다. 사실 〈표 9-2〉에서 의무와 초과의무를 연결한 지평 전체가 '단일한 도덕적 가치의 눈금(a singular scale of moral value)'이다(Beauchamp & Childress, 2001: 42). 최대도덕으로서의 초과의무(supererogation) 역시 최소도덕인 의무의 연속선상에 위치한다고 볼 필요가 있다. 그렇다면 칸트의 의무윤리와 레비나스의 타자윤리는 의무의 스펙트럼에서 어느 지점에 위치하고 있을까? 이들의 논의에서 의무와 책임의 한계 문제를 어떻게 보아야 할까?

의무윤리로 간주되는 칸트 윤리학에서 칸트는 의무를 크게 두 가지로 구분한다. 『정초』(*Grundlegung*, A/B 53 이하)에서 칸트는 '의무'를 '우리 자신에 대한 의무'와 '다른 사람에 대한 의무' 그리고 이를 '완전한 의무'와 '불완전한 의무'로 구분한다.[17] 칸트는 우리 자신에 대한 완전한 의무의 예로 '자살 금지'를, 타인에 대한 완전한 의무의 예로 '거짓약속의 금지'를 들고 있으며, 우리 자신에 대한 불완전한 의무의 예로 '자기완성'을, 타인에 대한 불완전한 의무의 예로 '타인에 대한 원조'를 들고 있다. 이러한 의무의 분류에서 완전한 의무는 소극적이며, 금지의 성격이 강하기 때문에 의무의 동기는 '무엇을 하지 않기 위한' 동기로서 충분할 수 있다. 그러나 구체적인 행

---

[17] 칸트는 의무의 분류를 『윤리형이상학』(*MdS*, A/B 48-52)에서 보다 상세히 다루고 있다.

위가 지시되지 않은 불완전한 의무의 경우에는 적극적인 행위를 요구한다. 따라서 불완전한 의무의 수행은 칭찬받을 만한(verdienstlich) 것이다. 그러나 완전한 의무는 빚지고 있는(schuldige), 다시 말해서 부채를 갚아야 하듯 의무를 이행해야 하는 것이다(*MdS*, A 116). 완전한 의무는 의무의 스펙트럼상에서 '① 강한 의무'에 위치한다는 것을 쉽게 확인할 수 있다. 그런가 하면 불완전한 의무는 '② 약한 의무' 내지 '③ 의무를 넘어선 이상'에 위치할 것으로 보인다.

'불완전한 의무'는 칸트의 덕의무와 친화력이 있다. 칸트는『윤리형이상학』(*Metaphysik der Sitten*)의 '덕 이론(Tugendlehre)'에서 '동시에 의무인 목적'으로서 덕의무를 규정하고 있는데, 덕의무의 예로 '자기 자신의 완전성'과 '타인의 행복'을 들 수 있다. 여기서 한 가지 유의할 점은 덕의무 안에 또다시 완전한 의무와 불완전한 의무로 분류된다는 것이다. 가령 타자에 대한 덕의 의무에 있어서 완전한 의무는 '존경의 의무'이며, '불완전한 의무'는 자선, 감사, 동정과 같은 '사랑의 의무'이다. 이러한 '동시에 의무인 목적'으로서 덕의무는 '넓은 의무'이기 때문에 선택을 위한 '여지(Spielraum, latitudo)'를 남겨둔다(*MdS*, A 20.)[18] 예를 들어 자선의 의무는 도움을 필요로 하는 각각의 모든 사람을 도우라고 요구하지는 않는다. 우리는 누구에게, 무엇을, 어떻게, 얼마만큼 도울지를 결정할 '여지'를 갖는 것이다. 이러한 '여지'는 의무의 실행에 있어서 상이한 행위의 선택을 가능하게 함으로써 행위자에게 갈등을 유발하기도 하지만 행위자의 고유한 성품을 형성할 수 있는 여건이 되기도 한다. 다시 말해서 이러한 '여지' 때문에 의무의 동기 이외 다른 동기, 즉 자신의 욕구나 타자의 필요에 민감하게 반응할 수 있는 도덕적 감수능력이 필요하다. 칸트의 덕 이론은 감수 능력의 계발을 간접적인 의무로 인정하면서,

---

[18] 덕의무가 '넓은 의무'라면 법의무는 '좁은 의무'이다.

이것이 의무의 동기만으로 완수하기 어려운 경우에 그 완수를 지원한다(이원봉, 2006: 5 - 6).

한편 타자의 부름에 대한 응답이자 책임으로서의 윤리를 지향하는 레비나스의 타자윤리는 타자에 대한 "책임성을 주체성의 바탕을 이루는 제일구조로 간주"한다(Levinas, 양명수 옮김, 2005: 123). 헐벗고 고통받는 이웃에 대해 책임을 지는 자는 이익추구와 결별하는 지점에 선다. 그 지점은 이기주의로부터의 단절점인 동시에 타자와 접촉점이며, '타자와의 유대로 묶이는 연대성의 지점'이기도 하다. (……) "타자를 위하는 자는 자기 안에서 쉬지 못한다."(김연숙, 2008: 317) 우리의 이웃이나 타자에 대한, 더 나아가서 3D 업종에 종사하고 있는 외국인 노동자들에 대한, 더 멀리는 우리보다 약한 나라의 사람들과 유랑하고 떠도는 지구촌 난민들에 대한 책임은 무제한적이다. 책임의 무한성은 사실적인 무한성이 '내'가 책임을 인수하는 정도만큼 증가한다는 것이다(변순용, 2007: 108).

> "내 책임은 끝없고 아무도 나를 대체할 수 없다. (……) 책임성은 내게만 부여되고, '인간적으로' 나는 그것을 거절할 수 없다. 이것은 둘도 없는 자가 누리는 최고의 존엄이다. 나는 둘도 없는 자다. 다른 무엇으로도 바꿀 수 없다. 책임자로서 나는 나다. 책임에서 나는 다른 모든 사람을 대신할 수 있지만 아무도 나를 대신할 수는 없다. 내가 주체로서 뗄 수 없는 나의 정체성은 그런 것이다. 도스토예프스키가 말한 것도 그런 뜻이다. "우리 모두는 모든 것에 대해 책임이 있다. 모두 앞에 있는 모두에 대해 우리 모두가 책임이 있다. 그리고 내 책임은 다른 사람들보다 더 크다."(Levinas, 양명수 옮김, 2005: 131 - 132)

타자의 고통이 부과한 짐을 거부할 수 없다는 데서 주체성이 성립하고, 참다운 내가 될 수 있다. 타자의 얼굴은 동일성으로 환원시킬 수 없고 통약 불가능한 유일성을 지니고 있다는 점에서 타자의 인격 존엄성이 드러난다. 이와 동시에 타자의 얼굴이 요청하는 책임을 거절할 수 없고, 다른 사람에게 대체할 수 없다는 점에서 나의 인격의 존엄성이 드러난다. 타자의 얼굴에 대한 나의 책임은 무한하다. 그리스도교적인 어법으로 말하자면 참다운 내가 된다는 것은 곧 그리스도가 된다는 것이다. 그리스도는 "타자의 고통을 짊어진, 고통받는 의인"이다(강영안, 2008: 231). 그러나 과연 나의 삶 전체가 그리스도처럼 헐벗고 굶주린 타자의 얼굴을 받아들이며, '대속적 고통의 삶'을 살 수 있는 것인가?

이 지점에서 우리는 타자윤리의 무제한적 책임에 대한 문제제기를 할 필요가 있다. 타자윤리가 갖는 책임의 무한성은 타자와 맺는 '비대칭적 관계(asymmetric relation)'에 근거한다. 레비나스의 타자윤리가 낯선 타자에게 열린 책임에 입각한 주체성을 강조한다는 점에 우리는 상당 부분 공감할 수 있다. 그러나 레비나스가 주장하는 비대칭적인 무한책임에는 동의하기 어렵다. 문제는 타자와 나의 비대칭적 관계설정에 있다. 물론 타자의 고통은 나의 즐거움과 대칭적 관계에 있지 않다는 점에 동의할 수 있으며, 그러하기 때문에 타자의 고통과 그의 필요에 대해 배려할 필요가 있다. 더 나아가 어떤 보답이나 대가도 바라지 않고 타자에게 배려를 시혜할 수도 있다. 그러나 타자와 나의 관계를 비대칭적 관계로 영속화시키는 것은 심각한 문제가 될 수 있다. 헐벗고 굶주린 낯선 타자의 얼굴에 대해 응답을 하고 책임을 지는 것은 수용할 수 있지만 나에게 폭력을 가지고 다가오는 자에게 나의 뺨을 맡겨야 할 것인가? 이는 '경감시켜야 할 폭력을 오히려 영속화'시키는 태도가 아닌가. 더군다나 "모든 상호성을 제거하는 것으로서, 타자에 대한 지나치게 수동적이고 비대칭적인 관계가 상정하는 금욕주의적인 자기 부정은 감추어진 자만, 도덕적 우월성의 정조, 심지어 제2의 힘에의 의지"가 아닌가. 우리의 일상적 경험은 '배려의 관계란 배려하는 자와 배려받는 자가 상호 기여'를 하는 데서 성립하는 것이 아닌가. 진정한 배려의 관계는 상호적인 관계를 전제하며, 타자뿐만 아니라 자기 자신에 대해서도 배려할 필요가 있지 않을까(Garrison, 2008: 272 - 284).[19]

여기서 우리는 무한 책임을 지향하는 레비나스의 타자윤리 가능성과 한계를 엿보게 된다. 타자윤리의 한계는 특히 도덕교육에 적용할 때 발생한다. 과연 우리는 학생들에게 그들 자신을 부정하면서까지, 타자에 대한 책임, 그것도 무한 책임을 가르칠 수 있을까? 우리는 우리의 의무가 무엇이며, 의무와 구분되는 초과의무의 성격에 대해 이해할 필요가 있다.[20] 우리는 의무(특히 엄격한 의무 내지 소극적 의무)가 누구나 따라야 할 보편적인 명령이라는 점을 우리 학생들에게 가르칠 필요가 있다. 그와 동시에 초과의무는 반드시 따라야 할 의무는 아니더라도 그것을 이행할 수 있는 자유가 우리에게 주어져 있으며, 그것은 우리의 도덕적 이상임을 제시할 필요가 있다. 우리는 도덕적 이상이나 도덕적 탁월성과 같은 초과의무의 행위가 있음으로써 우리 사회의 도덕적 틀거리가 든든하게 서고 풍요롭게 될 수 있다는 점을 부정할 수는 없다(Beauchamp & Childress, 2001: 51). 그러나 이러한 초과의무를 모두가 따라야 할 보편적 의무로 규정할 경우, 학생들은 도덕의 무게를 견뎌낼 수 없을 것이다. 그럼에도 불구하고 레비나스의 타자윤리가 도덕교육에서 다루기 어려운 초과의무의 지평을 열어줄 수 있다는 점에서 타자윤리의 의미 있는 가능성을 전망해 볼 수 있다. 다만 레비나스가 타자를 향한 무한 책임의 표상으로서 '대속(expiation)'을 하나의 도덕법칙으로 제시한 것은 아니라는 점에 주의할 필요가 있다. 레비나스의 타자윤리는 하나의 윤리이론이라기보다는 타자의 현존에 기반을 둔 주체성의 문제, 책임

---

[19] 나딩스(N. Nodding)의 배려 윤리는 "필요와 응답에 기초한 윤리(a needs - and response - based ethic)"이며, 배려의 관계는 배려를 하는 사람과 배려를 받는 사람 모두의 반응성(responsiveness)을 필요로 하는 교환적인(transactional) 관계이다. 배려윤리는 상호적(reciprocal) 윤리이므로 배려를 받는 자의 역할도 고려한다(Garrison, 2008: 282 - 283).

[20] 초과의무 개념의 도입 배경과 성격에 대한 자세한 논의는 (Urmson, 1969: 60 - 73) 참고.

성의 문제 등과 같은 윤리학의 근본 조건을 해명하는 '윤리학의 윤리학(Ethics of Ethics)'으로서 '법칙과 개념이 없는 윤리학'으로 간주될 필요가 있다.[21]

V. 결론

다문화 사회에 진입한 한국은 이제 이민사회의 도래를 준비해야 한다. 다문화교육은 무엇보다 '다양성 속의 통일(e pluribus unum, one out of many)'을 지향한다(Banks, 모경환 외 옮김, 2008: 16). 2007 개정교육과정에서는 범교과 학습 내용 요소로서 다문화교육의 관점이 본격적으로 도입되고 있다. 개화기 이후 한국사회에는 지난 100년간 다양한 수준과 다양한 층위의 다문화적 갈등이 축적되어 있다. 이른바 한국사회의 다문화적 상황을 직시하고 이에 대한 윤리적 처방이 요청된다. 특히 차이와 다름을 이해하고 존중하며, 건강한 공동체 형성을 위한 도덕과 교육의 중요성을 아무리 강조해도 지나치지 않을 것이다. 그런데 문제는 이러한 도덕과의 다문화교육을 위한 윤리학적 정초를 어떻게 마련할 것인가에 있다. 이 지점이 이 글의 출발점이었다.

온갖 차이와 다양성에도 불구하고 인간이 존엄한 근거는 무엇 때문일까? 그것은 인간이 인격이기 때문이다. 여기서 말하는 인격은 인간의 발달 단계와 상관없이 인간이라는 종에 속한다는 점에서 성립한다. 우리는 이러한 관점을 아퀴나스와 칸트의 인격 개념을 중심으로 살펴보았다. 이들의 인격 개념은 각기 철학적 접근법이 상이하

21 J. Derrida, *Writing and Difference*(Londn: Routledge, 2001), p.138, (Kodelja, 2008: 196 주17번)에서 재인용.

지만 인간의 발달이나 온갖 차이에도 불구하고 인격으로서의 동일성 요소를 지녔으며, 개별적인 실존과 개체성을 강조하는 타자성 요소를 확인할 수 있었다. 요컨대 인간의 존엄성 문제를 해명하기 위해서는 인격에 있어서의 동일성 요소와 타자성 요소를 함께 고려할 필요가 있다.

필자는 도덕과 다문화교육의 윤리학적 정초의 한 사례로 인격의 동일성 요소를 강조하는 칸트의 의무윤리와 인격의 타자성 요소를 강조하는 레비나스의 타자윤리를 제시하였다. 칸트의 의무윤리는 "나와 남을 차별하지 않고 존중해야 한다."는 정언명령을 기본 구도로 하고 있다. 그러나 칸트의 의무윤리 관점은 보편적 이성에 기반을 둔 동일성을 추구하는 논의라는 점에서 일정 부분 모더니즘의 한계를 노정하고 있다. 한편 레비나스의 타자윤리는 타자의 타자성, 즉 타자의 절대적 다름으로부터 타자와 관계를 맺는 윤리적 담론을 제공할 수 있다. 이는 모더니즘의 이성 우위 자아관을 벗어나 감성의 수용성 내지 타자에 대한 민감성을 강조한다는 측면에서 포스트모더니즘의 성격을 일정 부분 띠고 있다.

인간은 이성적인 존재이면서 동시에 신체를 지닌 감성적인 존재이므로 다문화교육의 윤리학적 정초 작업에서는 이러한 양면이 동등한 무게로 논의될 필요가 있다. 사실 상이한 접근법을 지닌 윤리학 이론들이라 하더라도 '인간의 존엄성 확보'에 공히 기여할 수 있다면 우리는 암묵적으로 '반대의 암함(coincidentia oppositorum)'을 통한 '지혜의 일치'를 추구할 필요가 있다(진교훈, 2006: 30). 이러한 맥락에서 필자는 다문화교육의 윤리학적 정초 논의를 위해 동일성에 의한 의무윤리(칸트)와 타자성에 의한 타자윤리(레비나스)가 상반된 관점을 지니고 있음에도 불구하고 양자를 동등한 무게로 다루고자 하였다.

칸트의 의무윤리가 도덕판단의 보편성을 확보하며, 타자를 목적으로 대해야 한다는 인간 존중의 윤리를 지향한다는 점에서 다문화시대의 윤리적 관점으로 일정한 타당성을 지니고 있다. 그러나 동시에 칸트의 의무윤리는 이성적 주체인 나와의 동일성에서 타자를 바라보기 때문에, 타자의 환원될 수 없고 통약될 수 없는 유일한 타자성을 온전히 수용할 수 없다는 한계가 있다. 한편 레비나스의 타자윤리는 타자의 타자성에 의해 규정되는 주체성의 가능성을 제시하며, 나와 비대칭적인 관계에 서 있는 헐벗고 굶주린 타자의 얼굴에 대해 그 깊이와 넓이에 있어서 무제한의 책임을 질 것을 촉구한다. 비대칭적 관계에 의해 노정된 책임의 무한성을 강조하는 레비나스의 타자윤리는 도덕교육에 직접적으로 적용하기는 어렵다는 한계에도 불구하고, 의무와의 연속선상에 있는 초과의무의 차원을 효과적으로 보여 줄 수 있다는 일정한 함의를 갖는다.

참고문헌

강영안(1995), 「레비나스: 타자성의 철학」, 철학문화연구소, 『철학과 현실』 통권 25호.

강영안(2008), 『타인의 얼굴: 레비나스의 철학』, 서울: 문학과지성사.

공병혜(2008), 「고통의 현상과 윤리적 삶」, 『인문의학』, 서울: 휴머니스트.

김선하(2007), 「로크의 인격론」, 『인격』, 서울: 서울대학교출판부.

김연숙(2008), 「지구공동체를 위한 소수자 권리와 책임」, 한국동서철학회, 『동서 철학연구』 제47호.

김연숙(2007), 「레비나스의 인격론」, 『인격』, 서울: 서울대학교출판부.

박진(1999), 「칸트에게 전해진 중세 스콜라철학의 유산」, 한국칸트학회편, 『토마 스에서 칸트까지』, 서울: 철학과현실사.

백종현(1999), 「의식의 동일성과 선험성: 경험주의 의식 이론과 칸트 초월론 비교 연구」, 철학연구회, 『철학연구』 제46집.

변순용(2007), 『책임의 윤리학』, 서울: 철학과 현실사.

손봉호(1998), 『고통받는 인간』, 서울: 서울대학교출판부.

송종호(2007), 「단일민족환상 깨고 다문화주의로의 '전환시대'」, 한국민족연구원, 『민족연구』 제30호.

이경원(2007), 「과르디니의 인격론」, 『인격』, 서울: 서울대학교출판부.

이경재(2007), 「토마스 아퀴나스의 인격 개념」, 『인격』, 서울: 서울대학교출판부.

이미숙(2009. 9. 1), 「범교과 학습의 문제점 및 개선방안에 대한 교사·교육전문 가의 인식분석」, 『범교과 학습의 체계화 방안 탐색을 위한 세미나』(연구 자료 ORM 2009 - 19), 한국교육과정평가원.

이원봉(2006), 「칸트의 덕 이론 연구: 덕윤리학의 비판에 대한 대응을 중심으로」, 서강대학교 박사학위논문.

정순미(2008), 「'다문화' 적응을 위한 윤리교육」, 한국윤리학회, 『윤리연구』 제 69호.

진교훈(2006), 「윤리학 연구의 방향설정과 그 과제」(정년기념 고별강연, 2003. 6. 24), 『살며 생각하며』, 서울: 가람문화사.

최재희(1990), 『칸트의 생애와 철학』, 서울: 명문당.

한자경(2006), 『칸트 철학에의 초대』, 서울: 서광사.

한자경(1992), 『칸트의 초월철학: 인간이란 무엇인가』, 서울: 서광사.

한전숙(1998), 『현상학』, 서울: 민음사.

홍석영(2007), 「슈페만의 인격론」, 『인격』, 서울: 서울대학교출판부.

Banks, J. A., 모경환 외 옮김(2008), 『다문화교육 입문』, 서울: 아카데미프레스.

Beauchamp, G. L. & Childress, J. F.(2001), *Principles of Biomedical Ethics,* Oxford & New York: Oxford Univ. Press.

Garrison, Jim(2008), "Ethical Obligation in Caring for the Other: Reflections on Levinas", Denise Egéa‒Kuehne(ed.), *Levinas and Education,* NY & London: Routledge.

Harris, C. E., 김학택 · 박우현 옮김(2004), 『도덕 이론을 현실문제에 적용시켜 보면』, 서울: 서광사.

Hauser, Arnold, 백낙청 · 심성완 옮김(1991), 『문학과 예술의 사회사‒근세편(上)』, 서울: 창작과비평사.

Hume, D.(1985), A *Treatise of Human Nature*, NY & London: Penguin Classics.

Kant, I.(1983), *Kant Werke in Zehn Wänden*, W. Weischedel(Hg.)(Darmstadt: Wissenschaftliche Buchgesellschaft, 1983).

ㅤ‒ *Grundlegung zur Metaphysik der Sitten*(바이세델판 6권)→『정초』 (*Grundlegung*)

ㅤ‒ *Kritik der praktischen Vernunft*(바이세델판 6권)→『실천이성비판』 (*KpV*)

ㅤ‒ *Kritik der reinen Vernunft*(바이세델판 3‒4권)→『순수이성비판』 (*KrV*)

ㅤ‒ *Metaphysik der Sitten*(바이세델판 7권)→『윤리형이상학』(*MdS*)

Kodelja, Zdenko(2008), "Autonomy and Heteronomy: Kant and Levinas", Denise Egéa‒Kuehne(ed.), *Levinas and Education,* New York & London: Routledge.

Kohlberg, L.(1981)., *The Philosophy of Moral Development*, San Francisco: Harper & Row.

Levinas, E., 양명수 옮김(2005), 『윤리와 무한』, 서울: 다산글방.

Levinas, E.(1974), *Otherwise than Being or Beyond Essence*, A. Lingis (trans.), Dordrecht: Kluwer Academic Publishers.

Levinas, E., 강영안 옮김(1997) 『시간과 타자』, 서울: 문예출판사.

Levinas, E.(2004), *Totality and Infinity*, A. Lingis(trans.), Pittsburgh: Duquesne University Press.

Locke, John(1996), *An Essay concerning Human Understanding*, (abridged & edited by) K. P. Winkler, Indianapolis & Cambridge: Hackett Publishing.

Mondin, B.(1985), *Philosophical Anthropology*, Rome: Urbaniana Univ. Press.

Pitte, F. P. Van de(1971), *Kant as Philosophical Anthropologist*, Hague: Martinus Nijhoff.

Rommen, H. A.(1979), *The Natural Law*, trans. by T. R. Hanley, NY: Arno Press.

Scheler, Max(1980), *Der Formalismus in der Ethik und die Materiale Wertethik*, Bern & München: Francke Verlag.

Singer, P., 황경식 · 김성동 옮김(2003), 『실천윤리학』, 서울: 철학과현실사.

Urmson, J. O.(1969), "Saints and Heroes", J. Feinberg(ed.), *Moral Concepts*, Oxford: Oxford University Press.

Wimmer, Reiner(2003), "Bioethical Aspects of a Freedom ‒ Based Conception of Personhood", L. Honnefelder u. C. Streffer(hrgs), *Jahrbuch für Wissenschaft und Ethik*, Bd.8, Berlin & New York: Walter de Gruyter.

제10장 개인차와 다양성을 존중하는 도덕수업: 다중지능이론*

지능에 관한 다원론적인 관점은 하워드 가드너(Howard Gardner)에 의해 본격적으로 제기되었다. 가드너의 다중지능 개념은 전인교육에 관심을 갖는 교사를 비롯한 교육자들에게 치열한 경쟁과 입시위주의 학교 현장을 변화시킬 수 있는 대안적 교육 패러다임으로 받아들여지고 있다.

Ⅰ. 머리말

최근 우리 사회의 교육현장에서는 일제고사 시행을 둘러싼 갈등과 후유증이 나타나고 있다. 우리 사회에 불고 있는 사교육 열풍은 학력을 통한 신분상승에 대한 강한 욕구를 드러내 주고 있다. 이른바 **SKY**(서울대, 고대, 연대)에 입성하기 위해 특목고 진학은 필수다. 중학교 교육 과정은 특목고 입학을 위한 입시전쟁으로 간주되고 있다. 이러한 입시위주의 교육현장에서 단연 각광을 받는 지적 능력은 논리-수학적 사고와 언어 능력이라 할 수 있다. 이른바 IQ가 높은 학생들에게 유리한 입시 시스템 때문에 IQ 이외의 다른 능력이 뛰어난 학생들은 자신의 존재가치를 인정받기 어려운 교육체계 속에서 버텨내야 한다. IQ 이외의 능력을 지닌 학생들을 위한 대안적인 관점은 없는가? 지능에 관한 다원론적인 관점은 하워드 가드너(Howard Gardner)에 의해 본격적으로 제기되었다. 가드너의 다중지

＊ 졸고(2009), 「도덕교육에서 다중지능이론의 활용 가능성 모색」, 한국윤리교육학회, 『윤리교육연구』 제18집, pp.1-21을 수정·보완한 것임을 밝힌다.

능 개념은 전인교육에 관심을 갖는 교사를 비롯한 교육자들에게 치열한 경쟁과 입시위주의 학교 현장을 변화시킬 수 있는 대안적 교육 패러다임으로 받아들여지고 있다.

이에 필자는 먼저 다중지능이론이 입시위주의 중등학교 교육현장을 개혁할 수 있는 교육 패러다임인가라는 물음을 해명하고자 한다. 다음으로 다중지능이론의 일반적인 교육적 활용, 가령 교수－학습활동이나 진로교육에 기여할 수 있는 측면을 논의하고자 한다. 끝으로 본 연구의 주된 관심사라 할 수 있는 다중지능이론의 도덕교육적 적용 가능성에 대해 탐구하고자 한다. 이를 위해 2007 개정 교육과정과 다중지능이론 간에 친화력이 있는 지점을 확인하고, 다중지능이론에 기반을 둔 도덕과 수업 모형이자 수행평가의 한 모델로서 팀프로젝트 활동에 대해 다루고자 한다.

Ⅱ. 다중지능이론은 대안적 교육 패러다임인가?

우리 사회는 한마디로 시험만능 사회이다. 특목고 입시, 학력지상주의, 일제고사의 부활 등 입시 열풍이 가라앉을 기미가 보이질 않는다. 이러한 입시 이데올로기에서 각광을 받는 정신 능력은 논리수학 지능과 언어 지능이다. 이 두 가지 지능은 IQ 검사가 측정하고자 하는 핵심 영역이다. 그러기에 우리 사회에서는 IQ가 높은 학생들은 입시 경쟁체제하에서 승자가 될 가능성이 크다. 그러나 사람마다 개성이 다르듯 지능의 프로파일이 다르며, 적어도 8가지의 지능이 있다는 것이 하워드 가드너의 지적이다. 과연 IQ가 인간의 정신 능력을 제대로 측정할 수 있는 도구인가?

주지하듯이 비네(Alfred Binet)의 지능지수(intelligence quotient,

IQ)[01] 검사는 학생들의 학업성취 성패를 예측하기 위해 개발되었다. 사실 본래적인 의미의 IQ 검사는 학습능력이 떨어지는 학생들을 선별하여 그들의 수준에 맞는 학습을 제공하기 위해 실시되었으나 미군의 모병에 효과적으로 활용된 이후, 지능을 수량화한 IQ 검사는 열광적인 관심을 유발하였다. 그러나 IQ 검사에는 몇 가지 문제점이 노정되어 있음을 간과해서는 안 된다(Gardner, 문용린·유경재 옮김, 2008: 23). 첫째, IQ 검사는 정규과정에서 최고의 성적을 올린 학생이 좋은 대학에 들어가고, 인생에서도 성공할 것이라는 가정을 전제하고 있다. 과연 이러한 전제가 타당한 것인가? 둘째, IQ 검사는 주로 언어 능력과 논리·수학적 능력에 대한 평가인데, 이처럼 단일 기준에 의한 학생들의 지능 평가가 학생들이 지니고 있는 다양한 지능을 간과할 수 있다는 점이다. 셋째, 이러한 연장선상에서 IQ 검사는 IQ 이외의 지능이 발달한 학생까지도 학습 무능력자로 낙인찍힐 수 있는 교육시스템상의 문제점을 야기한다. 여기서 우리는 지능에 대한 포괄적인 이해가 요구됨을 알 수 있다. 기존의 IQ 개념과는 달리 다중지능이론의 주창자인 하버드대학교 교육심리학과의 가드너 교수는 개인마다 8가지로 구분되는 상이한 인지적 강점과 인지 유형이 존재한다고 주장한다. 가드너의 다중지능이론이 모든 인간을 단일 능력으로 서열화하는 것의 문제점을 극복하고, 자신이 좋아하는 분야에서 각자의 강점을 살려 학생 간의 우월감이나 열등감 없이 조화를 이룰 수 있는 교육적 처방으로 이해되기도 한다. '학벌지상주의', '시험지상주의', '출세지상주의'와 같은 편견에 시달리는 우리 사회에서 다중지능이론은 학생 개개인의 잠재능력을 발견·계발시킬 수 있을 뿐만 아니라 자신의 강점 지능에 입각한 직업 활동 및 사회 생활을 통해 사회의 공존·공생의 토대를 마련할 수 있다는 점에서

---

01 지능지수=(정신연령÷생활연령)×100

윤리적 함의도 지니고 있다. 다중지능이론은 미국의 학교개혁 운동에 큰 영향력을 미쳤을 뿐만 아니라 우리 사회의 교육공동체에 있어서도 획일화된 교육체계의 개혁 모델로 각광을 받고 있다(윤영돈, 2009.2: 3 - 4).

'개인 중심 교육'은 다중지능이론의 교육적 의의 가운데 가장 부각되는 점이다. 이것은 개인차를 진지하게 고려하는 교육관을 의미한다. 사실 가드너의 지적처럼 산업화 이후 대중교육이 수행되는 학교는 대체로 획일화된 시스템을 지녀 왔다. 이 점에 대해 가드너는 다음과 같이 지적한다.

> "학생들은 똑같은 것을 똑같은 방식으로 배우고 평가받았다. 이런 접근법은 공평해 보인다. 모든 사람이 동등하게 취급되기 때문이다. 그러나 이런 접근은 공평하지 않다. 학교는 언어 지능과 논리수학 지능이 강한 사람에게는 유리하고, 다른 지능 프로파일을 나타내는 사람에게는 불리하기 때문이다."(Gardner, 문용린·유경재 옮김, 2008: 83)

획일화된 교육 시스템의 변화에 대한 갈망을 지닌 교육자에게 다중지능이론은 하나의 설득력 있는 대안으로 간주되어 왔다. 이 때문에 다중지능이론은 심리학자보다는 교육자에게 보다 광범위한 영향을 미친 것이 사실이다. 스스로를 심리학자로 여겨 왔던 하워드는 원래 동료 심리학자를 대상으로 다중지능이론을 소개한 것이지만 심리학자보다는 교육학자들에게 큰 영향력을 미쳤다는 점은 다소 아이러니한 일이 아닐 수 없다. 그럼에도 불구하고 다중지능이론은 "학생들이 매우 다양한 방식으로 사고하며 배운다."는 교육자의 일상 경험을 입증하는 이론이기 때문에 학교현장에 거대한 반향을 일으킬수 있었다(Kornhaber, 2001: 276).

> "각각의 지능에 대응되는 7, 8개의 학습센터를 만든 학교, 무시되어 왔던 지능에

초점을 맞춘 학교, 하나의 과제를 7, 8개의 방식으로 가르치는 학교, 새로운 지능 평가방법을 도입한 학교, 특정 지능이 떨어지는 학생들을 한 반으로 묶은 학교, 서로 다른 지능 프로파일을 나타내는 학생들을 한 반으로 묶어 교육효과를 극대화한 학교 등이 나타났다."(Gardner, 문용린·유경재 옮김, 2008: 80)[02]

그러나 교육현장에서 다중지능이론이 효과적인 대안 내지는 의미 있는 기여를 하기 위해서 다중지능이론을 둘러싼 신화(일종의 오해)와 제기되는 비판점을 해소할 필요가 있다(Gardner, 문용린 옮김, 2004: '제6장 다중지능에 대한 신화와 현실').

첫째, "다중지능이 밝혀졌기 때문에 우리는 개별 지능을 검사할 수 있는 지필 검사지를 제작할 수 있고, 각 지능별 점수를 구할 수 있다."는 신화는 바로잡을 필요가 있다. 물론 지필 검사지를 통해 개인의 지능별 분포를 어느 정도 확인할 수는 있지만 지필 검사 자체가 언어나 논리의 맥락에서 시행되는 것이므로 다중지능의 본래적 목적을 왜곡하는 사정(査定)이 될 수 있다. 다중지능을 평가할 수 있는 가장 적절한 방법은 포트폴리오식 수행평가와 같은 관찰법이다(Armstrong, 전윤식·강영심 옮김, 2007: 61 - 66; 하대현, 1998: 87 - 88). 한 학기 혹은 일 년간 수업시간에 학생들이 어떤 실수를 하는지 관찰하거나 자유시간에 학생들이 어떤 활동을 하는지를 관찰하여 기록함으로써 학생들의 다중지능을 평가해 볼 수 있다. 학생들이 수업 활동 중에 실수를 하거나 집중하지 못하는 것은 자신이 지닌 보다 우세한 지능에 입각한 방식으로 학습할 수 있도록 도와달라는 일종의 요청인 것이다.[03] 그런가 하면 자유시간에 학생들이 스스로 선택하여 수행하는

---

02 다중지능이론이 적용된 교육적 사례로 덴마크의 다중지능 공원(단포스 유니버스 과학공원)이나 다중지능 도서관 등도 있다(같은 책, 299 - 300).

03 "언어적 능력이 뛰어난 학생들은 자기 차례를 무시하여 불쑥 말하고, 공간적 능력이 뛰어난 학생은 낙서를 하거나 공상에 잠겨 있을 수 있기 때문이다. 그리고 대인관계인간친화 지능이 뛰어난 학생은 잠시도 가만히 있지 못하고 움직일 수 있다. 학생들은 이러한 실수를 통해 '선생님, 이것이 제가 학습하는 방법입니다. 선생님이 저의 가장 자연스러운 학습통로(learning

활동의 내용을 관찰함으로써 그들이 가장 효과적으로 학습할 수 있는 방식을 파악할 수 있다.

둘째, 지능의 개념에 대한 오해가 있다. 지능은 결과물인가, 과정인가, 내용인가, 양식인가 아니면 그 모두인가?(Gardner, 문용린 · 유경재 옮김, 2007: 92 - 93; 하대현, 1998: 87) 가드너는 '지능(intelligence)'을 "특정 방식으로 특정 정보를 처리하는 인간의 생물심리학적 잠재능력"으로 간주한다. 각각의 지능은 고유한 '신경과정(neural process)'을 지니고 있다. 지능은 내용이 아니지만 일상세계에서 정해진 어떤 내용을 처리하기 위해 진화된 것으로 이해될 수 있다. 또한 개별 지능, 가령 공간 지능의 활동을 통해 지도나 그림과 같은 결과물이 수반될 수도 있다. 가드너는 교육학자들이 '지능'과 '양식(style)'을 혼동하는 데 이를 구분할 필요가 있다고 말한다. 양식은 '좋아하는 활동이나 계획'과 같이 모든 개인에게 적용할 수 있는 일반적인 접근을 나타내는 반면 지능은 일종의 '계산능력'을 의미한다. 가령 언어 지능이 높은 학생은 언어와 관련된 정보를 용이하게 처리할 수 있다.

지능의 개발과 관련하여 생물학적 요인과 환경 요인의 관계에 대해서도 살펴볼 필요가 있다. '생물심리학적 잠재력(bio - psychological potentials)'[04]으로서의 지능은 생물학적 요인의 측면이다. 그러나 개별 지능들은 '생물학적 자질' 이외에도 '개인의 생활사'와 '문화와 역사적 배경'의 영향력을 통해 우리가 그 지능들을 관찰할 수 있는 형태로 개발될 수 있다. 그러므로 우리는 한 개인이 어떤 특정 시기에 표현되는 지능들에 대해 '강한 지능(strong intelligence)'과 '약한

channels)를 통해 가르쳐 주시지 않는다면 어떻게 될까요? 어쨌든 저는 제 방식대로 할 것입니다.'라는 암시를 주고 있는 것이라고 볼 수 있다."(Armstrong, 전윤식 · 강영심 옮김, 2007: 62)

[04] 지능에 대한 좀 더 정교한 정의는 다음과 같다. 지능이란 "문화적으로 가치 있는 물건을 창조하거나 문제를 해결하는 데에, 그 문화에서 유용하게 쓰일 수 있는 정보를 처리하는 생물심리학적인 잠재력"이다(Gardner, 문용린 옮김, 2004: 46) 가드너는 종종 지능을 일종의 '계산능력'으로 간주한다. 즉, "인간은 언어, 수, 사회적 관계, 공간적 관계 등을 '계산하는 능력'을 지니고 있다."(Howard Gardner, 문용린 · 유경재 옮김, 2007: 94)

지능(weak intelligence)'이라는 말로 한 개인의 지능을 규정해서는 안 된다는 점을 확인할 수 있다. 왜냐하면 약한 지능도 적절한 환경과 적절한 개발 기회가 주어진다면 강한 지능이 될 수 있기 때문이다. 물론 모차르트처럼 천부적인 소질을 생물학적 자질로 타고날 수도 있지만 그러한 경우에도 아들의 음악적 재능을 키워 주기 위한 아버지의 노력이나 모차르트 주변의 후원자들이 많았던 유럽적 배경의 영향을 무시할 수는 없다. 그런가 하면 대부분의 사람들 역시 자신의 지능을 탁월한 수준은 아니더라도 비교적 '유능한 수준'까지 개발할 수 있다는 것이 다중지능이론의 주된 논지임을 이해할 필요가 있다(Armstrong, 전윤식·강영심 옮김, 2007: 51 - 52).

셋째, "다중지능이론은 경험적인 이론이 아니라거나 경험적이지만 부정되지 않는다."는 오해를 해소할 필요가 있다. 사실 다중지능이론은 전적으로 경험적인 증거에 기초한 것이고, 새로운 연구결과에 따라 수정될 수 있다. 다중지능의 이론적 배경으로 인지과학 및 신경(뇌)과학을 들 수 있다. 다중지능이론은 1981년 미국의 노벨의학상 수상자인 로저 페리(Roger Perry)의 좌우뇌 이론에 입각하여 뇌의 능력을 종합적으로 측정하고자 한다(Gardner, 문용린·유경재 옮김, 2007: 302 - 303).[05] 그런가 하면 가드너는 다중지능이론의 경험적 근거로서 뇌 손상에 의한 잠재능력의 고립, 바보 천재(idiot savants)의 존재, 지능별 독특한 발달사와 최고수준의 전문가를 규정할 수 있는 일련의 수행들, 다른 종(種)에서도 확인될 수 있는 지능들에 관한 진화의 역사와 역사적·문화적 요인에 의한 진화의 가소성, 개별 지능들에 대한 다양한 심리측정 자료의 근거, 한 지능이 다른 지능으로 전이되지 못한다는 실험심리학적 근거, 개별 지능들의 고유한

---

05 좌우뇌 이론은 분석적이고, 합리적인 사고 능력을 주관하는 좌뇌뿐만 아니라 이미지와 음악과 같은 직관적 능력을 주관하는 우뇌의 능력에도 관심을 기울임으로써 좌뇌의 능력을 측정하는 데 주안점을 두었던 기존의 지능검사의 문제점을 극복하는 데 시사하는 바가 크다. 『교수신문』, 2008. 10. 13「학문간 대화로 읽는 학술키워드 7. 지능」.

상징체계 중 특정 상징체계를 선호하고 사용할 수 있는 능력을 들고 있다(Armstrong, 전윤식·강영심 옮김, 2007: 24 - 34).

끝으로, 다중지능이론과 교육과정 간의 관계 설정문제에 대해 검토해 볼 필요가 있다. 우리가 생각해 볼 수 있는 다중지능이론의 교육과정상의 적용 문제는 크게 두 가지 차원으로 구분해 볼 수 있다.

먼저, 국가수준의 교육과정을 다중지능이론에 입각하여 재구성하는 다소 개혁적인 방식이 있다. 가령 미국의 인디애나폴리스의 키스쿨의 예를 들어보자(Gardner, 문용린·유경재 옮김, 2007: 152 - 154). 이 학교는 다중지능이론에 입각하여 세워진 초등학교이다. 키스쿨은 일종의 '핵심 학습 공동체'로서 모든 학생이 매일 다중지능을 자극받는다는 믿음으로 '주제중심의 교육과정'을 운영한다. 여기서 크게 세 가지 방식으로 교육이 진행된다. ① 학생들은 특정 기술이나 교과목에 통달한 유능한 교사가 이끄는, 일종의 도제교육과 같은 '파드(pod)'에 매일 참석한다. 건축, 정원 가꾸기, 요리 등 12개 영역의 파드에 다양한 연령층의 학생이 참여하며, 수준에 따라 각자에게 적합한 방식으로 개별활동을 할 수 있다. ② 파드의 부족한 측면은 지역사회의 자원인사(human resources)를 통해 보완한다. 일주일에 한 번 외부 전문가들이 학교를 방문하여 자신의 직업을 소개하고, 전문기술을 학생들에게 보여 준다. ③ 핵심 학습 공동체의 가장 중요한 활동은 프로젝트 활동이다. 학생들은 해마다 서너 가지의 프로젝트를 수행하고 결과물들은 전시하거나 프레젠테이션을 실시한다. 이러한 프로젝트 활동은 비디오로 녹화되어 학생 자신의 성장을 확인할 수 있는 소중한 포트폴리오로 만들어지며, 졸업할 때, 모아둔 포트폴리오 사본을 받게 된다. 키스쿨같이 다중지능이론에 입각하여 국가수준의 교육과정을 상당 부분 재구성하는 것은 대안학교에 적용해 볼 수 있는 방식이다.

다음으로 우리가 생각해 볼 수 있는 다중지능이론과 교육과정 간의 관계설정 방식으로 국가수준의 교육과정을 따르되, 다중지능이론을 학교현장에서 적절하게 활용하는 것을 들 수 있다. 교수－학습방법에 있어서 서로 상이한 지능 파일을 지닌 학생들에게 흥미를 끌 수 있는 다양한 방식으로 접근할 수 있다. 특히 과목별 수행평가에서 다중지능이론을 활용한 다양한 활동을 조직할 수 있으며, 학생 개개인의 지능 파일에 적합한 방식으로 과제를 수행하게 함으로써 수업을 통한 학생의 학업성취 향상과 더 나아가 자신의 진로에 대한 관심도를 제고할 수 있다. 그런데 문제는 다중지능이론에 입각한 수업이 과연 국가수준의 교육과정을 충실히 구현할 수 있는가에 대해 긍정적인 답변을 할 수 있어야 한다는 점이다. 다시 말해서 표준화된 시험, 즉 일제고사와 같은 기존의 성취도 평가에서도 좋은 성과를 나타낼 수 있는가의 물음은 단순히 다중지능이론이 대안학교를 위한 이론일 뿐만 아니라 기존의 정규과정을 운영하는 일반 학교에도 적용 가능성을 담보하기 위한 중요한 준거가 될 수 있기 때문이다.

"다중지능이론을 활용한 학교의 학업성취도가 과연 높게 나올 수 있겠는가"라는 물음에 대한 긍정적인 답변은 하버드대학교의 '프로젝트 제로 연구소'의 SUMIT(School Using Multiple Intelligences Theory) 보고서에서 제시되었다(Kornhaber & Fierros & Veenema, 2008: 14－19). 이 보고서는 1997년에서 2000년까지 3년 이상 다중지능이론을 적용한 학교를 대상으로 학업성취도를 조사한 연구 결과물이다. 미국 18개 주와 캐나다 1개 지방의 총 41개 학교가 대상이 되었으며, 일곱 학교를 제외하고는 모두 초등학교였다. 이 중 39개 학교는 공립학교였으며 대안학교는 없었다. 각 학교의 41명의 교육자와 인터뷰를 한 결과, 다중지능이론의 적용을 통해 시험점수, 학생지도, 부모참여, 학습장애아의 학교생활이 향상된 것으로 보고되었다. 좀 더 부연하자면 조사대상 학교의 80%에서 표준화된 점수가 향상되었으며, 학생의 정학률이 낮아지고, 교사는 학생을 보다 잘 이해할 수 있게 되었으며, 아동은 갈등을 해결할 수 있는 능력을 갖게 되었다고 한다. SUMIT 학교의 80% 이상의 교육자는 부모의 학교 참여가 증가하였다고 보고하였다. 또한 학습장애를 지닌 학생의 경우에도, 그 학생의 강점 영역을 통해 학습하게 함으로써 취약한 부분을 보완하는 데 효과적이었다고 한다.

우리는 이상의 논의를 통해서 다중지능이론에 입각한 교육은 학생의 전인교육의 이상에 부합하고, 학생의 자기주도적인 학습을 촉진하는 데 유용한 접근임을 확인할 수 있다. 물론 다중지능이론은 중등교육보다는 유·초등교육에 보다 친화력이 있지만 중등교육과정에서도 일정한 기여를 할 수 있을 것으로 전망된다. 다음 장에서 국가수준의 교육과정을 존중하면서도 수업을 통한 학생들의 전인적 성장을 이끌어 낼 수 있는 하나의 모델로서 다중지능이론의 교육적 활용 가능성에 대해서 살펴보고자 한다.

Ⅲ. 다중지능이론의 교육적 활용

1. 다중지능이론과 교수–학습활동

정보통신의 발달과 다원화가 가속화되고 있는 우리 사회는 인간관계 및 사고방식에 있어서 많은 변화를 맞이하고 있다. 수직적 인간관계보다는 수평적 인간관계가, 선형적 사고보다는 비선형적 사고가, 일방향 정보전달보다는 쌍방향 정보소통이 일상화되었다. 그런가 하면 21세기 사회환경에 적합한 학습 기술로 정보 및 의사소통기술, 비판적 사고력, 문제해결 능력, 대인관계 및 자기주도적 학습능력 등이 요구되고 있으며, 디지털시대의 교육주체가 되는 학생들은 테크놀로지 기반 학습 환경과 디지털 커뮤니티를 선호한다. 이러한 시대적 변화는 중등교육의 교수-학습(teaching & learning) 과정에서도 확인할 수 있다. 가령 교사가 수업계획 단계에서부터 평가 단계까지 통제하던 기존의 방식에서 이제는 학생의 참여와 의견을 반영하는 분위기가 확산되고 있다. 그런가 하면 창의적인 인재 육성이라는 시대적 요구에 따라 지식관에 있어서도 패러다임의 전환을 맞이하고 있다. 이러한 맥락에서 우리는 객관주의적 지식관에 근거한 교사의 일방향적인 지식 전달을 지양(止揚)하는 구성주의적 지식관에 근거한 촉진자(facilitator)로서의 교사상과 학생들의 능동적인 팀프로젝트의 수행 및 의사소통 능력 향상을 지향(志向)하고 있는 교육적 추세를 이해할 수 있다. 그러므로 학교현장에서도 학생들의 이해력과 표현력 제고를 위한 수업 모형의 설계와 평가방식의 다원화에 대한 고려를 할 필요가 있다. 특히 중등교육은 일반적으로 언어적 능력이 결합된 논리적 능력을 중시하는 수업형태를 띠고 있으며, 학생의 학업성취도 평가 역시 해당 수업에 대한 이해 정도를 언어적·논리적 능력에 초점을 맞추어 진행되고 있다. 그런데 과연 이러한 수업 방법과 학생의 성취도 평가가 얼마나 타당할까? 왜냐하면 수업 내용에 대한 학생들의 이해 방식이 서로 상이할 뿐만 아니라 이해한 내용을 표현하는 방식에 있어서도 상당한 개인차가 존재하기 때문이다. 물론 중등교육에 있어서 언어적 능력과 논리적 능력의 제고를 위한 교과목은 일정한 타당성을 지닌다. 그러나 모든 학생의 개인차를 고려하기에는 충분하지 않다. 언어적 능력이나 논리적 능력이 떨어지는 학생들이라 할지라도 음악적 능력이나 대인관계 능력 혹은 신체운동적 능력에 있어서 두각을 나타낼 수 있으며, 그러한 능력을 매개로 해당 수업과 관련한 자신의 이해 정도를 표현할 수 있다는 점을 주목할 필요가 있다. 이 때문에 개개인이 가진 강점을 살리면서 부족한 부분을 확충할 수 있게 하는, 이른바 다중지능이론(multiple intelligences theory)에 입각한 교수-학습 활동의 가능성을 확인할 필요가 있다

(윤영돈, 2009.2: 1 - 2).

다중지능이론은 교사가 학생의 학습을 효과적으로 촉진시킬 수 있는 교육의 아이디어이자 도구이다. 다음에서 다중지능이론에서 말하는 개별지능의 정의 및 일반적인 교수-학습 과정에 어떻게 적용될 수 있는지에 대해서 살펴보고자 한다.

전통적인 지능 논의에서 핵심 지능으로 간주되었던 논리-수학 지능과 언어 지능이 있고, 예술활동과 결부된 것으로서 음악 지능, 공간 지능, 신체-운동 지능이 있으며, 인격적(personal, 인성적) 지능과 관련하여 인간친화 지능과 자기성찰 지능, 추가적 지능으로 자연친화 지능이 있다. 개별적인 지능과 관련하여 해당지능의 정의, 학습자 성향, 수업에의 적용 및 관련된 직업에 관한 설명은 다음과 같다(Garnder, 문용린·유경재 옮김, 2007: 27-38쪽; Armstrong, 전윤식·강영심, 2007: 100-107쪽; 정창우 외, 2007: 221-226; Smith, 2002 & 2008).

▶ **논리-수학 지능**(logical-mathematical intelligence) ⇨ 공부 잘하는 데 필수 요소
① 정의: 논리적 문제나 방정식을 풀어가는 과정에 관한 능력으로서 숫자를 효과적으로 사용하며 문제를 빠른 속도로 해결하는 능력.
② 학습자의 성향: 귀와 눈이 반짝거림. 실험하거나 퍼즐하기를 좋아하고, 문제해결 시 근거와 원리, 법칙을 찾아 해결하고자 함
③ 수업에의 적용: 소크라테스식 질문법, 퍼즐 게임, 가설세우기, 가설 검증하기, 통계자료 이용하기, 주장과 근거대기, 비판적으로 생각하기, 결론 도출하기. 모둠명 <장영실 모둠>, <파스칼 모둠>, <논리 재능꾼 모둠> 등

▶ **언어 지능(linguistic intelligence)**

① 정의: 단어의 소리, 리듬, 의미, 말 혹은 글로서 언어를 효과적으로 사용하는 능력

② 학습자의 성향: 감수성이 강하고 읽기, 쓰기, 말하기를 좋아하면서 빨리 배우고 글을 잘 쓰며, 이름, 장소, 날짜 등 사소한 것을 잘 기억함

③ 수업에의 적용: 모둠별 토론, 전체 토론하기, 학급 및 개인 문집 만들기, 브레인스토밍. 모둠명 <셰익스피어 모둠>, <말재능꾼 모둠>, <손석희 모둠> 등

▶ **음악 지능(musical intelligence)**

① 정의: 소리의 음조, 음색, 리듬 등 음악의 요소에 민감하게 반응하고 사람뿐만 아니라 비언어적 소리에도 예민하게 반응하는 능력

② 학습자의 성향: 노래하기를 좋아하고, 흥얼거리며, 음악감상과 악기연주를 좋아함. 들은 멜로디를 잘 기억하고 표현함

③ 수업에의 적용: 작곡 및 작사하기, 대중가요 가사 바꿔 부르기, 효과음악(mood music), 음악소프트웨어 활용, 랩으로 표현하기. 모둠명 <조수미 모둠>, <모차르트 모둠> 등

▶ **공간 지능(spatial intelligence)** ⇨ 공대전공에 필수요소

① 정의: 시공간적 세계를 정확하게 인지하는 능력과 3차원의 세계를 변형, 새로운 것을 창조하는 능력

② 학습자의 성향: 만들거나 그리기를 좋아하고, 상상해 내기를 잘하며, 새로운 정보나 아이디어를 그림, 지도, 그래프, 퍼즐 등을 이용하여 표현함

③ 수업에의 적용: 마인드맵 작성하기, 광고 만들기, 포스터 만들기, 상상하고 묘사하기, 그래프 그리기, 사진 찍기, 관찰한 현상 그림으로 표현하기, 시사만평 그리기. 모둠명 <백남준 모둠>, <앙드

레 김 모둠> 등

▶ **신체 - 운동 지능(bodily - kinesthetic intelligence)**
① 정의: 문제를 해결하거나 감정을 전달하는 데 글 또는 그림보다
   는 몸동작으로 표현하는 능력
② 학습자의 성향: 몸의 균형감각과 촉각이 다른 사람보다 잘 발달
   되어 있고 손으로 다루는 능력이 뛰어나며 신체적 활동(움직이고
   만들기)을 통해 잘 배우고, 문제를 해결함
③ 수업에의 적용: 흉내 내기, 연기하기, 마임으로 표현하기, 춤추기,
   역할놀이, 현장여행, 신체지도(body maps). 모둠명 <박지성 모
   둠>, <김연아 모둠> 등

▶ **인간친화(대인관계) 지능(interpersnonal intelligence)** ⇨ 사회생
   활에 성공하는 데 필수요소
① 정의: 다른 사람들의 감정, 의도, 욕구를 잘 이해하고, 타인과 효
   과적으로 일할 수 있는 능력
② 학습자의 성향: 친구들이 많고, 말을 잘하며 그룹 활동에도 잘
   참여함. 다른 사람의 기분, 의도, 동기, 감정을 잘 파악하고 리더
   십, 조직력, 협동력이 강함
③ 수업에의 적용: 타인 이해하기, 앞장서기, 상대방의 대화 들어주
   기, 협동학습, 지역사회활동, 집단브레인스토밍, 선행 및 봉사활
   동, 프로젝트 수행하기. 모둠명 <유관순 모둠>, <간디 모둠> 등

▶ **자기성찰 지능(intrapersonal intelligence)** ⇨ 이 지능이 높으면
   성취욕이 높다.
① 정의: 자신의 신념, 감정, 의도, 동기들을 잘 이해하고 자신의 장
   단점을 관리·통제하는 능력
② 학습자의 성향: 자기주도학습을 잘하며, 남을 모방하기보다 자신

의 생각을 따름. 자신의 신념과 감정에 의해 혼자 하는 일을 좋아하고 집중력이 뛰어남

③ 수업에의 적용: 1분 반성하기, 나의 장래 희망 생각하기, 자신의 가치관 말하기, 개별프로젝트, 자기존중활동. 모둠명 <프로이트 모둠>, <자기존중 모둠> 등

▶ **자연친화 지능(naturalist intelligence)**

① 정의: 주어진 환경을 잘 변별, 분류, 활용하고 자연의 생태계를 이해하고 자연과 문명의 관계를 파악할 수 있는 능력

② 학습자의 성향: 동물과 식물 등 자연을 좋아하며, 조사, 분석, 관찰, 종합하는 것을 좋아함

③ 수업에의 적용: 곤충이나 식물의 특징 관찰하기, 동식물에게 편지 쓰기, 환경정화 활동에 참가하기. 모둠명 <파브르 모둠>, <제인 구달 모둠>, <자연 재능꾼 모둠> 등

2. 다중지능이론과 진로교육

우리 사회에는 소위 잘나가는 직업이 정해져 있다. 자신의 소질과 적성보다는 사회적인 인지도와 연봉 수준을 고려하여 직업을 선택하는 경우를 종종 볼 수 있다. 그러나 자신의 직업에 과연 만족하는 비율은 얼마나 될까? 더 나아가 자신이 만족하지 못하는 직종에서 세계적인 경쟁력을 갖출 수 있을까? '직업과 적성에 관한 만족도 조사'06에서 절반 이상(51%)이 자신의 직업에 만족하지 않으며, 직업을 변경하고자 하는 경우도 절반이 넘었다(54%). 몇 가지 사례를 들어보자. 요즈음 대학생들의 선망 대상이라 할 수 있는 현직 영어교

---

06 2,700명을 대상으로 인터넷 설문조사 실시(2007. 7. 16-31), 한국교육방송공사(EBS) 다큐 프라임 「아이들의 사생활」 '다중지능'에서 인용.

사는 수의사를 희망했었다. 즉, 인간친화 지능보다는 자연친화 지능이 훨씬 높게 나오는 그에게는 수의사가 보다 적성에 맞는다는 것이다. 의대를 다니는 한 대학생은 방송작가를 희망했었는데, 다중지능 검사를 해 본 결과 자기성찰 지능이 높게 나왔다. 여기서 알 수 있는 것은 진로를 선택하는 데 있어서 사회적인 시선보다는 자신의 적성, 즉 보다 우세한 지능에 입각한 선택이 바람직하다는 것이다.

다중지능이론은 자신의 소질과 적성을 계발하기 위한 청소년기 진로교육 프로그램의 이론적 근거로 활용될 수 있다. 이는 다중지능 평가가 자신의 강점 지능 파악에 용이하고, 개별 지능별로 직업군 분류가 가능하며, 자기 이해와 직업 탐색의 준거로 기능할 수 있기 때문이다(김주현, 2004: 3). 지능별 관련 직업군은 다음과 같다.

⟨표 10-1⟩ 다중지능별 관련 직업군(정창우 외, 2007: 222; 김주현, 2004: 32)

개별지능	개별지능 관련 직업
논리-수학 지능	수학자, 과학자, 엔지니어, 교수, 기업의 기획업무, 은행원, 회계사, 컴퓨터 프로그래머 등
언어 지능	아나운서, 작가, 개그맨, 방송인, 언어병리학자, 교사, 변호사, 정치가, 법률가 등
음악 지능	DJ, 연주가, 성악가, 작곡가, 지휘자, 뮤지컬 배우, 음악비평가, 악기제조사, 음향기술자 등
공간 지능	건축가, 미술교사, 화가, 사진가, 인테리어 디자이너, 체스선수, 바둑기사, 항해사, 파일럿 등
신체-운동 지능	운동선수, 코치, 댄서, 체육교사, 레크리에이션 강사, 기능공, 정비사, 보석세공인 등
인간친화 지능	정치가, 홍보 및 영업담당, 상담가, 간호사, 교사, 종교지도자, 사업가 조직의 리더 등
자기성찰 지능	철학자, 성직자, 신학자, 심리학자, 상담가, 문학가, 기업가 등
자연친화 지능	탐험가, 환경보호가, 농부, 어부 등 (논리수학 지능과 결합하면 해양생물학자, 식물학자, 동물학자 같은 환경연구가 및 과학자)

여기서 직업과 개별지능이 일대일 대응하는 것은 아니라는 점에 유의할 필요가 있다. 다시 말해서 두세 가지 지능의 조합을 통해 최상의 직업을 선택할 수 있다. 가령 인간친화 지능과 자기성찰 지능이 모두 높을 경우, 유능한 상담가가 될 가능성이 크다. 인간친화 지능과 언어 지능이 높을 경우, 유능한 정치가가 될 가능성이 크다. 현실에서 탁월한 디자이너(이상봉)의 경우, 다중지능 검사 결과, 공간지능, 언어지능, 자기성찰 지능이 높게 나왔다. 그런가 하면 탁월한 발레리나(박세은)의 경우, 신체운동 지능, 인간친화 지능, 자기성찰 지능이 높게 나왔다. 또한 탁월한 작곡가(윤하)의 경우, 음악지능, 언어지능, 자기성찰 지능이 높게 나왔다. 여기서 알 수 있는 것은 자신이 가진 지능 프로파일 중 우세한 두세 가지 지능의 조합을 통해 자신에게 가장 적합한 직업을 선택할 수 있다는 것이다. 아울러 자신의 직업에 만족하고 탁월한 성취를 위해서는 자기성찰 지능이 계발될 필요가 있다는 점이다.[07]

진로는 고정된 것이라기보다는 전 생애를 통해 달성해야 할 일종의 발달과업이다. '자기성찰 지능'은 다중지능 가운데 개인의 진로발달 과정에서 가장 중요한 지적 능력이라 할 수 있다. 자기성찰 지능은 자기 자신에 대한 객관적인 이해를 토대로 적응적인 행동을 할 수 있는 능력이며, 자신의 감정이나 가치지향, 강점과 약점을 파악할 수 있는 능력이다. 다시 말해서 자기성찰 지능은 자신의 능력에 대한 관심과 이해이자 자신의 미래 목표와 이를 달성하기 위한 자기관리 능력과 준비 능력을 의미한다(문용린, 2004: 109; Amstrong, 전

---

[07] 한국교육방송공사(EBS) 다큐 프라임 「아이들의 사생활」, '다중지능' 참고. 물론 한 분야의 지능이 월등하게 나타나는 사례도 있다(레이저형 프로파일). 가령 피카소와 같은 경우, 매우 강력한 공간 지능으로 인해 숫자를 수량이 아니라 이미지로 간주했기 때문에 논리수학 지능을 계발하는 데 어려움을 겪었다고 한다. 그런가 하면 여러 지능들의 균형을 중시하는 직업도 있다. 가령 정치가나 CEO의 직무는 광범위한 분야를 이해하고 다룰 수 있는 능력이 요구된다(서치라이트형 프로파일) (Garnder, 문용린·유경재 옮김, 2007: 265 - 266).

윤식·강영심 옮김, 23쪽: 김주현, 2005: 4, 36).[08]

청소년기는 자신의 능력뿐만 아니라 자신의 자아 정체성 형성에도 깊은 관심을 가진 시기이다. 이 시기에 청소년들은 학문적 관심이나 취미활동의 형태로 자신의 삶의 방향과 현실적인 진로를 탐색하기 시작한다. 그러므로 청소년기에 적절한 진로교육의 시행이 요구된다. 효과적인 중등학교 진로교육의 모델로 창의적 재량활동 시간이나 특별활동 시간을 활용한 다중지능이론에 기반을 둔 진로교육 프로그램을 고려해 볼 필요가 있다(김주현, 2005). 아울러 '자기성찰 지능'과 친화력이 있는 활동이 가장 활성화될 수 있는 교과목이 도덕과이므로 동 교과를 통한 진로교육의 접근법도 좋은 방안이 될 수 있다.

Ⅳ. 다중지능이론의 도덕교육적 적용 가능성

"다중지능 가운데 도덕지능이 존재하는가?"라는 물음에 긍정적인 답변을 할 수 있다면 다중지능이론의 도덕교육적 적용 가능성 전망이 밝을 텐데, 과연 그러할까. 가드너는 생명공학과 정보혁명시대로 특징지어지는 미래 사회를 위한 다섯 가지 마음[09]을 논의하는 과정에서, 무엇보다 다름과 차이를 '존중하는 마음'과 '윤리적인 마음'을 강조한다는 점에서 다중지능이론의 도덕적 가치지향을 엿볼 수 있다(Gardner, 2008). 그럼에도 불구하고 가드너는 도덕성을 별도의 지능으로 제시하지 않는다. 사실 지능은 그 자체 가치중립적이므로 '가치의 학'인 도덕과는 무관하다. 다시 말해서 지능은 도덕적인 용도로

---

[08] 자기성찰 지능의 하위영역으로 정서(감정인식), 능력인식, 미래계획을 들 수 있다(문용린, 2004: 109).

[09] 훈련된 전문성을 지닌 마음(disciplined mind), 종합하는 마음(synthesizing mind), 창의적인 마음(creative mind), 존중하는 마음(respectful mind), 윤리적인 마음(ethical mind).

도 혹은 비도덕적인 용도로도 사용될 수 있다(Gardner, 문용린 옮김, 2004: 72). 지능은 특정분야에 있어 표현되는 일종의 '계산능력'이며, 기술적인(descriptive) 영역에 국한되는 데 비해, 도덕성의 문제는 당위 차원의 논의인 규범적인(normative) 영역에 속한다(Gardner, 문용린·유경재 옮김, 2007: 50-51; Gardner, 문용린 옮김, 2004: 82). 도덕성은 그것을 구성하는 변수가 매우 다양하기 때문에 단일한 지능이라 말하기 어렵다. 도덕성은 도덕적 판단능력인가, 아니면 도덕적 정서인가, 아니면 도덕적 행동인가? 도덕성의 실현을 위해서는 인격적 지능(인간친화 지능, 자기성찰 지능), 언어 지능, 논리-수학 지능 등이 결합될 필요가 있다. 요컨대 도덕성은 인격성, 개성, 의지, 품성, 더 나아가 인간본성의 최상의 자아실현에 관한 진술이므로 그 자체로 단일한 지능으로 간주될 수는 없다고 할 것이다. 그러나 문화적 다양성이나 선호의 차이가 공존할 수 있는 세상을 만들기 위해서는 지능과 도덕성 간의 긴밀한 결합이 요구된다는 점은 부정하기 어려울 것이다(Gardner, 문용린 옮김, 2004: 82-93). 그런가 하면 도덕과 교육과정과 다중지능이론의 친화력을 일정 수준 이상 확인할 수 있다면 도덕교육의 내실화를 위해 다중지능이론이 효과적으로 사용될 수 있을 것으로 전망한다.

1. 2007 개정 교육과정과 다중지능이론의 친화력

국가수준의 도덕과 교육과정은 무엇보다 학생의 도덕성 함양과 자율적 인격 형성을 위해 교육과정의 성격, 목표, 지도내용, 지도방법, 평가라는 요소들을 중심으로 학교급별로 체계화되어 있다(한국도덕윤리과교육학회, 2002: 207-336). 다중지능이론은 교육과정의 구현을 위해 어느 정도의 기여를 할 수 있을까? 2007 개정 교육과정을 중심으로 다중지능이론이 도덕과 교육과정에 시사하는 바를 살펴보도록 하자.

도덕과의 성격과 관련하여, 미래사회를 살아갈 학생들에게 "다양한 도덕문제를 합리적으로 해결할 수 있는 도덕적 사고력과 판단력을 길러주는 데 중점을 둔다."고 적시하고 있다(교육인적자원부, 2007. 1; 교육과학기술부, 2008: 159). 여기서 '도덕적 사고력과 판단력'은 다중지능 중 '논리수학 지능'과 친화력이 크다. 다시 말해서 도덕적 사고력과 판단력은 도덕적 문제의 원인을 파악하고, 이를 합리적으로 해결할 수 있는 능력이라는 점에서 도덕과는 논리수학 지능을 개발하는 데 상당한 관심이 있다는 것을 알 수 있다.

가치관계 확장의 맥락에서 설정한 도덕과의 목표 및 내용체계와 관련하여, 먼저 "도덕적 주체로서 자기 자신에 대한 올바른 이해를 바탕으로 바람직한 삶을 영위할 수 있는 도덕적 능력과 태도를 지닌다."는 대목에서 도덕과는 '자기성찰 지능' 개발에 관심이 크다는 점을 확인할 수 있다. 다음으로 "자신과 가정, 학교, 사회생활 등에서 만나는 사람들과의 관계에 대한 올바른 이해를 바탕으로, 다른 사람과 조화롭게 살아갈 수 있는 도덕적 능력과 태도를 지닌다."는 대목에서 도덕과는 '인간친화 지능'의 함양과도 밀접한 관련이 있다는 점을 엿볼 수 있다. 사실 '자기성찰 지능'과 '인간친화 지능'은 8가지 다중지능 가운데 "정의적인 영역에 해당하는 능력"으로 다른 지능을 활성화하는 데 중요한 역할을 하는 것으로 간주된다(문용린 외, 1998.8: 1).[010] 그런가 하면 "자신과 자연 및 초월적 존재와의 관계에 대한 올바른 이해를 바탕으로, 이상적 삶을 영위할 수 있는 도덕

---

[010] 물론 자기성찰 지능과 인간친화 지능이 정의적인 영역에 해당되기는 하지만 가드너는 이 두 가지 능력 역시 지적 능력에 포함시킨다(같은 곳). '정서 지능(emotional intelligence)'은 골먼(D. Goleman)이 체계화했는데, 그는 "정서에 대한 지식, 정서의 통제, 자신과 타인의 감정 상태에 대한 민감성을 다루는 능력의 총체로서 정서 지능을 설명한다. 이러한 특성화는 대인지능(즉 인간친화 지능)과 자성 지능(즉 자기성찰 지능)에 대한 나의 생각과 잘 들어맞는다."(Gardner, 문용린 옮김, 2004: 84)

적능력과 태도를 지닌다."고 할 때, 도덕과는 '실존 지능'과 친화력이 있음을 이해할 수 있다. 실존 지능은 '궁극적인 문제들', 이를테면, 우주에서 인간의 위치, 삶과 죽음의 의미, 운명의 문제, 예술과 아름다움의 문제를 다루는 종교적, 신비적, 형이상학적 물음의 해명과 관련된다. 그러나 가드너에 의하면 실존 지능은 여타 8가지 지능과는 달리 경험적인 심리적 근거가 희박하기 때문에 9번째 지능의 목록에 추가하기는 어렵지만 '8과 2분의 1 지능' 정도로 언급함으로써 실존 지능의 존재는 일정 수준 긍정된다고 할 수 있다(Gardner, 문용린 옮김, 2004: 74 - 81).

도덕과의 지도방법, 즉 교수 - 학습 방법과 관련하여 도덕과 수업은 '학생들의 지적·도덕적 발달 수준에 부합되는 교수 - 학습 방법'을 '학년별로', 동일 학년일지라도 '목표와 내용에 알맞은 다양한 교수 - 학습 방법을 활용'하며, "교육 내용에 알맞게 강의법, 문답법, 토의·논술법, 시청각 매체 활용법, ICT 활용법, 협동학습 방법, 프로젝트 학습 방법, 역할 놀이 방법, 실천·체험 학습 등 다양한 방법을 활용"할 수 있도록 명시하고 있다(교육과학기술부, 2008: 238). 다양한 교수 - 학습 방법은 학생 개개인의 상이한 다중지능을 효과적으로 개발할 뿐만 아니라 학습에의 흥미를 불러일으키는 데 효과적이다. 문답법, 토의·토론법, 논술법이 주로 언어 지능이나 논리수학 지능을 자극한다면, 시청각 매체 활용법이나 ICT 활용법은 언어 지능은 물론 음악 지능, 공간 지능까지도 자극할 수 있다. 그런가 하면 역할놀이는 언어 지능, 인간친화 지능, 신체운동 지능을, 실천·체험 학습법은 자기성찰 지능이나 신체운동 지능 등을 활성화할 수 있다. 협동 학습이나 프로젝트 학습 방법이 학생들의 지능 프로파일을 고려하여 실시된다면 상이한 지능의 프로파일을 가진 학생들이 자신의 강점을 최대한 활용하여 서로 시너지 효과를 발휘할 수 있는 학습 방법이 될 수 있다. 앞서 언급한 '목표와 내용에 부합하는 다양한 교수-학습 방법의 활용'은 다중지능이론에 입각하여 보완될 필요가 있다. 다시 말해서 교수-학습 모형을 구상할 때, 교과의 목표와 내용에 적절한 방식만을 고려할 것이 아니라 동일한 주제라 하더라도 학생들의 다양한 지능 프로파일을 고려하여 모든 학생들이 수업에 흥미와 관심을 가질 수 있도록 노력해야 한다는 것이다. 그러니까 각기 다른 성향을 가진 학생이 각자에게 알맞은 방법으로 학습할 수 있도록 수업을 계획할 필요가 있다는 것이다.[011]

도덕과의 평가와 관련하여 '도덕과 평가는 학생의 도덕성 발달과 인격 함양에 도움이 되는 평가'가 되도록 하며, '학업성취도 및 도덕적 판단 능력과 실천 의지를 판정하는 자료'로서뿐만 아니라 "도덕과 학습 진전 상황을 기록하여 궁극적으로 학생의 도덕성 발달과 인격 함양을 촉진하는 데 도움이 되도록 한다."(교육과학기술부, 2008: 247)는 대목에서 도덕과에 있어서 '수행 평가'의 중요성을 확인할 수 있다. 특히 수행평가를 계획할 때, 교사와 학생 간에 '상호 주관성'을 확보하기 위한 원활한 소통이 필요하다. 상이한 지능 프로파일을 가진 학생들은 도덕과 수업에서 다루는 주제에 대한 이해 및 표현 방식이 다양하다는 점을 고려하여 지필 평가, 행동 관찰, 자기 보고, 구술 및 논술 평가, 포트폴리오, 토론 및 발표 등 다양한 방식으로 평가를 하는 것이 필요하다. 아울러 '학생 상호 평가'도 고려해 볼 필요가 있다.[012]

이상의 논의에서 우리는 다중지능이론이 2007 개정 교육과정을

---

[011] 가드너는 "도입 전략을 같은 방으로 들어가는 여러 가지 문으로 비유하면서 연구할 주제나 교과목에 다양한 전략으로 접근할 수 있음을 제안하였다." 가령 서술적(narrative) 도입 전략, 논리수학적 도입 전략, 심미적(aesthetic) 도입 전략, 경험적 도입전략, 대인관계적(인간친화적) 도입 전략, 실존적·기본적(existential/foundational) 도입 전략 등을 들 수 있다(Kornhaber & Fierros & Veenema, 2008: 10-11).

[012] 다중지능이론에 입각한 도덕과 수업모델 및 수업지도안의 구체적인 예시는 정창우 외, 앞의 책, 221-243쪽 참고. 이 글에서는 학생들의 다양한 지능 프로파일을 자극하고 고무시킬 수 있는, 그리고 효과적인 수행평가의 한 모형으로서 팀프로젝트 활동에 대해 간략하게 소개한다. 필자가 대학 전공기초 《윤리학개론》강좌에서 수행한 팀프로젝트 활동에 관한 보다 상세한 논의는 (윤영돈, 2009.2: 7-10) 참고.

구성하고 있는 성격, 목표, 지도내용, 지도방법, 평가를 효과적으로 수행할 수 있는 유의미한 관점임을 살펴보았다. 이제 다음에서 다중지능이론에 기반을 둔 도덕과 수업모형으로서 팀프로젝트 활동에 대해 논의하고자 한다. 특히 다중지능이론과 친화력이 있는 팀프로젝트 활동은 학생의 도덕적 성장의 과정을 중시하는 '수행평가'를 위한 하나의 모델로서 의미가 있다고 할 수 있다.

2. 다중지능이론에 기반을 둔 도덕과 수업모형으로서 팀프로젝트 활동

TV, CD - Rom, 비디오디스크, 인터넷 등의 결합을 통해 문자, 음성, 그림, 사진, 비디오 등 각종 미디어의 생산적인 결합을 가능케 하는 멀티미디어의 등장 시기와 비슷하게 다중지능이론도 출현했다. 멀티미디어는 무엇보다 다중지능이론을 지지하는 사람들이 추구하는 교육 목표와 교육 방법을 구현하는 데 일정한 기여를 할 수 있다.

다중지능이론에 의하면 학생들은 자신에게 보다 더 친숙한 지능 유형에 따라 학습과 지식을 성취하기 때문에 동일한 잣대로 개별적으로 상이한 지능을 지닌 학생들을 평가해서는 안 된다. 모든 학생들은 동일한 방식으로 다루어져서는 안 되며, 그들이 지닌 다양한 유형의 지능에 부합한 교수 - 학습의 기회가 주어져야 한다. 이런 점에서 멀티미디어의 활용은 "모든 아이들에게 기회를 주어야 한다."는 다중지능이론의 주된 취지와 친화력이 있다. 멀티미디어는 학습 자료를 생생하게 전달할 수 있고, 다양한 주제에 대해 용이한 접근성을 지니고 있을 뿐만 아니라 학생들이 지닌 다양한 유형의 앎의 방식을 적절하게 제시할 수 있다(Gardner, 2000: 32 - 35).

프로젝트 활동은 학교를 졸업한 후 사회인으로서 수행하게 될 일들을 모방한 활동의 성격을 지닌다. 프로젝트 활동을 통해 학생들은 자신의 강점을 발견할 수 있고, 향후 그 강점을 계발하는 데 관심을 기울일 수도 있다. 또한 잘 계획된 프로젝트 활동은 깊은 참여감 내지 몰입을 유도함으로써 외재적 동기가 아니라 내재적 동기를 갖게할 수 있다. 특히 멀티미디어의 활용을 통한 팀프로젝트 활동은 다양한 유형의 지능을 활성화시킬 수 있는 최적의 여건을 제공할 수있다(Gardner, 문용린 · 유경재, 2007: 151).

사실 오늘날 직업의 세계에서 처리해야 할 정보의 양은 한 개인의 능력을 넘어선다. 따라서 팀 단위의 업무 방식이 일반화되고 있으며, 여기서 지능은 개인적인 차원이 아니라 팀 전체의 활동 차원에서 평가된다. 이상적인 팀 조직의 이미지는 공연예술에서 확인할 수 있다. 가령 영화나 연극과 같은 작품은 감독, 배우, 의상디자이너, 조명전문가, 편집자 등 전문성을 지닌 개인들의 협력을 통해 산출된다(같은책, 267).

다중지능을 활용한 팀별 활동은 크게 두 가지 유형으로 나눌 수있다. 먼저 동일한 지능 유형에 따라 팀을 구성하는 방식이 있다. 가장 이상적인 경우는 8개의 지능 유형별로 팀을 구성하는 것이다. 동일 주제에 대한 8가지 유형의 표현방식으로 프로젝트를 수행하고, 그 결과를 발표할 때 한 사안을 접근하는 다양한 방식의 관점을 공유할 수 있다는 이점이 있다. 그런가 하면 다양한 유형의 지능을 종합하여 하나의 팀으로 구성할 수도 있다. 개별 팀 내에 다양한 유형의 지능을 지닌 개인들이 함께 프로젝트 활동을 할 경우, 소속 팀내에서 각자 자신의 강점 지능을 발휘할 수 있도록 역할을 분담함으로써 최적의 프로젝트 활동 결과를 산출할 수 있을 것이다.

다중지능별 팀 활동은 그 성격상 수행평가(performance assessment)의 관점으로 접근할 필요가 있다. 이때 교사의 일방적인 평가보다는 일정 비율(5~10% 정도)을 학생 상호 평가로 진행하는 것도 고려해볼 수 있다. 다중지능별 활동에 대한 평가는 성적을 줄 세우는 방식보다는 학생들의 강점과 약점을 구체적으로 기술하며, 동료로부터의 평가를 포함한 다차원적인 평가로 계획할 필요가 있으며, 평가의 과정에서 학생들이 자신의 지적 성장을 확인할 수 있도록 디자인하는 것이 좋다.

특히 팀별 프로젝트 수행 과정을 UCC 동영상으로 제작하여 발표하고, 함께 감상하는 활동의 이점은 무엇보다 '훈련된 이해력(disciplinary understanding)'의 제고에 있다. 다시 말해서 팀별 프로젝트 활동과 팀별 UCC의 감상은 주제에 대해 언어적인 접근 혹은 예술적인 접근 또는 논리적인 접근 등 다양한 접근을 통해 보다 많은 학생들이 관심을 가질 수 있다. 더 나아가 하나의 주제에 여러 가지 방법으로 접근함으로써 학생들은 다양한 방식의 사고 유형을 이해할 수 있으며, 이와 같은 다양한 접근을 통해서 다양한 신경망(사고 유형들)이 활성화되고, 상호 연결될 수 있다(같은 책, 87 - 88).

V. 결론

인간은 다양한 방식으로 배울 수 있는 존재이다. 무엇인가를 알기 위해 우리는 손을 사용하기도 하고, 여러 감각기관을 사용하기도 한다. 그런가 하면 관찰을 하기도 하며, 대화나 논쟁을 하기도 한다. 또한 그림이나 도표로부터 춤에 이르기까지 다양한 상징들을 활용하기도 한다. 이처럼 우리는 앎에 대한 다양한 접근방식을 지니고 있으며, 또한 이해한 것을 다양한 방식으로 표현하기도 한다. 그런데 유감스럽게도 우리의 학교 현장, 특히 중등교육 현장에서는 선다형 객관식과 같은 지필평가나 암기식 위주의 '획일화된 교육(uniform schooling)'이 지배적이다. 즉, 학생들은 동일한 내용을 동일한 방식으로 배우고,

동일한 기준으로 평가받는다. 게다가 학교 현장에서는 오랫동안 논리-수학 지능과 언어 지능만을 강조하며, 그 밖의 다른 유형의 지능에 대해서는 간과해 온 것이 사실이다. 이러한 견지에서 다중지능이론은 대안적인 교육 패러다임으로 각광을 받고 있다.

다중지능이론에 입각한 교육은 무엇보다 학생 개개인이 지닌 다양한 가능성을 꽃피우게 하는 데 관심을 기울인다. 특히 전인교육을 지향하는 도덕과 교육은 학생 개개인의 가치를 발견하고자 하며, 그러한 가치를 적극적으로 인정하는 일련의 교육과정을 구현할 필요가 있다. 물론 국가수준의 교육과정을 전면적으로 개혁하자는 것은 아니다. 교육현장 속에서 수업으로 표현되는 교육과정은 얼마든지 재구성할 수 있다. 무한한 가능성을 지닌 학생들을 승자와 패자, 우등생과 열등생, 좋은 학생과 나쁜 학생으로 가르는 교육이 아니라 모든 학생에게서 각각의 재능을 발견하고 계발하는 교육은 하나의 이상일 뿐일까.013 학생의 입장에서 볼 때, 수업에 설정된 학습 주제가 학생 개개인에게 가장 익숙한 방식으로 제시되고 학생들이 이해한 바를 그들이 선호하는 다양한 방식으로 표현할 수 있을 때 가장 효과적으로 배울 수 있다.

'도덕교육에서 다중지능이론의 활용 가능성 모색'을 주제로 한 이 글에서 먼저, 다중지능이론은 국가수준의 교육과정의 성격, 목표, 지도내용, 지도방법, 평가라는 일련의 이상적 요소를 현실에 효과적으로 구현할 수 있는 교육이론임을 밝히고자 하였다. 다음으로 다중지능이론의 교육적 활용과 관련하여, 교수-학습활동이나 진로교육은 학생 개인 간의 다양한 지능 프로파일을 고려하여 접근할 필요가 있음을 살펴보았다. 끝으로 다중지능의 목록에 개별지능으로서 도덕

---

013 학생의 잠재능력과 가능성을 일깨우기 위한 가르치는 자의 노력은 유치원, 초·중·고, 대학의 구분을 넘어서서 유사성을 지닌다고 할 수 있다. 가령 대학생을 가르치는 교수 역시 이러한 관점을 가지고 접근할 필요가 있다(Bain, 안진환·허형은 옮김, 2005, 110-111, 240-241).

지능은 설정하기가 어렵지만 교육과정과 다중지능이론이 일정한 친화력이 있음을 확인하였다. 요컨대 2007 개정 교육과정의 요소별 목표를 달성하는 데 다중지능이론이 유의미한 기여를 할 수 있다고 전망한다. 아울러 멀티미디어와 다중지능의 밀접한 연관성에 근거하여 도덕과 수업모형이자 수행평가의 한 모델로서 UCC 팀프로젝트 활동에 대해 살펴보았다.

참고문헌

교수신문(2008. 10. 13), 「학문간 대화로 읽는 학술키워드 7. 지능」.

교육인적자원부(2007), 『도덕과 교육과정』.

교육과학기술부(2008), 『중학교 교육과정 해설(Ⅱ): 국어, 도덕, 사회』.

김주현(2005), 「다중지능이론에 기초한 진로교육 프로그램 개발 연구」, 서울대
학교 교육학박사학위논문.

문용린(2004), 『지력혁명』, 서울: 비즈니스 북스.

문용린 외(1998. 8), 「다중지능이론의 교육적 의미와 학교에서의 활용방안 연구」,
서울대학교 사범대학 부설 교육행정연수원.

윤영돈(2009. 2), 「교수법진단 강의개선에 관한 연구: 다중지능이론에 기반한 강
의모형을 중심으로」, 인천대학교 교수-학습지원센터 연구보고서.

정창우 외(2007), 『도덕과 교수-학습방법 및 평가』, 서울: 인간사랑.

하대현(1998), 「H. Gardner의 다지능이론의 교육적 적용: 그 가능성과 한계」,
한국교육심리학회, 『교육심리연구』 제12권 1호.

한국교육방송공사(EBS) 다큐 프라임 「아이들의 사생활」,('도덕성', '다중지능').

한국도덕윤리과교육학회 엮음(2002), 『도덕·윤리 교과교육학 개론』, 서울: 교
육과학사.

Armstrong, Thomas(2007), *Multiple Intelligences in the Classroom*, 전윤식·
강영심 옮김, 『다중지능과 교육』, 서울: 중앙적성출판사.

Bain, Ken, 안진환·허형은 옮김(2005), 『미국 최고의 교수들은 어떻게 가르치
는가』, 서울: 뜨인돌.

Gardner, Howard(2000), "Can Technology Exploit Our Many Ways of
Knowing", David. T. Gordon(ed.), *The Digital Classroom: How Technology
is Changing the Way We Teach and Learn*, MA: Harvard Education Letter.

Gardner, Howard(2008), "Five Minds for the Futher", The paper given as an
oral presentation and the Ecolint Meeting in Geneva, Jan. 13, 2008(출처:
http://www. hardward gardner.com <검색일: 2008. 12. 23>).

Gardner, H.(2004), *Creating Minds*, 문용린 감역·양재서 옮김, 『열정과 기질』,
서울: 북스넷.

Gardner, H.(2004), *Intelligence Reframed*, 문용린 옮김,『다중지능: 인간지능의 새로운 이해』, 파주: 김영사.

Gardner, H., *Multiple Intelligences*, 문용린 · 유경재 옮김,『다중지능』(서울: 웅진지식하우스, 2007).

Kornhaber, M. L.(2001), "Howard Gardner", J. A. Palmer et all(eds.), *Fifty Modern Thinkers on Education. From Piaget to the Present*, London: Routledge.

Kornhaber, M. L, & Fierros, E. G. & S. Veenema, A.(2008), *Multiple Intelligences: Best Ideas From Research and Practice*,『다중지능 학교 사례』, 파주: 교문사.

Smith, M. K.(2002, 2008), "Howard Gardner, Multiple Intelligences and Education", *The Encyclopedia of Informal Education*(출처: http://www.infed.org/thinkers/gardner,htm <검색일: 2009. 1. 7>).

Veenema, S. & Gardner, H.(1996), "Multimedia and Multiple Intelligences", *The American Prospect*, No.29.

제11장 효과적인 학교 인성교육의 방향*

우리 사회에서 인성교육이라는 용어가 본격적으로 도입된 것은 1995년 대통령 자문 교육개혁위원회의 5·31 교육개혁방안이 계기가 된 것이라 할 수 있다. 동 위원회에서는 실천위주의 인성교육의 강화를 제안했는데, 여기서 인성은 '도덕성, 사회성, 정서 등'을 의미한다. 그런데 당시 중등학교 도덕과의 수업시수는 줄어들게 되었다. 매우 아이러니한 일이다. 이 글은 인성교육의 주관교과로서 도덕과의 필요성과 그 역할에 대해 살펴보고자 한다.

I. 머리말

우리 사회에서 벌어지는 온갖 부패나 비리, 패륜적 범죄, 청소년 일탈과 비행 등을 접하면서 학교현장에서의 '인성교육' 중요성과 필요성에 대한 이야기를 쉽게 접하게 된다. 기본예절과 덕목의 습득에서부터 학교 폭력 문제, 정서장애나 우울증 문제, 더 나아가 자살 예방 문제에 이르기까지 '인성교육'이 담당해야 할 영역은 광범위하다.

그러나 문제는 가정과 사회에서 이구동성으로 인성교육을 강화해야 한다고 하면서도 인성교육의 과제를 학교의 몫으로만 떠넘기는 현실에 놓여 있다. 사실 입시경쟁체제 중심으로 운영되고 있는 학교현장에서 인성교육의 실효성을 거둔다는 것은 너무도 어려운 과제이다. 설상가상으로 범교과의 학습내용으로 인성교육을 강조하는 경우

---

*졸고(2009), 「효과적인 학교 인성교육의 방향: 범교과 학습과 도덕과 학습의 관계를 중심으로」, 한국도덕윤리과교육학회, 『도덕윤리과교육』 제29호, pp.127-150을 수정·보완한 것임을 밝힌다.

일지라도 인성교육의 주관교과라 할 수 있는 도덕과의 수업시수가
점차 줄어든 현실은 더욱 아이러니하다.

이 글에서는 학교교육의 범교과 학습내용으로서 주장되는 인성교
육이 갖는 문제점과 학교 인성교육에 있어서 도덕과의 위상 및 역할
을 중심으로 다루고자 한다. Ⅱ장에서는 인성교육의 성격은 인성을
어떻게 규정하는가에 따라 그 내포와 외연이 달라질 수 있다는 전제
하에 인성의 의미를 탐구하며, 도덕과에서 본 인성교육의 층위를 인
격교육과 구성주의적 도덕교육의 관점에서 밝히고자 한다. Ⅲ장에서
는 범교과 학습으로서 인성교육과 도덕과의 인성교육 간의 성격과
차이점을 비교해 봄으로써 범교과 학습으로서의 인성교육의 한계점
을 지적하고자 한다. 아울러 범교과 인성교육의 현실적 대안으로 재
량활동을 통해 학교현장에서 적용할 수 있는 인성(품성계발) 교육
프로그램을 소개하고자 한다. Ⅳ장에서는 인성교육의 주관 교과로서
도덕과의 학문적 위상을 살펴보고, 인성교육의 주관 교과로서 도덕
과의 역할에 대해 논의하고자 한다.

Ⅱ. 인성·인성교육의 의미와 도덕교육

1. 인성과 인성교육의 의미

인성교육(Personerziehung)01의 의미를 제대로 파악하기 위해서는
먼저 인성의 의미를 해명할 필요가 있다. 사실 인성의 의미를 어떻

---

01 일반적으로 언급되는 '인성교육'이라는 용어는 'character education'을 번역한 것이지만 도
덕교육론의 맥락에서 통용되고 있는 용어는 '인격교육'이다. 그러나 'character education'
은 경험적인 문맥의 사회화에 초점을 맞추고 있기 때문에 '인성'의 초월적·규범적 의미를 담아
내지 못하는 한계점이 있다. 따라서 본래적 의미의 '인성교육'의 외국어는 독일어의
'Personerziehung' 정도가 될 것이다.

게 규정하는가에 따라 인성교육의 내포와 외연은 달라질 수 있기 때문이다.

학자에 따라서 인성을 '인간의 본성'으로 보기도 하고, '성품'이나 '성격'으로 이해하기도 한다. 그런가 하면 인성은 '인격'이나 '도덕성'과 밀접한 것으로 간주하기도 한다. 인성의 의미는 대체로 심리학과 윤리학의 관점으로 대별해서 살펴볼 수 있다(추병완, 2004: 826 – 823). 심리학자들은 성격을 뜻하는 'personality'를 중심으로 인성을 이해하는 경향이 있다. 가령 성격심리학(personality theories)은 심리학의 관점에서 인성(인간의 본성)을 탐구한다(Hjelle & Ziegler, 이훈구 역, 1993). 그런가 하면 윤리학자들은 인격으로 번역되는 'character'를 중심으로 인성을 파악하고자 한다. 윤리학자들에게 있어서 인성교육은 대체로 인격교육(character education)을 의미한다. 그런데 여기서 유의할 것은 인격교육을 주장하는 학자들에 따라서는 '인격'을 도덕 심리학적 관점에서 정의를 내리고 있다는 점이다. 가령 버코위츠(Berkowitz, 2002: 48)에 따르면 "인격은 도덕적으로 기능할 수 있는 개인의 능력(ability)과 성향(inclination)에 영향을 미치는 심리학적 특징들의 집합이다." 요컨대 인격은 한 사람이 옳은 일을 하게 하거나 그렇지 않게 이끄는 복합적인 심리학적 특징들로 구성되어 있다는 것이다. 그런가 하면 인격교육에서 좋은 인격을 형성하기 위해 습관이나 모델링 등과 같은 사회화의 기법을 쓰는 경우가 많다. 어떤 의미에서 사회화는 타율적이고 외재적인 측면이 강하다. 사실 인격으로 번역되는 'character'의 어원인 그리스어 '카락테르($\chi\alpha\rho\alpha\tau\acute{\eta}\rho$)'는 '조각된 표시, 인상, 도장'을 뜻하며, 그 동사형인 '카라세인($\chi\alpha\rho\alpha\sigma\sigma\epsilon\iota\nu$)'은 '새기다, 도장을 찍다, 조각하다'는 의미를 갖고 있다(Liddell & Scott, 1968: 1977). 여기서 우리는 '인격'으로 번역되는 'character'가 '인격'의 고유한 의미를 제대로 구현하고 있는지를 반문할 필요가 있다. 왜냐하면 인격의 문제는 심리학적 관점에서 온전히 해명될 수 없고, 인격 형성은 사회화의 산물에 국한되는 것만은 아니기 때문이다.

"인간 존엄성의 근거를 인격에서 찾을 수 있다."고 말할 때, 이때의 인격은 영어의 character가 아니라 독일어의 Person이나 라틴어의 persona에 해당된다. 물론 페르존(페르조나)에 대한 이해 방식도 다양하다는 점에 유의할 필요가 있다.[02] 인격(Person)으로서의 인성은 경험적 차원에만 국한되지 않고, 심리학적 접근만으로 온전히 해명되지는 않는다. 다시 말해서 인성은 초월적이고 규범적인 차원을 지니고 있다는 것이다. 가령 『중용』 제1장에서는 인성의 초월적이고 규범적인 차원을 제시한다. "하늘이 명한 것이 성(性)이고, 성을 따르는 것을 도(道)라고 하며, 도를 닦는 것을 교(敎)라고 한다." 성(性)이 천명이라는 것은 성(性)이 한갓 심리학적 특징이나 인과필연의 법칙으로 주어진 것이 아니라 초월적 실재로 우리에게 주어져 있다는 것이다(장성모, 1996: 12-14). 여기서 우리는 인성교육의 논의에 있어서 인성에 대한 심리학적 관점뿐만 아니라 인성의 초월적 실재 내지 규범적 차원에 대해 이해할 필요가 있다.

우리 사회에서 인성교육이라는 용어가 본격적으로 도입된 것은 1995년 대통령 자문 교육개혁위원회의 5·31 교육개혁방안이 계기가 된 것이라 할 수 있다. 동 위원회에서는 실천위주의 인성교육의 강화를 제안했는데, 여기서 인성은 '도덕성, 사회성, 정서 등'을 의미한다. 이러한 인성의 해명은 심리학적 관점에 근거한 것이다(고미숙, 2008: 201; 장성모, 1996: 5-16). 사실 도덕과 교육이 추구하는 마음의 변화와 심리학적 기법에 입각한 실천위주의 인성교육(더 나아가 인성교육 프로그램)이 추구하는 목표는 동일하지 않다. 물론 도덕과 교육에서도 학생들의 발달단계와 흥미를 고려한 심리학적 기법을

---

02 자세한 논의는 본서 "제9장 Ⅲ. 다문화 사회에서 인간 존엄성의 근거" 참고

활용할 수 있고, 또 활용할 필요가 있다. 그러나 그것은 사실 내지 기술(記述) 수준의 차원일 뿐이다. 도덕과 교육은 무엇보다 가치와 규범 차원의 논의에 입각해 있다. 또한 초월적인 실재와 형이상학적 전제를 부정하지 않는다. 가령 심리학에 바탕을 둔 인성교육 프로그램에서 파악할 수 있는 자아는 경험적 자아에 국한되지만 도덕과 교육에서는 경험적 자아를 넘어서서 선험적 자아를 전제하고 있다.

그러므로 온전한 의미의 인성교육은 인성에 대한 심리학적 관점을 부정하지는 않지만 그 지평을 인성에 대한 형이상학적·철학적 이해에 바탕을 둘 필요가 있다. 그러니까 인성교육은 인성에 대한 기술적·사실적 수준의 논의뿐만 아니라 규범적·당위적 수준의 논의도 포괄하는 것으로 이해해야 한다.

2. 도덕과에서 본 인성교육의 층위

도덕성이 인지, 정의, 행동의 측면을 지닌 것처럼 인성 역시 그러한 측면을 내포하고 있다. 흔히 인성교육을 1990년대 미국 사회에서 부활한 인격교육(character education)과 동일시하는 경우가 많지만 온전한 의미의 인성교육(Personerziehung)은 인격교육을 포괄할 뿐만 아니라 그 외연을 확대할 필요가 있다. 바람직하고 올바른 인성을 지니기 위해서는 사회화를 강조하는 인격교육뿐만 아니라 도덕적인 사고와 판단능력을 강조하는 구성주의적 접근(constructivist approach)도 필요하다.

타율적인 도덕은 부모나 교사와 같은 외부의 권위에 의해 형성되는 도덕이며, 사회화의 과정을 통해 습득되는 도덕이다. 이러한 점에서 타율적인 도덕은 한 사회의 구성원으로서 살아가는 데 중요한 기여를 하지만 행위자를 수동적인 위치에 놓는다는 문제점과 도덕의 성격과 내용은 시공간의 제약을 받는다는 한계가 있다. 한편 이성적인 분별능력 내지 판단능력이 발달함에 따라 우리는 자율적인 도덕의 단계로 나아갈 수 있다. 이제 외부의 권위나 사회규범을 무비판적으로 수용하지는 않는다. 자율적인 도덕의 단계에서는 주어진 규범이나 규칙의 가치를 스스로 평가하며, 다른 사람도 옳다고 인정할 수 있는 도덕 원리에 따라 행동한다. 한 개인의 도덕성 발달단계가 타율적인 도덕성에서 자율적인 도덕성으로 이행한다고 했을 때, 전자와 친화력이 있는 것이 인격교육이며, 후자와 친화력이 있는 것이 구성주의적 도덕교육이므로 인성교육은 타율적인 도덕성과 자율적인 도덕성의 문제를 모두 포함할 필요가 있다. 다시 말해서 온전한 인성교육은 '성품과 원칙의 결합'(프랑케나)이나 '습관 및 전통과 이성의 결합'(피터스)을 요청한다고 하겠다.

Ⅲ. 범교과 학습으로서의 인성교육의 성격과 대안

1. 범교과 인성교육의 성격과 도덕과 인성교육과의 차이점

인성교육은 특정 교과의 수업만으로 성취될 수 있는 것은 아니다. 학교의 모든 활동, 가령 모든 교과, 모든 교사가 인성교육의 담당자가 되어야 하며, 학부모나 지역사회와의 협력도 뒷받침될 필요가 있다. 이는 누구도 거부할 수 없는 대전제와도 같다.

범교과 차원의 인성교육을 강조하는 대표적인 학자로 우리는 플라톤을 들 수 있다. 그는 일종의 교육론으로 해명될 수 있는 『국가(Republic)』에서 초기 도덕교육의 일환으로 무시케 교육을 강조한다(윤영돈, 2005: 396 - 399). 그것은 시와 음악을 매개로 한 도덕적 감수성 교육이다. 그러니까 음악의 리듬이나 가사, 문예작품의 내용 묘사, 더 나아가 회화나 조각작품의 이미지가 우리의 영혼에 큰 영향을 미친다는 것이다. 심지어 체육활동까지도 청소년으로 하여금 선의 이데아를 지향하도록 하는 데 기여하는 한에서 그 존재의미가 있다고 보았다. 이러한 고전적인 견해는 오늘날 학교 현장에서도 일정 부분 타당하다. 국어 및 문학 교과에서 제시되는 다양한 내러티브를 통한 인간 이해와 건강한 자아정체감 형성이 시도될 수 있고, 음악과 미술을 매개로 한 영혼의 조화를 추구할 수도 있으며, 체육활동을 통해서 협동심과 용기 및 규칙준수의 태도를 함양할 수도 있다. 가정과에서는 가정의 운용과 가족 구성원의 역할, 남녀의 성차나 성역할 및 양성평등, 직업의 의미 등에 대해 배울 수 있으며, 사회과에서는 최소 도덕의 맥락에서 사회화 및 반사회화를 통해 민주적 가치 태도와 기능을 배울 수 있다. 이처럼 범교과의 인성교육은 불가능한 것은 아니며 정서함양 및 인성교육에 긍정적인 기여를 할 수 있는 여지가 있다. 그러나 범교과의 인성교육만으로 결코 충분한 것은 아니며, 그 실효성 또한 보장하기 어렵다.

우리 사회에서 범교과에서의 인성교육이 강조된 것은 앞서 언급했 듯이 1995년 교육개혁위원회가 표방한 5.31교육개혁방안이 등장한 이후이다(고미숙, 2008: 196 – 197; 박균섭, 2008: 43; 유한구, 2007: 5; 장성모, 1996: 7). 문제의 방안에 제시된 '실천중심의 인성교육 강화'를 위한 세부 사항은 다음과 같이 정리해 볼 수 있다. 첫째, 인성과 관련된 '도덕성, 사회성, 정서'를 가르쳐야 하며, 학교의 모든 교과교육에서 도덕교육을 실시해야 하고, 둘째, 청소년 수련활동이나 봉사 활동 등 실천적 학습경험을 강조하여 공동체 의식 및 집단적 문제해결능력을 향상시키며, 셋째, 인성교육을 위해서는 학교교육, 가정교육, 사회교육 간의 연계성을 강화하고 사회와 매스컴의 교육적 기능을 강화해야 한다는 것이다. 특히 초등학교의 경우, 기본생활 습관, 예절, 질서, 청결 등 실천위주의 교육을 의무화해야 한다는 것이다. 원론적인 맥락에서는 타당하지만 문제는 범교과에서 인성교육을 강화시킬 수 있다는 논리에 근거하여 인성교육을 주관하고, 학교 현장의 인성교육 관련 결과를 통합하는 역할을 해 온 도덕과의 수업시수를 점차 줄였다는 데 있다. 당초의 명분과는 달리 범교과의 인성교육 강화정책은 우리 사회의 입시위주 체제 때문에 실효성을 거두기 어려웠고, 오히려 인성교육을 주관하던 도덕과의 위상과 역할을 축소시켰으며, 결국 도덕교육의 책임 있는 지도를 어렵게 만들었다(교육과학기술부, 2008: 167).

범교과를 통한 인성교육의 강화는 누구도 부정할 수 없는 중요한 교육적 목표이다. 모든 교과로부터 시작하여, 재량활동이나 특별활동 등 학교의 모든 교육활동에 이르기까지 인성교육에 기여할 수 있는 계획과 실천이 요청된다. 그 이유는 도덕적인 문화와 분위기 속에서 학생들의 도덕성이 자연스럽게 습득될 수 있다고 보기 때문이다. 이른바 잠재적 교육과정의 개념이 범교과를 통한 인성교육의 강화를 위한 하나의 논거로 기능할 수 있다. 그러므로 도덕적인 분위기 조성을 위해 모든 교과의 교사는 긍정적인 모델이 되어야 하며, 정의롭고 배려하는 교실 및 학교 문화를 조성할 책임을 수행해야 한다.03

범교과를 통한 인성교육의 강화는 원론상 적극 추천할 만하다. 그렇다고 해서 범교과의 인성교육이 도덕과의 인성교육을 대체할 수 있는 것인가? 이 물음에 답하기 위해서는 범교과의 인성교육과 도덕과의 인성교육의 성격과 그 차이점을 규명할 필요가 있다.

첫째, 범교과를 통한 인성교육은 대체로 경험적이고 사실적인 차원에 국한되는 반면, 도덕과의 인성교육은 선험적이고 규범적인 차원으로까지 나아간다. 봉사활동을 예로 들어보자. 봉사는 집에서 설거지하기, 집 앞 청소하기, 양로원 방문하여 빨래하기 등 그 종류가

03 잠재적 교육과정에 근거한 도덕성의 암묵적인 형성에 대해 콜버그도 중요하게 간주한다. 사실 콜버그가 '가상적 도덕딜레마 토론'에서 '정의 공동체'에 관심을 기울인 것도 도덕적 풍토를 지닌 공동체 활동을 통해 도덕적 추론과 행위 간의 간극을 좁힐 수 있는 것으로 이해될 수 있다(Kohlberg, 김민남·김봉소·진미숙 공역, 2004: 21-22, 67).

헤아릴 수 없이 많다. 범교과를 통한 인성교육은 다양한 봉사활동을 계획하고 실천함으로써 일정한 의미를 추구할 수 있다. 그러나 범교과에서의 인성교육은 '개별적인 봉사활동들이 봉사활동이 되게 하는 근거가 무엇인지', '봉사는 의무인지 아니면 덕목인지', '왜 봉사를 해야 하는지'와 같은 차원의 논의는 다루기 어렵다. 이러한 물음은 도덕과의 인성교육에서 학생의 발달 단계에 입각하여 적절한 시기에 적절한 방법으로 해명될 수 있다. 인성교육의 일환으로서 시행하는 범교과의 봉사활동에 의한 학습자 마음의 변화와 봉사와 관련한 도덕과의 인성교육에 의한 학습자 마음의 변화는 동일한 것이 아니다 (장성모, 1996: 10). 다시 말해서 범교과의 봉사활동은 경험적인 자아의 논의에 국한될 가능성이 크다면, 도덕과에서의 봉사 관련 학습은 선험적인 자아의 논의로까지 확장될 수 있다. 성리학의 어법으로 말하자면 희로애락과 같은 경험적인 수준의 마음[情]과 형이상학적 수준의 마음[性]은 엄연하게 구분될 수 있다(유한구, 2007: 12). 경험적 수준의 마음[情]과 그러한 마음의 옳고 그름을 판단할 수 있는 선험적인 표준인 성(性)은 차원을 달리한다고 할 수 있다. 여기서 우리는 범교과에서의 인성교육이 정(情)의 논의에 초점을 맞춘다면 도덕과의 인성교육은 성(性)의 차원을 전제한 정(情)의 논의에 관심을 갖는다는 점을 알 수 있다.

둘째, 교육현장에서 인성교육을 효과적으로 수행하기 위해서는 인성교육과 관련된 이론적 내용을 학생들이 쉽게 이해하고 습득할 수 있는 방식으로 변환하여 제시하는 능력이 필요하다. 다시 말해서 교수학적 내용지식(Pedagogical Content Knowledge, PCK)이 문제가 된다.04 개별교과는 그 교과의 고유한 목표를 수행하기 위한 고유한 교수학적 내용지식을 지니고 있다. 특히 효과적인 인성교육을 수행

---

04 교수학적 내용지식(PCK)에 대한 자세한 논의는 본서 "제1장 Ⅱ. 2. 도덕교사의 수업전문성: 교수학적 내용지식(PCK)" 참고.

하기 위해서는 '도덕철학적(윤리학적) 관점'과 '도덕심리학적 관점'에 정통할 필요가 있다. 따라서 범교과의 인성교육은 인성교육에 관한 교사의 교수학적 내용지식에 있어서 전문성을 확보하기가 힘든 측면이 있다. 물론 도덕과 이외의 개별 교과 교사가 학생들에게 좋은 도덕성의 모델로 일정한 기여를 할 수 있다. 하지만 인성교육은 그것으로 충분한 것은 아니다. 다시 말해서 온전한 인성교육을 하기 위해서 교사는 인성 및 도덕에 관한 전문적인 식견과 학생의 발달적 특성에 관한 이해 및 다양한 교수기법을 지니고 있어야 하며, 도덕적 지식에 대한 투철한 신념도 있어야 한다(박찬구, 2006: 316). 어떤 의미에서 인성교육과 관련한 교수학적 내용지식은 플라톤의 『메논』에서 제기된 물음들, 즉 '덕이란 무엇인가', '덕은 교육 가능한가?', '덕의 교사가 존재하는가?'에 관한 현대적인 해명이라 할 수 있다. 다시 말해서 인성교육의 성공을 위해서 교사는 덕에 대한 넓고 깊은 지식과 함께 학생의 발달수준에 부합하는 방식으로 교육할 수 있어야 한다. 여기서 우리는 인성교육을 전문적으로 담당할 도덕교사와 도덕과의 필요성을 확인하게 된다.

셋째, 범교과를 통한 인성교육과 도덕과의 인성교육은 그 깊이와 수준에 있어서 상이한 측면이 있다. 범교과를 통한 인성교육이 주로 콜버그의 어법으로 말하자면 '착한 소년-소녀'의 도덕성을 지향할 가능성이 크다. 일종의 관습적 도덕성에 머물 가능성이 크다는 것이다. 교사와 같은 '중요한 타자들(significant others)'에게 착한 학생, 예의바른 학생으로 인정받는 것은 중요한 것이지만 자칫 순응하고 동조하는 수동적 태도를 지니게 될 가능성도 있다. 이에 비해 도덕과의 인성교육 역시 관습적 도덕성의 습득, 이를테면 성품적인 덕과 생활예절을 습득하는 것을 중요하게 다루면서도 도덕문제에 대한 반성적인 성찰이나 도덕적인 판단 능력과 문제해결 능력 계발에도 주안점을 둔다(교육과학기술부, 2008: 175-176).

넷째, 평가의 문제와 관련하여 범교과의 인성교육과 도덕과의 인성교육은 그 성격을 달리 한다. 인성교육을 효과적으로 수행하기 위해서는 개별교과의 평가영역에 인성교육의 내용이 포함되어야 한다. 그런데 인성교육을 주된 목표로 설정하고 있지는 않은 개별교과에서 인성교육을 평가요소에 반영한다는 점은 교과 자체의 정합성을 손상시킬 수 있으며, 개별교과에 또 다른 부담을 지우는 일이 될 수도 있다. 이런 문제 때문에 범교과에서의 인성교육 강화는 하나의 공허한 구호에 머물 가능성이 크다. 사실 모두의 책임은 누구의 책임도 아니며, 책임을 묻기도 어렵다.

2. 범교과 인성교육의 현실적인 대안: 재량활동을 통한 인성교육

학교는 종종 인성교육의 산실로 과장되는 경우가 많다. 그러나 학교만의 노력으로는 인성교육의 실효성을 제고하기가 어렵다(박균섭, 2008: 50 - 55). 인성교육이라는 공통된 관심사에 대해 가정과 학교와 지역사회의 상호 협력이 절실하게 요구된다. 미국의 인격교육 운동이 '좋은 인격'을 지닌 청소년 육성에 일정한 성공을 거둔 요인에는 가정과 학교와 지역사회의 유기적인 연계를 빼놓을 수 없다. 미국의 인격교육은 기본적으로 범교과를 통한 인성교육의 관점을 지니고 있다(조강모, 2008: 194). 그러나 한국사회에서 범교과를 통한 인성교육의 가능성에 대해 그다지 낙관적인 전망을 내리기가 어렵다. 물론 초등학교에서는 범교과를 통한 인성교육의 실효성을 일정 부분 확보할 수 있겠지만 중등학교에서는 그 효과를 기대하기 어렵다. 그것은 무엇보다 입시위주의 교육체제 때문이다. 특히 대학입학과 직접적으로 관련이 없는 과목은 고등학생들로부터 홀대당하기 일쑤다.

인성교육을 시행하기에 척박한 학교현장의 여건에도 불구하고 한 연구(이미숙 외, 2009: 27, 35)에 따르면 초·중등학교 교사들은 범교과 학습내용 중 가장 중요한 것으로 '인성교육'을 들고 있으며, '재량활동시간'을 통해 교육하는 것이 바람직하다고 응답했다. 그러나 교과목에 상관없이 수업시수가 적은 교사가 돌아가며 재량활동 시간을 운영해 오던 학교 현실을 감안할 때, 창의적 재량활동 시간을 통한 인성교육의 효과를 제고한다는 것 역시 생각만큼 쉽지는 않을 것 같다.

그러나 재량활동을 통한 인성교육이 일정한 효과를 거두기 위한 노력이 전혀 의미 없는 것은 아니다. 물론 앞서 살펴보았듯이 범교과 학습으로서 인성교육이 결코 도덕과를 대체할 수 없다는 점은 명확히 할 필요가 있다. 더 나아가 도덕과 교사가 재량활동을 통한 인성교육을 담당할 때 유의미한 효과성을 확보할 수 있을 것으로 전망한다. 그 이유는 도덕과 교사들이 대체로 인성교육에 필요한 전문성, 즉 인성교육의 기본 이론(특히 도덕 심리학 분야)에 대한 지식과 인간과 삶의 규범적·초월적 차원에 관한 깊은 이해를 갖고 있기 때문이다. 이제 범교과 학습으로서의 인성교육 프로그램을 마련하기 위해서는 학교 현장과 학습 주체인 청소년의 정신건강의 실태에 대해 이해할 필요가 있다.

오늘날 학교는 다양한 문제들을 안고 있다. 왕따나 폭행과 같은 학교 폭력 문제, 부모의 이혼 등 가정문제로 인한 학교 부적응, 정서 및 학습 장애, 점증하는 청소년의 일탈 및 비행 문제 등에 대해 학교는 효과적으로 대처해야 한다. 그런가 하면 초·중·고생의 3분의 1 이상이 불안장애, 주의력 결핍 과잉행동장애, 적대적 반항장애, 품행장애 등을 지니고 있다(한국일보, 2006. 4. 9). 더욱 심각한 것은 청소년의 자살률이 점차 높아지고 있다는 점이다. 보건복지가족부 (2006)에 따르면 청소년의 자살은 전체 청소년의 사망원인 중 교통사고로 인한 사망에 이어 두 번째로 높다(동아일보, 2008. 7. 20).

정신건강의 악화는 청소년 일탈 및 비행과 연결되며, 극단적인 상황에서는 자살에까지 이를 수 있다. 이 때문에 재량활동 시간을 활용하여 인성계발과 함께 정신건강을 고양할 수 있는 심리치료 내지 상담기법이 가미될 필요가 있다. 그러므로 재량활동 시간에 시행되는 인성교육 프로그램은 긍정적인 자아상 형성, 심신의 건강 증진, 의사소통 능력 함양, 학교의 도덕적 분위기 조성 등에 기여할 수 있으며, 학생들의 흥미를 이끌어 낼 수 있는 활동 중심의 프로그램이어야 한다.

이러한 요구에 부응할 수 있는 다양한 인성교육 프로그램들이 이미 개발되어 있기에 몇 가지 사례를 통해 인성교육 프로그램의 내용을 살펴보도록 하자. 먼저 한국청소년상담원에서 실시하고 있는 품성계발 프로그램을 참고할 수 있다.[05] 가령 초등학교용 품성계발 프로그램 '멋진 우리'를 예로 들어보자. 이 프로그램에서는 정직, 배려, 자기 통제의 세 가지 덕목을 선정하고, 각각에 대해 인지, 정서, 행동의 통합적 발달을 성취하도록 구조화되어 있다. 품성계발 프로그램은 세 가지 덕목을 학생들이 체험하고 실천해 보며, 느낌을 공유하는 다양한 활동으로 이루어져 있다. 교육방법으로는 게임활동, 사이코드라마, 역할극, 집단상담 기법, 체험학습 등을 들고 있다(강선보 외, 2008: 294; 조은경, 2008: 309－324).

중학생용 인성교육 프로그램의 대표적인 예로 교육인적자원부로부터 용역을 받아 계발된 '아름다운 학교 행복한 교실 만들기'(교육인적자원부, 2003)를 들 수 있다. 이 프로그램은 자아탐색, 교실혁신, 건강증진, 의사소통, 교실평화, 신념형성 등 한 학기 단위로 총 6개 주제로 구성되어 있다. 동 프로그램은 "변화하는 시대에 우리 학생

---

[05] 한국청소년상담원은 1995년부터 '도덕성 회복 및 증진사업'의 일환으로 도덕성 증진 프로그램을 개발하면서 청소년의 인성교육에 관심을 기울이고 있다. 2000년부터는 '도덕성'이라는 용어를 '품성계발'이라는 용어로 변경하였다. 특히 인성 형성의 기초교육이 이루어지는 초등학교를 중심으로 프로그램을 보급하고 있다(조은경, 2008: 309). 자세한 프로그램에 대한 소개는 한국청소년상담원 홈페이지(http://www. kyci.or. kr) 참고.

들이 행복한 삶을 누릴 수 있도록 개인의 목표관리능력, 건강관리능력, 의사소통능력, 자기학습능력, 자신감을 키우고, 집단 구성원으로서 리더십 능력"을 함양하는 것을 목표로 한다. 세부적인 목표는 다음과 같다.

- [자아탐색] 긍정적 자아 관념을 갖고, 자아를 이루고 있는 주변세계와의 유대감을 갖도록 한다.
- [교실혁신] 교실현장 속에서 세상의 흐름을 이해하고, 교실 변화의 주체로서 공동 목표를 세우며 이를 추진할 수 있는 리더십을 기른다.
- [건강증진] 삶에 불필요한 유혹과 강요들을 이겨내고, 몸과 마음이 목표에 정진할 수 있도록 조절 능력을 키운다.
- [의사소통] 타인의 의사를 경청할 줄 알며, 내면과의 대화를 통해 정리된 의사를 정확하게 표현하는 기술을 익힌다.
- [교실평화] 가정과 교실에서 겪을 수 있는 다양한 인간관계 갈등 문제를 해결할 수 있는 능력을 기른다.
- [신념형성] 삶의 목표를 정하고, 어떠한 난관에도 불구하고 이를 실현할 수 있다는 자신감을 갖는다.

학년별, 학기별 주제 및 내용은 다음 표와 같다.

학기 학년 분류	제1학기		제2학기	
	주제	내용	주제	내용
제 1 학 년	자아탐색	자아개념의 분석 참나와의 만남 진정 내가 원하는 것 찾기 자기 자존감 회복 자연과의 대화 내가 여는 나의 미래 내가 만드는 나의 이미지	교실혁신	우리 교실 새롭게 보기 학생 문화의 이해 교사 문화의 이해 내 안의 스승 세우기 장점 나누기 함께 만드는 행복한 교실 함께 세우는 아름다운 학교
제 2 학 년	건강증진	소중한 나의 체험 마음과 몸의 대화 스트레스 관리 중독을 이기는 지혜 내가 관리하는 나의 정보 운동계획의 수립과 실천 건강한 학교 만들기	의사소통	상생의 인간관계 듣기 달인 되기 내면과의 대화기법 단호하게 말하기 관계지향적 대화기법 말 속의 가시빼기 전략 의사소통 문제해결
제 3 학 년	교실평화	공동체의 재발견 분노조절 요령 따돌림과 교실폭력 없애기 또래 중재 요령 부패추방 학교폭력 예방 캠페인 창의적 문제해결 기법	신념형성	생애 목표의 수립 사명선언 자신감과 집중력 키우기 시간관리 기법 학습 및 진로계획 수립 자기혁신 기법 내가 만드는 아름다운 세상

동 프로그램은 각 주제별로 학기당 15차 시로 구성되어 있으며, 창의적 재량활동 시간 내지 특별활동에 활용할 수 있도록 개발되었다. 동 프로그램은 정적인 교실 상황에서 중학생들이 지루해하지 않도록 동적인 활동을 많이 부가하였다. '활동 중의 조용한 감화'라는 목적을 수행하기 위해 역할극, 브레인스토밍, 토론법, 마인드맵, 체크리스트, 놀이, 활동지, 명상 등 교실 내에서 소화할 수 있는 활동 중심 기법들이 다양하게 제시되어 있다. 주제는 학교의 상황에 따라 순서를 바꾸는 것도 무방하다.

그 밖에 재량활동을 통한 인성교육의 내용으로 봉사활동을 생각해 볼 수 있다. 앞서 제시한 인성(품성계발) 프로그램이 주로 학교 교실에서 진행되는 것이라면 교실 및 학교 밖에서 실시할 수 있는 봉사활동을 계획하여 재량활동 시간에 실시할 수 있다. 학교현장을 감안할 때, 인성(품성계발) 프로그램이 봉사활동보다 그 효과가 클 것으로 전망한다. 물론 봉사활동도 그 실효성과 의미가 작은 것은 아니지만 보다 많은 고려와 노력이 요구된다. 봉사활동의 성패는 무엇보다 가정, 학교, 지역사회의 긴밀한 협력에 달려 있으며, 봉사활동이 그 실효성을 거두기 위해서는 구조화된 학습과 반성의 기회, 즉 봉사활동의 준비, 활동, 반성, 칭찬(인정)하고 나누기와 같은 과정을 거칠 필요가 있다(조강모, 2008: 197-198).

Ⅳ. 인성교육의 주관 교과로서 도덕과의 위상과 역할

1. 2007 개정 도덕과 인성교육의 학문적 위상

2007 개정 교육과정에서 도덕과는 온전한 의미의 인성교육을 위한 학적 근거를 상당 부분 강화했다고 평가할 수 있다. 2007 개정 교육과정에 이르러서는 도덕과의 고유한 내용영역으로 '도덕적 덕목과 규범'을, 고유한 학적 근거로는 '윤리학적 접근'을 강조함으로써 그 성격에 있어서 도덕과 교육이 사회과 교육과 구별된다는 점을 명확히 했다. 물론 도덕과의 내용요소 및 학적 근거에 있어서 일정 부분 사회과와 중첩될 수 있는 내용(민주시민교육, 통일교육 및 국가안보교육 등)의 경우, 정확한 사실판단을 제고하기 위해 사회과학적 지식을 전적으로 배제할 수는 없다. 물론 그렇다 하더라도 사회과와 중첩되는 내용영역을 다룰 경우, 일정한 도덕원리를 바탕으로 정확한 사실에 의거한 도덕 판단을 내릴 수 있도록 윤리학적 관점을 적

절하게 견지할 필요가 있다. 사회과의 민주시민교육이 최소도덕을 지향한다면, 도덕과의 인성교육은 최소도덕으로부터 출발하여 최대 도덕을 지향한다.

이와 함께 내용영역의 설정근거로서 미국의 사회과 교육(social studies)의 구성방식이기도 했던 '생활영역 확대의 원리'를 '가치관계 확장의 원리'로 대체한 것도 사회과와 구별되는 도덕과 교육의 정체성 제고에 기여할 것으로 전망한다. 특히 그동안 체계적으로 다루지 못했던 자연·초월적인 존재와의 관계 영역을 새롭게 설정함으로써 인성교육에 초월적 영역을 포괄할 수 있는 기반이 마련되었다. 도덕적 주체인 나와 우주·자연, 초월자와의 관계에서 실현될 가치는 선(善) 이외에 생명성, 진(眞), 성(聖), 미(美) 등의 완전성이다. 여기서 도덕적 주체인 나는 존재의 무한한 지평으로까지 나아갈 수 있으며, 이러한 지평 위에서 본래적인 의미의 생명윤리나 환경윤리, 종교 간 공존의 논의도 가능하다(한국교육과정평가원, 2006. 12: 36).

도덕교육의 학적 기반은 무엇보다 도덕철학(윤리학)과 도덕심리학의 상보적 관계로 구축할 수 있다.[06] 도덕교육의 학문적 정합성을 위해 먼저 도덕철학을 통한 도덕성의 정초 논의가 선행되어야 하며, 구체적으로 삶의 세계에서 도덕성을 실현하기 위해서는 도덕심리학의 도움이 필요하다. 이와 같은 도덕교육의 학적 기반은 도덕과의 인성교육에도 상당 부분 부합한다고 할 수 있다.

2. 범교과 인성교육의 주관 교과로서 도덕과의 역할

범교과에서 인성교육을 교육 내용의 한 요소로 포함하는 것은 가능하다. 그러나 각 교과에서 인성교육이 주된 목적인 것은 아니다.

---

[06] 도덕철학(윤리학)과 도덕심리학의 상보적 관계에 대한 자세한 논의는 본서 "제4장 윤리학과 심리학의 관계 정립" 참고

따라서 인성교육을 주관할 독립교과가 없을 경우, 모든 교과에서 인성교육을 실시해야 한다는 주장은 자칫 어느 교과에서도 인성교육을 책임지지 않을 수도 있다는 문제점을 내포하고 있다. 물론 범교과에서 인성교육을 중요한 목표로 강하게 추구할 것을 교육과정에 반영할지라도 각 교과의 교사에게 있어서 인성교육의 수행은 일종의 초과의무(supererogation) 사항으로 간주될 수 있다.

앞에서 살펴본 것처럼 도덕과의 인성교육은 내용의 영역에서 타교과와 차별화되는 측면이 있다. 물론 개별교과에 따라서는 인성교육의 요소 중 일부를 자신의 영역에 담아낼 수 있으며, 인성교육에 긍정적인 기여를 할 수 있는 여지도 있다. 그럼에도 불구하고 인성교육의 진정성과 효과성을 제고하기 위한 고유한 방법론이 필요하다. 여기서 방법론이란 독립교과를 정초하기 위한 고유한 학문의 방법론이기도 하며, 교과의 고유한 목적을 수행하기 위한 교수학적 내용지식(PCK, 내용교수법)을 함의하기도 한다. 인성교육의 내용과 방법의 통합을 위해서는 불가피 도덕과와 같은 독립교과가 여전히 필요하다. 더욱이 최근 도덕과 교육은 외부의 비판과 내부적인 성찰을 통해 반공교육 내지 이념교육의 꼬리표를 떼어 냈으며, 사회과와 중첩되는 측면도 상당 부분 극복했기에 보다 진정성 있는 인성교육을 수행할 여건을 갖추게 되었다. 다음은 독립교과로서 도덕과의 필요성에 관한 다양한 논거들이다. 여기서 우리는 인성교육의 온전한 구현을 위한 도덕과의 역할을 확인할 수 있다.

첫째, 최소도덕과 친화력이 있는 '좋은 시민(합리적 인간)'의 논의로부터 최대도덕을 추구하는 '좋은 인간(이상적인 인간)'을 지향하는 교과의 역할이 필요하다. 다시 말해서 자유주의 내지 자본주의 사회와 친화력이 있는 '합리적인 인간'으로부터 소크라테스나 군자·선비(또는 보살)와 같은 '이상적인 인간'을 지향하는 교과가 필요하다는 것이다(박병기, 2007; 박병기, 2008; 김상돈, 2007). 물론 가치관 내지 윤리관이 역사와 문화의 지형에 영향을 받는다고 할 때, 좋은 시민을 목표로 하는 현대사회의 지형과 이상적인 인간을 목표로 했던 전통사회의 지형은 수렴될 수 없는 측면이 있기 때문에 좋은 시민과 좋은 인간 사이의 불연속성이 존재하는 것은 사실이다(황경식, 1995: 1-10; 박병기, 2008: 3). 그기에 '좋은 시민'은 공적 영역에, '좋은 인간'은 사적 영역에 국한시킨다면 논의가 쉽게 정리될 수 있겠지만 그 둘 사이의 연속성을 확보하기 위한 노력은 인간이 포기하기 어려운 형이상학적 이념이기도 하다. 그러니까 궁극적인 것, 이상적인 것은 인간이 본래 열망하는 대상인 것이다.

공적 영역의 '좋은 시민'으로부터 이상적인 인간상인 '좋은 인간'에 이르기까지 연속성을 가지고 다루는 데 있어서 도덕과가 현저한 위치를 차지한다. 2007 개정 교육과정에서 도덕과는 통합교과인 초등학교 저학년의 '바른 생활' 교과로부터 시작하여 초등학교 3학년에서 고등학교 1학년에 이르는 국민공통 '도덕'교과, 고등학교 2, 3학년 단계의 선택교과인 '윤리와 사상'이나 '생활과 윤리'에 이르기까지 좋은 시민으로서의 기본적인 자질인 기본 덕목과 예절의 습득, 합리적 사고 및 도덕적 판단능력의 함양을 목표로 하면서, 궁극적으로는 이상적인 인간상(좋은 인간)과 이상적인 삶을 열망하도록 하는 데 주안점을 두고 있다(박병기, 2008: 2-3).[07]

둘째, 파편화된 지식을 극복하고 삶의 통합성을 촉진할 수 있는 교과가 필요하다. 오늘날 학교교육에서 국·영·수 교과는 자신의 본래적 가치를 추구하기보다는 좋은 대학을 가기 위한 도구적인 교과로 전락했다. 더욱이 입시위주의 교육체제에서 과학주의와 기술공학적 교육학의 득세로 인해 이른바 '마음에 이르는 교육'이나 인간

---

07 2009 개정 교육과정에 따르면 기존의 국민공통기본교육과정을 고등학교 1학년(10학년)까지 운영하던 것에서 중학교 3학년(9학년)으로 하향조정하였다. 고등학교 1학년부터 선택교과가 운영되는 셈이다. 국·영·수 위주의 교과목이 중시되고, 도덕과의 위상과 역할은 축소될 전망이다. 안타까운 현실이다.

과 사회와 세계를 제대로 바라볼 수 있는 '가치관 교육'이 홀대를 받고 있다. 이러한 상황에서 도덕과는 앎(지식)과 삶(실천)의 일치를 추구하는 교과로서 학생들이 개별교과들의 존재의미를 이해하고, 공부의 이유를 발견하며, 삶의 근원적인 물음들을 해명하는 데 기여할 수 있다. 특히 2007 개정 교육과정에서 새롭게 제시된 '가치관계의 확장'에 따른 내용체계의 구성은 자율적이면서도 삶과 세계의 의미를 풍부하게 향유할 수 있는 도덕적 주체 형성에 기여할 것으로 전망한다. 가치관계의 확장은 도덕적인 주체인 나에 관한 이해로부터 시작하여 대면접촉을 하는 인간 간에 발생하는 갈등과 그 해소방안을 다루며, 더 나아가 국가·민족·지구공동체를 조망할 수 있는 가치체계(국가관, 민족관, 통일관, 세계관 등)를 탐구한다. 아울러 도덕적인 주체인 나와 자연·초월적인 존재와의 관계에서 삶의 궁극적인 목적과 초월적인 가치를 다룬다(조난심 외, 2005: 33–36; 교육과학기술부, 2008: 177–179).

셋째, 학생의 인지적·도덕적 발달을 근거로 한 인성교육의 목적을 효과적으로 달성할 수 있는 독립교과가 필요하다. 도덕과의 인성교육은 학생들에게 기본적인 도덕규범과 예절을 실천하는 습관을 길러주고(사회화의 관점), 다양한 도덕 문제를 합리적으로 해결할 수 있는 도덕적 사고력과 판단력을 길러주며(자율적인 도덕), 바람직한 가치관을 확립하여 자율적이고 통합적인 인격 형성을 목표로 한다(교육인적자원부, 2007: 1–2). 인성교육을 효과적으로 달성하기 위해서는 청소년의 도덕발달에 관한 도덕심리학적 지식과 함께 옳고 그름, 좋음과 나쁨의 근거를 해명하는 도덕철학적 지식이 요구된다. 또한 도덕발달과 도덕성 함양을 위해서는 초·중·고의 학교급별 계열성과 체계성을 확보할 필요가 있다.

V. 맺음말

이 글은 범교과 학습과 도덕과 학습의 관계를 규명함으로써 효과
적인 학교 인성교육의 방향을 제시하고자 하였다. 이를 위해 먼저
초·중등학교 범교과 학습내용으로서의 인성교육 문제를 논구하였
다. 논의의 과정에서 필자는 인성의 의미가 도덕심리학의 문맥에서
논의하는 경험적 차원의 인격(character)뿐만 아니라 도덕철학의 문
맥에서 논의되는 선험적이고 초월적인 차원의 인격(Person)도 포괄
하는 것으로 간주하였다. 왜냐하면 인성이 사실 수준의 차원으로 기
술될 경우, 인간의 존엄성이나 옳음과 그름, 좋음과 나쁨의 보편적인
기준을 확보하기 어렵기 때문이다. 따라서 규범 차원의 인성 논의가
필요함을 강조하였다. 인성교육의 두 층위는 도덕교육론에 있어서
양대 지주라 할 수 있는 인격교육과 구성주의적 도덕교육의 관점에
서 해명될 수 있었다. 전자가 사회화, 타율적인 도덕성, 인성 중 행
동의 차원에 주안점을 둔다면, 후자는 반사회화, 자율적인 도덕성,
인성 중 인지의 차원에 주안점을 둔다.

범교과에서의 인성교육을 강조하는 것은 선언적 차원에서 누구나
환영할 만한 정책이다. 그러나 모두에게 책임이 있다는 것은 누구도
그 책임을 지지 않아도 된다는 역설에 처할 수 있다. 또 주목해야
할 것은 범교과에서의 인성교육과 도덕과에서의 인성교육은 그 성격
에 있어서 중첩되는 부분도 있지만 차이점 또한 크다는 점이다. 범
교과의 인성교육이 경험적이고 사실적인 차원의 인성에 관한 논의라
면, 도덕과의 인성교육은 선험적이고 규범적인 차원으로까지 나아간
다. 더 나아가 범교과에서 인성교육을 담당하는 교사는 인성교육에
관한 전문성, 즉 교수학적 내용지식을 확보하기 힘든 점도 문제다.
더욱이 입시위주의 교육체제하에서 범교과의 인성교육은 그 실효성
이 떨어질 것으로 전망된다. 그러므로 범교과의 학습내용으로서 인

성교육의 현실적인 대안은 범교과의 인성교육 내용을 체계화하기보다는 창의적 재량활동 시간을 통해 입시체제하에서도 일정한 기여를 할 수 있는 인성(품성계발) 교육 프로그램이 필요하다고 본다. 이 글에서는 긍정적인 자아상 형성, 심신의 건강 증진, 의사소통 능력 함양, 학교의 도덕적 분위기 조성 등에 기여할 수 있고, 학생들의 흥미를 이끌어 낼 수 있는 활동 중심의 프로그램을 소개했다. 그러나 간과해서는 안 될 것은 창의적 재량활동 시간을 통한 인성교육이 도덕과의 인성교육을 대체할 수 없다는 점이다. 인성교육의 온전한 구현을 위해서는 도덕철학적(윤리학적) 관점과 도덕심리학적 관점에 정통할 필요가 있다. 도덕교사는 누구보다도 인성 및 도덕에 대한 깊이 있는 식견과 학생에 대한 이해, 그리고 학생들에게 가장 적절한 방식으로 교육을 실행할 수 있는 수업 전문성, 즉 교수학적 내용지식(PCK)을 지닌 교사이다.

인성교육을 주관하는 독립교과의 필요성과 역할은 다음과 같은 논거에 의해 정당화된다. 도덕과는 최소도덕의 논의를 넘어서서 최대도덕의 논의까지 지향하며, 좋은 시민의 논의를 넘어서서 좋은 인간의 논의까지 지향한다. 한마디로 도덕과는 이상적인 시민상, 이상적인 인간상을 제시함으로써 문명과 문화와 윤리가 하강의 길로 내달리지 않도록 하는 제어장치와 같은 기능을 한다. 또한 도덕과는 파편화된 지식과 삶의 통합성을 촉진할 수 있는 매우 중요한 교과이다.

도덕과는 2007 개정 교육과정을 거치면서 윤리학을 중심으로 한 학적 기반 마련과 가치관계의 확장 원리에 따른 내용 영역 설정, 검인정 교과서 체제에 따른 교과서 품질 향상 등 도덕과를 통한 인성교육의 실효성을 극대화시킬 수 있는 좋은 기회를 맞이하였다. 그런데 뜻하지 않은 미래형교육과정(2009 개정 교육과정)의 등장으로 인성교육의 주관 교과로서 도덕과의 역할이 축소될 것이라는 깊은 우려도 있다. 학력지상주의, 입시경쟁체제로 특징지어지는 우리 사회와 학교현실을 고려할 때, 주관교과 없이 실시되는 범교과 인성교육은 실질적 효과를 기대할 수 없다. 결국 도덕과를 홀대하는 정책은 학교 인성교육의 실패를 초래할 것이다.

참고문헌

강선보 외(2008), 「21세기 인성교육의 방향 설정을 위한 이론적 기초」, 『인성교육』, 파주: 양서원.

고미숙(2008), 「도덕철학적 관점의 인성교육」, 『인성교육』, 파주: 양서원.

교육인적자원부(2003), 『아름다운 학교 행복한 교실 만들기』(Ⅰ-Ⅵ), 인간과자연사.

교육인적자원부(2007), 『도덕과 교육과정』.

교육과학기술부(2008), 『중학교 교육과정 해설(도덕)』.

김상돈(2007), 「도덕과 교육의 목표로서 도덕적 인간과 도덕적 시민의 관계」, 한국도덕윤리과교육학회, 『도덕윤리과교육』 제25호.

박균섭(2008), 「학교 인성교육론 비판」, 한국교육철학회, 『교육철학』 제35집.

박미옥(2008), 「청소년 인성교육 프로그램 "청소년기를 밝고 건강하게"」, 『인성교육』, 파주: 양서원.

박병기(2007), 「보살과 선비, 그리고 우리 시대의 시민」, 한국윤리학회, 『윤리연구』 제65집.

박병기(2008), 「도덕교육의 목표로서의 군자와 시민」, 한국윤리교육학회, 『윤리교육연구』 제15집.

박찬구(2006), 『우리들의 윤리학』, 서울: 서광사.

유한구(2007), 「초등학교 인성교육의 방향」, 『초등학교 인성교육의 현상과 과제』, 한국초등교육학회 기조강연.

윤영돈(2005), 「플라톤과 아리스토텔레스의 예술론과 도덕교육에의 함의」, 한국도덕윤리과교육학회, 『도덕윤리과교육』 제21호.

이미숙 외(2009), 『범교과 학습의 체계화 방안 탐색을 위한 세미나』, 한국교육과정평가원 연구자료 ORM 2009-19.

장성모(1996), 「인성의 개념과 인성교육」, 한국초등교육학회, 『초등교육연구』 제10집.

정창우(2004), 『도덕교육의 새로운 해법』, 서울: 교육과학사.

조강모(2008), 「한국과 미국의 초등 도덕교육 실제에 대한 비교 연구: 미국의 인격교육과 한국의 인성교육을 중심으로」, 한국초등도덕교육학회, 『초등도덕교육』 제26집.

조난심 외(2005), 『도덕과교육과정 개선방안 연구』, 한국교육과정평가원 연구보고(RRC 2005 - 4).

조은경(2008), 「품성계발 프로그램 '멋진 우리'」, 『인성교육』, 파주: 양서원.

최원기(2004), 「청소년 자살의 사회구조적 원인 연구」, 한국사회복지정책학회, 『사회복지정책』 제18권.

추병완(1996), 「미국 도덕교육의 최근 동향」, 『인격교육과 덕교육』, 서울: 배영사.

추병완(2004), 『도덕교육의 이해』, 서울: 백의.

한국교육과정평가원(2006. 12), 『도덕과 교육과정 개정안 토론회 자료집』.

한국교육방송공사(EBS) 다큐 프라임. 「아이들의 사생활(도덕성)」.

한국일보(2006. 4. 9), PD수첩 「아이 10명 중 3명이 정신건강 적신호」

황경식(1995), 「군자와 시민」, 철학연구회, 『철학연구』 제37집.

Berkowitz, M. W.(2002), "The Science of Character Education", W. Damon(ed), *Bringing in a New Era in Character*. California: Hoover Institution Press.

Etzioni, A.(1996), *The Golden Rule: Community and Morality in a Democratic Society*. New York: BasicBooks.

Higgins, A.(1995), "Educating for Justice and Community: Lawrence Kohlberg's Vision of Moral Education", W. M. Kurtines & J. L. Gewirtz(eds.), *Moral Development: An Introduction,* Boston & London: Allyn and Bacon.

Hitchcock, D. I.(1994), *Asian Values and the United States: how much conflict?* Washington, D. C.: Center for Strategic & International Studies.

Hjelle, L. A. & D. J. Ziegler, 이훈구 옮김(1993), 『성격심리학』, 서울: 법문사.

Kirschenbaum, H., 추병완 · 김항인 · 정창우 옮김(2006), 『도덕 · 가치교육을 위한 100가지 방법』, 서울: 울력.

Kohlberg, L., 김민남 · 김봉소 · 진미숙 옮김(2004), 『도덕발달의 철학』, 서울: 교육과학사.

Liddell, H. G. & Scott, R.(1968), *Greek - English Lexicon*. Oxford: The Clarendon Press.

Plato, Hamilton E. & Cairns, H.(eds.)(1982), *The Collected Dialogues of Plato(I)*. New Jersey: Princeton Univ. Press.

Rommen, H. A.(1979), *The Natural Law*, (trans. by) Thomas R. Hanley, NY: Arno Press.

제12장 청소년 정신건강과 도덕교육*

우리 사회에서 청소년은 개인의 발달·심리 차원의 문제뿐만 아니라 더 나아가 사회의 환경·제도에 의해서도 고통을 받고 있으며, 쉽게 비행이나 일탈행위의 유혹을 받기도 한다. 이 글의 목적은 인생의 발달 단계 중 각종 정신건강의 위협에 심각하게 노출될 수 있는 청소년의 정신건강을 고양하기 위한 도덕교육의 과제를 탐구하는 데 있다.

I. 머리말

우리는 건강에 관한 숱한 담론과 건강 상품을 선전하는 광고의 홍수 속에 살아가고 있다. 헬스클럽이나 스포츠 동우회에서부터 유아 스포츠단에 이르기까지 건강 증진을 위한 사회체육활동이 각광을 받고 있고, 놀이치료·음악치료·미술치료·독서치료와 같은 각종 치료 프로그램이 운영되고 있으며, 다양한 유형의 내담자를 고객으로 하는 상담기관 역시 활성화되고 있다. 그러나 정작 우리 주변에 '건강'을 상품화한 수사학적 표현은 범람하고 있지만 우리에게는 '건강'의 의미를 반추할 만한 여유가 없다. 자본주의의 상품화 전략에 따라 시간도 공간도 상품화되었고, 그 안의 모든 것은 하나의 상품으로 간주되고 있으며, 그런가 하면 속도와 경쟁력을 강요하는 신자유주의의 물결 속에서 고유한 사유 대상에 대한 의미의 천착은 커다란 기회비용을 지불해야 한다. 그러기에 우리는 건강의 의미를 제대로

＊ 졸고(2009), 「청소년 정신건강과 도덕교육」, 한국도덕윤리과교육학회, 『도덕윤리과교육』 제28호, pp.111－140을 수정·보완한 것임을 밝힌다.

이해하지 못한 채 자신의 건강을 위하여 각종 건강 상품을 단지 소비만 하고 있다.

우리 사회에서 청소년은 개인의 발달·심리 차원의 문제뿐만 아니라 더 나아가 사회의 환경·제도에 의해서도 고통을 받고 있으며, 쉽게 비행이나 일탈행위의 유혹을 받기도 한다. 삶의 과정에서 고통은 불가피하지만 고통을 더 이상 극복할 수 없다고 판단할 때, 사람들은 고통의 출구로 자살을 선택하기도 한다. 우리나라의 자살률은 OECD 회원국 중 가장 높은 수준에 위치한다(통계청, 2006). 청소년의 자살 역시 높은 편이다. 보건복지가족부(2006)에 따르면 청소년의 자살(24.9%)은 전체 청소년의 사망원인 중 교통사고로 인한 사망(38.1%)에 이어 두 번째로 높다. 한국 청소년의 자살은 무엇보다 한국 사회에 강하게 뿌리박힌 대입지상주의라는 사회구조적 문제와 맞물려 있다.

이 글의 목적은 인생의 발달 단계 중 각종 정신건강의 위협에 심각하게 노출된 청소년의 정신건강을 고양하기 위한 도덕교육의 과제를 탐구하는 데 있다. 이를 위한 연구 방법론으로 넓은 의미의 인간학적인 관점을 견지하며 논의하고자 한다. 논의의 범위는 다음과 같다. 먼저 Ⅱ장에서는 정신건강의 의미를 해명한다. 이를 위해 인간학적 관점에서 건강과 정신의 의미 그리고 정신과 육체의 상호연관성의 맥락에서 정신건강을 이해할 필요가 있다. Ⅲ장에서는 윤리학 및 도덕교육과 정신건강의 상호연관성을 살펴본다. 이를 위해 정신건강론으로서의 윤리학의 가능성을 다루고, 정신건강의 맥락에서 교사와 학생의 관계를 의사–환자의 관계모델을 차용하여 해명하고자 한다. 특히 '아파하는 존재'로서의 청소년을 위한 도덕교육의 목표에 대해 알아본다. Ⅳ장에서는 도덕과 교육과정에서 청소년 정신건강을 어떻게 구현할 것인가라는 물음에 대한 구체적인 방안들을 제안하고자 한다.

II. 인간학적 관점에서 본 정신건강의 의미

우리는 '정신건강'을 제목으로 한 다양한 개론서를 쉽게 발견할수 있다. 의학적 접근이나 심리학적 접근, 사회(복지)학적 접근이 대표적이다. 이들 저서에서 정신건강에 영향을 미치는 중요한 요인으로 '스트레스', '성격', '인간발달', '자기존중감', '자아정체감', '대인관계', '능력과 성취', '위기와 상실', '가정', '이상행동', '사랑과 결혼', '노화와 죽음', '사회문화적 환경' 등을 들고 있다(김유숙 외, 2003; 안영진, 2007; 이민규, 2003; 이영호, 2005). 그런가 하면 최근에는 정신건강에 대한 인문학적(철학적) 접근도 활발하게 진행되고 있다.

논의의 토대를 견고히 하기 위해서 무엇보다 정신건강의 의미를이해할 필요가 있다. 정신건강이란 무엇을 의미하는가? 정신건강의의미를 해명하기 위해서는 먼저 건강과 정신의 의미를 이해하는 것이 필요하다. 아울러 정신의 의미를 온전히 이해하기 위해서는 정신과 육체(몸)의 상호연관성도 파악할 필요가 있다.

1. 건강의 의미

'건강'에 대한 논의는 매우 다양하다. 그런데 건강에 대한 하나의관점을 고수할 경우 다른 관점을 배제할 가능성이 크며, 그러한 단일한 관점으로는 인간의 전체성을 이해하기가 어렵다는 데 난점이있다. 가령 생물학과 심리학 그리고 실증주의에 기반을 둔 의학은건강의 문제를 육체적인 기능 활동의 문제로 환원시킴으로써 환자의실존적인 삶을 배제시키는 경향이 있다(진교훈, 1984: 58 - 59). 그런가 하면 프로이트 심리학의 결정론은 유년기의 상처와 체험, 특히성적 욕구를 독립변수로 하여 현재의 건강을 진단함으로써 인간의 자유로운 선택이나 미래적 전망을 배제시킨다(Hjelle & Ziegler, 이훈구 역, 1993: 80-81). 인간의 모든 행위는 정교한 강화 계획이라는 환경에 의해 결정될 수 있다는 스키너식의 심리학 역시 자극-반응(S-R 모델)에 입각하여 건강 문제를 다룸으로써 인간의 내면성이나 자율성을 소외시킨다(Skinner, 차재호 역, 1982: 102-103, 170-171). 그런가 하면 건강에 대한 사회학적인 관점은 사회 구조나 시스템과 같은 사회적 환경 속에서 건강이라는 현상을 가치중립적으로 탐구하고자 한다. 사실 인간의 건강은 사회적 환경에 제약을 받는다는 면에서 사회학적 관점은 일정한 타당성이 있지만 사회적 환경에 제약을 받지 않는 인간의 불굴 의지나 운명애(amor fati)와 같이 삶을 긍정하는 측면을 간과할 가능성이 크다(변선환, 1984: 28-29).[01] 물론 건강에 관한 의학적, 심리학적, 사회학적 관점이 결코 무의미하다고 말할 수 없다. 이들 관점은 인간의 건강 문제에 관한 과학적인 설명과 정교한 모델에 입각한 체계적 규명을 시도한다는 점에서 그 존재 의의가 크다고 할 수 있다. 그러나 인간의 건강을 해명하는 데 있어서 자연과학적인 '설명'만으로는 한계가 있다. 그러므로 '건강' 문제를 해명하는 데 있어서 인간의 총체성을 규명할 수 있는 관점이 요구된다고 할 수 있다. 이러한 맥락에서 '건강'에 대한 개념은 무엇보다 인간의 선천적인 측면(a priori)과 경험적 측면(a posteriori)의 융합을 꾀하며, '이성적 존재'이자 '감성적 존재'라는 전일성의 맥락에서 인간을 해명하고자 하는 인간학적 관점에서 다룰 필요가 있다.

건강에 관한 가장 일반적이고 보편적인 정의는 세계보건기구(WHO)의 헌법 전문에서 확인할 수 있다. "건강은 단지 질병이 없

---

01 빅터 프랭클은 아우슈비츠라는 극단적인 환경 속에서도 인간이 환경의 제약을 받지 않는 실존적 측면이 있다는 점을 예증하였다. 그가 제시한 "어떤 일이 있어도 인생을 긍정한다."(Trotzdem ja zum Leben sagen, say Yes to life in spite of everything)는 명제는 환경의 제약을 받기도 하지만 그것을 극복하는 인간의 자율성과 초월성을 보여 준다(변선환, 1984: 23, 29).

거나 허약하지 않은 상태가 아니라 신체적으로, 정신적으로 그리고 사회적으로 완전한 안녕(well‐being)의 상태이다.ˮ[02] WHO의 정의에 따르면 건강은 단순히 신체적 차원뿐만 아니라 정신적 차원을 포함하고 있으며, 더 나아가 한 개인이 사회적 존재로서 가정생활과 사회생활을 원만하게 영위할 수 있는 전인적인 능력을 의미한다(이영호, 2005: 15; 윤진환, 2002: 3). 한마디로 건강은 한갓 생물학적 '생존(ad esse)'이 아니라 인간답게 '잘 사는 것(ad melius esse)'을 의미한다고 할 수 있다. 여기서 우리는 건강의 정의에는 '정신건강'의 문제가 내포되어 있으며, 건강은 생물학적·심리적·사회적 기능을 잘 수행한다는 기술적(descriptive) 차원뿐만 아니라 규범적(normative) 차원도 함의하고 있음을 알 수 있다.

2. 정신의 의미

이제 우리는 정신의 의미에 대해 물을 필요가 있다. 우리는 신체적 결함은 있지만 건강한 삶을 살아가는 위대한 정신을 지닌 사람들을 종종 목격한다. 우리는 이들의 삶에서 건강한 삶의 가능 근거가 '정신'에 있다는 것을 확인할 수 있다. 그렇다면 정신은 어떻게 정의 내릴 수 있을까? 정신은 이성을 가리키는 것인가 아니면 지성과 감정과 의지의 총체인가? 정신은 신체와 무관한 것인가?

서양 철학사에서 정신의 본질을 이성에서 찾는 흐름은 고대의 소크라테스, 플라톤, 아리스토텔레스, 중세의 아퀴나스, 근대의 합리주의자나 관념론자에게서 발견할 수 있다. 그러나 인간의 정신을 이성에서 찾고자 하는 노력은 몇 가지 문제점을 노정하고 있다. 첫째, 인간을 '이성적인 존재'의 맥락에서 파악하고자 할 때 인간의 감성적

---

[02] "Health is a state of complete physical, mental and social well‐being and not merely the absence of disease or infirmity"

인 측면과 실존적 삶에 대해서는 간과할 가능성이 크다는 점이다. 물론 이성은 동물과 구별되는 인간의 고유한 정신활동이며, 자율성의 근거가 된다는 점은 틀림없지만 이성에 경도된 인간해명은 니체의 언급처럼 인간을 몰락, 피곤, 병든 상태로 타락시킬 수 있다(Nietzsche, 이진우 역, 2005: 10, 139). 이는 삶의 텍스트 안에 이성적인 것뿐만 아니라 무의식이나 정열 혹은 충동과 같은 비합리적인 요소도 드리워져 있기에 하나의 고정된 방식, 가령 이성만으로는 다 읽어낼 수 없기 때문이다. 둘째, 칸트에게서 엿볼 수 있듯이 인간의 본질을 이성적 측면에서 탐구할 경우, 인간의 실존과 개별성을 배제할 가능성이 크다. 셸러는 이성에 근거한 칸트의 '자율' 개념이 '이성에 의한 지배'이자 동시에 인격에 대한 극단적인 '타율'로서 결국 '탈인격화'로 귀결된다고 비판한다(Scheler, 1980: 370 – 372.). 그러므로 정신은 "이성이 내포된 개념이지만 이념적 사고, 본질직관, 호의, 사랑, 후회, 경외심, 행복, 절망, 자유 결단과 같은 의지적이고 정서적인 활동까지 포괄한다."(Scheler, 진교훈 옮김, 2001: 63 – 64) 다시 말해서 인간의 정신은 시공간과 자신의 육체적 한계라는 제약을 받으면서도 이를 넘어서는 '초월성'을 지니고 있으며, 시각기관이나 청각기관을 통해 단순히 듣거나 보는 것을 넘어서서 마음을 기울여 사태의 본질을 파악하고자 하는 '지향성'을 지니고 있다. '초월성'과 '지향성'은 한마디로 인간 정신의 '세계개방성'을 의미한다(진교훈, 1984: 60 – 61).

3. 정신과 육체의 상호연관성과 정신건강

끝으로 우리가 해명해야 할 것은 정신과 육체의 상호연관성 문제이다. 고대로부터 근세에 이르기까지 육체는 이성에 의한 지배와 착취의 대상이 되었다. '육체(sōma)는 영혼의 무덤(sēma)'으로 간주하는 플라톤 이래로 육체와 영혼의 대립적인 구도는 서구 철학사에서

긴 역사를 갖게 되었다. 이러한 관점은 근대의 데카르트에게서도 명확하게 확인할 수 있는 경향이다. 인간을 정신과 육체(신체)로 이원화시킨 데카르트의 관점은 영혼의 문제는 종교의 영역으로, 육체의 문제는 과학의 영역으로 맡김으로써, 특히 자연과학 및 의학의 발전에 크게 기여한 것은 사실이나 정신과 육체의 긴밀한 상호연관성을 간과함으로써 전일적인 인간 이해에 커다란 장벽으로 기능하였다(서홍관, 2008: 24). 데카르트의 이원론 이후 학문의 전문화와 경계 긋기는 각 학문의 추상적이고 계량화된 틀 속에 인간을 편입시킴으로써 인간의 개체성과 총체성을 해체시키는 경향이 가중되었다(조상식, 2001: 17-18). 결국 육체와 정신의 극단적인 분리에 의해 '정신없는 육체'가 '육체 없는 정신'에 편입됨으로써 육체는 소유와 지배의 대상으로 전락하게 되었다. 육체에 대한 억압은 한편으로 감성에 대한 억압과 궤를 같이한다. 근대정신의 이원화는 육체와 감성을 억압하는 권력을 등장시켰다. 어떤 맥락에서 감옥뿐만 아니라 심지어 병원과 학교까지도 환자와 학생의 육체와 감성을 검사나 시험이라는 계량화된 특정한 기록표 속으로 해체시켜 왔다. 이런 점에서 병원과 학교도 일종의 감옥으로 기능한다는 푸코(Foucault, 오생근 역, 1995: 255-288)의 통찰은 일정한 설득력을 갖는다.

정신과 육체의 이원화 구도는 정신에 의한 육체의 지배를 정당한 것으로 간주한다. 그러나 이러한 주장이 과연 타당한 것인가? 그보다는 정신의 의미에 육체성이 전제되어야 하는 것은 아닌가? 우리는 일상에서 정신이 건전하지 못하면 육체도 아플 뿐 아니라, 육체가 아프면 정신에도 문제가 생기는 이른바 심신상관적인(psychosomatic) 경우를 종종 겪는다. 물론 육체가 장애라는 극한 제약 속에 있더라도 정신은 온전할 수 있다. 그러나 우리는 정신과 육체의 상호관계가 인과관계는 아니지만 일정한 상관성을 지니고 있음을 부정하기는 어렵다. 여기서 유의할 점은 정신과 육체는 그 경계를 명확하게 구분

지을 수 없는 통일체라는 것이다. 또한 우리는 육체와 영혼의 관계에서 육체는 한갓 대상이고, 영혼은 순수 주체로 구분하는 태도를 경계할 필요가 있다. 경험주의나 합리주의는 이런 점에서 오류를 범하고 있다. 경험주의의 맥락에서 육체는 비교하고, 측정 가능한 하나의 사물이자 대상으로 간주된다. 이러한 관점에서는 육체를 매개로 한 의식이나 행위는 하나의 기계적인 현상으로 환원된다. 그런가 하면 합리주의의 맥락에서 육체는 탈락되고, '명시적인 의식', 즉 '생각하는 나(cogito)'만 남는다. 이러한 경우, 주체의 모든 경험적 내용은 제거되고, 사고 주체는 텅 빈 사물처럼 남게 되며, 결국 선험적 주체로 환원되고 만다. 요컨대 '내면성 없는 외부'나 '외면성 없는 내부'는 결코 인간의 총체적인 모습이 아니다(조상식, 2001: 40-41).

그러므로 정신에 대한 이해는 육체를 전제함으로써 그 의미가 온전히 드러날 수 있다. 사실 인간은 그의 육체(신체)[03]를 통해 비로소 '세계 내 존재'가 될 수 있으며, 육체를 매개로 하여, 전 세계가 내 안에 살아 있고, 나 또한 전 세계를 나의 거처로 삼을 수 있다. 한마디로 육체는 '자아와 세계의 매개물'인 것이다. 그러므로 우리가 육체의 살아 있는 체험만 인정한다면 주·객 대립의 이원론을 지양(止揚)할 수 있는 것이다(Mondin, 1985: 232-235). 정신과 육체의 이원성을 거부하면서 육체의 적극적인 의미를 표명하고자 했던 니체에 의하면, 신체의 커다란 이성인 몸이성은 의식 활동으로서의 자아(Ich)를 넘어서서 생리학적·심리학적 현상뿐만 아니라 사유, 느낌, 욕구 더 나아가 무의식까지 포괄하는 근원적인 자기(das Selbst)이다(Nietsche, 정동호 역, 2005: 52-53; 김정현, 2000: 171-190). 니체에게서와 마찬가지로 후설에게 있어서도 육체(몸)는 대지이다. 그것은 "모든 것의 궁극적인 지반이요 모태"이며, 이성까지도 포괄하

---

[03] 이 글에서 인간학적 맥락에서 사용하는 '육체', '신체', '몸'은 호환개념으로 사용한다. 육체나 신체 혹은 몸은 해부학적 신체나 살덩어리(flesh)와는 대비되는 것이다.

는 '위대한 감성'이다(한전숙, 1998: 294-295).

　　이상의 논의에서 우리는 건강의 의미에 이미 신체적 차원과 정신적 차원, 더 나아가 사회적 차원은 물론 윤리적·규범적 차원까지 결부되어 있음을 알 수 있다. 따라서 건강의 의미에 정신건강의 개념이 포함되어 있다고 하겠다. 물론 신체적인 결손과 같은 육체적 건강의 문제는 정신건강의 범위를 넘어선다. 다만 육체적인 건강 문제에 대해 우리가 어떠한 마음가짐을 갖고, 어떻게 의미부여를 하는가에 따라서 그것은 정신건강과의 연관성을 지닐 수 있다. 그런가 하면 정신은 좁은 의미의 이성 내지 코기토(cogito)가 아니라 이것도 포함하되 의지적이고 정서적인 요소까지 포괄하고 있으며, 육체(몸)를 그 기반으로 하고 있음을 확인하였다. 따라서 정신건강에 대해 논의할 때, 정신과 육체를 이원화하는 태도를 지양할 필요가 있다는 점을 주목해야 한다. 또한 사유 활동, 감정 활동, 의지 활동 등 정신 활동을 조화롭고 올바르게 할 때 정신건강이 온전히 구현될 수 있기 때문에 정신건강의 문제는 사실 차원의 문제일 뿐 아니라 윤리적·규범적 차원의 문제이기도 하다.04

---

04 동양의 유교에서 정신건강의 문제는 근본적으로 본래의 마음을 회복할 때 해소되는 것으로 보인다. 본래적인 마음은 '도덕성의 표본을 이루는 조건'을 의미한다. 가령 율곡이 마음의 어두운 병과 어지러운 병을 다스리는 방법으로 제안한 궁리(窮理), 독지(篤志), 함양(涵養), 성찰(省察)은 정신건강을 증진시키는 방안이자 윤리적인 태도를 함의한다. "이치를 추구하여 선(善)을 밝히며, 의지를 독실하게 하여 기질을 거느리며, 마음을 간직하고 배양하여 참됨[誠]을 보존하며, 반성하고 살펴서 거짓됨을 제거한다."『율곡전서』(권21, 금장태, 1984: 18-20)

Ⅲ. 윤리학과 도덕교육에서 정신건강의 문제

1. 정신건강론으로서의 윤리학[05]

플라톤의 『향연』(186a‒188a)에서 의사인 에르크시마코스는 반대되는 것, 가령 더운 것과 찬 것, 마른 것과 젖은 것 사이의 조화와 융합으로 건강을 해명한다.[06] 음악에서 높은 음과 낮은 음 간의 조화와 융합을 통해 협화음이 될 수 있는 것처럼, 건강 역시 상호 대립되는 요소 간의 적절한 중용의 관계에 의해 유지될 수 있다는 것이다. 우리는 이러한 건강의 측면을 아리스토텔레스에게서도 엿볼 수 있다. 건강은 과도와 부족에 의해 상실되며, 중용에 의해 보존될 수 있다(*Nichomachean Ethics*, 1104a).

건강은 좁은 의미에서 의학의 용어이지만 그것은 윤리학적 개념이기도 하다. 가령 플라톤의 윤리학은 정신건강론의 성격을 띠고 있다고 할 수 있다. 그에게서 건강은 육체적인 덕이며, 덕은 영혼의 건강을 의미한다. 그런가 하면 '나쁨'은 영혼의 질병을 의미한다(*Republic*, 444d‒e). 특히 그의 정의(dikaiosynē) 개념은 건강의 맥락에서 해명될 수 있다. 즉, 개인의 영혼이든 국가의 영혼이든 그것을 구성하는 요소들이 자신의 기능을 잘 발휘할 때, 비로소 건강한 상태, 즉 올바른 상태에 있다고 할 수 있다. 그러한 상태가 바로 정의로운 상태라는 것이다. 다시 말해서 플라톤은 인간의 영혼을 구성하는 이성적인 부분과 기개적인 부분 그리고 욕구적인 부분 간의 조화를 건강한 상태이자 정의로운 상태로 해명한다. 요컨대 플라톤의 정의에 대

---

[05] 졸고(2008: 1‒31)의 논의를 바탕으로 재구성함.

[06] 서로 상반되는 것 간의 조화로서의 건강의 의미는 대화편 『파이돈』에서도 확인할 수 있다. "우리의 육체는 뜨거움과 차가움, 건조함과 습함 그리고 이와 같은 것으로 결합되어 있는 것인데, 바로 우리의 영혼은 이런 것들의 혼화(krasis, 混和)와 조화(harmonia)이다."(*Phaidon*, 86b‒c)

한 논의는 '정신건강으로서의 정의'의 논의라 할 수 있다(Norman, 1998: 16‐21).

니체의 윤리학 역시 정신건강론의 성격을 지니고 있다. 주지하는 바와 같이 니체의 철학은 '심층 심리학'의 탄생에 중요한 기여를 했다. 이는 그의 철학이 인간의 심리세계에 대한 예리한 통찰과 삶의 고통을 치유하는 "정신위생학적 언어"를 담아내고 있기 때문이다(김정현, 2007: 146‐147). 니체는 무엇보다 대립되는 것 간의 균형을 회복하기 위해서는 이성적 세계관에 의해 억압되고 죄악시된 요소들, 가령 디오니소스적 요소나 주인도덕에서 부각되는 인간의 자연적 본성이 표출되어야 함을 강변한다.

니체의 병과 건강의 개념은 '정상적 현상의 균형이나 조화의 문제'이며, 선과 악의 문제 역시 '과잉, 부조화, 불균형의 문제'로 간주된다(Nietzsche, 김정현 옮김, 2005: 380). 그러니까 악이란 과잉, 부조화, 불균형에서 기인하며, 선이란 과잉, 부조화, 불균형의 위험을 지양하는 데서 성립한다. 이러한 설명방식을 아폴론적 요소와 디오니소스적 요소의 관계에 적용해 보자. 아폴론적 요소는 개별화의 원리를 지향하며, 자기인식, 절제와 지혜로 표현된다(Nietzsche, 이진우 옮김, 2005: 33, 47). 아폴론적 원리에 근거한 윤리는 이성적 윤리이다. 그러나 모든 것을 합리화하는 인간은 영원히 굶주린 자이다(같은 책, 139). 니체는 아폴론적인 것의 과잉으로부터 디오니소스적인 것의 균형을 강하게 요구했다. 그에 의하면 디오니소스에 의해 개별화의 원리는 지양될 수 있고, 사물의 내밀한 핵심에 이를 수 있다. 디오니소스는 화해와 조화를 통해 존재하는 모든 것은 하나임을 자각하게 하는 구원의 축제인 것이다(Nietzsche, 김정현 옮김, 2005: 34, 38, 86, 122). 사실 아폴론적 요소와 디오니소스적 요소는 상호 대립되는 것이지만 이 두 요소는 '삶의 두 절반'이자 '두 충동의 비밀스러운 결혼'이며, '의형제로 결의한 관계'인 것이다(Nietzsche, 김정현 옮김, 2005: 45, 49, 160, 172).

그러므로 일종의 이상적인 인간상인 니체의 초인은 상호 대립되는 두 요소가 결합된 아폴론적 디오니소스 내지 디오니소스적 아폴론으로 간주된다. 그러므로 우리는 두 요소가 결합된 이른바 "소크라테스적 뮤지션(Socrates‐Musician)"을 지향할 필요가 있다(김용선, 1995). 우리는 니체의 윤리학을 이성에 의해 억압될 수 있는 인간의 자연성 내지 파토스를 긍정하고, 우리 안에 심미적 자유를 환기시킬 수 있는 일종의 정신건강론으로 이해할 수 있다. 요컨대 니체의 윤리학은 '총체적인 병으로부터 건강을 되찾는 건강 회복술'로 간주할 수 있다(김정현, 2006: 272).

이상의 논의에서 우리는 윤리학 전반이 정신건강론을 의미하는 것은 아니지만 정신건강론을 지향하는 윤리적 관점이 일정 부분 가능함을 확인할 수 있었다. 플라톤과 아리스토텔레스 그리고 니체의 윤리학에 나타난 정신건강론은 도덕교육에서 정신건강을 하나의 목표로 삼는 데 있어서 유의미한 기여를 할 수 있을 것으로 전망한다.

2. 도덕교육과 정신건강의 내면적 상관성

(1) 의사‐환자의 관계와 교사‐학생의 관계의 유사성

의사‐환자의 관계와 교사‐학생의 관계에는 일정한 유사성이 있다. 물론 전자가 후자에 비해 심각한 신체적 혹은 정신적인 문제, 즉 일종의 질병을 다루며, 보다 더 전문적인 처방을 한다는 점에서 차이가 있기는 하다. 그럼에도 둘 다 건강한 심신을 위한 돌봄과 배려를 시여한다는 점에서 일정한 유사성을 갖는다. 그런데 의사‐환자의 관계에 노정되어 있는 문제점 역시 교사‐학생의 관계에 노정되어 있다는 점도 유의할 필요가 있다.

객관화, 일반화, 물리화 내지 생물화의 경향을 지닌 근대의학은 환자의 실존적 역사를 삭제함으로써 인격적 주체로서의 환자에게 일종의 폭력을 행사해 왔다(진교훈, 2002: 35 - 36). 근대의학은 질병과 그것을 앓고 있는 인간을 분리하여 사고함으로써 질병을 담지하고 있는 각 개인의 개별성을 소멸시켰다(황임경, 2008: 28). 이와 유사하게 근대의 대중교육 역시 표준화된 교육과정과 객관화되고 수량화된 시험제도를 통해 학생의 실존적 삶을 간과하고, 대상화될 수 없는 학생의 인격이 사물화 됨으로써 비교 가능한 대상으로 전락시키는 경향이 있어 왔다. 치열한 입시위주의 교육체제하에서 학업성적이 강조됨으로써 학생의 개별성은 소외될 수밖에 없다. 학업성취도가 낮은 학생은 흔히 문제 학생으로 낙인찍히기도 한다. 사실 환자들의 고통이 의사에 의해 외면받고 있는 상황은 많은 학생들의 고통이 교사에 의해 외면 받고 있는 구도와 유사하다.

인간학적 관점의 주요 방법론인 현상학적 접근에서는 의학의 장에서든, 교육의 장에서든 인간의 삶이 닻을 내리고 있는 구체적이고 직접적인 생활세계와 그 안에서 인간이 겪게 되는 체험을 중시하며, 심신의 고통 내지 병을 앓고 있는 환자나 학습에 어려움을 겪고 있는 학생의 실존적 삶을 배려한다(황임경, 2008: 32 - 33). 도움을 호소하는 환자나 학생의 얼굴은 '그를 배려해야 한다'는 타자의 윤리적 요청을 수락할 것을 명령한다(김연숙, 2007: 281). 여기서 우리는 의사 - 환자의 관계에서, 그리고 교사 - 학생의 관계에서 실존적인 만남과 대화의 필요성을 확인하게 된다. 사실 대화는 '치료의 요소일 뿐만 아니라 인간 구원의 요소'이기도 하며, 인간의 실존을 드러내 주는 매개가 된다(진교훈, 2002: 45). 환자를 치료하는 의사 역시 본질적으로 '아파하는 존재'이자 '상처 입은 치유자'인 것처럼 교사 역시 본질적으로 여러 가지 애로사항을 가졌던 학생이었으며 끊임없이 배우며 가르치는 자이다.

최근 의학에 내러티브가 도입되면서, 생활세계 속에서 환자의 실존적인 삶의 이야기가 중시되고 있다. 이러한 관점은 환자를 질병이 아닌 한 인격체로 대할 수 있는 접근법이라 할 수 있다. 임상의학은 기본적으로 "환자의 이야기와 의사의 이야기가 만나는 장"이며, "환자와 의사의 해석적 만남"을 바탕으로 이루어진다. 결국 의사는 환자가 풀어내는 내러티브를 해석하는 자인 셈이다. 요컨대 내러티브는 의학에서 환자의 고통을 드러내며, 고통을 야기하는 환자의 실존적 삶을 이해할 수 있는 본질적인 요소로 간주된다(황임경, 2008: 36 - 42). 내러티브를 통해 환자는 병을 자신의 삶 속에서 긍정적으로 승화시킬 수 있고, 의사는 환자의 고통과 실존적 삶에 동참할 수 있다. 내러티브 중심의 의학에서 강조하는 것 이상으로 도덕교육에 있어서도 내러티브는 중요한 관심사이다.

(2) '아파하는 존재'로서의 학생과 도덕교육의 목표

'사고하면서 존재하는 나'보다 더욱 확실하고 의심할 수 없는 것은 '고통을 느끼는 나'이다. "나는 생각한다. 그러므로 나는 존재한다."는 명제보다 "나는 아파한다. 그러므로 나는 존재한다."는 명제가 오히려 더 직접적이고 근원적이라는 말이다. '생각하는 자아'가 '지배하고 이용하는 위치에 서 있는 존재론적인 자아'라면, '고통받는 자아'는 '애원하고 호소하는 윤리적 자아'라 할 수 있다(손봉호, 1998: 34 - 36). 프랭클(V. Frankl)은 이해타산에 밝고, 성공의 신화를 추구하는 경제적 인간상으로 간주되는 '호모 사피엔스'와 대비되는 인간, 즉 '호모 파티엔스(homo patiens, 아파하는 존재)'로서의 인간관을 제시한다(Frankl, 오승훈 역, 2005: 65 - 66; Frankl, 이시형 역, 2005: 121 - 122; 윤영돈, 2007b: 282 - 283). 육체가 자아와 세계를 매개하며, 생활세계라는 직접적이고 구체적인 경험세계를 파악한다고 할 때, 그것은 인간의 육체에 소여된다는 것을 의미한다.

생활세계는 논리 및 이론에 의해 추상화되고 가공되기 전의 생생한 삶의 세계이며, 인간은 자신의 육체가 지닌 수동성에 의해 그 세계의 상황을 수용하지 않을 수 없다. 인간은 생활세계의 다양한 상황들, 가령 뜻하지 않은 사건이나 불행, 질병, 실패, 실연 등에 직접 노출되어 있고, 인간의 육체는 그것을 거부할 수 없다. 그런 의미에서 '고통을 받는다'[07]는 것은 육체성을 지닌 인간의 본질적 모습이다. 특히 청소년기는 인생의 어느 시기보다도 아픔과 고통에 직접적으로 노출된 시기라 할 수 있다.

청소년기는 개인적·사회적 갈등으로 인한 질풍노도의 시기이자 신체적·생리적 성장과 심리적·사회적 미성숙에 따른 성장발달의 불균형으로 성인으로서의 지위와 역할을 획득하지 못한 지불유예기이다. 또한 청소년기는 에릭슨(E. Erikson)의 표현대로 '정체감의 위기'를 경험하는 시기이기도 하다.[08] 청소년기의 정체감 위기 내지는 역할 혼란을 극복하지 못함으로써 생긴 부정적인 정체감은 청소년으로 하여금 일탈 행위에로 치닫게 할 가능성이 크다. 다시 말해서 청소년의 일탈은 자아정체감을 확립하지 못함으로써 생긴 혼란이나 좌절을 회피하기 위한 일시적인 수단으로 간주될 수 있다.

---

[07] 라틴어 'patiens'는 동사 'patior'의 분사형태이다. 라틴어 'patior'는 그리스어 '파스코(πάσχω)'에서 왔는데, 일차적으로 '겪다, 당하다(undergo)'는 의미를 지니고 있으며, 이차적으로 '고통하고 아파하다(suffer)'는 의미를 지니고 있다. '파스코(πάσχω)'는 우리에게 친숙한 그리스어 '파토스(pathos)'의 어원이기도 하다. '파토스'는 영어의 passion(수난/고통, 열망)에 해당한다. 가령 "Passion of Christ"에서 "Passion"은 그리스도의 '수난'으로 이해될 뿐 아니라 인류의 구원을 향한 그리스도의 '열망'을 함의하기도 한다. 한마디로 인간이 지닌 육체성은 한편으로는 거부할 수 없는 삶의 여건과 조건에 대한 '수용성(겪음, 당함)'의 통로이자 이를 극복하고자 하는 인간의 '열망'을 포괄하고 있다.

[08] '자아정체감'이라는 용어를 처음으로 사용한 에릭슨은 그의 자아발달 이론에서 청소년기의 자아정체감 형성을 개인의 발달 과정에 있어서 가장 중요한 과제로 강조한다. 자아정체감의 정립은 "나는 누구인가?", "내 존재의 의미는 무엇인가?", "나는 과연 무엇을 할 수 있는가?", "나는 어떻게 살아야 하는가?"와 같은 실존적 물음에 대한 해명이다. "자아정체감이란 내적 동일감과 일관성을 유지하려는 한 개인의 능력이 타인이 그에게서 발견하는 통일감 그리고 일관성과 일치됨으로써 자신의 내적, 외적 선상에서 일치되는 자신감을 의미한다."(Erikson, 1963: 261)

앞서 살펴본 청소년기 개인 차원의 발달·심리적 특성뿐만 아니라 "돈만 있으면 모든 것이 해결된다."는 자본주의적 가치나 '경쟁력'과 '효율성'을 강요하는 신자유주의적인 사회 분위기, 입시지옥으로 불리는 대입제도 역시 청소년의 정신건강을 위협하는 주된 요인이 되고 있다. 대학입시로 수렴되는 우리 사회의 교육시스템은 학생으로 하여금 일종의 전쟁을 겪는 사람이 느낄 법한 불안감과 공포를 조장하기도 한다. 그러므로 도덕교육은 무수한 제약된 상황으로 인해 아파하고 고통당하는 학생들의 실존적 내러티브의 배경에 대해 깊은 관심을 가지고 고통에 대한 긍정적 의미를 제시할 수 있어야 한다. 학교교육에서 우리 사회의 청소년의 정신건강 고양과 관련하여 고통의 의미에 대한 이해는 무엇보다 도덕교과를 통해서 제시될 수 있다.

"인간은 반드시 죽는다."는 죽음의 확실성처럼 고통의 문제는 누구도 피해 갈 수 없다. 그러나 고통에 대해 어떠한 태도를 갖는가에 따라 그 고통은 나의 전인적 성장에 기여하는 계기가 되기도 한다. 플라톤의 『향연』에서 소개되고 있는 '미의 사다리'에 나타난 아름다움의 상승 과정은 고통의 의미부여를 통한 일종의 치유 과정을 의미한다. 개별적인 몸의 아름다움에서 모든 아름다운 몸으로, 그리고 몸의 아름다움에서 일과 활동의 아름다움으로 나아가며, 그 다음에는 학문의 아름다움으로, 마침내는 아름다움 자체로 상승하는 치유의 과정에서 우리는 보다 높은 가치를 위한 보다 낮은 가치의 양도, 즉 고통의 의미를 확인할 수 있다(Scheler, 1974: 126, 128, 132 - 133). 우리는 '파토스'를 통해서 '로고스'를 볼 수 있어야 한다. 다시 말해서 우리는 '고통'을 당할 때 그 이면에 놓인 '의미'를 발견할 수 있어야 한다(Fabry, 1980: 21). 사실 삶의 핵심은 행복의 추구가 아니라 의미의 추구에 놓여 있다. '의미를 추구한다는 것'은 현상학적 가치론의 맥락에서 '가치를 체험한다'는 말과 상통한다. "어떠한 인간도 고통을 통해서 지복(至福)하다고 할 수는 없다. 다만 우리는 고통을 통해 '자기성찰'을 함으로써, 인간 존재의 보다 깊은 층을 이해하고, 깨달을 수 있게 된다. 고통이 '정화'의 힘을 지녔다고 우리가 의미부여를 한다면, 셸러의 언급처럼 고통은 우리를 존재의 보다 깊은 층으로 이끄는 기능을 한다(Scheler, 1980: 349)." 고통은 그 자체로 결코 선이 될 수 없지만 우리의 태도에 따라 그것은 자기중심성과 마음의 왜곡된 가치질서에 매몰된 우리 자신을 참되고 이상적인 자아로 빚어내는 '조각가의 해머'와도 같다(Scheler, 1974: 162).

이상의 논의에서 우리는 청소년 정신건강의 증진 및 고양 문제가 도덕교육의 중요한 목표 중 하나가 될 수 있음을 살펴보았다. 청소년의 정신건강과 관련하여 도덕교육에서 다룰 수 있는 내용요소로 건강한 자아정체감 및 도덕적 자아의 형성, 공감 및 대화 능력, 인지적·정의적·행동적 차원의 요소들이 조화와 균형을 지닌 인격 함양, 건전한 가치관과 세계관의 정립, 인생과 삶의 궁극적인 의미 해명 등을 들 수 있다. 이들 내용요소들은 '도덕주체인 나로부터 가치관계의 확장'의 원리에 따라 정신건강의 다양한 층위로 구성될 수 있다.

Ⅳ. 도덕과 교육과정에서 정신건강의 구현

정신건강은 도덕과의 고유한 개념은 아니다. 오히려 (정신)의학, 상담 및 심리학 분야에 보다 친화력이 있는 개념이다. 그럼에도 불구하고 정신건강을 도덕과의 중요한 목표로 간주할 수 있는 이유는 정신건강의 문제가 도덕과 내부의 고유한 목표인 측면도 있고, 우리 사회가 도덕과에 요구하는 외부적 목표의 수행과 관련되는 측면도 있다. 사실 정신건강의 개념은 교육을 통하여 길러내고자 하는 이상적 인간상에 의해 규정된다고 할 수 있다(이홍우, 1985: 11). 피터스 (R. S. Peters)에 따르면 교육이란 "개념적으로 틀림없이 가치 있고, 정당화될 수 있거나 혹은 사실상 그럴 수 있는 사유의 형식이나 활동들로의 입문(initiation)"을 함의한다.[09] 그리하여 가치 있고, 의미 있는 활동에 대한 다양한 유형의 정당화를 통해 교육의 목표는 '치료적인 것'이나 '의식을 확장하는 것' 또는 '인성의 발달'이 될 수도 있다. 그런가 하면 교육은 생존에 기여한다든가, 아니면 취업지도를 한다든가와 같이 수단-목적 정당화로서 외부적 목표를 추구할 수도 있다. 여기서 우리는 정신건강의 문제가 교육의 내부적 목표와 외부적 목표 사이에 걸쳐 있다는 것을 알 수 있다. 교육 일반이 정신건강 증진을 하나의 목표로 삼는 것이 정당화되듯이 도덕교육 역시 정신건강 증진을 하나의 목표로 삼을 수 있다. 도덕과에서 정신건강을 다루는 것의 이점은 기존 교과가 정신건강을 '사실' 수준의 논의에 국한하는 데 비해 도덕과에서는 '규범' 수준의 논의까지 포괄할 수 있다는 데 있다.

1. 도덕과 영역별 내용 구성과 정신건강의 층위

2007 개정 도덕과 교육과정은 내용영역의 설정 근거에 있어서 상당한 변화를 겪었다. 2007 개정 교육과정에서는 그동안(제3차-제7차 교육과정) 채택되었던 '생활영역(환경) 확대 원리' 대신에 도덕적 주체인 '나'로부터 '가치관계의 확장'을 근거로 한 영역별 내용 구성을 다음과 같이 시도하였다.

---

[09] 윌슨(Wilson, 1972: 91-93)은 피터스(R. S. Peters)의 '교육의 한 목표로서 정신건강'에 관한 논의에 의존하고 있다.

〈표 12-1〉 가치관계의 확장에 근거한 도덕과 영역별 내용구성

(조난심 외, 2005: 33-36; 교육과학기술부, 2008: 177-179)

영역의 명칭	영역별 내용 구성의 방향
Ⅰ. 도덕적 주체로서의 나	도덕적 가치의 주체적 기반으로서 도덕적 자아가 확립되는 영역
Ⅱ. 우리·타인·사회와의 관계	도덕적 자아와 우리·타인·사회와의 관계에서 간인격적(間人格的, inter-personal) 가치가 추구되는 영역
Ⅲ. 국가·민족·지구공동체와의 관계	도덕적 자아와 국가·민족·지구공동체와의 관계에서 역사적, 사회적 정의의 가치가 추구되는 영역
Ⅳ. 자연·초월적인 존재와의 관계	도덕적 자아와 자연·초월적인 존재와의 관계에서 도덕적 가치의 고양이 추구되는 영역

위의 표에서 네 단원으로 구분한 도덕과 영역별 내용 구성은 정신건강의 다양한 층위와 상호 연관성이 있다. 다시 말해서 도덕과 교육에서 내용체계의 원리로 설정한 '도덕적 주체인 나로부터 가치관계의 확장'은 정신건강의 다양한 층위와 친화력이 있다는 것이다.

제1영역(도덕적 주체로서 나)은 이상적인 인간상으로 '자율적 인격'을 가진 '도덕적 주체'의 형성을 목표로 한다. 자율적인 인격을 가진 도덕적 주체는 지·정·의가 조화롭게 통합된 것을 목표로 하므로 정신이 건강한 주체와 다르지 않다. 8학년 <일과 배움>(일과 놀이, 공부와 진로, 계획과 성취)의 논의나 9학년의 <삶의 목적>(자아정체성, 행복한 삶)의 논의는 도덕적 주체인 나의 고유한 삶의 내러티브를 구체화하고, 나 자신을 성찰하는 데 기여할 수 있을 뿐만 아니라 정신건강의 고양에도 긴밀한 관련성을 갖는다.

제2영역(우리·타인·사회와의 관계)은 도덕적 주체와 가깝고 먼 타인, '우리'라는 가까운 공동체, 그리고 시민사회 속에서 맺는 다양한 인간관계에서 생겨나는 도덕적 문제들과 거기서 실현되는 도덕적 가치를 다룬다. 제2영역은 대면접촉이 잦은 인간관계나 낯선 사람들과의 관계에서 발생하는 갈등을 적절한 상호작용 및 의사소통을 통해 바람직하고 합리적인 방식으로 해결하는 것을 목표로 한다는 점에서 정신건강을 고양하는 데 유의미한 기여를 할 수 있을 것이다. 제2영역과 관계하는 정신건강의 층위는 대인관계 능력과 관련된다.

　제3영역(국가·민족·지구공동체와의 관계)은 국가·민족·지구공동체에서 발생하는 도덕적인 문제들을 다룰 수 있도록 설정된 것이다. '관계의 확장'이라는 점에서 제2영역과 중첩된다. 물론 내용이 겹치는 것은 아니다. 청소년기는 이데올로기적 선호를 가지며, 철학이나 정치 그리고 도덕이론을 체계화시키고자 한다(정창우, 2004: 298-299). 제3영역은 국가관, 민족관, 통일관, 세계관 등을 다룬다. '관계의 확장'이라는 맥락에서 제3영역과 친화력이 있는 제2영역 <사회정의와 윤리>에서는 정의관을 다룬다. 우리는 우리가 관계하는 사건이나 사태를 조망할 수 있는 도식이나 패러다임이 없을 때, 심리적으로 불안하고 혼란한 상태에 빠지게 된다. 그러므로 사회와 국가와 세계를 바라보는 바람직한 가치체계 및 사유체계를 갖는다는 것은 정신건강의 문제와 긴밀한 관련을 맺는다는 것을 쉽게 이해할 수 있다. 이 대목에서 관련되는 정신건강의 층위는 외부세계에 대한 체계적인 인식틀 내지 사유체계와 관계한다고 할 수 있다.

　끝으로 제4영역(자연·초월적인 존재와의 관계)은 도덕적 주체와 자연 및 초월적 존재와의 가치문제를 다룰 수 있도록 설정된 영역이다. 이 영역에서는 인간관계적 도덕의 한계를 초월하여 자연이나 종교 등과 같은 주제들도 다룰 수 있다. 도덕적 주체는 자연이나 초월적 존재와의 만남을 통해 제약된 현실의 상황을 초월할 수 있으며, 인생의 궁극적인 목적을 발견할 수 있다. 자연이나 예술에 의해 주어지는 미와 숭고를 매개로 인간의 정신은 현상계(감성계)에서 본체계(예지계)로 상승할 수 있다. 그런가 하면 자연이나 초월적 존재와의 만남은 성스러운 가치를 체험하는 것을 의미하기도 한다. 사실 성스러운 것으로서 누미노제(Numinose)는 본래적인 치료법이다(진교훈·윤영돈, 2003: 80). 신뿐만 아니라 무(無)나 공(空)도 일종의 누미노제가 될 수 있다. 제4영역과 관련된 정신건강의 층위는 자연이나 초월적 존재와의 관계 속에 위치한다고 할 수 있다.

이상의 논의에서 우리가 알 수 있는 것은 도덕과의 영역별 내용구성은 정신건강의 다양한 층위와 유의미한 관계를 맺고 있다는 점이다. 따라서 도덕과의 영역별 목표는 다차원적인 측면을 지닌 정신건강의 고양과 내면적 상관성이 있음을 알 수 있다.

2. 도덕과 교육과정에서 청소년 정신건강의 고양 방안

(1) 학생과 교사의 내러티브적 만남을 통한
건강한 자아 정체성 형성

매킨타이어의 언급처럼 인간은 '이야기를 하는 동물(story‒telling animal)'의 성격을 지니고 있으며, 이야기를 매개로 '서사적 자아'를 형성하는 존재이다(MacIntyre, 1981: 216‒219). 내러티브적 접근은 학생 자신의 자아와 외부 세계 간의 소통을 통해 건강한 자아정체성을 형성하는 데 효과적으로 기여할 수 있다. 특히 학생과 교사의 내러티브적 만남은 치료적 힘을 지니고 있다. 흔히 이야기 구조는 발단, 전개, 위기, 절정, 결말의 단계를 지니고 있는데, 우리의 삶 역시 이러한 이야기 구조를 내포하고 있다. 그러기에 학생은 자신의 삶의 이야기를 하면서 자신의 정체감을 생활세계라는 맥락 속에서 자신의 확고한 존재감을 구축해 갈 수 있다. 미취학 및 초등학교 아동의 경우, 그가 자신의 삶의 이야기를 구축하도록 필요한 지지를 하는 존재는 주로 보육교사나 부모이다. 따라서 보육교사나 부모는 이야기를 들려주는 자(화자)이자 아동의 이야기를 담지하는 자(keeper)라 할 수 있다. 아이들은 부모에게 자신의 출생이나 유아기 시절에 관해서 혹은 엄마와 아빠의 어린 시절에 관해서 또는 그 밖의 옛날이야기 관해 쉴 새 없이 말해 달라고 재촉한다. 이렇게 아이들이 이야기를 듣는다는 것은 문화라는 맥락 속에서 '자아'를 형성한다는 의미가 있다. 아이가 자라 청소년기가 되면 스스로 자신만의 이야기를 만들어 갈 수 있다. 물론 그의 이야기가 지나치게 황당할 수 있고, 왜곡될 수도 있다. 교사는 학생의 삶의 이야기를 들어주는 자이자 학생으로 하여금 보다 나은 방향으로 학생 자신의 이야기를 이끌어 갈 수 있도록 교사 자신의 이야기나 삶의 세계에서 획득한 그 밖의 풍부한 이야기를 제공해 줄 수 있다. 이렇게 내러티브는 한 개인이 사고하고, 인식하며, 상상하고, 상호 작용하며, 그리고 도덕적 선택을 하는 등 다양한 삶의 체험들을 '통합하는 원리(the organizing principle)'로 정의 내릴 수 있다(Cook-Cootone & Beck, 2007: 193-195).

내러티브적 접근의 기본 구조는 다음과 같다. 내러티브는 내면적 체계인 나와 외부적 체계인 환경과의 연결망 속에서 힘을 발휘한다. 다시 말해서 인지적 자아, 정서적 자아, 생리적·신체적 자아로 통합된 한 개인과 가족, 공동체, 문화로 구성된 외부 체계 간에 상호 영향을 주고 상호 조정하는 조율 과정에 의해 연결된 생태학적 맥락 속에서 삶의 이야기가 표현되고, 해석됨으로써 자아 정체성이 발달한다고 할 수 있다(Cook-Cootone & Beck, 2007: 194).

자아 정체성의 문제는 심리학적 맥락이나 사회학적 맥락으로 설명될 수 있는 측면도 있지만 '대화적'으로 접근할 필요가 있다(정창우, 2004: 296). 학생의 내러티브와 교사의 내러티브 만남은 근본적으로 대화적인 것이다. 어떤 맥락에서 수업상황은 학생의 이야기와 교사의 이야기가 만나는 장(場)이며, 이야기들에 대한 학생과 교사의 해석적 만남이다(황임경, 2008: 37).[010] 학생의 내러티브가 생활 세계

---

010 환자-의사 간 내러티브적 관계를 학생-교사 간 내러티브적 관계에 적용할 수 있다. 물론 환자-의사의 관계와 학생-교사의 관계는 동일한 것이 아니다. 전자의 관계에서 의사는 고도의 전문성을 요하며, 전문적 의약을 처방하고, 육체 및 정신 기능의 정상화 및 유지에 관심을 기울인다면, 후자의 관계에서 교사는 의사보다는 엄격하지는 않지만 일정한 전문성(ex. 교수학적 내용지식 PCK)을 지녀야 하며, 지식 및 가치·태도를 처방하고, '이상적 도덕인'을 목

적 언어, 즉 구체적이며, 직접적이지만 때론 애매성을 지닌 언어라면, 교사의 내러티브는 학생의 내면과 학생의 외부세계를 추상화시킨 학문적인 언어와 관련된다. 이러한 상호 작용을 통해서 학생은 자신의 삶의 이야기를 보다 추상적인 지식의 맥락 속에서 재구성할 수 있으며, 자아-지속성과 자아-이해의 감각을 확립할 수 있다(Cook-Coo tone & Beck, 2007: 193).

학생 자신의 내러티브를 계발할 수 있도록 교사가 안내한 문학작품을 통해서도 간접적이기는 하지만 학생과 교사 간의 내러티브적 만남이 가능하다. 사실 이야기 구조를 갖는 문학작품은 우리의 삶의 세계를 반영하고 있기 때문에 우리는 말과 언어, 도덕적 사고와 감정을 매개하는 이야기 형식에서 우리 자신의 위치를 찾아낼 수 있고, 궁극적으로는 그 이야기에 대한 우리 자신의 이해를 구성할 수 있다(Tappan, 1998: 도홍찬, 2002). 여기서 문학작품을 매개로 자신의 도덕경험을 이야기하면서 학생들은 자기 이야기의 저자가 되어, 자신의 과거와 현재와 미래의 삶의 세계를 이야기의 형식으로 구성해 갈 수 있다. 이야기를 매개로 한 도덕성의 발달이란 '작가의식'이 발달하는 과정이라 할 수 있다(Tappan & Brown, 1989: 182-205). 이러한 작가의식을 고양하기 위해 태편은 내러티브적 접근(narrative approach)을 제안한다. 학생들은 교사에 의해 안내된 심층면접, 드라마, 문학작품 등을 매개로 학생 자신의 도덕적 갈등의 경험을 소개하고, 자신의 고유한 삶의 이야기를 통합하는 가운데 도덕성이 발달할 수 있다는 것이다. 특히 드라마나 문학작품을 통해 학생들은 자신

표로 한다는 점에서 각각 고유한 성격을 지닌다고 할 수 있다. 그러나 두 관계는 넓은 의미에서 모두 '아파하는 인간(homo patiens)'과의 만남을 전제하며, 만나는 내담자(환자 내지 학생)의 상태에 따라 일정한 처방(prescription)을 한다는 점에서 형식상의 동일성을 지니고 있다. 그런 점에서 환자-의사의 관계를 차용하여 학생-교사의 관계를 해명하는 작업은 일종의 유비관계를 통한 논의이며, 객관적 지식이 아니라 관계적 지식의 맥락에서 일정한 함의를 이끌어 낼 수 있다. 사실 인류의 스승으로 간주되는 소크라테스는 '영혼의 의사'였다.

의 그림자를 발견하고 그것을 자신의 자아로 통합함으로써 건강한 자아를 건축할 수 있다. 그림자가 없는 사람은 없다. '그림자(shadow)'란 나의 무의식 가운데 존재하는 내가 인정하기 싫은 '또 다른 나'이며, 그 실재를 인정하기 싫은 '검은 형제'이다. 이야기 구조로 된 예술 작품 속에서 자신의 그림자를 발견하고, 자신의 자아로 통합하는 과정은 고통스럽기는 하지만 윤리적인 작업이다(윤영돈, 2007a: 314-315). 요컨대 학생과 교사 간 내러티브적 만남이나 이야기 구조를 지닌 예술작품 등을 매개로 한 도덕적 경험은 학생들이 건강한 자아 정체성을 형성하는 데 특별한 계기를 마련할 수 있다고 하겠다.

(2) 건강한 대인관계 형성 및 일탈 행위를 예방하기 위한 역할채택 능력 함양

타인과의 인간관계가 깨질 때, 우리는 심각한 소외감을 느끼게 되고 사회 적응 능력도 떨어진다는 것을 일상의 체험을 통해 알고 있다. 그렇기 때문에 도덕교과에서는 학생들이 건전한 인간관계를 형성할 수 있도록 역할채택 능력을 함양시킬 필요가 있다. 역할채택 또는 관점채택 능력을 함양한다는 것은 '역지사지(易地思之)'의 태도를 양적 측면뿐만 아니라 질적 측면으로도 확장시키는 것을 의미한다. 이러한 역할채택의 명령은 동서양의 근본적인 가르침이라 할 수 있다. 가령 "자신이 하고 싶지 않은 것을 남에게 시키지 말라(『論語』,「衛靈公」, 己所不欲 勿施於人)."는 공자의 가르침이나 "자신이 하지 않는 일을 남에게 시키지 말고, 자기가 원하지 않는 것을 남에게 강요하지 말라(『孟子』,「盡心(上)」, 無爲基所不爲 無欲其所不欲)."는 맹자의 가르침은 역할채택의 동양적 시각이라 할 수 있다. 그런가 하면 서양의 대표적인 역할채택의 관점은 황금률, 즉 "네가 대접받고자 하는 대로 남을 대접하라."(『신약성서』, 마태복음 7:12)는 가르침에 잘 나타나 있다. 더 나아가 역할 채택의 분화와 통합의 정점은 칸트의 정언명령의 형식과 내용, 즉 '보편화 가능성'의 정식과 '인간 존중'의 정식에서 발견된다. 그런가 하면 롤즈의 '가역성'으로서의 정의 개념 및 '정의의 의자 앉기(moral musical chairs)'에서도 가장 높은 수준의 역할채택을 확인할 수 있다(Kohlberg, 1981: x x xii).

역할채택의 논의는 무엇보다 인지발달이론에 근거한 구성주의적 도덕교육의 핵심 개념으로 간주된다. 역할채택은 탈중심화의 개념과 친화력이 있다. 탈중심화란 어떤 사태에 대해 다양한 관점에서 고려할 수 있는 능력으로서 도덕적 동기의 인지적 근원이라 할 수 있다. 플레벨(Flavell)은 탈중심화를 어떤 사태의 두드러지거나 관심 있는 측면에 주의를 기울이는 판단으로부터, 사태에 대한 보다 포괄적이고 동등하며 균형 잡힌 판단으로 전환되는 것이라고 기술(記述)한다. 이러한 개념을 확장하여 깁스(Gibbs, 1991: 39)는 탈중심화가 평등성과 호혜성이라는 논리적이고 도덕적인 처방을 가능케 한다고 말한다. 그런가 하면 콜버그는 3수준 6단계로 체계화된 도덕판단의 발달은 아동이 경험하는 '역할 채택의 기회와 양 그리고 질에 의하여 결정'되는 것으로 보았다(Kohlberg, 1981: 142 – 145; 추병완, 2004: 506; 윤영돈·김남준, 2008: 134). 여기서 특기할 만한 것은 인습 전, 인습, 인습 후라는 3수준 6단계에 나타난 도덕 판단은 각 단계의 질적 차이에도 불구하고 하나의 원리, 즉 역할채택으로서의 정의의 원리를 지향하고 있다는 점이다. 가령 1단계의 정의 개념(눈에는 눈, 이에는 이)에는 어렴풋하지만 6단계의 정의감이 내포되어 있다. 도덕교육이란 플라톤의 동굴의 비유처럼, 아동의 정의에 대한 지각을, 동굴의 그림자로부터 이상적 형식인 정의의 빛으로 다가가도록 촉진하는 활동이라 할 수 있다(Kohlberg, 1981: 47). 도덕교육에 관한 콜버그의 두 가지 접근법, 다시 말해서 초기의 '가상적인 도덕딜레마 토론'과 후기의 '정의공동체 프로그램'의 주안점 모두 '역할 채택' 능력의 함양에 있다는 점에 주목할 필요가 있다.

이상에서 살펴본 바와 같이 역할채택 능력은 인지발달이론의 핵심 개념이다. 미성숙한 역할채택 능력과 청소년의 비행 간에는 일정한 상관관계가 있다(문용린, 1994: 70). 가령 콜버그의 도덕발달 2단계에 있는 청소년들은 비행을 일으킬 확률이 높다. 그러니까 도덕이나 법을 자신의 이익이나 필요를 충족시켜 주는 수단으로 보는 태도와 일탈 행위 간의 상관성이 높다는 것이다. 그러므로 도덕과 교육에서 자아중심성이나 타율적 도덕성의 단계를 벗어날 수 있도록 역할채택 능력을 계발시킨다는 것은 청소년의 일탈 가능성을 예방하기 위한 하나의 방안이라 할 수 있다.

(3) 미와 숭고의 계기를 매개로 한 감정교육

미와 숭고는 이성과 감정을 지닌 인간에게 고유한 현상이다. 플라톤이나 칸트처럼 세계를 이원론적 관점에서 해명하고자 할 때, 두 세계 사이의 건너기 어려운 심연의 가교 역할을 해 주는 것이 바로 미와 숭고라 할 수 있다(윤영돈, 2007c: 203 - 209). 그러므로 미와 숭고의 문제는 인간학의 주요 과제 중 하나라 할 수 있다. 아름답다거나 숭고하다는 감정의 계기는 자연에 놓여 있다. 우리는 산을 수놓은 가을 단풍을 바라보며, "참, 아름답구나!"라는 경탄을 하게 된다. 이렇게 자연의 대상을 바라보며, 아름답다고 느끼는 태도는 그것을 소유하려는 의지보다는 있는 그대로 그 대상의 진면목을 바라보되, 사심 없이 바라보는 관조의 태도와 유사하다. 이른바 '무관심성(disinterestedness)'의 태도이다. 이렇게 어떤 대상을 '아름답다'고 느낄 때, 우리 내면에는 자유가 환기된다. 그런가 하면 우리는 대자연의 위력이나 크기에 압도당하기도 한다. 가령 우리는 시골집에서 밤하늘의 셀 수 없이 많은 별들을 바라보며 광활한 우주 앞에 보잘

것없는 인간의 왜소함을 느끼기도 하며, 나무나 집까지도 부숴 버리는 강력한 태풍의 위력 앞에 인간의 나약함을 느끼기도 한다. 그러한 느낌은 불쾌하고 거북한 감정이다. 그러나 인간은 그러한 한계에 직면하여 그것을 극복하고자 하는 의지를 갖는 존재이다. 이와 같이 자연의 위력이나 크기에 압도당하면서도 그 한계를 넘어서고자 하는 인간의 불굴 의지로 인해 인간의 내면에는 즐거운 감정이 환기된다. 이처럼 숭고의 감정은 불쾌하거나 거북한 감정이 즐거움의 감정으로 전환되는 복합 감정이라 할 수 있다. 마치 비극의 주인공이 운명이라는 거역할 수 없는 한계에 의해 파멸되어 가지만 그것을 극복하고자 하는 불굴의 의지를 보여 줄 때, 우리는 비극 작품을 통해서도 일종 숭고의 감정을 느낄 수 있다.

미적인 것을 매개로 한 감정교육을 강조한 쉴러(F. Schiller)에 따르면 아름다움을 통해서 이성과 감성이라는 대립된 인간의 이중성 문제가 해소될 수 있다. 사실 이성적 측면이 감성적 측면을 통제해야 한다거나 감성적 측면이 이성적 측면을 지배해야 한다는 관점은 지양될 필요가 있다. 바로 유희충동이라는 미적인 것이 인간을 자연법칙의 필연성으로부터 혹은 도덕적 당위의 요구로부터 자유롭게 한다. 인간은 "미 안에서 이성적이면서도, 느끼고 의욕하며 행위하는 감성적 본질"로 해명된다(김광명, 1986: 400). 미와 숭고의 감정은 삶의 세계에서 자유가 드러난 상태이다. 어떤 의미에서 미적 상태는 논리적 상태와 도덕적 상태에 이르기 위한 전제조건이라고도 할 수 있다. 그러므로 "미적으로 조율된 인간은 그 자신이 원하는 한 일반적으로 타당하게 판단하며, 일반적으로 타당하게 행동"할 수 있다(Schiller, 1962: 359). 미와 숭고를 통한 감정교육은 칸트에게서 투쟁관계로 다루어졌던 '의무와 경향성' 간의 조화를 가능케 한다. 다시 말해서 미와 숭고의 감정을 통해 우리는 '즐겁게 의무를 실천'할 수 있다(윤영돈, 2010).

사실 타율적인 도덕성에서 자율적인 도덕성으로의 이행과 전환은 도덕교육에 있어서 하나의 역설인데, 우리는 미와 숭고를 통한 감정교육에서 그 가능성의 한 실례를 확인할 수 있다. 더 나아가 자연을 표본으로 하는 예술작품을 감정교육을 위한 도덕교육에 활용한다면, 현존재로서 우리 자신을 이해할 수 있는 좋은 계기가 될 뿐만 아니라, 우리의 상상력과 공감능력을 확대시키고, 타인과 사회와 자연을 포괄하는 '감정의 공동체(community of feeling)' 형성에 기여할 수 있다 (진교훈, 2000: 16 - 18; Rader & Jessup, 김광명 옮김, 1994: 308).

(4) 교수학습 및 평가방법의 다원화를 통한 학생의 수업 참여율 제고

우리 사회에는 학력지상주의와 시험만능주의의 이데올로기가 팽배해 있다. 이른바 명문대 진학을 위한 경쟁은 초등학교부터 시작된다. 그런가 하면 학교 시험은 대체로 언어 지능과 논리수학 지능을 평가하는 문항 위주로 구성되어 있다. 그러므로 이들 지능과 다른 유형의 지능, 소위 다중지능이론에서 말하는 언어 지능이나 논리수학 지능을 제외한 여섯 가지 지능 중 일부를 지닌 학생들은 학교에서 주목받기가 쉽지 않다. 학교 시험에 두각을 나타내지 못한 경우, 자칫 학습 무능력자로 간주되기 쉽고, 더 나아가 문제아로 비춰지기도 한다. 이러한 맥락에서 특정 지능을 평가하는 학교 시험은 학생들의 정신건강을 해치고 부정적인 자아개념을 갖게 한다는 문제점을 지니고 있다.

맥닐(McNeil, 이인효 외 옮김, 1991: 206 - 238)이 언급한 것처럼 대체로 자본주의 사회의 학교교육에서 수업의 통제와 수업의 효율성 추구는 피하기 어려운 것으로 간주된다. 학교현장에서 수업은 종종 방어적으로 운영되며, 다양한 통제를 통해 진행된다. 가령 시간적 제약도 그 이유가 되겠지만, 배경적인 이야기를 삭제한 채 단편화된 형태로 학생에게 지식과 정보를 '떠먹여 주는' 경우가 많다. 이러한

'떠먹여 주는 수업'에서는 학생들이 자신의 생각을 다양한 방식으로 표현할 수 있는 기회가 주어지기 어렵다. 또한 교사는 다루기 어려운 내용은 생략하고 싶은 유혹을 받기도 한다. 학생 간 능력 차가 다소 심한 혼합 학급에서 교사는 대체로 모든 학생을 중간 수준의 범주에 속한다고 봄으로써 학생들을 개인차가 상실된 '대중'으로 취급한다. 부족한 수업 시수 때문에 "진도를 나가야 돼!"라고 하면서 토론이나 협동학습을 최소로 줄이기도 한다. 결국 학생들은 교육 내용으로부터 소외되며, 고립감을 느끼지 않을 수 없게 된다.

그러므로 교사와 학생의 만남의 장이라 할 수 있는 수업을 준비하는 교사는 무엇보다 학생의 개별성과 적성과 흥미를 고려할 필요가 있다. 7차 교육과정이나 2007 개정교육과정은 다양한 교수학습방법과 평가방법을 제시하고 있다. 그러나 그러한 다양한 방법은 학생의 다양성을 고려하기보다는 교사의 편의나 여건 그리고 교과내용의 성격에 따라 결정되는 경우가 많은 것 같다. 사실 동일한 수업내용에 대해서도 학생들마다 이해하고, 표현하는 방식이 상이할 수 있다. 교사는 이러한 학생들의 다양한 상황에 관심을 가지고 교수학습 및 평가방법의 다원화를 통해 학생들이 수업에 능동적으로 참여하며, 자신의 생각과 이야기를 그들이 선호하는 방식으로 표현해 볼 수 있도록 수업을 계획할 필요가 있다.[011] 청소년기의 대부분을 중등학교 수업 시간으로 보낸다는 점을 상기할 때, 학생들의 능동적인 수업 참여를 제고하는 것은 그들의 정신건강 증진과 무관하지 않다.

---

[011] 이러한 교육의 문제의식을 해결하기 위한 하나의 관점이 '다중지능이론'이라 할 수 있다. '다중지능'의 교육적 의의에 대해서는 한국교육방송공사(EBS) 다큐 프라임, 「아이들의 사생활」 (다중지능) 참고; 도덕과에서 다중지능이론의 활용 가능성에 대한 모색은 본서 "제10장 개인차와 다양성을 존중하는 도덕수업: 다중지능이론" 참고.

V. 맺음말

이 글은 의학이나 심리학 내지 사회(복지)학의 관점에서 주로 논의되어 왔던 정신건강의 문제가 도덕교육의 유의미한 목표가 될 수 있다는 점을 밝히는 데 그 목적이 있었다. 이를 위해 정신건강의 개념을 인간학적 관점에서 해명하였으며, 이를 통해 정신건강의 개념은 기능의 정상화 및 유지라는 사실 수준의 차원을 넘어서서 이상적인 경지를 지향하는 윤리적·규범적 차원으로 확대될 수 있음을 확인했다.

상호 대립되는 요소 간의 균형과 조화에서 건강 문제를 해명하는 플라톤이나 아리스토텔레스, 더 나아가 니체의 윤리학은 일종의 정신건강론으로 해명될 수 있다. 정신건강론으로서의 윤리학의 가능성은 청소년의 정신건강 고양을 도덕교육의 고유한 목표로 정립할 수 있는 일정한 근거가 될 수 있을 것으로 전망한다. 청소년기는 인생의 발달단계 중 비행과 일탈에 가장 쉽게 노출될 수 있는 시기이며, 어떤 면에서 '아파하는 존재'라는 인간의 본질을 가장 잘 드러내 주는 시기이기도 하다. 그러므로 도덕교육은 청소년의 정신건강을 고양해야 할 과제를 수행할 필요가 있다. 청소년의 정신건강과 관련하여 도덕교육에서 다룰 수 있는 내용영역으로 건강한 자아정체감 및 도덕적 자아의 형성, 공감 및 대화 능력, 지·정·의가 조화롭게 통합된 인격 형성, 건전한 가치관과 세계관의 정립, 인생과 삶의 궁극적인 의미 해명 등을 들 수 있다. '나로부터 가치 관계의 확장' 원리에 따라 설정된 영역별 내용 구성은 정신건강의 다양한 층위를 제시한다.

인간은 이야기를 통해 자신의 정체성을 구성하며, 이성적일 뿐만 아니라 감성적인 존재라는 점에서 미토스·로고스·파토스를 지닌 존재이다. 이러한 견지에서 청소년 정신건강을 고양하기 위한 도덕교육의 과제는 다음과 같다. 첫째, 도덕교육은 학생과 교사의 내러티브적 만남을 통해 건강한 자아정체성을 형성하는 데 기여할 필요가 있다. 둘째, 도덕교육은 인간의 인지적 능력에 토대를 두고 있는 역할채택 능력을 함양함으로써 일탈 행위를 예방하고, 타인의 입장을 고려할 뿐만 아니라 건강한 대인관계를 형성하는 데 기여할 필요가 있다. 셋째, 도덕교육은 미와 숭고의 감정을 매개로 하여 감정교육을 실시함으로써 학생들이 '즐겁게 의무를 수행'할 수 있게 하는 데 기여할 필요가 있다. 끝으로 도덕교육은 학생의 이해 및 표현 방식의 다양성을 고려한 교수학습 및 평가방법의 다각화를 통해 학생의 수업참여를 활성화시킬 필요가 있다.

참고문헌

교육과학기술부(2008), 『중학교 교육과정 해설(도덕과)』.

김광명(1996), 「Schiller 미학에 있어서 "인간학적 평가"의 의미」, 한국철학회, 『철학』 제26집.

금장태(1984), 「유교에서 본 정신건강의 개념」, 한양대학교 정신건강연구소, 『정신건강연구』 제2집.

김연숙(2007), 「레비나스의 인격론」, 『인격』, 서울: 서울대학교출판부.

김용선(1995), 『감성과 이성의 만남』, 서울: 민중출판사.

김유숙 외(2003), 『자기실현과 정신건강』, 서울: 교육과학사.

김정현(2007), 「니체와 텍스트 해석, 그리고 철학치료", 범한철학회, 『범한철학』 제44집.

김정현(2006), 『니체, 생명과 치유의 철학』, 서울: 책세상.

김정현(2000), 『니체의 몸철학』, 서울: 문학과현실사.

도홍찬(2002), 「도덕교육에서 이야기의 의미와 활용에 관한 연구」, 한국도덕윤리교육학회, 『도덕윤리과교육』 제15집.

문용린(1994), 『청소년의 도덕성, 법의식 발달, 비행경향성 및 법교육 실태에 관한 연구』, 형사정책연구원.

변선환(1984), 「신학적 입장에서 본 정신건강」, 한양대학교 정신건강연구소, 『정신건강연구』 제2집.

서홍관(2008), 「의학과 과학, 고통을 관찰하다」, 『인문의학: 고통! 사람과 세상을 만나다』, 서울: 휴머니스트.

손봉호(1998), 『고통받는 인간』, 서울: 서울대학교출판부.

안영진(2007), 『현대인의 정신건강』, 파주: 양서원.

윤영돈(2009), 「도덕교육에서 다중지능이론의 활용 가능성 모색」, 한국윤리교육학회, 『윤리교육연구』 제18집.

윤영돈(2008), 「정신건강의 관점에서 본 니체의 미학적 세계관과 주인도덕의 문제」, 한국윤리학회, 『윤리연구』 제69호.

윤영돈(2007a), 「융의 인격론」, 『인격』, 서울: 서울대학교출판부.

윤영돈(2007b), 「자살의 윤리적 논쟁과 고통의 문제」, 한국윤리학회, 『윤리연구』 제66호.

윤영돈(2007c), 「칸트의 윤리학과 미학의 상호연관성에 관한 인간학적 탐구」, 한국윤리학회, 『윤리연구』 제64호.

윤영돈(2010), 「쉘러의 미적 교육론에서 의무와 경향성의 조화」, 한국윤리학회, 『윤리연구』 제76호.

윤영돈·김남준(2008), 「존재-당위의 소통문제로서 도덕철학과 도덕심리학의 관계 정립」, 한국도덕윤리과교육학회, 『도덕윤리과교육』 제27호.

윤진환(2002), 『운동과 보건』, 서울: 홍경.

이민규(2003), 『현대생활의 적응과 정신건강』, 서울: 교육과학사.

이영호(2005), 『정신건강론』, 파주: 학현사.

이홍우(2004), 「교육과 정신건강」, 한양대학교 정신건강연구소, 『정신건강연구』 제3집.

정창우(2004), 『도덕교육의 새로운 해법』, 서울: 교육과학사.

조난심 외(2005), 『도덕과교육과정 개선방안 연구』, 한국교육과정평가원 연구보고(RRC 2005-4).

조상식(2001), 「현상학적 교육학에서 육체의 의미」, 서울대학교 교육연구소, 『교육학연구』(2001-2).

진교훈(1984), 「철학적 인간학에서 본 정신건강」, 한양대학교 정신건강연구소, 『정신건강연구』 제2집.

진교훈(2000), 「철학과 문학의 만남」, 『문학과 철학의 만남』, 서울: 민음사.

진교훈(2002), 『의학적 인간학: 의학철학의 기초』, 서울: 서울대학교출판부.

진교훈·윤영돈(2003), 「융 심리학의 인간학적 함의에 관한 연구」, 서울대학교 사범대학, 『사대논총』 제66집.

추병완(2004), 『도덕교육의 이해』, 서울: 백의.

한국교육방송공사(EBS) 다큐 프라임, 「아이들의 사생활」(다중지능).

한전숙(1998), 『현상학』, 서울: 민음사.

황임경(2008), 「고통, 의학과 삶의 만남」, 『인문의학: 고통! 사람과 세상을 만나다』, 서울: 휴머니스트.

Cook-Cottone, C. & M. Beck(2007), "A Model for Life-Story Work: Facilitating the Construction of Personal Narrative for Foster Children", *Child and Adolescent Mental Health*, Vol.12, No.4.

Erikson, E.(1963), *Child and Society,* New York: Norton.

Fabry, J. B.(1980), *The Pursuit of Meaning: Viktor Frankl, Logotherapy, and Life,* New York: Harper & Row.

Foucault, M., 오생근 옮김(1995), 『감시와 처벌』, 서울: 나남.

Frankl, V. E., 오승훈 옮김(2005), 『의미를 향한 소리 없는 절규』, 서울: 청아출판사.

Frankl, V. E., 이시형 옮김(2005), 『삶의 의미를 찾아서』, 서울: 청아출판사.

Gibbs, J. C.(1991), "Toward an Integration of Kohlberg's and Hoffman's Theories of Morality", W. M. Kurtines & J. L. Gewirtz(eds.), *Handbook of Moral Behavior and Development*, Lawrence Erlbaum Associates.

Hjelle, L. A. & Ziegler, D. J., 이훈구 옮김(1993), 『성격심리학』, 서울: 법문사.

Kohlberg, L.(1981), *Essays on Moral Development Vol.1: The Philosophy of Moral Development*, NY: Harper & Row, 1981; 김민남 · 김봉소 · 진미숙 옮김(2004), 『도덕발달의 철학』, 서울: 교육과학사.

MacIntyre, A.(1981), *After Virtue: A Study in Moral Theory*, Indiana: University of Notre Dame Press.

McNeil, L., 이인효 외 옮김(1991), "방어적 수업과 학급 통제", 『교육과사회』, 서울: 교육과학사.

Mondin, B.(1985), *Philosophical Anthropology*, Rome: Urbaniana Univ. Press.

Nietzsche, F. W., 김정현 옮김(2005), 『선악의 저편』, 서울: 책세상.

Nietzsche, F. W., 이진우 옮김(2005), 『비극의 탄생』, 서울: 책세상.

Nietzsche, F. W., 정동호 옮김(2005), 『차라투스트라는 이렇게 말했다』, 서울: 책세상.

Norman, Richard(1998), *The Moral Philosophers*, Oxford: Oxford Univ. Press.

Rader, M. & B. Jessup, 김광명 옮김(1994), 『예술과 인간가치』, 서울: 이론과실천.

Scheler, M.(1974), "The Meaning of Suffering", M. S. Frings(ed.), *Max Scheler(1874 -1928) Centennial Essays*, The Hague: Martinus Nijhoff.

Scheler, M.(1980), *Der Formalismus in der Ethik und die Materiale Wertethik*, Bern & München: Francke Verlag; 이을상 · 금교영 옮김(1998), 『윤리학에 있어서 형식주의와 실질적 가치윤리학』, 서울: 서광사.

Scheler, M.(2001), 진교훈 옮김, 『우주에서 인간의 지위』, 서울: 아카넷.

Schiller, F.(1962), *Über die ästhetische Erziehung des Menschen in einer Reihe von Briefen, in: Schillers Werke: Philosophische Schriften Bd. X X*, Weimar: Hermann Böhlaus Nachfolger.

Skinner, B. F., 차재호 옮김(1982), 『자유와 존엄을 넘어서』, 서울: 탐구당.

Tappan, M.(1998), "Moral Education in the Zone of Proximal Development",

Journal of Moral Education, Vol.27.

Tappan, M. & Brown, L.(1989), "Story Told and Lessons Learned: Toward a Narrative Approach to Moral Development and Moral Education", *Harvard Educational Review* 59.

Wilson, J.(1972), "'Mental health as an aim of education", R. S. Peters et al.(eds.), *Education and the Development of Reasosn,* London & Boston: Routledge & Kegan Paul.

제13장 남북한 사회통합의
다문화교육적 접근*

이 글에서는 남북한 사회통합 논의에 있어서 정치적·경제적 통합보다는 심리적·문화적 통합의 문제를 다문화교육적 관점에서 다루고자 한다. 특히 공산주의적 인간 형성에 심대한 영향을 미쳤다고 할 수 있는 사회주의적 예술관의 성격을 파악하고, 북한의 영화나 드라마에 나타나는 북한 주민의 가치지향을 살펴보고자 한다. 이를 통해서 북한 주민의 가치관의 변화를 확인하고, 남북한 심리적·문화적 통합에 있어서 예술 작품을 매개로 한 다문화교육의 가능성을 전망해 보고자 한다.

Ⅰ. 사회 통합의 문화적 접근

1. 동아시아의 경세론(經世論)의 문맥에서 본 악론(樂論)

동아시아에서 악론(樂論)은 주로 경세론(經世論)의 맥락에서 논의된다. 경세론이란 백성을 교화하는 방법을 일컫는 것으로서 예악형정(禮樂刑政), 다시 말해서 예법과 음악과 형벌과 정치 네 가지를 들 수 있다(陳立部, 정인재 옮김, 1992: 415 – 417; 금장태, 1999: 120).01 그런데 예악형정에 있어서 형벌과 정치가 국가의 강제력에

---

* 졸고(2008), 「사회주의 예술과 남북한 통합의 다문화교육적 접근」, 인천대학교 중국학연구소, 『중국학논집』 제2집, pp.3 – 45를 수정·보완한 것임을 밝힌다.

01 다음은 경세론의 맥락에서 예악형정(禮樂刑政)을 언급하고 있는 대목이다. "따라서 예(禮)로써 그 뜻을 이끌었고 악(樂)으로써 그 소리를 화(和)했고, 정치로써 그 행동을 하나로 만들었고, 형벌로써 그 간사함을 막았다. 이렇듯 예악형정은 그 이르는 극점이 하나다. 즉 모두가 민심을 정제하여 치국평천하의 도를 이루도록 한다."『예기』(樂記, 故禮以道其志 樂以和其聲 政以一其行 刑以防其姦 禮樂刑政其極一也 所以同民心而出治道也) "예(禮)로써 백성의 마음을 절제하고 악(樂)으로써 백성의 마음을 누그러뜨리고 정치로써 이것을 따르도록 하고 형벌로써

의한 백성의 교화 방법이라면, 예법과 음악에 의한 교화는 보다 내면의 자율성에 호소하는 것이라 할 수 있다. 이러한 관점에서 유가 사상에서 예악(禮樂)은 치국평천하 내지 경세치국의 근본원리로 간주되어 왔다. 예술[樂]의 기원을 추적해 볼 때, 예술은 생산노동이나 제의와 같은 인간의 사회적 삶에 깊이 뿌리 내리고 있다는 것을 알 수 있다. 동양이나 서양 공히 예술은 자율성보다 그 사회성이 보다 근원적이라 할 수 있다. 서양의 경우, 예술의 사회성을 강조하는 입장에는 플라톤, 러스킨(John Ruskin), 톨스토이, 해리슨 등이 있다. 특히 문화인류학자인 해리슨(J. E. Harrison)의 연구는 예술의 사회 통합적 기능의 논의에 있어서 주목할 필요가 있다. 해리슨은 자신의 저서 『고대 예술과 제의』(*Ancient Art and Ritual*)에서 "톨스토이가 예언한 대로 예술은 사회적이다. 개인적인 것이 아니다. 우리가 살펴본 바에 의해서도 예술은 그 기원에 있어서 사회적이다. 그것의 기능도 사회적인 것으로 남아 있으며, 또 그렇게 남아 있어야 한다."고 주장한다(Harrison, 1948: 240). 그녀는 예술의 기원을 '제의(ritual)'로 보았다. 다시 말해서 예술의 기원을 세분화여 보자면 최초에 실제적인 삶이 있다. 개체 및 종족 보존이나 눈앞에 닥친 자연재해나 전쟁과 같은 실제 삶의 절박성이 있다. 이제 이러한 절박한 현실을 극복하고자 하는 제의적 복제가 잇따른다. 이후에 제의에 투사된 신의 심상이 나타난다. 더 나아가 종교적 성격이 제거되면서 예술작품의 복제가 나타나는 것이다(같은 책, 191 - 192). 한마디로 이야기(mythos)나 드라마(drama)와 같은 예술작품은 '드로메논(dromenon, 실제 행해진 것)'02에서 기인한다는 것이다(같은 책, 119 - 169). 이

방지한다. 예악형정 네 가지가 천하에 널리 미치어 행해지고 백성이 도리에 어긋나지 않았을 때는 곧 왕의 도(道)가 갖추어지는 것이다."『예기』(樂記, 禮節民心 樂和民聲 政以行之刑以防之 禮樂刑政四達而不悖 則王道備矣)

02 그리스어 '드로메논(δρομενον)'은 '행하다', '하다'를 의미하는 '드라오(δράω)'의 수동태 분사로서 '(실제로) 행해진 것 thing done'의 의미를 지니고 있다. 우리에게 친근한 드

러한 맥락에서 예술은 그 본성상 사회적 성격을 띠지 않을 수 없다는 것이다. 동양의 경우에도 악(樂)은 본래적으로 사회적 성격을 띠고 있다. 악은 공동 생산활동 가운데 자연스럽게 생겨난 노래와 춤에서 기인한 것이거나 자연의 위력을 극복하거나 풍요를 기원하는 태도와 같은 제의와 연관된 것으로 추정되기도 한다(한평수, 1988: 18-19). 문자학상으로 악(樂)은 오성(五聲)과 팔음(八音)을 총칭하는 이름이며, 큰 북과 작은 북을 나무틀로 받쳐 놓은 것이다. 그런데 북[鼓]은 중국의 가장 원초적인 악기인데, 북과 같은 타악기는 군사적 혹은 행정적 측면에서 신호체계적인 특성에 관한 것으로 고대 사회의 통합을 위한 원초적 수단으로 간주된다. 사람들은 북을 중심으로 모이고, 각종 제의를 수행하며, 음식과 술을 나누면서 악무(樂舞)를 즐겼다는 것에서 북은 악(樂)이 지니는 일종의 사회적 통합성의 원형이라 할 수 있다(이성원, 1992: 21-22, 29, 38).

동양의 악론(樂論)은 주(周) 나라 때 그 기초가 형성되었으며, 공자와 순자를 거쳐 한(漢)나라 초기 『禮記』의 「樂記」에서 체계적으로 정립된다(윤영돈, 2006: 83-99). 악(樂)은 정감의 표현일 뿐만 아니라 윤리적이고 사회적인 정감의 표현으로 간주된다. 즉 그것은 보편적인 사회성을 지닌 정감인 것이다.03 예가 사람들의 신분질서에 있어서 차별[異]을 나타낸다면, 악은 사람들의 마음을 화합시키는 [和] 기능을 한다. 다시 말해서 예가 질서의 원리로서 분별작용을 한다면, 악은 조화의 원리로서 동화작용을 한다. 유가의 예악사상은 경세론의 관점에서 논의된다는 점에서 악(樂)은 그 자율성보다는 사회성을 지닌다고 할 수 있다.

라마(drama)도 '드라오'에서 온 것이다.

03 李澤厚·劉綱紀, 권덕주·김승심 옮김, 『중국미학사』(서울: 대한교과서주식회, 1993), 424-427쪽.

2. 사회주의 통합의 선전수단으로서의 예술

마르크스(Karl Marx)와 엥겔스(Friedrich Engels)는 문학에 대한 관심과 애정이 있었으나 본격적인 미학 이론을 구축하지는 않았다. 다만 그들의 변증법적 유물론(Dialectical Materialism)은 마르크스-레닌주의 미학의 기본 원리를 제공한다. 다시 말해서 "예술도 여타의 모든 고급 활동들처럼 문화적 '상부구조(superstructure)'에, 즉 지배계급의 이데올로기에 속한다."는 것이다.[04] 한마디로 "인간의 의식(consciousness)이 그 존재를 결정하는 것이 아니라 반대로 인간의 사회적 존재(life)가 그들의 의식을 결정한다."는 것이다(Tucker, 1978: 155).[05] 이러한 관점을 예술의 위상에 적용할 경우, 물질(생산관계)이 인간의 예술활동을 규정한다고 말할 수 있다.

그런데 사회주의적 사실주의(Socialist Realism)가 마르크스-레닌주의의 미학으로 채택되기 이전, 즉 혁명 후 20년대 대부분에 걸쳐 다양한 예술형식들, 특히 영화, 연극, 시에서 눈부신 창조적 실험과 함께 다양한 미학적 논쟁이 병행되었다(Beardsley, 1982: 358). 사실 마르크스 역시 예술이 반드시 현실의 반영이라는 관점을 확정 지을 수 없었다. 그러니까 그리스 예술과 셰익스피어 작품의 예와 같이 예술이 최고도로 발달된 시기가 물질적 토대 및 조직의 골격과 같은 사회의 전반적인 발전과 직접적으로 연관되지 않는다는 것이다.[06] 여기서 우리는 마르크스가 사회의 발전과 독립된 예술작품의 미적 가치의 가능성을 부정하지 못했음을 확인할 수 있다.

그러나 1934년의 제1차 소비에트 작가회의 총연맹 제1차 대표자

---

[04] Karl Marx, *Zur Kritik der Politischen Ökonomie*(1859), (Beardsley, 1982: 355)에서 재인용.

[05] "Life is not determined by consciousness, but consciousness by life." 이른바 거꾸로 선 헤겔주의이다.

[06] Karl Marx, 앞의 책, 서문, (Beardsley, 1982: 356)에서 재인용.

회의에서 '사회주의적 사실주의'가 마르크스 – 레닌주의의 미학으로 채택된 이후로 모든 예술 활동은 당의 통제를 받게 된다. 이 개념은 쯔다노프(Andrei Zhdanov)에 의해 '소비에트 작가동맹 헌장(the Statute of the Union of Soviet Writers)'에서 다음과 같이 정의된다.

> "사회주의적 사실주의는 소비에트 문학과 비평의 기본 방법이다. 그것은 예술가에게 혁명적으로 발전하는 현실을 진실하게 역사적이고 구체적으로 재현할 것을 요구한다. 더 나아가 그것은 사회주의 정신하에서 노동자들을 이데올로기적으로 변형시키고 교육하는 데 기여해야 한다."07

사회주의적 사실주의의 예술론은 레닌의 반영론의 명제, 즉 "예술은 언제나 '현실의 반영(reflection of reality)'이다."는 관점에 입각해 있으며, 이는 정통 마르크스주의의 견해가 되었다. 모든 사고가 필연적으로 사회현실의 반영인 것처럼 예술 또한 '세계의 반영과 세계 인식의 한 특수한 형식'인 것이다(Beardsley, 1982: 356 – 357). 그런데 위의 인용문에서 한 가지 유의할 점이 있다. '예술은 현실의 반영'이라는 관점과 '예술은 노동자의 이념 교육'이라는 주장은 상호 모순되는 관점이 결합되어 있다는 것이다. 그러나 마르크스 – 레닌주의 속에서 이 두 관점은 마르크스와 엥겔스가 기초를 놓은 '혁명적으로 발전하는 현실(reality in its revolutionary development)'이라는 문구에서 화해를 이룬다(Beardsley, 1982: 360). 다시 말해서 예술은 현실을 반영하지만 그 반영이 한갓 사실적 모사가 아니라 (공산주의와 같은) 어떤 적극적 이념이 내포된 반영인 것이다(조요한, 1995: 162).

모든 사회주의의 예술이 그렇듯이, 그 기능 중 가장 우선시되는

---

07 Hankin, "Soviet Literary Controls"; Eugen Weber, *Paths to the Present*, (Beardsley, 1982: 360)에서 재인용.

것은 '선전도구(propaganda)'의 기능이다. 사회주의 체제에서의 예술은 '프롤레타리아 일당독재'라는 이데올로기를 대중들에게 선전하고 주입시키는 '보이지 않는 나팔수'이다. 다시 말해서 사회주의 예술은 "인민을 공장 조업, 집단 농장 건설에 가담토록 하면서 공산주의의 이상을 위해 열광"하도록 만드는 '선동'의 기능과 '더 합리적인 사려와 이해에 호소'하는 '선전'의 기능을 한다(김문환, 2003: 245).[08] 프로파간다는 선전가의 정치적 관심사의 관철을 위해 수용자 쪽에 조건반사를 형성하기 위해 심리학적 영향과 연관된 기술을 사용한다.[09]

예술 장르 가운데서도 특히 '영화'는 가장 유용한 선전도구이다. 영화는 문학의 소재와 플롯이 담겨 있으며, 음악과 미술과 무용의 요소가 반영된 종합예술로서 관객에 대한 호소력과 영향력이 가장 지대한 장르이다. 일찍이 레닌도 "영화가 소박하고 대중적이며 무식한 민중들에게도 직접 어필할 수 있는 의사전달의 수단이자 선전도구임"을 깊이 인정했다(Hauser, 백낙청 · 염무웅 옮김, 1997: 258). 또한 스탈린이 천명했듯이 "영화는 모든 예술 중에서 가장 중요한 것이며, 대중선동의 가장 유력한 무기이다." 이런 맥락에서 영화예술의 최초의 고전이 구소련에서 나왔다는 사실과 영화가 인간사유의 이데올로기적 성격을 노정시킨 20세기의 역사적 산물이라는 사실은 상호 친화력을 지니고 있다고 할 수 있다(같은 책, 257).

---

08 선동 선전에 대해 레닌은 다음과 같이 정의한다. "선전이라는 말로써 우리는 총체적인 현재 질서와 그 부분 현상들에 대한 혁명적 조명을 뜻할 것이다. 이것이 개인이나 광범한 인민에게 접근 가능한 형식으로 나타나느냐는 별도의 문제이다. 그 말의 강력한 의미에서 선동이라는 말로써 우리는 특정한 구체적 행동을 일으키도록 인민에게 조준된 요청을 뜻할 것이다. 이는 곧 공적 생활 속으로 돌입하는 프롤레타리아의 직접적인 혁명적 공격을 촉구한다." W. I. Lenin, "Was tun?", *Agitation und Propaganda, ein Sammelband*(Berlin, 1929), Bd.3, der marxistischen Bibliothek, S. 531, (김문환, 2003: 245)에서 재인용.

09 가령 훈트하우젠(Hundhausen)이 들고 있는 '프로파간다'의 개념에서 이러한 목적을 간명하게 확인할 수 있다(김문환, 2003: 260 - 261). to create(attitudes), to change(opinions), to control(behavior), to convince(somebody), to convey(ideas), to exaggerate, to indoctrinate(somebody), to induce(somebody), to infiltrate, to influence, to lie, to make believe, to persuade, to put over - on, to manipulate, to subvert, to suggest.

다음으로 사회주의 예술 가운데 중국의 경우를 언급하고자 한다. 중국의 문예이론은 기본적으로 "공산주의 사상 본래 성격의 특징에 의하여 인간의 사회관계를 규정하는 하부구조에 대응하는 관계인 상층구조를 형성하는 이데올로기의 핵심 부분을 구성"하고 있다(이상옥, 2003: 214). 한마디로 중국의 문예이론은 중국의 국가 이데올로기의 지향점을 내포하고 있다고 할 수 있다. 모택동의 문예사상의 핵심 요소로 '중국 전통적인 요소', '마르크스적 사상의 요소', '중국의 신문화 운동(1919. 5. 4. 반제국주의 운동)의 요소'를 들 수 있다. 이들 세 가지 요소로 구성된 모택동 문예사상은 무엇보다 '마르크스주의의 중국화'로 요약될 수 있다(이상옥, 2003: 215 - 231).

그러나 모택동의 문예사상은, 인민의 해방을 위한 교육개혁과 문화개혁 등 사회주의 경제기초에 부합한 상부구조의 개혁, 교육과 생산의 결합, 지식인과 노동자의 결합 등 사회주의 기초의 공고화 및 사회주의 발전을 목표와 이상으로 한 문화대혁명의 시기에 비극적인 결과를 맞이한다. 사실 문화혁명은 '대약진운동'의 실패로 입지가 약화된 권력기반을 공고히 하기 위해 모택동이 부추긴 것이라 할 수 있다. 특히 모택동의 앞잡이 강청 일파는 권력투쟁의 강력한 수단으로 '문화'의 '대혁명'을 표방하였다. 이 때문에 한 시대와 사회를 반영하는 문예는 최대의 피해자가 되었다. 모택동 및 그 추종세력과 무관한 모든 문화와 문예, 가령 봉건시대의 '전통문화'뿐만 아니라 5·4신문화 운동의 산물인 '신문화'도 대부분 공격의 대상이 되었다(양회석, 2000: 147 - 148).

그러나 문화대혁명 이후의 현대 중국사회의 아픔과 변화상을 문학으로 읽고 있는 유세종의 평론을 통해 사회주의 사회에서 문예의 긍정적인 기능을 살펴볼 수 있다(유세종, 1995: 105 - 111). 1976년 모택동 사망 후 등소평의 중국에는 '북경의 봄'을 맞이했다. 등소평의 4대 현대화(공업, 과학기술, 농업, 국방)에 '민주주의'라는 제5의 현대화를 강변하는 지식인도 있었다. 1980년대 중국문학은 10년의 대암흑에 대한 '상흔과 통곡'을 노래한다. 문학은 그러한 상처에 대한 위로였다. 휴머니즘으로 규정되는 인간에 대한 사색과 역사에 대한 반성이 이 시기의 문학의 주된 주제였다. 그러나 개방과 함께 자본주의적 요소가 밀려오면서 중국 사회 전반에 '돈의 바다에 뛰어든다.'는 하해열풍(河海熱風)이 불어닥친다. 신세대들의 방황과 일탈은 걷잡을 수 없게 된다. 모든 생활영역에서 '상품화 경향'과 '자본주의적 욕망'이 대중의 무의식으로부터 표출되고 있다. 다시금 중국 문학은 외설과 허무의 세기에 대한 고민을 그 과제로 하고 있다. 중국의 20세기 문예는 "어느 민족도 체험하지 못한 인간의 신성과 동물성, 육체와 영혼, 물질과 정신, 현실과 이상, 인간의 집체성과 개체성에 대한 모순과 갈등, 논쟁과 해체의 역사"가 담겨 있다(유세종, 1995: 111). 우리는 중국의 문예에서 사회주의적 예술이 '현실의 반영'일 뿐만 아니라 '현실에 대한 반성'도 함께 드러낸다는 점에서 문예의 '상대적 자율성'이 일정 부분 가능함을 엿볼 수 있다.

Ⅱ. 사회 통합 과정에서의 문화충격과 다문화교육

베를린 장벽이 붕괴(1989. 11. 9)된 이후 발생한 경제적이고 문화적인 변화는 일종의 '문화충격 현상'을 촉발시켰다. 당시 통화 단일화를 단행한 지 두 달이 못 되서 과거 동독에서 생산하던 물품들은 거의 다 없어졌다. 은행이나 기타 행정관서들과 같은 공공 기관들은 전부 서독식으로 바뀌었다. 모든 것이 변해 버린 것이다. 동독사람들은 실제로 주거지를 바꾸지는 않았지만 전혀 새롭고 낯선 환경에 봉착하였다. 그 상황은 마치 매우 낯선 외국에서 어느 날 갑자기 잠에서 깨어나 겪게 되는 충격이라 해도 과언이 아닐 정도였다. 독일통일의 과정은 일종의 문화충격과 유사하다. 이러한 맥락에서 독일통일의 과정에 나타난 심리적·문화적 갈등은 문화 충격 이론의 맥락에서 해석해 보도록 하자.

1. 문화충격의 도식

인류학자 오베르그(Oberg, 1960: 177 - 182)에 의하면 모든 사람은 다른 국가나 문화권에 여행하거나 살게 되었을 때 일종의 문화충격(culture shock)을 겪게 되는데, 그것은 하나의 질병(a malady)과도 같다.[10] 그는 질병처럼 문화충격 역시 그 원인(etioloy)과 증상(symptoms) 그리고 치료방법(cure)이 있다고 말한다. 문화충격은 새로운 환경에 처한 사람이 무엇을 어떻게 해야 할지 모르는 느낌, 무엇이 적절하고 부적절한지에 대한 기준의 상실 등 새로운 문화를 접함으로써 겪게 되는 불안감과 좌절감을 묘사한다. 문화충격에서 적응으로의 과정은 대체로 U 커브를 통해 설명될 수 있다.

---

[10] Kalvero Oberg는 '문화충격'이라는 주제로 1954년 8월 3일, 브라질의 리오 데 자네이로의 여성클럽(Women's Club)에서 발표한 바 있으며, 발표문은 다음 웹사이트를 참고(출처: http://www.smcm.edu /academics /internationaled/Pdf/ cultureshockarticle.pdf 〈검색일: 2008. 5. 15〉). '문화충격'과 관련한 핵심적인 논의는 Kalvero Oberg, "Culture Shock and the Problem of Adjustment in New Cultural Environments" (출처: http://www.sabri.org/ Culture Schock. htm 〈검색일: 2008. 5. 15〉) 참고.

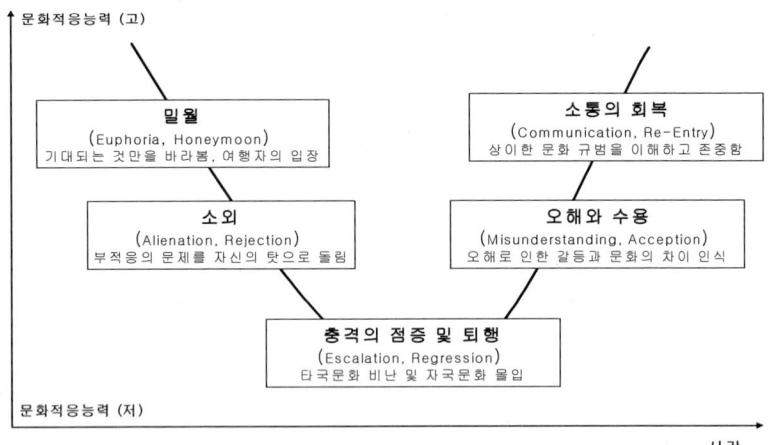

<그림 13-1> 문화충격의 도식(U 커브) [11]

① 밀월: 새로운 것에 대한 매력과 높은 문화적응력을 가지고, 타
  문화권을 긍정적으로 바라보는, 마치 신혼과도 같은 단계이다.
  이 단계는 며칠 혹은 몇 주에서 6개월까지 지속된다.
② 소외: 잘 적응해야 한다는 심리적 부담에 의한 중압감이 가중되
  고, 친구, 사회적 지위, 직업과 재산에 대한 상실감을 느낀다. 더
  나아가 새로운 문화의 구성원으로부터 거절당한 느낌을 갖거나
  스스로 그 문화의 구성원이 되는 것을 거부하며, 자책 및 무력감
  에 빠진다.
③ 충격의 점증 및 퇴행: 자신이 겪는 심리적 어려움의 이유를 타 문
  화의 탓으로 돌리며, 타 문화를 비판적인 시선으로 바라본다. 반면
  에 자신의 고유한 문화에 몰입함으로써 심리적 '퇴행(regression)'

---

11 문화충격의 U커브(culture shock U curve)는 주로 Kalvero Oberg의 논의에 기초한다. 〈그
   림 5-1〉은 바그너(Wolf Wagner)의 *Kulturschock Deutschland*(1999)의 관점을 참고한
   Babette Kalippke 박사(2003. 11. 11)의 도표를 참고했다. 문화충격 곡선과 문화적응의 곡선
   은 매우 유사하다. 이에 대한 간단한 그림은 "Cultural Adaptation"
   (출처: http://www.ilstu.edu/~jrbaldw/372/Adaptation.htm 〈검색일: 2008. 5. 15〉) 참고

을 경험한다. 자신에게 불편함을 주는 타 국민에 대해, 다소 완곡한 예를 들자면, '돈만 밝히는 미국인', '게으른 라틴 아메리카 사람들' 등과 같이 '상투적인 이미지(stereotypes)'를 갖게 된다.

④ 오해와 수용: 심리적 갈등의 원인이 타국의 문화에 대한 오해였음을 자각하며, 객관적인 거리에서 타국의 상이한 문화를 수용한다. 타국의 언어를 익히고 새로운 문화에 마음을 열게 된다.

⑤ 소통의 회복: 상이한 문화의 규범을 인식하며, 그 상이함을 견디고 배우며 존중하면서 의사소통을 회복하고, 사회 구성원의 일원으로 자리 잡게 된다. 음식이나 습관 및 문화나 관습을 수용할 뿐만 아니라 이를 향유할 수 있게 된다.

2. 동서독 통합의 문화충격과 다문화교육의 필요성

1989년 11월 9일 독일은 40년이 넘는 분단의 역사를 접고 통일로 향한 큰 발걸음을 내디뎠다. 베를린 장벽이 허물어졌고 동서독 주민은 자유롭게 양 지역을 넘나들 수 있게 되었다. 그날 베를린 장벽 위에서 서독의 국기를 힘차게 흔들며 환희와 성취감에 가득 찬 상기된 독일 젊은이들의 모습을 모두 기억할 것이다. 그러나 독일 통합의 과정에서 '밀월(honeymoon)'은 잠깐이었고, 구체적으로 해결해야 할 과제가 산적하게 쌓였음을 보게 되었다. 사실 정치적 통합도 결코 쉬운 일이 아니었지만 성취되었다. 더 나아가 이질적인 경제체제의 통합은 더욱더 어려운 일이었으나 상당한 성과를 냈다. 그러나 심리적·문화적 통합은 지금까지도 해결하기 어려운 문제로 남아 있다.[12]

---

[12] 문화충격의 관점에서 본 독일통일의 통합문제에 대해서는 Babette Kalippke의 강연「舊동독 여성이 본 독일통일」, (서울대학교 문화관 국제회의실, 2003. 11. 11) 참고. Kalippke 박사는 구동독출신 여성으로 브란덴부르크 경제개발위원회 IT Senior Manager이다. 그녀는 통일 이후 10여 년간을 서독에 살면서 직접 보고 경험한 통합의 과정과 현재의 사회경제적 상황을 중심으로 강연을 하였다.

심리적·문화적 통합이 거쳐 가야 할 과정을 바그너(Wolf Wagner)는 그의 저서 『독일의 문화충격 *Kulturschock Deutschland*』(1999)에서 오베르그(K. Oberg)의 문화충격 이론을 독일의 통합 과정에 접목하여 설명한다.[13]

① 밀월: 짧은 밀월 기간 동안 통일에 대한 비현실적 기대, 긍정적인 측면의 부각, 분단된 조국의 통일이라는 민족적 자긍심 등이 중요한 요인으로 작용했다. 이 시기에 동서독은 각기 서로에 대한 지식의 결핍이나 유사성의 부족 내지는 일상생활의 차이에 대해 간과했다.

② 소외: 일상생활에서 동독인은 심리적인 부적응을 보이는 경우가 많았으며, 자주 의사소통에 있어서 말실수와 오해를 사기도 했다. 서독인에 대한 비판적인 태도 및 사회적 적대감을 지니게 되었으며, 새로운 체제에의 적응에 대한 자신감 상실, 자책감을 갖게 되었다.

③ 충격의 점증 및 퇴행: 동독인뿐만 아니라 서독인 역시 상대방에 대한 고정관념을 갖게 되었다. 결국 '마음의 벽(Mauer im Kopf)' 혹은 '한 국가 내의 두 사회'라는 상징적 표현뿐만 아니라 동서독 주민들 사이에 서로를 베시스(Wessis, 서쪽 것들/베씨)와 오시스(Ossis, 동쪽 것들/오씨)라고 부르는 데서 동서독 지역 간의 심화된 심리적 갈등을 확인할 수 있다. 동독지역주민의 고정관념 내지 편견으로는 "서독인들은 구동독지역을 식민지 형태로 정복했다.", "서독인들은 복지를 누리고 있으면서도 나누어 가지는 것을 배우지 못했다.", "서독인들은 구동독지역을 단지 상품시장으로만 간주하며, 생산지역으로 만들기 위해 너무나 적게 투자한다.", "서독지역에는 통일이 되지 않았으면 더 좋았을

---

[13] Babette Kalippke 박사의 설명(2003. 11. 11)을 참고했다.

것처럼 생각하는 자들이 있다.", "연방정부는 구동독의 실업자를 구제하기 위해 하는 일이 거의 없다." 등을 들 수 있다. 한편 서독지역 주민들의 편견으로는 "구동독주민들은 너무나 단순하게 행동한다.", "구동독인들은 스스로를 불쌍히 여기는 경향이 있다.", "구동독의 노동자와 사무원들은 서독수준의 노동성과를 낼 만큼 충분히 성숙하지 못했다." 등을 들 수 있다.14

④ 오해와 수용: 동독인, 서독인 양쪽 모두 상대방을 편견으로 대하며, 오해하는 부분이 있다. 통일독일의 시민들은 점차 동서독인 상호 의사소통과 조화에 대한 열망을 가지고 있다.

⑤ 소통의 회복: 소통의 회복을 위해서는 상대방의 문화에 대한 이해 및 수용 능력의 회복이 필요하며, 타인의 행위에 대해 긍정적으로 이해할 수 있는 관용 또한 요구된다. 또한 동일성의 측면을 확대하고, 차이를 수용하고 이해하며 존중하는 법을 배우는 것이 요청된다. 이 외에도 성공적인 문화적 소통을 위한 몇 가지 조건들을 기억할 필요가 있다. 첫째, 동서독인 모두 동등한 지위를 가질 필요가 있다. 둘째, 정부 당국이 동서독인의 다양한 형태의 접촉과 소통을 장려해야 한다. 셋째, 동서독인의 대면접촉이 친밀하고, 일관되며, 일상생활과 관련되어야 한다. 심리적·문화적 통합에 있어서 일상생활에서의 소통이 중요하기 때문이다. 넷째, 동서독인이 함께 공유할 수 있는 공동의 목표 설정이 필요하다. 다섯째, 소통의 회복을 위한 적극적인 사회 환경을 조성할 필요가 있다.

동서독의 심리적·문화적 통합의 과정에서 주의 깊게 살펴보아야

---

14 Max Kaase, "Innere Einheit", *Handbuch zur deutschen Einheit*, S. 37, 김학성, 『통일문화와 민족 공동체건설』, 민족통일연구원, 1994.12, 주9번에서 재인용. 독일통일 후 문화충격의 일상적 양상과 관련한 경험적 연구는 Wagner, Wolf & Hendrik Berth, "Kulturschock Deutschland: Empirische Betrachtungen" (출처: http://rcswww.urz.tu-dresden.de/ ~berth /daw/kulturschock.html 〈검색일: 2008. 5. 15〉) 참고.

하는 것은 어느 한쪽이 다른 한쪽의 문화에 적응(Anpassung)해야 하는 방식으로 통합이 진행되어서는 안 된다는 점이다. 서독에 흡수 통일된 동독의 경우, 서독의 문화에 동독인이 적응해야 하는 분위기가 만연되었다. 서독인에게 익숙한 문화는 그 문화에 적응하기 힘들어하는 동독인에게 심리적 불안과 좌절감을 갖게 했고, 이러한 심리적 문제는 동독인으로 하여금 서독인에 대해 강한 불만을 표출하게 했으며, 서독인 역시 동독인을 비하하는 태도를 갖게 함으로써 동서독 주민 간에 새로운 심리적 장벽이 드리워졌다. 우리는 동서독의 통일이 또 다른 심리적 분단을 유발했다는 점에 주목할 필요가 있다. "현실에서 이루어진 통일로 인한 분단(Das Auseinanderklaffen von wirklicher und gefühlter Einigung)"이라니 얼마나 역설적인가![15] 우리가 남북한의 심리적·문화적 통합을 위해서 반면교사로 삼아야 할 대목이다. 여기서 우리는 분단된 두 나라의 심리적·사회적 통합을 위한 다문화교육의 필요성을 확인할 수 있다.

Ⅲ. 남북한 심리적·문화적 통합과 다문화교육

1. 남북한 통합논의의 현황과 전망

독일통일은 우리 민족에게 부러움과 초조감을 함께 안겨 주었으나 그 이후 진행되어 온 동서독의 통합과정은 통일이 민족주의적 열망만으로는 충분치 않다는 것을 동시에 일깨워 주었다. 분단에서 통일로 가는 길은 통일의 이득뿐만 아니라 통일의 비용까지 국민이 짊어

---

15 Bettina Klamann, "Wolf Wagner: Kulturschock Deutschland" (출처: http://www.schreibfeder.de /rezension.php?r=220 〈검색일: 2008. 5. 15〉) 참고

질 뿐이다. 잘못 정립된 통합이론에 기초한 통일운동은 결국 실패하기 마련이다. "독일인들이 통일문제는 거론도 하지 않으면서 기능주의적 접근을 통해 실리를 추구하며 민족의 동질성을 찾으려 했던 데 반해, 한민족은 통일의 어려운 현실은 외면한 채 당위성만 강조하며 통일 지상주의에 사로잡혀 있다."는 지적은 한반도 내에서의 통일논의가 아직 수사학적인 차원에 머물고 있음을 말해 준다. '맹목적 통일지상론'이나 '패배적 분단고정론' 모두 바람직한 통합방안이라 할 수 없다(임혁백, 1995: 44). 독일의 통일과정 및 한국의 통일전망에 대해 1999년 노벨 문학상 수상자인 독일 작가 귄터 그라스(Günter Grass)는 현시점에서 남북한 통일에 대해 어떠한 자세로 접근할 것인가를 간명하게 제시한다.

> 통일독일에로 초석을 놓은 사람은 브란트(W. Brandt)이다. 그는 현상(status quo)에 대한 현실주의적 인식에서 동방정책(Ostpolitik)을 추진했다. 현실을 당장 바꿀 수 없다면 현실을 받아들이고, 할 수 있는 '작은 걸음의 정책'을 시작해야 한다는 (……) 브란트는 '통일'이라는 말을 일체 쓰지 않았지만 통일로 가는 전제조건을 마련하면서 가능한 것부터 추구하였다. (……) 내가 독일 통일에 반대했던 것은 동독이 서독에 흡수 통일되는 그러한 독일통일의 '과정'에 대해서 의문을 던진 것이다. 이 과정에서 서독은 '승리자'로 등장했다. 많은 시간이 지난 지금 동서독의 차이는 예전보다 커졌다. 환상은 깨진 것이다. 빌리 브란트는 "원래 같이 있었던 것은 자라서 다시 하나가 된다."고 말한 바 있다. 통일은 '성장'의 과정이라 할 수 있다. (……) 한국의 분단선은 예전 독일보다 훨씬 철저하며, 통일의 과정도 훨씬 험난할 것이다. 오랜 시간이 걸릴 것이고, 그 과정에는 '실용주의적 태도'가 필요하다고 생각한다. 한쪽의 체면을 잃는 일은 피해야 할 것이다. 생필품만 줄 것이 아니라 북한이 자립할 수 있도록 산업기반을 세워 주어야 한다. 북쪽 사람들이 제고장을 탈출하는 일이 없어져야 할 것이다. 그렇게 하는 것이 장기적으로 남한을 위해서도 좋을 것이다.[16]

---

16 귄터 그라스가 최정호 울산대 석좌교수와 '통일과 문화'라는 주제로 대담한 기사를 재구성한 것이다. 『동아일보』(2002. 6. 11), 「獨 귄터 그라스와 최정호의 '통일과 문화' 대담」.

인용문에서 읽어낼 수 있듯이 남북한의 통일 문제는 '성장의 과정'으로 접근할 필요가 있다. 통일의 당위성만으로 남한과 북한의 상생과 소통을 위한 통합은 저절로 달성되는 것은 아니다. 이제 통합에 대한 개념과 2000년대 이후 남북한 통합 논의에 대해 간단히 정리하고, 효과적인 남북한 사회문화 통합의 문제를 살펴보자.

"통합(integration)이란 국가 간의 안정적이고 평화로운 관계의 정립"을 의미하며, 긴장완화는 통합 내지 통일 논의의 출발점이 되는 데탕트의 선결조건이 된다(Haas, 1989: 40). 통합은 분리된 집단이나 국가를 하나의 공동체 내지는 하나의 국가를 만들어 가는 '과정'이거나 혹은 정치, 경제, 사회 문화적 차원에서 일체감을 유지하는 '조건'이 충족된 상태라고 말할 수 있다. 한편 통합 이론(integration theory)은 통합을 뒷받침하고 형성시키는 이론이며 또한 통합을 분석하고 설명하는 이론이다. 대표적인 통합이론으로 우리는 기능주의(functionalism) 통합이론과 연방주의(federalism) 통합이론을 들 수 있다.

기능주의에 따르면 비정치적인 다방면의 거래, 교류, 커뮤니케이션의 증대는 상호의존과 협력의 이점을 일깨워 줌으로써 각 부문 간의 기능적 통합을 가져오게 되고, 한 부문에서의 기능적 통합이 다른 부문으로 확산(spill - over)되는 과정을 거쳐서 부문통합(sectoral integration)은 전체 통합으로 발전하게 된다(Mitrany, 1966: 97). 기능주의 통합이론에서는 통합을 하나의 연속 내지는 과정으로 이해하는데, 그 단계는 다음과 같다.

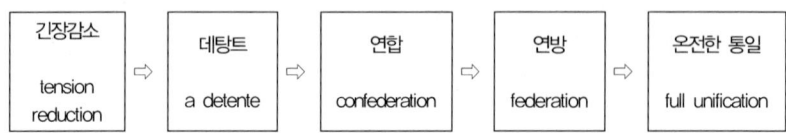

〈그림 13-2〉 **통합의 단계**(Haas, 1989: 40)

기능주의자들의 주요 주장을 정리하면 대체로 다음과 같다. 첫째,

국가 간의 문제를 해결하기 위해서는 영토보다 기능을 위주로 해서 서로 협조하는 방안을 찾아야 한다. 둘째, 파급효과(spill‒over effect 혹은 ramification effect)에 대한 주장인데, 이것은 한 분야에서 성공을 거둔 경험은 다른 분야에서의 문제를 해결하는 데 좋은 모델이 된다. 셋째, 기능주의자들의 기본 가설은 인간의 성격을 합리적이라고 간주하고 인간은 실리를 추구해서 사회관계에서 상호 이익이 된다면 언제나 화해하게 된다는 것이다. 요컨대 기능주의적 접근은 일종의 균형이론으로서 "이상주의와 현실주의 간의, 장기전망과 단기전망 간의, 낙관론과 비관론 간의, 이론과 실천 간의 적절한 균형"을 강조한다(Haas, 1989: 50).

그러나 기능주의는 통합보다는 평화적 공존을 지향하므로, 과연 통일이 가능한가라는 비판에 직면한다. 이는 기능주의자들이 기능을 강조하는 나머지 법, 제도나 권위체를 경시하고, 정치적 결단을 소홀히 하기 때문이다. 이러한 기능주의의 한계를 극복하고자 대두된 것이 '신기능주의(neofunctionalism)'이다. 신기능주의는 통합을 위한 정치적 결단을 강조하여, 보다 제도화된 통합목적을 추구한다는 점에서 연방주의와 긴밀한 관련을 맺는다(정용길, 1990: 305). 신기능주의는 기능주의적 접근만으로는 정치적 통합까지 이루는 데 많은 한계가 있다는 것과, 또 정치적 권력에 직접 접근하여 통합을 시도함으로써 실패의 위험이 많은 연방주의에 대한 대안으로 모색된 것이라 할 수 있다. 어떤 의미에서 신기능주의는 기능주의적 접근과 연방주의적 접근을 절충한 이론인 셈이다.

한편 연방주의(federalism) 통합이론은 공동의 목적을 가진 집단들이 각자의 독립성을 유지하면서 정치 공동체를 형성하는 과정을 설명하는 이론으로 정치적 해결과 정치기구를 통한 통합을 강조하면서 초국가적 권위체(supranational authority) 형성을 통합의 목표로 간주하는 이론이다(노찬백, 1993: 61). 그러나 초국가적 권위체를 형성하는 문제는 분단국가들이 자발적으로 폭력수단을 연방에 위임하는 것을 의미하므로 참으로 어려운 선택이 아닐 수 없다.

남북한 통일문제 접근에 있어서 대체로 북한은 연방주의를, 남한은 기능주의를 채택하고 있다. 북한은 정치적 분야에서의 일괄적 타결이 선행되면 다른 모든 분야의 문제는 자동 해결된다는 연방주의적 논리를 전개하고 있는 데 반해, 남한은 비정치적 분야에서의 교류와 신뢰의 확산이 정치적 분야의 통합으로 이어지는 기능주의적 통일과정을 상정하고 있다(임혁백, 1995: 45). 그런데 연방주의와 관련하여 2000년 6·15 남북공동선언 제2항에 "남과 북은 나라의 통일을 위한 남측의 연합제와 북측의 낮은 단계의 연방제 안이 서로 공통성이 있다고 인정하고 앞으로 이 방향에서 통일을 지향시켜 나가기로 하였다."라고 한 것은 여러 가지 면에서 의미 있는 일이었다.17 여기서 우리는 남한과 북한의 통합 논의의 절충안으로서 신기능주의적 관점이 요구된다는 것을 알 수 있다. 사실 우리는 신기능주의의 모델을 독일 통일과정에서 확인할 수 있다. 다시 말해서 통일을 준비하는 과정에서의 접근방식이 기능주의였다면, 법적·정치적 차원에서의 통일은 연방주의적 접근을 통해 이루어진 것이다. 그

---

17 연방제는 크게 국가연합(confederation)과 연방국가(federation)로 대별된다(출처: 위키백과, 「국가연합과 연방국가의 차이」, http://ko.wikipedia.org〈검색일: 2008. 5. 15〉).

	국가연합(Confederation)	연방국가(Federation)
국제법상 주체	구성국이 각각 주체	연방국가만 주체
국가성	진정한 하나의 국가가 아님	진정한 하나의 국가
결합의 근거	조약	연방헌법
대내적 통치권	연방정부 없음. 구성국 정부가 입법, 집행, 사법권을 나누어 가짐	연방정부와 주정부가 입법, 집행, 사법권을 나누어 가짐
국제적 책임	구성국 정부가 각각 책임짐	연방정부가 책임짐
병력의 보유	구성국 정부가 각각 보유	연방정부가 보유
결합의 안정성	잠정적 결합	영구적인 결합
대표적 사례	독립국가연합(CIS), 유럽연합(EU), 동남아시아국가연합(ASEAN)	미국(1787), 스위스(1848), 캐나다(1867), 독일(1871)

러나 튼실한 기능주의적 접근 위에서 비로소 연방주의적 접근이 실효성이 있었다는 점을 기억할 필요가 있다.

이러한 맥락에서 독일의 통일 과정에 대한 기스만(Hans J. Giessmann) 박사의 언급은 주목할 필요가 있다(Giessmann, 2001). 독일의 통일은 서독의 동방정책의 일환으로 '상호접근을 통한 변화'에 의한 비정치적 분야의 교류와 협력을 지속적으로 수행함으로써 준비되었다. 특히 '동방정책'은 결코 한 체제를 다른 것으로 맞바꾸려 하지 않았고, 단지 동독의 "폐쇄적 시스템"을 점차 개방하고 변화시키면 궁극적으로 동독사회가 체제 변형을 준비하고, 독일의 미래를 자유로이 결정할 기회를 준비하게 될 것이라는 가정하에서 출발하였다. 따라서 남북한 통일방안의 틀은 평화공존을 강화하고, 상호 교류와 협력을 확대하는 것이 가장 현실적이고 합리적이다. 일견 평화공존은 분단된 민족의 현실을 정당화하는 것으로 보일 수도 있지만 평화공존을 토대로 인도주의적, 경제적, 사회 문화적 분야의 교류와 협력을 통하여 남북한 제 분야의 상호 친화력을 제고(提高)하는 것이 필요하다. 앞서 살펴보았듯이 독일의 통합 과정을 통해 우리는 정치적·경제적 통합도 어려운 과제이지만 심리적·문화적 통합은 더욱더 어려운 과제라는 것을 잘 알고 있다. 이러한 맥락에서 심리적·문화적 통합을 위한 문화예술의 교류와 소통의 확대는 남북한 주민이 서로의 가치관 및 문화를 이해하는 데 기여하는 바가 크다고 할 수 있다.

2. 북한의 문화예술 정책과 북한 주민의 가치지향

(1) 북한의 문화예술 정책

북한의 문화예술 정책의 시대적 변화는 크게 세 시기로 대별해 볼 수 있다. 북한은 1960년대 초까지 마르크스-레닌주의에 입각한 사회주의적 사실주의를 문화예술 창작의 근간으로 삼았다(제1기). 그러나 중·소 간 이념분쟁에서 북한의 독자노선과 김일성 유일체제를 확립하기 위해 주체사상을 주창함에 따라 문화예술 분야에 있어서도 주체문예이론을 표방하게 되었다(제2기). 북한은 1990년대를 전후하여 동구권이 붕괴됨에 따라 체제안정을 위해 북한식 사회주의 체제의 정당성을 강조하지 않을 수 없게 되었다. 김정일의 『주체문학론』(1992)은 이러한 시대적 배경의 산물이며, 여기서 이른바 '조선민족제일주의'와 '주체 사실주의'가 문화예술의 주요 정책으로 등장한다(제3기).

사회주의적 사실주의는 북한의 사회주의헌법에 명시된 대로 "민족적 형식에 사회주의적 내용을 담는 것을 원칙으로 하는 혁명적 문학예술의 창작 방법"이다.[18] 여기서 '민족적 형식'이란 "자기나라 인민이 좋아하고 그들의 구미에 맞는 형식"이며, '사회주의적 내용'은 당의 노선과 정책을 관철하는 데 모든 것을 다 바쳐 투쟁하는 '당성', 노동계급의 이익을 철저히 옹호하고 그 요구를 관철하는 '노동계급성', 인민에 대한 헌신적 복무의 정신 또는 품성인 '인민성'을 지향하는 것을 의미한다.

북한의 문화예술을 이해하기 위해서는 사회주의적 사실주의 이외에도 북한 사회구조의 근간이 되는 주체사상과 주체사상이 반영된 문예이론에 대한 이해가 선행되어야 한다. '주체의 문예이론'에 대한 논의가 잘 나타나 있는 것은 1975년 사회과학원에서 출간한 『주체사상에 기초한 문예이론』이다. 주체의 문예이론에 입각하여 문화예술의 모든 장르마다 사회주의적 사실주의를 바탕에 두고 혁명사상과 당의 노선, 정책의 정확한 반영을 추구해야 하며 김일성의 혁명사상을 구현하는 것만이 참다운 공산주의 문학예술[19]로 간주될 수 있다.

---

[18] "국가는 민족적 형식에 사회주의적 내용을 담은 주체적이며 혁명적인 문학예술을 발전시킨다."(1972년 구헌법의 경우 제45조, 1992년 개정헌법의 경우 제52조)

[19] 우리가 보통 '문화예술'이라고 부르는 개념을 북한에서는 '문학예술'이란 용어로 사용한다.

따라서 문화예술의 창작과정의 경우, 먼저 주체사상에 입각하여 주체의 문예이론이 만들어지고, 이 주체 문예이론에 따라 『영화예술론』, 『무용예술론』, 『주체문학론』 등 각론적 문예 이론이 만들어진다. 또이 이론에 따라 각론적 해설서가 만들어지고 이 해설서에 나타난 지침에 따라 예술가들이 창작을 한다(문화체육부, 1998: 6 - 7).

북한의 문화예술의 시대적 변화에 따른 정책의 변화에 있어서 특기할 만한 점은 탈이념적 지도로서 김정일의 문예관이다. 김정일은 문화예술부문의 마니아로서, 특히 영화 마니아이며, 『영화예술론』(1973)을 비롯하여, 1992년도의 연작인 『무용예술론』, 『음악예술론』, 『미술론』, 『주체문학론』 등의 저서를 통해 북한 문화예술의 형상원천과 문화예술의 근본임무, 형상창조의 문제와 구성조직의 문제를 논하고 있다. 김정일은 문예선전 및 선동을 통해 1970년대에 주체의 이데올로기를 정립하고 권력 장악에 성공할 수 있었다. 이는 문화예술이 그 선전 도구적 기능의 효과와 영향이 심대함을 의미한다.

주지하듯이 사회주의 문화예술 가운데서, 특히 영화는 가장 유용한 선전도구이다. 이미 김일성은 "영화 예술의 급속한 발전대책에 관하여"(1956)에서 선전도구로서의 영화의 기능을 다음과 같이 표명하였다.

> 영화예술은 우리나라 사회제도의 현실적 기초로 되는 조선 로동당과 공화국 정부의 정책을 광범한 인민대중 속에 적극적으로 선전하며 조국의 평화적 통일과 사회주의 기초 건설을 위한 우리 인민의 불굴의 투쟁과 그들이 달성한 빛나는 성과와 위훈을 형상화하여 인민들을 고상한 애국주의와 사회주의 사상으로 교양하며 그들을 창조적 도덕 투쟁에 고무 주동하는 중대한 역할을 수행한다.

더 나아가 북한영화의 전범(典範)이라고 할 수 있는 김정일의 『영화예술론』(1973)에서 영화예술의 과제가 "사람들을 진실한 공산주의자로 길러내고 온 사회를 혁명화, 노동계급화"하는 데 있음을 명확히 밝히고 있다. 요컨대 북한에서는 영화가 '사상적 무기', '대중교양의 수단', '참된 생활의 교과서'로서 사회발전에 이바지해야 한다는 것으로 보고 영화의 계도적 기능을 전면에 내세워 강조하고 있다. 이를 위해 사회주의 건설을 위한 이상적이고 긍정적인 가치 내지는 모범적인 인물상을 형상화해야 한다는 것이 강조된다.

1970년대 주체 이데올로기 확산에 힘쓴 김정일은 1990년대에 들어서는 이념적인 면이 약화된 지도나 격려를 표명한다. 사실 1992년 5월 이미 김정일의 주도 아래 '제2차 문예혁명'이 선언되었다. 제2차 문예혁명의 변화는 문화예술인들의 세대교체와 소재와 표현의 변화로 나타난다. 물론 기존의 종자론, 속도전, 주체사상 등 북한 문예의 근간을 이루는 본질적인 측면의 변화가 나타난 것은 아니다. 그러나 이전보다는 소재와 주제가 다양화되었고, 표현에서도 이전까지 금기시되었던 애정표현이 나타나고 보다 부드럽고 세련된 표현 등의 변화가 보인다.

가요 분야에서는 김정일이 이끄는 북한체제를 묘사한 빠른 템포의 작품들이 많이 나오기 시작하였다. 특히 <휘파람>이나 <도시처녀 시집와요> 등 보천보전자악단과 왕재산 경음악단의 전자악기를 이용한 노래들이 재보급되어 인기를 얻기도 하였다. 영화계에서는 지금까지 금기시되었던 남녀 간의 삼각관계를 다룬 애정물이 등장하기도 하였으며, 영화 속에서 대한민국의 모습을 그대로 보여 주고, 한국에서 유행하고 있는 노래가 여과 없이 그대로 삽입되기도 하였다. 이런 작품은 상투적인 내용의 김일성, 김정일에 대한 찬양물이지만 표현의 자유가 일정 부분 확보되었다. 하지만 이러한 변화가 있다 하더라도 사회주의적 문화예술의 본질적 기능이 약화되었다기보다는 여전히 그 기능이 중시되고 있다고 보아야 할 것이다. 사실 김정일의 탈이념적 지도는 이념의 외피를 벗고 당의(糖衣)를 입힌 이데올로기 전파라는 방법론상의 변모라 할 수 있다.

(2) 영화와 드라마를 통해 본 북한 주민의 가치지향

소설이나 영화 혹은 TV 드라마는 북한 당국이 표방하는 공식적 가치지향(officially professed values and attitudes)을 반영하는 동시에, 북한 주민의 일상적인 삶과 가치관을 드러내 준다는 측면에서 이중의 역할을 한다고 할 수 있다. 북한주민의 공식적인 가치지향으로 주체사상, 김일성·김정일의 개인숭배, 지상낙원, 혁명적인 공산주의적 인간상, 집단가치의 우선, 열정적 헌신 등을 들 수 있다. 반면에 북한주민의 일상적이고 실제적인 가치지향은 전통적인 요소와 함께 1990년대 경제개혁조치 이후 변화된 모습을 특징으로 한다. 가령 권위주의나 가족주의, 인정주의와 연고주의, 출세지향, 교육과 사회적 지위에의 관심, 경제적 이득에 대한 관심 등을 들 수 있다(Kim & Lee, 2003: 258–264; 이온죽, 1993: 257–287). 사실 북한 주민의 일상적이고 실제적인 가치지향은 남한 주민의 가치지향과 일정 부분 동일성을 지닌다고 할 수 있다.

사회주의적 사실주의 및 주체 문예론에 입각하여 제작된 문학 또는 영화나 드라마는 "북한 당국이 표방하는 공식적인 가치 지향을 그대로 읽을 수 있는 자료이고, 또 주민의 일상적인 삶과 생각을 있는 그대로 표현, 묘사하는 측면이 있다."는 점에서 북한 주민의 가치지향을 확인할 수 있는 좋은 자료가 될 수 있다(이온죽, 1993: 240).

여기서는 북한의 영화와 드라마를 통해서 표방된 가치지향과 실제적 가치지향이 어떻게 묘사되고 있는지를 살펴보고자 하며, 이 과정에서 북한주민의 가치관 변화의 요인이 무엇인지에 대해서도 간단히 언급하고자 한다.

북한영화는 이미 1980년대 후반 이후에 다양한 변화를 보인다. <홍길동>과 <온달전>과 같은 영화에서는 홍콩 활극영화의 카메라 기법을 차용하고, 멜로적인 요소나 액션 및 희극적인 요소도 도입하고 있다. 이들 영화가 비록 사실주의적 형식을 엄격히 지키지는 않지만 북한 당국에 대한 애국심을 호소하는 장면은 선전선동 영화의 본질적 기능을 여전히 수행하고 있음을 보여 준다. 가령 <홍길동>(1986)에서도 흥미진진한 활극과 연애감정이 표현되기는 하지만 홍길동의 사부가 "네가 배운 무술은 왜적의 침입으로부터 나라를 지키며, 도탄에 빠진 민생을 구하는 데만 사용하라. 행여 다른 데는 사용하지 않도록 하라."는 당부나 결말 부분에서 빈부나 귀천의 구별이 없이 평등한 그러한 나라를 찾아 떠나는 홍길동의 모습에서 우리는 여전히 북한영화가 사상성 내지 애국적 에토스를 중시하고 있음을 확인할 수 있다.[20] 물론 최근의 북한영화에 '흥미'라는 당의(糖衣)가 입혀진 것은 사실이다.

2001년에 제작된 <청춘의 자서전>이라는 영화는 부도덕한 북한 지도층의 아들이 사회에 필요한 사람으로 변모하는 과정을 그리면서 젊은이들에게 당과 조국을 위해 헌신할 것을 강조하고 있다. 가령 영화의 첫머리에 "스스로 자신에게 물어보라. 그리고 되새겨 보라. 청춘의 순간순간을 무엇을 위해, 누구를 위해 보냈는가. 내가 그것을 알게 되기까지는 한 처녀에 대한 이야기부터 시작해야겠다."라는 내레이션이 있다. 여기서 조국에 대한 충성과 함께 연인에 대한 애정

---

20 조선일보 통한문제연구소, http://nk.chosun.com/culture/culture.html?ACT=movie(검색일: 2003. 12. 1). 그런데 2004. 1. 2 이후 저작권협의 관계로 동영상이 중단된 상태이다. 당시 소개되었던 영화 및 드라마는 다음과 같다. 내고향(1949), 흥부전(1963), 피바다(1971), 꽃파는 처녀(1972), 금희와 은희의 운명(1974), 안중근 이등박문을 쏘다1975), 춘향전(1980), 조선의 별(1980-1987), 월미도(1982), 운행길에서 만난 처녀(1983), 사랑 사랑 내 사랑(1984), 불가사리(1985), 온달전(1986), 홍길동(1986), 네거리 초병(1986), 금강산으로 가자(1986), 도라지꽃(1987), 생의 흔적(1989), 하얀 꽃(1991), 우리인민반장, 음악가 정률성(1992), 도시처녀 시집와요(1993), 림꺽정(1993), 해운동의 두 가정(1996), 청춘이예!(1998), 비행사 길영조(1999), 청춘의 자서전(2001), 자강도사람들(2001), 위훈의 길, <드라마> 붉은 흙(2001), 2학년생들(2002), 엄마를 깨우지 말아(2002), 한마음(2002), 계수나무(2002), 숨결(2002). 이 글에서 소개되는 영화 및 드라마의 줄거리는 상기 조선일보 통한문제연구소의 웹주소 및 통일부 통일교육원, 「북한 드라마를 통해 본 북한주민의 가치관 변화」, 북한바로알기 영상교재, 2003. 11 참고.

이, 다시 말해서 사상성과 심미적 요소가 적절하게 결부되어 있음을 엿볼 수 있다. 또한 이 영화에서는 진호의 신분과 외적인 조건 때문에 결혼하고자 했던 여성이 진호가 탄광에 계속 머물게 되자 다른 남자에게로 시집가는 속물적인 모습도 그리고 있다. 아울러 이 영화의 줄거리가 북한 지도층의 부도덕한 아들이 당과 조국을 위해 헌신하게 된다는 교훈적 이야기를 담고 있기는 하지만 이 대목에서 우리는 북한 지도층 자녀들의 일탈행위도 상당 부분 있음을 역설적으로 읽어낼 수 있다.

2001년에 제작된 또 다른 영화인 <자강도 사람들>은 북한이 겪고 있는 식량난의 현실을 생생히 담은 최초의 영화라 할 수 있다. 조선예술영화촬영소가 제작하여 2001년 개봉되어 5월에는 조선 중앙TV를 통해서도 방영되었다. 이 영화는 "이 혁명의 역사에서 또 한 차례 고난의 행군으로 불리던 90년대 중반, 이 땅에는 준엄한 시련의 날들이 끝없이 흘러갔다."는 내레이션으로 시작된다. "하룻밤 자고 나면 또 어디에서 사람들이 쓰러졌다. 또 어느 공장이 멎어 버렸다. 뼈를 깎아내는 듯한 아픔이 온 나라를 휩쓸고 있는데……."로 이어지는 내레이터의 목소리가 폭풍한설이 몰아치는 영상 위로 흐르면서 영화가 전개된다. 2부작으로 제작된 이 영화의 전편이 주로 고난의 현실을 담고 있다면 후편에서는 희망의 메시지를 전달하고 있다. 이 영화의 주제는 고난의 행군을 온몸으로 견디고 있는 '위대한 장군님'에 대한 충성심을 고양하자는 것이다. 그러나 북한이 외부 세계에 대해 "북한은 천국이다. 세상에 부러움이 없다."고 공언해 왔던 기존의 주장을 포기하고, 현실을 솔직히 드러냈다는 점에서 눈길을 끈다.[21]

---

21 대원들을 위해 이탄을 캐러갔다가 눈밭에서 얼어죽은 송만호의 죽음을 추모하는 자리이기도 했는데, 강호성의 추모사는 현실의 비애를 이렇게 표현한다. "우리는 방금 희생된 동지의 시신을 언 땅에 묻었습니다. 내일은 또 누가 우리 곁을 떠나게 될지 그것도 아직 모릅니다. 피눈물을 뿌리며 시작한 이 고난한 행군이 이처럼 가슴 아픈 희생을 가져오리라고 생각해 본 사람도 없었고, 음식이라고 말할 수도 없는 풀뿌리, 나무뿌리, 이탄덩어리를 먹으리라고 상상해 본

영화와 마찬가지로 드라마 또한 체제선전과 사상교육의 도구로서 주제선정부터 제작과정에 이르기까지 지도자에 대한 충성심 고양을 가장 중시한다.[22] 그러나 2000년대 이후 북한 드라마에는 사상성 이외에도 경제에 대한 인식 변화, 자력갱생, 경제력을 중시하는 태도, 개인주의 등을 엿볼 수 있다. 북한이 처한 국내외 정세에 의해 북한 주민의 가치관이 변화하고 있음을 간접적으로 확인할 수 있다.

경제여건의 변화에 따라 인식의 전환과 관련하여 가령 <조국 땅 한끝에서>(2003)는 어느 국경 도시의 책임비서가 사회주의 경제원칙을 지키면서 실리에 맞게 경제관리를 잘해 김정일의 교시를 관철해 가는 이야기를 그린 TV드라마이다. 이 드라마에는 경제관리개선조치(2002. 7. 1)[23]를 통해 경제개혁과 경제개방이 어떻게 추진되어야 하는지가 반영되어 있다. 요는 북한 경제문제의 극복과 생산성 향상을 위해서는 사회주의 원칙을 지키면서도 실리에 맞게 개혁조치를 취해야 한다는 것이다. 이 드라마에서 등장인물은 설비투자와 생산성 향상을 위해서는 외국자본을 유치해야 한다는 주장도 등장한다. 또한 설비투자와 생산성 향상을 위해 자본유치와 함께 당국이 사업을 방해하지 않도록 요구하는 대목도 눈길을 끈다. 여기서 우리는 '경제에서의 자립'을 강조했던 주체사상의 폐쇄적 경제모델을 개선하고자 하는 노력을 엿볼 수 있다.

<불타는 노을>(2002) 역시 외국과의 융통성 있는 무역을 강조한다. <래일의 개척자들>(2003)은 원시림을 밀어내고 염소목장을 건설

<hr>

사람도 없었습니다."

[22] "방송과 영화는 인민들의 건전한 문화정서적 수요를 충족시키고 높은 문화예술수준을 가진 사회주의 공산주의 건설자로 만들라."(1998년 개정된 북한헌법 제39, 40, 52조 요약)

[23] 북한은 2002년 7월 1일 '7.1. 경제관리개선조치'를 발표함으로써 북한경제를 성장시키기 위한 일련의 경제발전정책을 추진하고 있다. '전반적 가격과 생활비 인상을 주요 내용으로 하는 경제조치'의 핵심적 내용은 국정가격의 현실화, 임금의 대폭적 인상, 기업의 자율성과 책임성 강화, 경제계획의 부분적 분권화 강화조치 등이다(신진, 2003).

하는 함흥시 청년염소목장 건설자들의 실화를 바탕으로 그린 TV 드라마인데, 양식을 얻기 위해 장마당에 나가서 밀가루 장사를 하는 서민의 애환을 담고 있다. 경제관리개선조치 이후 사유재산의 축적이 다소 허용됨에 따라 기업별로 독립채산제를, 개인별로 성과급제를 실시하게 되었는데, 협동농장에서의 협동노동보다는 밭에서 자기 몫을 늘리기 위해 애쓰는 모습도 드라마에서 확인할 수 있다. 90년대 이전의 자력갱생이 "없는 것은 만들어 내고, 부족한 것은 찾아서 써라."는 것에서 90년대 후반의 자력갱생은 "당에서 줄 것은 다 줬다. 이제는 너희가 알아서 살아라."는 메시지가 담겨 있다. 즉 90년대 이후에 직면한 절박한 경제문제에 있어서 주민들에게 책임을 넘기고 있다. 사유재산의 축적이 허용됨에 따라 개인주의가 확산되고, 빈부의 격차가 발생하는 등 새로운 사회문제가 대두되고, 청소년의 출세지향적인 가치관이나 돈 버는 일에 몰두하는 모습들이 드라마에서 종종 비춰진다.

<1번수>(2003)는 국제 컴퓨터 바둑 경기대회에서 우승한 조선컴퓨터 프로그램 센터 프로그래머들의 이야기를 그린 TV 드라마로서 과학자들의 생활윤리와 "실력으로 당을 받들고 실적으로 보답하자."는 충성을 강조하는 작품이다. 이 드라마에서 주인공은 경제적 능력이 있는 남자와 결혼하고자 한다. 과거에는 당원이나 군관이 인기있는 배우자감이었지만 최근에는 외교관, 무역가, 유학생 등 외화를 만지거나 경제적 능력이 있는 사람을 선호하는 경향을 보인다.

북한의 영화와 드라마에서 확인할 수 있듯이 북한 주민의 가치관이 북한 대내외 정세와 환경적 요인에 의해 변화되고 있으며, 특히 북한의 새 세대에게 있어서는 그 변화가 좀 더 뚜렷하게 나타나고 있다. 1980년대 김일성 사회주의 청년동맹 기관지(14 - 30세 대상) 「청년전위」의 기사 분석을 통해 북한 새 세대의 가치변화를 분석하고 있는 이인정의 연구에 따르면 1990년대 중반 북한의 식량난과 경제위기,

국가의 중앙계획경제 밖에서 일어나는 제2경제의 확산, 김일성 사망과 지도자 교체, 외국과의 개방 및 교류 확대에 따라 북한의 새 세대의 가치 지향에 많은 변화가 발견된다. 요컨대 북한의 새 세대에게서 정치적 측면에서의 사상적 약화와 조직 이탈, 사회·경제적 측면에서의 개인주의와 물질주의의 확산, 규범적 측면에서의 규범의 영향력 약화와 일탈의 확산, 문화적 측면에서의 자유주의 가치관의 확산이 나타나고 있다(이인정, 2004).

Ⅳ. 남북한 심리적·문화적 통합을 위한 다문화교육의 방향

남북한 통합의 다문화교육적 접근과 관련하여 다문화교육에 대한 개략적인 소개를 할 필요가 있다. 다문화교육과 관련하여 미국의 경험은 우리에게 시사하는 바가 있다. 미국은 다양한 민족 및 인종과 상이한 문화를 배경으로 하는 이민자들로 구성된 국가이다. 따라서 미국 교육의 역사는 다문화교육의 역사라 해도 과언이 아니다. "다문화교육은 미국 정신에 담겨 있는 자유, 정의 평등, 공평, 인간 존중의 철학적 사고에 기초한 개념이다."(장인실, 2006: 29) 다문화교육의 기본 성격과 접근 방법은 미국의 다문화교육에 대한 연구를 통해서 확인할 수 있다(Banks, 2001; Bennett, 2006; Gay, 2001).

주지하듯이 미국의 다문화교육의 초기 형태는 '동화주의'와 '용광로' 이론으로 표명된다. 백인 청교도 문화와 새로운 이주자들의 소수 문화 간의 갈등을 해소하기 위해 나타난 것이 동화주의(Assimilation) 개념이다. 한마디로 미국문화의 주류인 백인의 청교도 문화에로의 동화를 표방하는 개념이다. 이는 이민자들에게 자신의 고유한 문화를 포기하고, 주류문화에로 적응할 것을 강요하는 정책이었다. 그러나 동화주의의 이념은 실현되지 않았고, 미국사회에서 유색인종에 대한 편견이나 차별은 사라지지 않았다. 이후로 등장한 개념이 용광로(Melting Pot) 이론이다. 요컨대 여러 나라의 문화를 용광로에 녹여 남미문화도, 영국문화도, 동양문화도 아닌 종합된 하나의 새로운 동질문화를 형성하려는 이상을 지닌 이론이다. 그러나 이상과는 달리 현실에서 모든 문화가 동등하게 간주되지 못하고, 백인 청교도 문화가 소수 문화를 용해시켜 백인문화는 주류로, 다른 문화는 주변부에 머물게 되었다. 그 후 용광로 이론은 다양한 민족문화가 미국 문명을 풍부하게 한다는 샐러드 보울(Salad Bowl)이라는 개념으로 발전한다. 그러나 이 개념 역시 하나의 이상일 뿐 현실은 주류 문화로의 동화를 요구한다는 문제점을 노정하고 있다(장인실, 2006: 30 - 33).

이제 최근에 한창 논의 중인 다문화주의 모형(multicultural model)에 대해 살펴볼 필요가 있다. 다문화주의 모형에는 '문화 다원주의'와 '다문화주의'가 있다. 이들 두 개념은 다양성을 인정하고 사회 통합을 추구한다는 점에서는 같지만, 그 조건과 실현 방법에는 차이가 있다. '문화 다원주의(cultural pluralism)'는 문화의 다원성, 다양성을 인정하면서도 거기에 주류 사회가 존재함을 전제한다. 한편 '다문화주의(multiculturalism)'는 주류 사회의 존재를 인정하지 않고, 다양한 문화가 평등하게 인정돼야 함을 강조한다. 물론 다문화주의가 문화 다원주의에 비해 보다 발전된 형태라 할 수 있다(송종호, 2007: 106 - 107).[24]

이상의 논의를 바탕으로 할 때, 남북한의 심리적·문화적 통합은 어떤 방향으로 나아가야 할까? 주류 문화(남한)에로 비주류(북한) 문

---

[24] 미국은 문화다원주의를 사회통합의 원리로 적용하고, 캐나다와 호주는 다문화주의를 추구한다. 미국의 경우, 소수민족과 이민자들이 고유문화를 유지하는 데 적극적인 기여를 하지 않고 자유방임하는 데 비해, 캐나다와 호주는 국가가 적극적으로 개입해 소수민족과 이민자의 고유문화를 보존하는 데 기여한다.

화가 일방적으로 동화되거나 적응하는 것이 바람직한가? 아니면 남한과 북한의 고유한 문화 및 각각의 고유한 가치·태도를 존중하면서 상생하는 길을 모색하는 것이 바람직한가? 여기서 우리는 남북한의 상생(symbiosis)을 위해서는 다문화주의 모형으로 나아갈 필요가 있다. 물론 다문화주의를 정책적으로 추구한다고 하더라도 현실에서는 주류 문화를 인정하는 '문화 다원주의'의 성격이 현저하게 나타날 가능성이 크다. 그러나 교육의 맥락에서는 현실의 개선을 위한 일정한 이상론을 제시할 필요가 있다. 그러므로 남북한 심리적·문화적 통합을 위해서는 '다문화주의' 모델을 지향할 필요가 있다. 이는 이미 외국인 체류자가 100만 명에 달하는 다문화시대를 맞이한 우리의 현실을 고려해 볼 때도 요구되는 모델이라 할 수 있다.

2007년 고시된 개정교육과정에서 다문화교육의 관점이 본격적으로 도입되고 있다. 이는 한국사회가 이미 민족, 인종, 종교, 문화 등에 있어서 다양성을 띠고 있다는 현실적 상황을 고려한 것이라 할 수 있다. 다문화교육이 적용되는 영역은 성차 문제, 피부색이나 문화가 다른 다양한 종류의 이웃과의 관계뿐만 아니라 문화적 이질감이 심화되어 가는 남북한 주민 간의 소통 문제나 남한 내 북한이탈주민의 한국문화에의 적응 문제 등을 들 수 있다. 다음은 다문화교육과 관련된 <도덕과> 개정교육과정의 내용체계이다.

학년	단원명	내용요소
3학년	2. 우리·타인·사회와의 관계 - 친구 간의 우정과 예절	친구 간에 지켜야 할 예절 (혼혈아, 입양아, 북한이탈주민 친구 등과 친하게 지내기)
5학년	3. 국가·민족·지구공동체와의 관계 - 북한 동포 및 북한이탈주민의 삶 이해	북한 동포나 북한이탈주민에 대해 가지고 있는 오해나 편견이 무엇인지 분석하고, 북한이탈주민이 우리 사회에서 적응하도록 돕는 방법
6학년	3. 나라·민족·지구공동체와의 관계 - 편견 극복과 관용	예절, 관습 등을 포함한 다른 문화에 대한 우리의 편견, 다양한 문화가 공존하는 사례와 공존의 강점, 다른 문화에 대한 이해와 존중
8학년	3. 통일과 민족 공동체 윤리 - 바람직한 통일의 모습	통일의 주체는 민족구성원 모두임을 알고, '같음'을 발견하고 '다름'을 인정하기 위해 남북한 간의 평화적 교류와 협력의 중요성을 인식하고 북한이탈주민의 사회 적응을 돕기 위한 방법을 찾아본다.
9학년	3. 세계 평화와 인류애 - 타 문화 이해와 편견 극복	문화의 다양성과 문화상대주의적 태도 다른 나라 풍속 중 우리가 존중해야 할 것 문화적 차이로 인한 편견이나 오해(혼혈아, 해외입양아, 이주노동자 등에 대한 편견 등), 문화 이해를 위한 문화체험, 문화교류
10학년	3. 국가와 민족의 윤리 - 민족과 윤리	세계화가 진전된 오늘날 민족의 정체성과 역할에 변화가 있음을 이해하고, 배타적인 자민족중심주의를 넘어 보편성과 특수성의 조화를 바탕으로 한민족공동체를 형성할 수 있는 열린 자세를 지닌다.

위의 표에서 알 수 있는 것처럼 남북한 심리적·문화적 통합과 관련된 내용으로 북한이탈주민 친구와 친하게 지내기, 북한 동포에 대한 오해와 편견 버리기, 북한이탈주민이 우리 사회에 적응하도록 돕기, 남한 문화와 다른 북한 문화에 대한 존중과 다양성 공존의 강점 이해하기, 남북한 주민 사이의 '같음'을 발견하고 '다름'을 인정하기 등을 들 수 있다. 여기서 주목할 필요가 있는 것은 남북한 주민 사이의 '같음'과 '다름'의 문제를 이해하기 위해 평화적 교류와 협력을 강조하는 대목이다. 특히 남한과 북한의 '같음'과 '다름'은 문화의 '동일성' 내지 문화의 '차이'라는 맥락에서 접근할 필요가 있다. 다

시 말해서 북한 사회와 북한 주민의 가치지향을 이해하고, 남북한 사회의 심리적·문화적 통합을 위해 다문화교육적 관점이 요청됨을 알 수 있다. 기존의 통일교육은 안보 위주의 소극적 통일교육이었으며, 이는 북한을 적대적이며, 체제 경쟁적 관계로만 바라보게 했다. 그러나 다문화교육적 관점의 통일교육은 "문화의 다양성과 존중, 편견을 줄이는 바탕 위에 이뤄지는 북한 이해교육, 남북한이 하나의 민족이라는 정체성을 형성하는 통일문제 이해교육, 평등성을 추구하는 통일준비교육, 개인의 다양성이 보장되는 통일 미래상 교육"으로 규정될 수 있다(구복실, 2005).[25]

필자는 통일교육에의 다문화적 접근 중에서도 사회주의적 사실주의에 입각한 북한의 영화 및 드라마에 주목할 필요가 있다고 생각한다. 물론 사회주의 예술이 그러하듯 북한의 예술 역시 체제의 강력한 선전도구이자 공산주의적 이상을 주입시켜 공산주의적 인간으로 개조하는 강력한 교육도구이다. 그러나 사회주의 예술은 무엇보다 '현실의 반영'이라는 점에서 북한의 예술은 북한의 현실과 북한 주민의 가치지향을 엿볼 수 있는 중요한 매개가 될 수 있다. 현실적으로 북한이탈주민과의 교류도 쉽지 않고, 북한 주민과의 교류는 더더욱 어려운 상황이다. 그렇다면 북한 주민의 가치·태도를 파악하고, 그들의 의식을 규정하는 심리적·문화적 토양을 이해하기 위해서는 북한의 영화나 드라마를 북한 이해 교육의 중요한 매개로 활용할 필요가 있다.

오베르그(Kalervo Oberg)가 지적했듯이, 문화충격은 사회적 상호작용의 친숙한 상징체계를 상실한 데서 기인하는 불안에 의해 촉발된다. 문화란 우리가 편안하게 거주할 수 있는 환경이다. 일상생활에

---

25 통일교육의 변화상은 시대적인 정세와 관련이 있다. 60~70년대의 반공교육, 80년대의 통일안보교육, 90년대 이후 통일교육. 특히 6·15남북공동선언은 보다 적극적인 통일교육의 방향을 규정하였다.

서 악수를 하거나 사람들을 만나서 무슨 이야기를 할지, 언제 사람들을 만나는지, 물건을 구입하거나 초대하는 요령들은 자신이 속한 문화적 분위기 속에서 자연스럽게 표출된다. 이러한 일상생활을 대하는 가치 및 태도, 가령 언어 및 말씨, 제스처, 얼굴 표정, 관습, 신념 등은 우리가 의식하지 못한 채 형성되는 것이다. 이런 맥락에서 북한 주민이나 북한이탈주민을 이해하기 위해서는 그들을 둘러싼 심리적이며 더 나아가 무의식적이기까지도 한 문화 체계를 읽어내는 노력이 필요하다. 북한의 예술은 무엇보다 북한의 문화체계와 이에 의해 규정되는 북한 주민의 가치지향을 이해하는 데 유의미한 기여를 할 것으로 전망한다.

V. 결론

동양이나 서양이나 예술은 그 시대와 사회를 반영하며 심리적·문화적 통합이라는 사회적 기능을 수행해 왔다. 특히 사회주의 예술은 반영론의 맥락에서 무엇보다 현실의 반영에 충실하지만 그 반영이 한갓 사실적 모사가 아니라 공산주의적 가치라는 적극적 이념을 반영하기도 하며, 때로는 사람들의 일상적 가치지향도 반영하며, 심지어 제한적이기는 하지만 체제 비판적 내용도 반영한다. 사회주의의 문화예술은 대체로 사회통합을 위한 선전수단으로 사용되고 있지만 또 다른 측면에서 상처받은 인민들을 위로하는 심미적 기능도 수행하며, 더 나아가 현실과 역사를 반성하는 사회비판적 기능도 일정 부분 수행할 수 있음을 중국의 경우를 통해서도 살펴볼 수 있었다. 그러므로 예술은 현실의 내용뿐만 아니라 현실에 존재하지 않는 것이나 존재할 수 없는 것까지도 반영할 수 있다는 점에서 '상대적 자율성'을 지닌다고 할 수 있다.

이 글에서는 사회주의적 예술이 그 성격상 인민의 의식구조에 심대한 영향을 미친다는 점과 사회주의적 예술은 인민의 공식적인 가치지향뿐만 아니라 비공식적인 가치지향을 표현한다는 점에 착안하여, 남북한의 심리적·문화적 통합을 위한 다문화교육의 유의미한 매개로 활용될 수 있음을 밝히고자 했다. 동서독의 통일과정에서 알 수 있듯이 통일의 과정은 마치 문화충격의 심리적 메커니즘과 유사하다. 이런 맥락에서 남북한 이해 및 통일대비 교육을 위한 다문화교육적 접근의 필요성을 확인할 수 있었다.

남북한의 심리적·문화적 통합은 주류 문화(남한)에로 비주류 문화(북한)가 일방적으로 동화되거나 적응하는 방식이 아니라 남북한의 공존과 상생을 지향할 필요가 있다. 2007년 개정 도덕과 교육과정에서는 다문화교육이라는 관점에서 북한을 바라보는 시선들이 담겨 있다. 북한 동포에 대한 오해와 편견을 버리고, 남북한 상호 간의 문화에 대한 존중과 다양성 공존의 강점을 이해하며, 남북한 주민 사이의 '동일성'을 발견하고 '차이'를 이해하는 것을 강조하고 있다.

문화란 일상적인 삶의 방식이며, 인간이 편안하게 거주할 수 있는 친숙한 상징체계로 이루어진 제2의 환경이다. 북한이탈주민이 남한 사회에서 정착하는 과정에서 겪게 되는 불안의 증폭과 남한사회에 대한 부적응의 문제, 즉 문화충격은 이러한 문화적 요인의 차이와 이에 대한 몰이해에서 기인한다고 할 수 있다. 우리와 더불어 살고 있는 1만 명을 넘어선 북한이탈주민과 더 나아가 통일의 시대를 함께 맞이할 북한 동포의 가치·태도를 이해하고 그들에게 익숙한 문화체계를 읽어내며 이를 편견 없이 바라보고 인정하는 노력이 필요하다. 여기서 우리는 남북한의 심리적·문화적 통합을 위한 다문화교육적 접근의 필요성과 그 의의를 발견할 수 있다.

참고문헌

교육인적자원부(2007. 2), 『도덕과 교육과정』.

구복실(2005), 「도덕과에서 통일교육의 다문화교육 접근 연구」, 서울대학교 석사학
    위논문.

권오돈 譯解(1996), 『禮記』, 서울: 홍신문화.

금장태(1999), 『한국유학의 탐구』, 서울: 서울대학교출판부.

김남국(2005), 「다문화시대의 시민: 한국사회에 대한 시론」, 한국국제정치학회, 『국
    제정치논총』 제45권 제4호.

김문환(2003), 『예술과 윤리의식』, 서울: 소학사.

김학성(1994), 『통일문화와 민족공동체건설』, 서울: 민족통일연구원.

김희선(2007), 「다문화가족 지원 현황 분석」, 한국민족연구원, 『민족연구』 제31호.

노찬백(1993), 「남북통일에 관한 제이론」, 현대한국정치연구회 편, 『탈냉전의 민족
    통일론』, 서울: 예진.

문화체육부(1998), 『북한식 문화예술 창작방법론 연구』.

문화체육부(1995), 『북한의 문화예술 행정제도연구』.

송종호(2007), 「단일민족환상 깨고 다문화주의로의 '전환시대'」, 한국민족연구원,
    『민족연구』 제30호.

신진(2003), 「북한의 경제관리개선조치의 평가와 전망」, 평화문제연구소, 한·중 학
    술회의.

양회석(2000), 「문화대혁명과 樣板戲」, 한국중국학회, 『중국학회』 제41권.

유세종(1995), 「『사람아 아, 사람아』에서『폐도』까지」, 사회평론, 『사회평론의 길』
    제95권 제4호.

윤영돈(2006), 「유가의 禮樂사상에서 樂의 문제」, 한국도덕윤리과교육학회, 『도덕
    윤리과교육』 제23호.

이상옥(2003), 「정치와 예술 사이: 모택동 문예사상의 삼요소」, 범한철학회, 『범한
    철학』 제28집.

이성원(1992), 「고대 중국의 樂의 기원과 그 변화: 사회통합성 이해를 중심으로」,
    『동방철학사상연구』, 동방문화연구원출판부.

이온죽(1993), 『북한 사회의 체제와 생활』, 서울: 법문사.

이용일(2007), 「이민과 다문화 사회로의 도전」, 한국서양사학회, 『서양사론』 제92호.

이인정(2004), 「1980년대 이후 북한 '새세대'의 가치변화 연구: 「청년전위」 분석을
    중심으로」, 서울대학교 박사학위논문.

李澤厚·劉綱紀, 권덕주·김승심 옮김(1993), 『중국미학사』, 서울: 대한교과서주 식회.

임혁백(1995),「남북한 통일정책의 비교분석」,『남북한기능통합론』, 서울: 신유.

장인실(2006),「미국 다문화교육과 교육과정」, 한국교육과정학회,『교육과정연구』 제24권 제4호.

정용길(1990),『통일환경론』, 서울: 고려원.

조기제(2002),「다문화사회에서 민주시민교육: 심의민주주의 교육의 필요성」, 한국 초등도덕교육학회,『초등도덕교육』제10집.

조요한(1995),『예술철학』, 서울: 경문사.

陳立部, 정인재 옮김(1992),『중국철학의 인간학적 이해』, 서울: 민지사.

차우규(2000),「통일교육의 다문화교육적 접근」,『통일교육론』, 서울: 백의.

최현(2007),「한국인의 다문화 시티즌십(multicultural citizenship): 다문화 의식을 중심으로」, 한양대학교 제3섹터연구소,『시민사회와 NGO』제5권 제2호.

한평수(1988),「고대유가의 禮樂사상: 樂의 문제를 중심으로」, 서울대학교 철학과, 『철학논구』제16집.

Banks, J. A.(2001), "Multicultural Education: Historical Development, Dimensions, and Practice", Banks, J. A. & M. C. Banks(eds.), *Handbook of Research on Multicural Education*, CA: Jossey – Bass.

Beardsley, M. C.(1982), *Aesthetics from Classical Greece to the Present: A Short History*, Alabama: Univ. of Alabama Press, 이성훈·안원현 옮김(1995), 『미학사』, 서울: 이론과실천.

Bennett, I. C.(2006), *Comprehensive Multicultural Education: Theory and Practice*, MA: Allyn and Bacon.

Gay, G.(2001), "Curriculum Theory & Multicultural Education", Banks, J. A. & M.C. Banks(eds.), *Handbook of Research on Multicural Education*, CA: Jossey – Bass.

Giessmann, Hans J.(2008), "German 'Ostpolitik' and Korean Unification. Parallels, Contrasts, Lessons", *Presentation at the Conference on "South Korea's Sunshine Policy and West Germany's Ostpolitik for Peace and Security" on May 17th 2001, organized by the Inha University and Friedrich – Ebert – Stiftung*(출처: http://www. fes.or.kr/Publications/pub/Ostpolitik.htm. <검색일: 2008. 5. 1>).

Haas, Michael(ed.)(1989), "The Functionalist Approach to Korean Reunification", *Korean Reunification: Alternative Pathways*, New York: Praeger.

Harrison, J. E.(1948), *Ancient Art and Ritual*, London & New York: Oxford Univ. Press, 오병남·김현희 옮김(1996),『고대 예술과 제의』, 서울: 예전사.

Hauser, Arnold, 백낙청 · 염무웅 옮김(1997), 『문학과 예술의 사회사』, 서울: 창작과 비평사.

Kalippke, Babette(2003), 「舊동독 여성이 본 독일통일」, 서울대학교 교양강좌 「여성과 사회」 개설 20주년기념 초청강연, 서울대학교 문화관 국제회의실, 2003. 11. 11.

Klamann, Bettina(2007), "Wolf Wagner: Kulturschock Deutschland", <서평> (출처: http://www.schreibfeder.de/rezension.php?r=220 <검색일: 2008. 5. 15>)

Kim, Kyong-Dong & On-Jook Lee(2003), Two Koreas(Edison & Seoul, Jimoondang International).

Mitrany, David(1996), A Working Peace System, Chicago: Quadrangle Books.

Oberg, Kalvero(1954), "Culture Shock", presented to the Women's Club of Rio de Janeiro, Brazil, August 3, 1954(출처: http://www. smcm.edu/academics /international ed/Pdf/cultureshockarticle.pdf <검색일: 2008. 5. 15>).

Oberg, Kalvero(1960), "Culture Shock and the Problem of Adjustment in New Cultural Environment", (출처: http://www.sabri.org/Culture Schock.htm <검색일: 2008. 5. 15>).

Tucker, R. C.(1978), The German Ideology, The Marx-Engels Reader, NY: Norton.

Wagner, Wolf & Hendrik Berth, "Kulturschock Deutschland: Empirische Betrachtungen" (출처: http://rcswww.urz.tu-dresden.de/~berth/daw/kultur schock.html <검색일: 2008. 5. 15>)

<신문 및 백과사전 등>

동아일보(2002. 6. 11), 「獨 귄터 그라스와 최정호의 '통일과 문화' 대담」.

위키백과, 「국가연합과 연방국가의 차이」(출처: http://ko.wikipedia.org <검색일: 2008. 5. 15>).

조선일보 통한문제연구소, http://nk.chosun.com/culture/culture.html?ACT=movie(북한의 영화, 드라마 등 문화예술 소개).

통일부 통일교육원(2003. 11), 「북한드라마를 통해 본 북한주민의 가치관 변화」, 북한바로알기 영상교재.

"Cultural Adaptation"(출처:http://www.ilstu.edu/~jrbaldw/372/Adaptation.htm <검색일: 2008. 5. 15>)

남북한의 심리적·문화적 통합은 주류 문화(남한)에로 비주류 문화(북한)가 일방적으로 동화되거나 적응하는 방식이 아니라 남북한의 공존과 상생을 지향할 필요가 있다. 2007년 개정 도덕과 교육과정에서는 다문화교육이라는 관점에서 북한을 바라보는 시선들이 담겨 있다. 북한 동포에 대한 오해와 편견을 버리고, 남북한 상호 간의 문화에 대한 존중과 다양성 공존의 강점을 이해하며, 남북한 주민 사이의 '동일성'을 발견하고 '차이'를 이해하는 것을 강조하고 있다.

우리와 더불어 살고 있는 1만 명을 넘어선 **북한이탈주민**과 더 나아가 **통일의 시대**를 함께 맞이할 북한 동포의 가치·태도를 이해하고 그들에게 익숙한 문화체계를 읽어내며 이를 편견 없이 바라보고 인정하는 노력이 필요하다.

인명 색인

윤영돈

서울대학교 사범대학 윤리교육과 학사, 석사, 박사.
해군사관학교 윤리학 교관(시간강사·전임강사)을 역임하였으며,
현재 인천대학교 윤리교육과 조교수로 재직하면서
서양윤리 및 도덕·윤리과 교육을 지도하고 있다.

주요 논저

「플라톤 교육론에서 예술과 도덕의 상호보완성에 관한 연구」(석사학위논문)
「칸트에 있어서 도덕교육과 미적 도덕성의 문제」(박사학위논문)
『인격』(2007, 공저)
『중학교 도덕 1』(2010, 공저)
외 다수

다문화시대
도덕교육의
프리즘과
스펙트럼

초판발행 2010년 7월 30일
초판 3쇄 2019년 1월 11일

지은이 윤영돈
펴낸이 채종준
기 획 문진현
편 집 박재규
마케팅 김봉환
아트디렉터 양은정
표지디자인 이효정

펴낸곳 한국학술정보(주)
주소 경기도 파주시 회동길 230 (문발동)
전화 031 908 3181(대표)
팩스 031 908 3189
홈페이지 http://ebook.kstudy.com
E-mail 출판사업부 publish@kstudy.com
등록 제일산-115호(2000. 6. 19)

ISBN 978-89-268-1221-1 93370 (Paper Book)
       978-89-268-1222-8 98370 (e-Book)